东|吴|法|学|文|丛·公法文丛

域外经典判例选译

胡玉鸿◎主编
张盼盼◎执行主编

中国政法大学出版社

2020·北京

图书在版编目（ＣＩＰ）数据

域外经典判例选译/胡玉鸿主编. —北京：中国政法大学出版社，2020.2
ISBN 978-7-5620-9431-9

Ⅰ.①域… Ⅱ.①胡… Ⅲ.①判例－汇编－世界 Ⅳ.①D911.05

中国版本图书馆 CIP 数据核字 (2020) 第 001639 号

出 版 者	中国政法大学出版社
地 址	北京市海淀区西土城路 25 号
邮寄地址	北京 100088 信箱 8034 分箱　邮编 100088
网 址	http://www.cuplpress.com（网络实名：中国政法大学出版社）
电 话	010-58908586（编辑部） 58908334（邮购部）
编辑邮箱	zhengfadch@126.com
承 印	固安华明印业有限公司
开 本	720mm×960mm　1/16
印 张	19.5
字 数	310 千字
版 次	2020 年 2 月第 1 版
印 次	2020 年 2 月第 1 次印刷
定 价	59.00 元

序 言

2013 年 10 月，经国家新闻出版署批准，《苏州大学学报（法学版）》正式创刊。2013 年 11 月，由苏州大学任命，本人兼任法学版首任主编，在与编辑部同仁共同商议下，决定开设"经典判例"栏目，翻译、介绍域外的有定评的经典判例。自 2014 年《苏州大学学报（法学版）》第 1 期开始，该栏目一直保留至今。设立这一栏目的初衷：一是在案例指导制度的背景下，为我国更好地遴选指导性案例提供参考的资源；二是为法学研究者、法律实务工作者提供某一判例的完整内容，不致于因见到教材、专著中对该判例提及的片言之语而心痒难禁；三是通过这一栏目，可以了解国外的司法实践与司法原理，找出体现司法规律的共通性原理。综观这一栏目开设以来的实际效果，总体来说，这一目标已基本达到。不仅学界同仁对于这些判例多有引用，在二次性转载刊物中也颇受青睐。本次结集出版的部分判例选译，就是将《苏州大学学报（法学版）》已经发表的部分译述结集出版，以更好地服务于我国的法学研究与法治实践事业。

法学是经世致用之学，这意味着法学并不就是理论的空谈，更为重要的，它是要为解决人生中的纷争提供正确的理论指导，以法理或法律原理来指导法律的具体实践。判例恰恰是最能体现法律实践理性的优秀成果，凝结着历代法官对于法律问题的真知灼见。众所周知，判例并不是对制定法的机械适用，也不是对此前成例的简单遵循，而是在成文的法律规则、判例缺位，或者已有的成文法和习惯、判例不足以解决当下面对的个案时，由法官所造之法。在其中，法官根据个案的特定情形，提炼新的法律规则，发现新的法律原则，从而在法律发展史上贡献出法官的智慧与经验。即使是成文法至上的国度，也应当充分认识到制定法永远只是个半成品，它需要结合社会生活来加以具体化，也需要根据业已变化的社会情形来选择最适合解决当前问题的新办法与新方案。世界上不会有两片相同的树叶，实践中当然也不会有两个完全相同的案件。"完全相同的社会冲突事实上也是不存在的，即便外在形态极为相似，相关主体对冲突的实际感受及冲突的社会影响也不完全相同。'服从先例'或'不违先例'的判例法适用原则的实施同样必须依赖于司法者主观选择的正确性。"[1]近年来我国出现的多个热点案例，也正是告诉我们，对于司法成例不可做因循守旧的规随，对法律规则不可作墨守成规的理解，法律条文的意义需要结合具体的法律生活来理解、解释、适用。从这个意义上说，判例也可谓是将法官置于立法者的地位之上，当法律出现空白、漏洞或过于抽象、模糊时，由他们通过对法律原理的挖掘、充实以及将生活和法律间的关联转换视角来加以思考，以充实法律规则的外延，丰富法律原则的内涵。

判例的制作不仅是一种法律方法、审判技术，更是一种法律实践的技艺。法律实践的技艺，也即法律实践中的技能与艺术，具体而言，是指法律职业者在解决案件的过程中，通过法律技能的运用，艺术化地解决案件纷争。法律规则的抽象化特征，使其不可能对特定人物、特定事件的境况、样态作出一一对应式的规定，然而，进入案件的当事人是独特的，案件发生的缘由也是独特的，如何将普遍、抽象的法律条文适用于特殊、具体的人与事之上，就必然要求相关的技艺。正如吴经熊先生早就指出的那样："吾人研习法律，应当知道'正义'是以'真'为基础，以'善'为目的，而以'美'为本质。……正义的'美'是不能用言语来描写的。……一言以蔽之，不外乎恰到好处。做法官的，对于量刑的标准，也应该用艺术的灵敏感觉来衡量。斟情酌理，务使能恰到好处。当然'美'是一种艺术，我们必须要用自己的智慧和审美眼光去仔细衡量，然后才可求得理想的公平。"[2]可见，法律的实践不是一种简单地适用成文法规则办理案件的活动，而是要参酌案件的具体情形，追求真、善、美的统一，灵活适用法律的技能和艺术。正因如此，判例制度为法官展现才华、发展法律、提升技艺提供了制度平台。马克思就曾经

---

〔1〕 顾培东：《社会冲突与诉讼机制》（修订版），法律出版社 2004 年版，第 56 页。
〔2〕 吴经熊："正义的探讨"，载吴经熊：《法律哲学研究》，清华大学出版社 2005 年版，第 25 页。

这样设问："有没有一种法律，由于本身具有必然性，在应用于每一个别情况时都必定符合立法者的旨意，同时又绝对排除一切任性呢？"然而，"要把这种毫无意义的课题叫作哲人之石，需要有莫大的勇气，因为只有极端无知的人才会提出这样的课题"。[1]人们自然可以寄望于一种纯粹客观的法律，它可以不融入司法者的主观意识，完全"原样"式地将立法者的意图自动体现在个案的解决之中，然而，法律只是针对"普遍的现象"进行抽象式概括，而每一个案件则以其特定的情形证成着案件的特殊性，因而，"个别的现象"与"普遍的现象"之间的差异，是人类法律实践中所永远无法避免的窘境，而连接两者的桥梁或者中介就是法官。在事实与法律两个方面，都需要法官运用专业知识和社会经验来作出判断。判例也就是在这个意义上体现了法官的创造性，它是人类司法智慧的结晶，也是世界法律文化的精粹。

我国正在推行案例指导制度，最高人民法院正式出台了《关于案例指导工作的规定》，明确了在全国范围内具有指导作用的指导性案例，各级人民法院在审判类似案件时应当参照。这一规定，对于统一法律在全国范围内的适用，具有重要的理论意义和实践价值。不仅如此，该规定的出台，对于重新认识法律渊源、法院地位等影响司法体制和司法理论的重大问题，也有着不可忽视的价值和作用。一定程度上也可以说，案例指导制度实质上是一种建构中国式判例制度的努力。然而，什么样的案例才是对于各级法院而言具有示范性、标准性的案例呢？我们认为，这可以包括三个方面的要求：一是案件足够典型，例如《关于案例指导工作的规定》第 2 条中提到的"法律规定比较原则的""疑难复杂或者新类型的"案件，就大体属于这种情形。前者如行政诉讼法提到的"滥用职权""显失公正"等不确定法律概念的细化，就需要法院在类似情况下加以合理确定该概念的实质内涵；后者则是在法院缺乏此类案件判决经验的情况下，由某一法院创造性地对此类案件加以解决而形成的示范性裁判。二是案件的解决既符合法律的原理、精神，也能被社会上大多数人所接受、认同，这就是判决理由的权威性问题。实际上，"一个判决中有约束力的部分仅仅是'判决理由'（作出判决的理由）"，而"仅与事

---

[1] ［德］马克思："第六届莱茵省议会的辩论（第一篇论文）"，载《马克思恩格斯全集》（第 1 卷），人民出版社 1995 年版，第 180 页

实问题有关的案件通常不会出现在任何判例汇编中"。[1]在谈到德国联邦宪法法院裁判的权威性时，我国台湾地区学者施启扬先生就专门指出："该院权威系建立在其理由贯彻，阐释详尽的判决理由之上，这些裁判理由时常超过一般法条规定，作更精细的讨论、比较、与分析，在叙述上复井井有条，逻辑推论紧密严格，无懈可击，将裁判技术发挥无遗。"[2]可见，并非所有案例，包括最高院所作出的判决，都当然地具有指导性案例的资格。三是中立，这意味着一个指导性案例能够经得起法理与历史的考验，它既非为解决某一特定问题而背弃法律的"应景之作"，也不是在民意汹汹之下法院的违心判决，更不是意识形态支配下罔顾人类正义观的偏狭之作，一个能当得起指导性案例的裁判必须能够承受法律原理与时空转换的双重检验。

那么，如何来选择有关指导性案例并进行重述呢？《关于案例指导工作的规定》明确"最高人民法院案例指导办公室每年度对指导性案例进行编纂"，但"编纂"则意味着指导性案例的遴选并非一个简单收集、发布的过程，而是一个整理、补充、修正、细化的过程。也正因如此，什么样的案例能够作为指导性案例，就不是由法院部门一家加以确定的问题，这些案例还必须有公众特别是法律学者的参与。在这其中，能够确保指导性案例典型、权威、中立的依据是与制定法原则和精神的吻合，是对实在法必需而又合乎情理的细化，是在法律存在空隙处必要的法律续造，也是在多个可能的解决方案中最佳的司法选择。一句话，只有符合法律原理与精神的案例，才有登堂入室成为指导性案例的资格。显然，这也就使得案例遴选和决定的机构和人员必须熟谙现代的法律理念，拥有丰富的审判经验和极高的学理水准，否则，就会导致指导性案例并不具有说服力的尴尬。为此，在案例选择上，应尽可能地吸收判例法制度的优点，使所选择的案例真正具有指导法院裁判的功能。毋庸置疑，任何一个判决能够产生约束其他裁判的效力，都在于其内含的说服力。因此，案件事实并不是指导性案例的重点，而关键之处就在于这一判决的说理是否合法、严谨、充分。法官的判决能够为社会民众，特别是当事人双方所接受，大多依赖于对公认价值的阐发。作为法官本人的卡多佐就有

---

[1] [英]鲁伯特·克罗斯、J. W. 哈里斯：《英国法中的先例》，苗文龙译，北京大学出版社2011年版，第46~47页。

[2] 施启扬：《西德联邦宪法法院论》，台湾商务印书馆1971年版，第287页。

一段发人深省的话，他说：“法院的标准必须是一种客观的标准。在这些问题上，真正作数的并不是那些我认为是正确的东西，而是那些我有理由认为其他有正常智力和良心的人都可能会合乎情理地认为是正确的东西。”〔1〕在这里，“社会思维”和“社会观念”就成为制约司法活动，特别是防止法律适用个别化失控的重要因素。因为有活力的法律和法律实践并不能与社会相脱节，独立办案的真义也并不是将法院与社会相隔离，而是在独立的环境下法官能得以“冷静地判断”社会价值与社会需求。同时，在案例编纂上，应当对案例进行合理的再造。正如法学上对“编纂”一词的通常理解那样，编纂本身不是简单地对某一案例是否具有指导性的确认，它还包括对案例本身进行的改造。案例不一定就要是实例，指导性案例也不必就是现实判决的移植。在这方面，对于事实不够复杂的案例可以改造得更为复杂，对于说理不很充分的案例可以补充得更为充分。此外，案情摘要、裁判要旨等，也都必须使用精确、简洁的语言来加以概括。实际上，案例选择的素材也不一定就是当代中国，任何成为世界法律史上的经典名案，应当都可以在指导性案例可供选择的范围之内。这也是我们将本文结集出版的一个目的。

感谢本部结集的判例选译的译者，他们既为中国的读者提供了一个原汁原味且译笔流畅的文本，在结集时许多译者也对文稿进行了修订完备。自然，判例的选择主要是来源于英美法系，在今后还应当注重大陆法系判例的引介，以期更为全面地展示世界各国判例制度的实况特别是对于法理和法律原理拓展性的成果。

胡玉鸿

2020 年 1 月

---

〔1〕 ［美］本杰明·卡多佐：《司法过程的性质》，苏力译，商务印书馆 1998 年版，第 54 页。

目录

Contents

女王诉杜德利和斯蒂芬斯案

（1884 年 12 月 9 日）

李松锋 *译

刑法；谋杀；在饥饿的压力下，杀死并分吃了一个人的肉体；"紧急避险"；特别裁决；调卷令；公海上的犯罪行为；高等法院的管辖权

一个人为了不被饿死，杀死并吃了另一个人，虽然在当时的处境下，他完全有理由相信这是保存生命的唯一机会，但他还是犯了谋杀罪。

在指控谋杀的诉讼中，陪审团认定，被告人杜德利和斯蒂芬斯是海员，被害人是一位十七八岁的男孩，在公海上遭遇风暴，游船失事，被迫躲到一艘救生艇上。这艘小船在大海上漂流，远离陆地大约有 1000 英里。到第 18 天时，他们已经 7 天没有进食，5 天没有喝水。杜德利向斯蒂芬斯提议，采取抽签的方式决定杀死一个人，以拯救其他人。最后，他们认为应该杀掉这个男孩，保存他们的生命。第 20 天，杜德利在得到斯蒂芬斯的同意后，杀了这个男孩。在接下来的 4 天里，杜德利和斯蒂芬斯以这个男孩的肉为食。在当时，他们不可能预见到会有其他船只，也看不到任何获救的希望。在这种情况下，被告除非立即吃掉这个男孩，或者吃他们中的一个，否则必定会饿死。

法院判决：基于上述事实，没有任何证据证明在这种迫不得已的情况下被告杀死这个孩子是正当的，因此判决认定谋杀罪成立。

在公海上谋杀理查德·帕克的诉讼由海事法院管辖。

1884 年 11 月 7 日，在德文郡和康沃尔郡巡回法庭，赫德尔斯顿（Huddleston）主持审判。陪审团在睿智法官的建议下，对案件事实作出特别裁决，

---

* 清华大学公共管理学院博士后、助理研究员，法学博士。

认定以下内容成立：

1884 年 7 月 5 日，被告托马斯·杜德利（Thomas Dudley）和爱德华·斯蒂芬斯（Edward Stephens），还有布鲁克斯（Brooks），都是强健的英国海员。被害人则是一名英国男孩，十七八岁，是一名英国船只上的船员。他们乘坐的这艘英国游船在离好望角 1600 英里远的公海上遭遇风暴失事，遂被迫逃到隶属于这艘游船的救生艇上。在这艘小船上，除了一罐 1 磅重的萝卜，他们没有水和食物。在随后的 3 天时间里，他们没有东西吃。第 4 天，他们捉到了一只小海龟，用这只小海龟维持了几天，直到第 20 天案发之时，这是他们唯一的食物。在第 12 天时，这只海龟被全部吃完。在接下来的 8 天里，他们没有任何东西吃。除了偶尔用防雨油布接雨水外，他们也没有水喝。这艘小船飘零在大海上，离陆地可能有 1000 英里。在第 18 天时，他们已经有 7 天没吃东西，5 天没喝水，被告向布鲁克斯谈起，如果没有救援该怎么办，并提议应该牺牲某个人来拯救其他人，但布鲁克斯表示反对。被告认为应该牺牲的是那个十七八岁的孩子，所以也没征求他的意见。7 月 24 日，即案发前一天，被告杜德利向斯蒂芬斯和布鲁克斯提议，采取抽签的方式决定杀死某个人来挽救其他人，但布鲁克斯拒不同意。这次也没有征求那个男孩的意见。事实上，那天也没有进行抽签。当天，两被告还谈起他们都有家庭，认为通过杀了那个男孩来保全他们的性命是值得的。杜德利提议，如果次日早晨还看不到船只，就应该杀掉这个男孩。第二天，7 月 25 日，没有船只出现，杜德利建议布鲁克斯最好去睡一会儿，并向斯蒂芬斯和布鲁克斯示意，还是杀了那个男孩为好。被告斯蒂芬斯同意，但布鲁克斯反对。当时，那个男孩正绝望地躺在船尾，因饥饿和喝了海水而变得极其虚弱，无法做任何抵抗，但也没有答应要牺牲自己。被告杜德利做了个祈祷，请求赦免他们的鲁莽之举，要求拯救他们的灵魂。在斯蒂芬斯的同意下，杜德利走向那个男孩，告诉那个男孩，他的时间已经到了，然后将刀子插进了他的喉咙，当场杀了他。在接下来的 4 天里，这三个人吃了那个男孩的肉，喝了他的血。在案发后的第 4 天，一艘路过的船只搭救了他们，被告获救了，虽然活着，但已生命垂危。他们被带到了法尔茅斯港，并在埃克塞特接受审判。如果不吃那个男孩的肉，他们不可能幸存下来，而会在那 4 天内死于饥饿。由于那个男孩非常虚弱，因此很可能会先于他们死亡。案发时，他们没有希望看到船只，也看不到任何获救的希望。在这种情况下，对于被告来说唯一的可能就是饿死，除非当时尽快吃了那个男孩或者他们中间的任何一个。为了挽救生命，除了杀死一个人供其他人吃掉之外，别无选择。然而，即使有必要杀掉一个人，也并不必然是杀掉那个男孩。"但是，基于陪审团认定的整个事实，对于杜德利和斯蒂芬斯杀害理查德·帕克是否构成谋杀的重罪，陪审团无法判断，所以请求法院基于上述事实给出建议。如果根据整个事实，法院认为杀害理查德·帕克构成谋杀罪，那么陪审团就裁决杜德利和斯蒂芬斯分别犯有指控的谋杀罪。"

法官决定巡回法庭休庭，于 11 月 25 日在皇家法院开庭。但根据女王的申请，又再次休庭。12 月 4 日，由 5 位法官组成的合议庭听审了该案。

12 月 4 日

司法大臣詹姆斯勋爵（以及御用大律师查尔斯、马修和丹克维尔茨）代表女王出庭。

阅读了诉状。

柯林斯大律师（以及克拉克和派克）代表被告，提出反对意见：第一，特别裁决表明，游船是在英国注册的船只，被告们所在的救生艇隶属于这艘游船，这不属于陪审团发现的事实。第二，裁决的正式结论是"基于陪审团认定的整个事实，对于杜德利和斯蒂芬斯杀害理查德·帕克是否构成谋杀的重罪，陪审团无法判断"。这也不属于陪审团发现的内容。他们只是发现了与帕克死亡有关的事实，除此之外，没有提到任何内容。第三，诉讼无效，因为诉讼是通过"命令"（order）而不是"调卷令"（certiorari）的形式要求国王出庭的。

司法大臣詹姆斯勋爵代表国王发表意见：关于第一点，国王同意游船在英国注册，而救生艇隶属于游船，故应从诉讼材料中删去。至于裁决结论，依据的是《公报》中特别裁决的形式，诸如"雷克斯诉帕德利案"（Rex v. Pedley）、"雷克斯诉万柏案"（Rex v. Oneby）、"马克凯利案"（Mackally's Case）、"黑兹尔案"（Hazel's Case）等。至于调卷令，根本就没必要，因为巡回法庭现在也是本法院的一部分。

［法院认定被告代表提出的几点内容不成立］

至于本案中的实质问题——被告杀害帕克是否构成谋杀罪——法律规定，个人基于自己的判断，剥夺他人生命，只有在自卫的情况下，才具有正当性——自卫是保护自己的生命不被剥夺。如果在一个人杀害另一个人时，阻止他针对第三人实施某些严重犯罪的行为，也适用该原则。但本案不能适用自卫原则，因为被告不是为了保卫自己免受帕克的伤害。如果帕克拥有食物，他们拿去了，就构成盗窃罪；如果他们为获得食物而杀掉帕克，就构成谋杀罪。通过检索大英博物馆，我们可以在荷兰作家尼古拉斯·图普乌斯（NicholausTulpius）的著作中找到判决中提到的普芬道夫在《论自然法和万民法》中引用的案例，但那个案例显然不是司法判决。[1]

[司法大臣被制止发言]

柯林斯大律师代表被告发表意见：特别裁决认定的事实表明，被告不构成谋杀罪。虽然当时他们杀害了帕克，但是是迫于生存的紧急避险。对于有可能构成犯罪的行为，紧急避险可以成为豁免的理由。（史蒂芬：《刑法概要》第32章"紧急避险"。）史蒂芬的《刑法史》第2卷第108页进一步解释了与紧急避险有关的法律。他提出了一种观点，经常被辩护者引用：在一个木板上，有两个即将溺水身亡的人，这个木板只能支持一个人，其中一个人把另一个人推下了水，幸存者不应受到法律制裁。在"联邦诉霍姆斯案"这一美国案例中，为挽救他人，将甲板上的一名乘客扔下水，这种主张得到了法院认可。罗素在《论犯罪》第1卷第847页详细分析了与不可避免的紧急避险有关的法律，此外，《布莱克顿全集》第2卷第277页、黑尔的《刑事诉讼法》第54页和第40个案例也都提到了这一点。伊斯特的《刑事诉讼法》第221页引用了达尔顿的观点，斯蒂芬斯的"紧急避险的杀人行为"以及"麦克格罗瑟案"（McGrowther's case）和"斯特拉顿案"（Stratton's case）等几个案例都与此有关。培根勋爵在《培根格言》第5条中提到了两个遇难的人爬到同一块木板上，发现这块木板不能承受两个人时，其中一个人就把另一个人推了下去。培根评论说，这种杀人行为存在不可避免的紧急避险，依据非

---

〔1〕 赫德尔斯顿表示，谢尔斯顿·贝克（Sherston Baker）律师已经找到了这个案件的完整事实，并寄信告诉他以下内容：荷兰作家尼古拉斯·图普乌斯于1641年在阿姆斯特丹出版的一本拉丁文著作（《医疗观察》）中写道，目击者告诉了他下列事实：7名英国人乘船去圣克里斯托弗岛（隶属于加勒比海岛屿）巡游一晚，但不幸遭遇风暴，将他们拖到大海上，长达17天不能靠岸。在这期间，其中有一人提议，通过抽签决定牺牲某个人来缓解他们极度的饥饿。他们举行了抽签，但不幸落在了最初提议的这个人身上。由于没人愿意充当刽子手，就又再次抽签决定谁来动手。随后，他们分吃了这个人的身体。最后，轮船终于在圣马丁岛靠岸，这也属于加勒比海岛屿。荷兰人仁慈地接纳了这6名幸存者，把他们送回到了圣克里斯托弗。

常普遍的自我保护原则，这是可以原谅的，因为该原则提示每个人在面对危险时都可以优先保护自己的生命，而他们之间不可避免地要死掉一个。黑尔的《刑事诉讼法》第54页确实明确地提到了饥饿不能成为盗窃的借口，但理由是，在这个国家不会出现这种极端情况。而本案中，被告在当时的处境下不可能得到援助。谋杀罪的实质是具有谋杀的意图，而本案中被告的意图只是维持生命。

最后，英国不具有审判被告的管辖权。他们是英国船只上的工作人员，但特别裁决中认定的一切事情都发生在一艘外国船只上，所以，海事法院没有管辖权。（见"雷格诉凯恩案"（Reg v. Keyn）。）《维多利亚法典》第17、18卷第104章规定的是"英国船只雇佣或新近雇佣的海员犯有违法行为"，因此不能据此提起本案诉讼。在死刑案件中，特别裁决不能通过陈述真正事实而被修改。

司法大臣詹姆斯勋爵代表国王发表了意见。

［首席大法官科尔里奇勋爵：法院的定罪必须能令人信服，你想让我们采取什么方针？］

宣告判决。和以前的做法一样，即使发布调卷令撤销了诉讼档案，也是如此。［见"雷克斯诉博伊斯案"（Rex v. Boyce）、"雷克斯诉亚托斯案"（Rex v. Athos）和"雷克斯诉考克案"（Rex v. Cock）。法院宣布于12月9日宣告判决结果。］

⋯⋯⋯⋯

12月9日，法院（首席大法官科尔里奇勋爵，大法官格罗夫和丹曼、波洛克和赫德尔斯顿）宣告了判决。

首席大法官科尔里奇勋爵宣告：

托马斯·杜德利和埃德温·斯蒂芬斯两名被告被指控于本年度7月25日在公海谋杀理查德·帕克。11月7日，我的同事赫德尔斯顿在埃克塞特听审了该案，在我睿智同事的指引下，陪审团作出了特别裁决。本法庭又讨论了法律问题，基于此，现在我们宣告判决结果。

柯林斯先生对特别裁决提出了一些反对意见，司法大臣也承认了某些内容，我们最终认定如下：［大法官阁下宣读了上文提到的特别裁决］根据特别裁决冷静描述的事实，我们足以发现，两名被告面临严酷的考验，遭受的处境足以毁掉最强壮者的肉体，对良心的考验达到了极限。提交给陪审团的其他事实也都惨不忍睹，骇人听闻。这在我睿智同事的庭审记录中都能找到。但是，不管怎样，这些都是清楚明确的事实：两名被告杀死了一个极度虚弱、毫无反抗能力的男孩，通过吃其肉、喝其血来保存自己的生命，彻底剥夺了这个男孩生还的机会。裁决认为"如果这些人不吃男孩的身体，他们就不可能生还"，并且"这名男孩极度虚弱，很可能死在他们前面"。他们很有可能在第 2 天就被路过的船只搭救，但也可能永远没有被搭救的机会。在任何一种情况下，杀害这个男孩都显然是不必要的无益之举。裁决发现，这个男孩无力抵抗，事实上根本未做任何抵抗，甚至不能认为被告对他施加了任何暴力行为才导致他的死亡，也不能说他遭到了杀人者的威胁。在这种情况下，陪审团认为，杀害他的人是否构成谋杀罪，他们无法判断。陪审团将这个问题交给了法院，由法院根据他们认定的事实来决定法律后果。

柯林斯先生在辩论案件的主要问题之前，对形式问题提出了一些质疑。首先，他认为，陪审团根据法院判断形成自己的裁决，而陪审团的特别裁决理应被写入庭审记录，但我睿智的同事并没有将这些裁决写进去。由此，庭审记录形成的部分裁决导致了整个裁决的无效。但答案有两点：①这确实是陪审团的意思，只是用法律术语进行了描述，但已经通过必要的提示，包含了陪审团发现的事实。②这纯粹是一个形式问题。根据我们提供的王室案例，这已经成为先例。至少 100 年来，王室案例中特别裁决的形式都是如此。

接着，柯林斯先生的反对意见认为，应当通过调卷令提审该案，而本案中却没有发布调卷令。这也是事实，但这种反对意见毫无道理。在 1873 年《司法法》（《维多利亚法典》第 36、37 卷，第 66 章）通过之前，由于巡回法庭不属于王座法院，所以王座法院要发布调卷令，才能提审不属于自己的诉讼文卷。但依据 1873 年《司法法》第 16 节的规定，巡回法庭现在已经成了高等法院的一部分，管辖权属于高等法院。法院发布命令就可以调取这些法院的文卷，因为二者都属于同一法院，只是分属不同部分而已。本案中的文卷就可以采取命令的形式调取。我们一致认为，这个反对意见无效。

柯林斯先生还依据"弗兰肯尼亚案"中多数法官的意见进一步指出，埃克塞特的法院无权审理这些被告。但是，①在那个案件中，被告是德国人，作为德国轮船的船长实施了所谓的犯罪行为，而本案的被告是英国海员，都是英国船只上的船员，在公海上遭遇了风暴遇难，逃到了一艘救生艇上。②议会已将"弗兰肯尼亚案"中的少数意见制定成了法律，至今一直有效。③对于这个反对理由来说，《维多利亚法典》第 17、18 卷第 104 章第 267 节绝对是致命的。该条规定："案发之时或此前三个月内受雇于任何英国船只的所有船员或学徒，不管是在岸上还是在船上，无论是否在女王陛下管辖的领域之内，侵犯财产或他人人身的行为都应分别被认为触犯了相关法律，应和英国海事法院司法管辖范围内的同类罪行一样，在相同的时间、地点和法院进行询问、听证、审理和判决。"因此，我们一致认为，该反对意见同样不成立。

本案中还需要审查的真正问题是，在特别裁决认定的环境中，杀人是否还属于谋杀罪。在我们看来，任何主张不构成谋杀罪的观点都很新奇。我们制止了司法大臣的反驳，为的就是能够听到支持那些可能对我们来说显然危险、不道德，甚至有悖法律原则和论证的观点。毫无疑问，我们鼓励所有观点。现在，我们考虑并决定最终结果。首先，这种观点声称遵循了有关谋杀罪的各种权威定义，认为这些定义暗含了——即使没有明说——这样一条原则：为了挽救自己的生命，即使他人没有攻击，也没有威胁到你的生命，没有任何针对你或他人的犯罪行为，你仍然可以合法地剥夺他人的生命。但如果仔细审查那些权威定义，它们并不支持这种观点。在这一点上，向我们引证的最早文献出自布莱克顿。他生活在亨利三世时代。里夫（Reeve）先生告诉我们，历史上曾有一段时间，人们普遍怀疑布莱克顿，因为他把宗教学家和普通市民与普通法律师搅和在了一起。当然，现在不存在这种认识了，但我们依据的关于杀人罪的论述还是一个特例。他认为，宗教意义上的"罪"（sin）和刑法上的"罪"（crime）都是非法的，并且明确表示，有可能是"语言或行动"触犯了谋杀罪。所以，在布莱克顿看来，像神人那样"凭借恶毒之舌致人死亡"的人好像也可以从法律上指控其犯了谋杀罪。但是，在关于紧急避险那一段，布莱克顿显然是在通常意义上谈论紧急避险——采取暴力进行反抗，只有这种暴力是反抗任何针对自己身体的非法暴力所必需的，才具有正当性。布莱克顿表示，如果紧急避险是"可避免的，他能够不受伤害地逃避，那就成了杀人"，这句话清楚地表明，他分析的是身体危险，并且是有可能避免的，而他用来证明杀人行为正当性的所谓"不可避免的紧急避险"就是同一性质的紧急避险。

然而，可能更加明确的是，这种原则并不能从伟大的权威——黑尔勋爵——那里获得支持。他的观点非常直白，不管是过去，还是现在，证明杀人行为具有正当性的唯一理由就是紧急避险。他说："在所有紧急避险的杀人案件中，诸如追捕重罪犯、杀死暴力抢劫者，杀死试图烧毁房屋或破门而入的罪犯等，这本身不构成犯罪。"（黑尔的《刑事诉讼法》第 1 卷第 491 页。）他又说道："证明杀人行为具有正当性的紧急避险分两种情况：①私人性质的紧急避险；②关系公共正义和安全的紧急避险。前者是迫使个人进行自我防卫的紧急避险，且要考虑以下要求：保护一个人的生命可能需要做什么？"接着，他指出了三个不必追求的目的。然后，黑尔勋爵又继续说道："当涉及第一点时，即杀人是为了保卫自己的生命，这通常归为正当防卫。"再清楚不过的是，黑尔勋爵认为，通常所谓的"自卫"是能够证明——并且是唯一能够证明——为保卫自己生命剥夺他人生命正当性的私人紧急避险。（黑尔：《刑事诉讼法》第 1 卷第 478 页。）

但是，有的人对黑尔勋爵的这些话还有疑问，而对于这些疑问，黑尔勋爵自己又作了澄清。在他讲解因受胁迫或紧急避险而享有豁免的那一章时，他说道："如果一个人遭遇残酷袭击，面临生命危险，除杀死当时在场的无辜人员以满足施暴者的气焰外别无逃路时，他的这种恐惧心理以及实际上的杀人行为并不能令其免去谋杀罪的定罪和处罚。因为他应当牺牲自己，而不是杀死无辜。但是，如果他为挽救自己的生命，面临别无选择的困境时，法律允许他杀死施暴者来防卫自己，因为基于施暴者的暴行，以及对本人施加的犯罪行为，自然法和紧急避险已经使他成了自己的保护者，可以采取适度的保护措施。"（黑尔：《刑事诉讼法》第 1 卷第 51 页。）

但是，黑尔勋爵在接下来谈论惩罚的那一章——也涉及辩护者主张的观点——又进一步作了澄清。他借用格劳秀斯和普芬道夫的话说，在极端必要的情况下，不管是由于饥饿还是由于缺少衣服，"贼就不再是贼，或者，至少可以说，不能按贼进行惩罚，我们自己有些律师甚至也持这种看法。但是，至少根据英国法来说，这种规则是错误的。如果一个人迫于食物或衣服的必要，以这种理由故意秘密偷取了他人物品，是犯罪，并且，依据英国法律，是应被判处死刑的犯罪"。（黑尔：《刑事诉讼法》第 1 卷第 54 页。）因此，如果黑尔勋爵的观点是清楚的——他的观点确实清楚——极端饥饿的紧急状态并不能证明盗窃的正当性。那么，难道他想说的是这项原则可以证明谋杀的正当性吗？

在这个问题上，我们还可以找到另一个重要权威（可能是仅次于黑尔勋爵的权威），那就是迈克尔·福斯特（Michael Foster）。他在《论杀人》第 3

章谈到了"基于紧急避险的杀人行为"。并且，整章蕴含了——如果不是刻意蕴含，那就是无意中蕴含了——这样一种观点：在迈克尔·福斯特看来，"紧急避险"和"自卫"（他称之为"以暴制暴，直至杀死对方"）是可以相互转换的术语。而这一章根本没有提及辩护人主张的这项原则，并且，整章的推理与辩护人主张的原则也是相互矛盾的。

在伊斯特的《刑事诉讼法》（第 1 卷第 271 页）中，论述紧急避险杀人的整个章节都详细讨论了紧急避险的限度。从上述迈克尔·福斯特的观点来看，自卫是用来证明杀人正当性或充当杀人借口的限度的。其只是在最后用很简短的一段话非常概括性并且也是非常含糊地谈到了这个问题。讨论的唯一例子还是一块木板上有两个遇难的人但这个木板只能承受一个人的著名案例，但爱德华·伊斯特先生根本就没有就此给出结论。

爱德华·伊斯特先生的观点也是萨金特·霍金斯（Serjeant Hawkins）先生的观点。霍金斯在讨论正当性杀人的整个章节中认为，个人的正当性杀人行为只能是出于自卫，防止人身、房屋或物品受到暴力侵害。在第 26 节，我们再次发现了两个遇难的人和一块木板这个案例，并引用了一位谨慎的作者所做的意味深长的表述，"据说这是正当的"。达尔顿在第 150 个案例中也明确阐述了迈克尔·福斯特意义上的紧急避险和自卫问题，称之为可相互转换的术语。他从培根勋爵那里引用了两个遇难的人在一块木板上的案例，但对培根的观点没有加以任何评论，没有任何自己的观点。第 339 页有一段话非常引人注目，他说，即使在受到谋杀袭击时，在采取自卫剥夺对方生命之前，也"要尽量延缓"。

我们目前分析的整个判决意见几乎都是以斯坦德福德（Staundforde）的论述为基础进行分析的。但即使仔细分析他的意见，我们也得不到任何值得借鉴的结论。他说证明杀人行为正当的紧急避险必须是不可避免的，他用来分析的例子与刚才引用的达尔顿的例子是完全一样的。他所谈到的紧急避险是身体上的紧急避险，自卫是反抗身体暴力。罗素只是重复了旧教科书上的话，并没有增添新的话语，也没有任何新鲜的论证。

那么，还有什么权威性观点能支持摆在我们面前的观点吗？既决案件是没有的。律师协会的一名成员发现了格劳秀斯和普芬道夫提到的 7 名英国船员的案子，并写信给我的同事赫德尔斯顿，转达了圣基茨岛当时唯一一名法官的权威意见。那大约是在 1641 年，这个岛一部分属于法国，另一部分归属我们。阿姆斯特丹出版的一本医学专著也提到了这个案件。但将两者结合起来在英国法院作为权威依据也无法令人信服。我的同事斯蒂芬斯在他写的沃尔顿《论杀人》的《评注》中引用了美国案例，美国案例明确判决船员无权为保全自己而扔掉乘客，但依据的理由非常奇怪，即决定牺牲谁的恰当方式应当是投票。正如我的同事斯蒂芬斯所说的，这根本不可能作为我国法院判案的权威依据。曼斯菲尔德勋爵在"雷克斯诉斯特拉顿等人案"（Rex v. Stratton and Others）中的分析相当出彩，但这是一个政治审判。判决的问题是，废黜马德拉斯总督是否具有政治上的必要性。这根本无法被适用于本案，本案必须依据完全不同的理由进行判决。

截至目前，唯一真正的权威意见来自培根勋爵。他在评论法律格言——"紧急避险必须尊重私权"——时解释道："紧急避险有其自身的特权。构成紧急避险的情况有三种——保护生命，服从命令，迫于神明或他人行为，首要的是保护生命。如果一个人因饥饿偷了食物，就不是盗窃罪。所以，如果某条小船或游船倾覆，落水者危在旦夕，其中一人得到一块木板或是抓住船舷，使自己不至于沉底，而另一个人为了求生将他推走，致其溺亡。这既不是正当防卫，也不是意外事件，但却正当合理。"在这一点上，需要注意的是，培根勋爵引用了斯坦德福德的话来论证自己的观点，即因饥饿盗窃不构成盗窃罪，但斯坦德福德根本不支持这种观点。并且，这种观点也与前文引述的黑尔勋爵的观点截然对立。关于木板或小船的观点，据说源自宗教法专家。无论如何，培根都没有引用权威论据来论证自己的观点，我们只能推断这其实是他自己的观点。尽管作为法律人来说培根勋爵是伟大的，但是，应当允许小人物依据法律原则和其他权威论述（与培根勋爵具有同等权威甚或是高于培根勋爵的其他法律人）来质疑培根勋爵观点的可靠性。在许多可以想到的情况下，培根勋爵的观点可能是正确的，但如果他想将这种宽泛的观点——在必要的情况下，一个人可以通过杀死无辜者或没有任何危害的邻居来保全自己的生命——规定成法律，在今天肯定是不可行的。

还有一个权威就是我的同事斯蒂芬斯。他在《评注》和《刑法史》中都用了非常宽泛的语言，理应可以将本案涵盖其中。但他使用的语言有点模糊，没有任何一处提到了本案的紧急避险，因此，最可靠的结论只能是他根本就没打算谈及这一点。如果有必要，我们必须借助一些与他不同但却是真正的参考依据的观点。但我们至少可以说："如果他是法院法官，他是否会反对，我们不得而知。"在这个问题上,我们的观点与《刑法典》起草委员会那些博学的委员们的观点基本一致。他们认为:"我们当然不建议紧急避险在任何情况下都具有正当性。我们同样不建议在任何案件中都不能将紧急避险作为辩护理由。我们认为,这个问题最好在具体实践中解决。当实践中出现这个问题时,应将法律原则应用到特定情况中加以判断。"

如果这些卓越人士能告诉我们,"在他们眼中,可接受的合法紧急避险是否正确详尽,如果不是,应如何修正",那就足以让我们心满意足了。但就像他们所说的,我们得到的是"将法律原则应用到特定情况中加以判断"。

现在,除了讨论在所有案件中,在任何情况下,保护一个人的生命在多大程度上是绝对的、无条件的、至高无上的义务之外,我们不考虑任何的战争行为。我们正在讨论的是个人杀人行为,不是效忠王室、捍卫国家的义务。现在,除非能用一些法律上公认的理由来证明杀人行为的正当性,否则,故意杀掉这个没有任何危害又不做任何反抗的男孩,显然就是谋杀。这一点已经得到认可。还得到认可的是,在这个案件中,除了用所谓的"紧急避险"来证明谋杀行为的正当性之外,不存在法律上公认的理由。但是,在本案中,杀人行为的诱发因素并不是法律上所谓的"紧急避险"。这并不遗憾。虽然法律不同于道德,许多事情可能是不道德的,但并不必然是违法的。然而,如果法律完全脱离道德,那么后果将会非常严重。如果法律支持本案中的谋杀行为,那么法律就完全脱离了道德。事实上是不应当这样的。保护生命一般来说是一项义务,但牺牲生命则可能是最朴素、最高尚的义务。战争中的很多场合都要求牺牲生命,而不是保全生命。在海难中,船长对船员应尽的义务,船员对乘客应尽的义务,士兵对妇女儿童应尽的义务,就像是在著名的"伯肯黑德案"(Birkenhead)那样,人们背负的这种义务是一种道德义务,是让他们牺牲自己的生命,而不是保护自己的生命。任何国家的人(我们希望至少在英国)都不能逃避这样的义务。事实上,他们从未逃避。因此,任何关于绝对地、无条件地保全一个人生命的说法都是不正确的。培根勋爵在被大量引用的论紧急避险那一章引用了古罗马一名官员的话——"宁可战死,也不偷生",并给予了极高的赞美。从古希腊、古罗马的先贤那里,从霍勒斯、尤维纳利斯、西塞罗、欧里庇得斯等人一段又一段的论述中,我们很容易找到大量老生常谈的话语。在这些著作中,先贤们用闪光而又铿锵有力的语言从世俗伦理中确立了为他人献身的义务。在一个基督教国家,只要用我们宣誓追随的伟大榜样来提醒我们就够了。至于辩护人主张的观点，如果得到承认，将产生的可怕后果已无需多言。谁有权判断这种紧急避险？以什么标准来比较不同生命的价值？是体力、智力，还是其他条件？显而易见，这种原则只会让那些为了保全自己而杀害他人的人获益，因为正当杀人的紧急状态将由他来决定。本案当事人选中的牺牲对象是一个最弱的、最小的、最无反抗能力的孩子。难道杀死他比杀死成年人中的任何一个都更必要吗？答案一定是"不"！

"魔鬼说道，在必要时，暴君的要求就是他做邪恶之事的借口。"

这并不是说本案中的行为就是"邪恶"的，但很明确的是，一旦承认了这样一个原则，其就可能会成为放纵激情和恶意犯罪的合法借口。法官只能尽自己的最大能力查明法律，依据自己的判断伸张法律，除此之外，没有确定无疑的道路可走。如果在某种情况下，法律对个人太过严厉，那就只能呈递给国王陛下，依据宪法授予的宽宥之权，免除这项规定。

不要认为拒绝承认诱因可以成为犯罪的借口就表明我们忘记了本案当事人面临的诱因有多么可怕，也不等于我们就漠视当事人承受的磨难有多么严酷。在这种案件中，保持判断的正直和行动的纯洁是多么艰难！我们经常被迫设定一些我们自己都无法达到的标准，不得不写下一些我们自己都不能遵守的规则。虽然有人可能无力抵抗某种诱惑，但任何人都无权以诱惑作为借口，也不能因对罪犯的同情而以任何方式改变或弱化犯罪的法定含义。因此，我们的责任就是宣布，本案中被告的行为是故意谋杀，特别裁决中认定的事实不是杀人的合法理由，所以依据特别裁决，我们一致认为，被告谋杀罪成立。[1]

[因此，法院判处两名被告死刑。[2]]

女王的律师：御用律师
被告律师：艾文 & 霍奇斯（Irvin & Hodges）律师事务所

---

〔1〕 我的同事格罗夫为我提供了以下建议，虽然来不及写进判决，但很值得存档："如果两名被告杀死帕克是正当的，那么如果他们没有及时获得救济，三个幸存者中的两个人杀掉第三方就也是正当的。同样，剩下的两个人中，强壮者杀掉较弱者也是正当的。因此，就可能会有三个人被正当地杀掉，为第四人留下生的希望。"

〔2〕 这个死刑判决后来被女王减刑改为6个月监禁。

英国法中基于过失的一般侵权责任
——多诺霍诉史蒂文森案

吴至诚 *译

案名：M'Alister（or Donoghue）（Pauper）Appellant v. Stevenson Respondent.

索引：Donoghue v. Stevenson［1932］AC 562.

另收录于［1932］All ER Rep 1；［1932］SC（HL）31；［1932］SLT 317；［1932］WN 139.

地点：英国上议院

时间：1932 年 5 月 26 日

主审法官：Lord Buckmaster, Lord Atkin, Lord Tomlin, Lord Thankerton, Lord Macmillan

主旨概述：根据苏格兰和英格兰的法律，若有食物、药品等物品由生产商出售给销售商并逐步流转到最终购买者或真正消费者手中，且此种出售的形式决定了销售商、最终购买者以及实际消费者都难以发现货物可能存在的缺陷，那么该生产商对最终购买者和实际消费者都负有保证该物品不存在足以损害健康的缺陷的注意义务。（阿特金大法官、范奇顿大法官和麦克米兰大法官 3 人赞同，巴克马斯特大法官和汤姆林大法官 2 人反对，上议院最终以 3∶2 的勉强多数支持了此次上诉。）

背景提要：本案来自于原审上诉人不服苏格兰民事最高法院第二分庭常任法官蒙克利夫法官的裁决而提起的再次上诉。上诉人（一位商店助理）因为喝了被上诉人（一家生产汽水的生产商）生产的一瓶内含部分已解体蜗牛

＊ 中国人民大学法学院助理教授，牛津大学法学博士。

的姜汁啤酒而感到不适，在原审上诉中向苏格兰民事最高法院主张追究被上诉人的产品侵害其身体的责任。被上诉人当时在答辩状中辩称：①这瓶酒虽产自他的工厂，但却是由上诉人的一位朋友在苏格兰佩斯利市的一家咖啡店买给上诉人喝的，这瓶酒也曾一度在一位名叫明切拉的店员手中。②姜汁啤酒的瓶子在生产时采用的是不透明的深色玻璃，上诉人在喝的时候的确不会轻易怀疑里面的饮料是不是纯的姜汁啤酒。③上诉人当时并没有直接对着酒瓶饮用，而是在店里由刚才提到的名叫明切拉的店员将酒从瓶中倒入玻璃杯中。④上诉人在饮用杯中酒后，她的朋友也将瓶中剩下的姜汁啤酒倒入了另一个玻璃杯中，随后突然发现一只已处于解体状态的蜗牛从酒瓶中被冲了出来。⑤看到了这个恶心的蜗牛，想到了自己可能已经喝了不纯的姜汁啤酒，上诉人在震惊的情况下突发了严重的胃炎。对此，上诉人反驳道：①姜汁啤酒是由被上诉人生产并作为一种饮料提供给公众的（包括上诉人）；②酒的装瓶过程是由被上诉人独自完成，瓶上也贴有标明被上诉人名称的标签，最终也是由被上诉人用金属瓶帽封装完成；③被上诉人作为生产商，有义务在生产的过程中防止蜗牛进入瓶体，也有义务在检验中就发现潜在的缺陷，但本案中被上诉人没有尽到这些义务，导致了损害的发生。被上诉人进一步答辩称，上诉人的反驳意见与本案的核心争点无关，无法支持她的诉讼请求。但苏格兰民事最高法院常任法官认为上诉人的反驳意见应予支持，并拟下达支持其主张的裁决。然而，在分庭法官合议后，多数主审法官（最高法院副院长、奥米达尔大法官、安德森大法官 3 人赞同，亨特大法官 1 人反对）主张追回常任法官的支持裁决，并裁定驳回原审上诉人的诉讼请求。

1931 年 12 月 10 日、11 日

上诉方律师：乔治·莫顿皇家大律师（同席出庭律师 W. R. 米利根，二人均属苏格兰大律师公会），上诉理由如下：

上诉人在原审中关于本案事实的回答足以构成有效的诉因。苏格兰民事最高法院第二分庭在原审审理中认为法院之前的判例——"Mullen v. Barr & Co Ld 案"[1]对本案有约束力。该案判决认为苏格兰和英格兰法（英国法）在生产商对消费者责任的问题上没有区别——对此我方并无异议——那么本

---

[1] 1929 S. C. 461.

案争点就转化成了英国法就此问题的立场如何。第二分庭的多数法官（除亨特大法官一人反对外）认为在英国法中存在一系列与我方上诉人的主张相反的判例。我们认为，被苏格兰最高法院引用的这些判例存在互相矛盾之处，且这些判例的事实与本案事实有显著不同。事实上，我们根本找不到任何一个与本案事实相关的先例，里面有法官宣称生产商对消费者不负法律责任的判决。第二分庭在这个基础上得出了一个原则：生产商在一般情况下对任何与其无合同关系的人不负法律义务。对于这项原则，有两个众所周知的例外：①产品依其本身属性就是危险的；②产品虽依其本身属性并不危险，但生产商明知此产品有危险的。我方上诉人主张，就生产商对公众所担负的法律责任而言，例外的种类不应被如此严格地限定，生产商是否负担法律上的义务应根据具体案件的具体情形来判定。如果生产商向市场投放了一种供人类消费的商品，且此种商品因其外形使零售商或消费者在取得时难以检查出其中隐含的问题，那么该生产商就应负有保证消费者不会因为使用此商品而损害自身健康的注意义务。本案中，被上诉人就对上诉人负有保证这瓶由被上诉人生产、装瓶、贴标、封盖的姜汁啤酒（致使消费者无法察觉瓶中成分的危险）不含任何足以损害上诉人身体健康的成分的注意义务。参见"George v. Skivington 案"[1]，另参见"Heaven v. Pender 案"中布雷特掌卷大法官的论述[2]、"Dominion Natural Gas Co v. Collins & Perkins 案"中但尼丁大法官的论述[3]。需要重申的是，"George v. Skivington 案"虽然不是经常被正面提及[4]，但此判例毕竟没有被推翻，甚至被上议院正面引用过：参见"Cavalier v. Pope 案"[5]。我方的立场在美国法中也能找到依据，即"Thomas v. Winchester 案"[6]。

[注：上诉方律师也引用了"Dixon v. Bell 案"[7]；"Langridge v. Levy 案"[8]；

---

[1] L. R. 5 Ex. 1.

[2] 11 Q. B. D. 503, 509 et seq.

[3] [1909] A. C. 640, 646.

[4] L. R. 5 Ex. 1.

[5] [1906] A. C. 428, 433.

[6] (1852) 6 N. Y. 397.

[7] (1816) 5 M. & S. 198.

[8] (1837) 2 M. & W. 519；(1838) 4 M. & W. 337.

"Longmeid v. Holliday 案"[1]；"Bates v. Batey & Co. Ld 案"[2]；"Weld-Blun-dell v. Stephens 案"[3]

被上诉方律师：苏格兰律师公会会长 W. G. 诺曼德（同席出庭律师 J. L. 克莱德，属苏格兰大律师公会）和 T. 埃德琼斯（属英格兰大律师公会）。答辩意见如下：

在包括本案在内的通常情况下，生产商除了合同以外不可能对消费者负担任何义务。显然，本案事实不属于上述此项原则的两项例外中的任何一项，但上诉人主张了此原则存在第三种例外——本原则也不适用于生产商的产品投放于公共市场供消费者使用且消费者无法检测其风险的情形。对于这项主张，我方被上诉人认为，这既非亨特法官在原审判决中提出异议的焦点，也无法在有记录的先例中找到任何线索来支持上诉人观点。需要注意的是，这里没有任何生产商蓄意投放蜗牛的暗示，上诉人显然也无法证明这项阴谋。至于基于生产商过失的侵权责任，上诉人试图通过"任何人不能被允许往市场上投放有害的食物或饮料"来证明自己主张的合理性，但一般的供人类使用的物品与供人类消费的食物和饮料真的有实质上的区别吗？我方认为，布雷特掌卷大法官在"Heaven v. Pender 案"[4]中对此项侵权责任的表述过于宽泛。实际上，布雷特掌卷大法官本人在后来的"Le Lievre v. Gould 案"[5]中已对其先前的表述作出了大幅度削减，并得到了阿尔·史密斯大法官的赞同。所以，关于此项侵权责任的真正标准应如"Heaven v. Pender 案"[6]中科顿大法官与博恩大法官指出的那样。至于上诉人主要依赖的"George v. Skivington 案"[7]判例，汉密尔顿法官和勒什法官在"Blacker v. Lake & Elliot Ld 案"中对此已经作出了推翻的裁决。[8]汉密尔顿法官指出，如果消费者 B 因为生产商 A 的产品的缺陷而蒙受损害，且 B 依赖"George v. Skivington 案"追究生产商 A 对最终使用者的义务，那么应当认为 A 违反了与另一人的合约中关于生

---

[1] (1851) 6 Ex. 761.

[2] [1913] 3 K. B. 351.

[3] [1920] A. C. 956, 985.

[4] 11 Q. B. D. 503.

[5] [1893] 1 Q. B. 491.

[6] 11 Q. B. D. 503.

[7] L. R. 5 Ex. 1.

[8] (1912) 106 L. T. 533.

产商品时的注意义务和技术义务的事实本身不能给 B 任何诉因，因为 "George v. Skivington 案"[1]与 "Winterbottom v. Wright 案"[2]不一致。

[注：被上诉方律师也引用了 *Pollock on Torts* 第 13 版，第 570～571 页，以及 *Beven on Negligence* 第 4 版第 1 卷，第 49 页。]

总而言之，英国法就此问题的发展方向是与上诉人的主张正好相反的。

乔治·莫顿皇家大律师对此也作出了回应。

上议院在一段时间的考虑后，于 1932 年 5 月 26 日下达终审判决如下。

巴克马斯特大法官（由汤姆林大法官宣读）：

尊敬的大法官阁下们，本案的事实很简单。1928 年 8 月 26 日，本案上诉人饮用了由被上诉人生产的由上诉人的朋友从一零售商处买给她喝的姜汁啤酒。啤酒瓶中含有解体的蜗牛，且此问题未能（且不可能）在上诉人已然饮完大半瓶酒前被其发现。基于此，她宣称自己遭受了巨大的震惊并引发了急性胃炎（考虑到我们已经进入终审阶段，此宣称的真实性已经不容置疑），进而提交了诉讼申请。此诉讼经过层层上诉，最终来到了这里。

上诉人的主张的基础是：作为生产商的被上诉人因为生产了供人消费的、其瓶中危险难以被事前察觉的货物，因此应对作为消费者的上诉人负担一项保证货物中不存在有害物质的义务。因被上诉人的疏忽导致其未能履行上述义务，则上诉人就应对其基于此项疏忽所造成的损失承担侵权损害赔偿责任。经过一些不太重要的修改后，此项主张被提交至苏格兰最高民事法院独任法官处。独任法官决定驳回了被上诉人的答辩意见，并拟支持上诉人的请求。但分庭法官合议后，民事最高法院还是撤回了独任法官的决定，并驳回了上诉人的诉讼请求。这份判决就是此次终审审理的被上诉判决。

在展开实质性的讨论之前，有两点需要在此声明：第一，上诉人此次诉讼请求的法律基础是基于 "过失的侵权"（negligence）而非 "基于欺诈的侵权"（fraud）。第二，在整个上诉的前后过程中，有一点是毫无争议的（无论是苏格兰第二分庭，还是上诉人，抑或是尊敬的大法官阁下们），那就是：苏格兰法与英国法（英格兰法）就本问题的立场是一样的。因此，虽然本案来自苏格兰，我却只需考虑英国法，且我认为此次诉讼也只需立足于英国法

---

[1] L. R. 5 Ex. 1.

[2] (1842) 10 M. & W. 109.

即可。

具体而言，此次适用的法律是普通法。需要注意的是，虽然普通法可以适用于当年的先例在造法时没能考虑到的新情况（故可能带来不公），我们也不能仅仅因为出现了某一项值得赞许的特例且此特例超出了先例产生那时所想到的适用情形就去改变先例所确立的原则，或是对先例作一些增补。

对于我们这个案件而言，普通法需要去有权威者的著作里或者值得信赖的法官判决中寻找根据。法学著作是不能给我们提供直接帮助的，因为不管这些著作出自多么值得尊敬的在世学者之手，我们都不能直接引用这些著作里的观点作为我们判决的法律依据，尽管其中有一些著作确实提出了很值得关注的论点。至于古书，当然也不可以被直接引用。因此，我就转向了先例，看看能不能通过解释某些先例来找到我们处理此次案件的依据。与此有关的最早的案例之一是"Langridge v. Levy 案"[1]——一个被后来的法官经常提及和解释的案子。一个人造了一把枪，他知道这把枪对买家的儿子来说太危险，但他还是把枪卖给了这位买家。后来，这把枪果然在买家儿子的手上走火了，这位买家的儿子被判决有权追究枪械制造者的侵权责任。此案和本案的联系到底有多紧密？我们可以从当时宣读判决的帕克男爵的口中分析。他是这样说的："我们不可以再往下推导出如下的先例了，哪怕这种先例对应的情形涉及的是那些依其本身性质就很危险的物品，即无论这样的物品辗转至何人之手，只要该人被此危险物伤及，则物品原出卖人（即生产商）就需要对此人承担侵权责任。"与之类似，他在"Longmeid v. Holliday 案"[2]中也指出之前那份判决的表述容易造成误解，并明确地否认了那些认为那份判决宽泛适用范围的观点。如此，即使"Langridge v. Levy 案"[3]被很多后来的观点所引用，其也还是可以被排除的，因为它根本不能成为那些观点的依据。

反观"Winterbottom v. Wright 案"[4]就是一个很恰当的、可以适用于此的案例。该案被告在组装马车的过程中存在疏忽，不过马车伤到的却是一个与此马车的组装、销售均无关联的第三方。第三方基于被告疏忽的侵权损害赔偿之诉失败了，法院认为，他无论在合同上还是在侵权上都没有诉因。在我

---

[1] 2 M. & W. 519; 4 M. & W. 337.

[2] 6 Ex. 761.

[3] 2 M. & W. 519; 4 M. & W. 337.

[4] 10 M. & W. 109.

看来，这个案子传达的信息就是：物的制造者对第三人不负因其疏忽制造带来伤害的侵权责任，因为现有的诉因分类中没有任何一类可以包括这种情形。值得注意的是，奥尔德森男爵在本案中说道："唯一稳妥的规则就是把这种权利限定在合同关系之内；如果我们允许这种权利在合同以外仍能存在，那我们还不如干脆让双方平分财产算了。"[1]

在"Longmeid v. Holliday 案"[2]中，一个有缺陷的台灯被卖给了一位男士，他的妻子后来因为这个台灯的爆炸而受伤。但重要的是，该案的被告并非台灯的制造者，所以这个案子与本案其实不是很接近。但该案法官帕克男爵的话却涵盖了制造者的情况，因为他是这样说的：如果说这种程度的注意义务在平常生活中的一般人之间也存在的话，这种说法就太过了，即如果一个机器依其本身属性不危险，但因为嗣后的某个未知原因产生了缺陷，且此缺陷是此机器拥有者施加一般的注意就可以发现的，那么只要这个机器被 A 租借或交给 B（甚至此机器正是 A 从制造者手中取得），则 A 就该对 B 因使用此机器遭受的损害负责。

诚然，帕克男爵使用的是"租借或交给"，而没有使用"出售"。但考虑到这段话是在说制造者是否对第三人负有义务，且此义务完全与合同无关，我想不管此物经由租借还是销售取得，结果应该都是一样的。就像本案一样，即使这瓶姜汁啤酒是从厂里直销至本案购买者处也不能加重生产商的注意义务（如果说这种义务真的存在的话）。

有人说帕克男爵的话不包括基于疏忽的制造。但对于那些有检查义务的人而言，如果其在制造过程中因为疏忽而未能检查出本应检查出的缺陷，那么从疏忽的角度看，这种行为和基于疏忽的制造没有本质区别。

正如萨默大法官在"Blacker v. Lake & Elliot Ld 案"中所指出的[3]，上述案例共同支持的一个基本原则就是："被告违反与 A 关于在制造或修理某产品中应投入谨慎和技术的合同的事实不能给那个正因使用此缺陷产品而蒙受损害的 B 任何诉因。"

众所周知，上述原则有两个可以使 B 对 A 胜诉的例外情形：第一，该产

---

[1] 10 M. & W. 115.

[2] 6 Ex. 761, 768.

[3] 106 L. T. 533, 536.

品依其本身属性就是危险的；第二，尽管该产品依其本身属性不危险，但由于某些原因（比如该产品有缺陷），且此原因是生产者明知的。除此之外我没听说过第三个例外情形，至少在"George v. Skivington 案"[1]之前就是这样。

关于上述第一种例外，即产品依其本身属性就是危险的，根据但尼丁大法官的观点，"运输者和安装者都负有一项特殊的义务，即采取保护措施防止有可能靠近此产品的人不会被其伤害"。[2]至于第二种例外，这种例外的承认是基于这样的推理，即知悉危险存在的事实产生一项警告义务，如果此人隐瞒，这就是欺诈（但本案肯定不是基于欺诈的侵权）。本案中，显然没有人会认为姜汁啤酒是那种依其本身属性就很危险的产品。而但尼丁大法官所说的义务应该就只是针对该类产品而言，因为按照我的理解，他所说的"特殊的义务"应该就是意指一项只针对那类被提及的特殊产品的义务。

在余下的案子中，"George v. Skivington 案"[3]是离本案最近的一个，如果不考虑该案，也不考虑克利斯比男爵在"Francis v. Cockrell 案"[4]中的判决，以及布雷特掌卷大法官在"Heaven v. Pender 案"中[5]的意见，那么上诉人的请求就无法可依了。"George v. Skivington 案"[6]是一个关于销售有毒洗发水的案子：虽然真正因使用了该洗发水导致健康受损的人不是那位买家，但因为生产商在合成洗发水时确有疏忽，该案原告最终胜诉了。值得注意的是，该案原告援引了"Langridge v. Levy 案"[7]用以支持自己的请求，该案也的确影响了最后的判决。凯利首席法官和皮格特男爵都强调了一个事实，即与"Langridge v. Levy 案"[8]类似，被告明知标的物是买家买给原告使用的。男爵在明知"Langridge v. Levy 案"[9]的判决理由是欺诈的情况下，却（在Francis v. Cockrell 案中）将其阐发，"只要把'欺诈'替换为'疏忽'，就可

---

〔1〕 L. R. 5 Ex. 1.
〔2〕 See Dominion Natural Gas Co., Ld. v. Collins & Perkins, [1909] A. C. 640, 646.
〔3〕 L. R. 5 Ex. 1.
〔4〕 (1870) L. R. 5 Q. B. 501, 515.
〔5〕 11 Q. B. D. 503, 509 et seq.
〔6〕 L. R. 5 Ex. 1.
〔7〕 2 M. & W. 519.
〔8〕 2 M. & W. 519.
〔9〕 2 M. & W. 519.

以将'Langridge v. Levy 案'〔1〕类推适用于本案了"。这里我必须得说,这种替换是完全不可以的。没有任何基于欺诈的诉讼可以只通过证明疏忽的存在就得以胜诉。

我不打算遵循"George v. Skivington 案"〔2〕的精神,几乎没有先例能在一种危险状态下保持这么长时间的生命力。萨默大法官在"Blacker v. Lake & Elliot Ld 案"〔3〕中仔细地分析了"George v. Skivington 案"的历史,我同意他的结论。他得出的结论是:虽然他还不敢说"George v. Skivington 案"的判决是错的,但他还是打算拒绝遵循此案,这是基于如下理由(我也认为如此),即它和"Winterbottom v. Wright 案"〔4〕的先例有冲突。

在"Francis v. Cockrell 案"〔5〕中,原告买了张票去看比赛,却因为马场的看台塌陷而受伤。被告是马场的按份共有人之一,并且是收取票款的一方。这个看台是由某承包商建成,该承包商在建造中的确存在疏忽大意的过失。该案的结果是原告胜诉。该案和本案原本无关,但值得注意的是,克利斯比男爵在判决书中提及了以下内容:马休先生提及的这点源自于"George v. Skivington 案"〔6〕。该案的妻子受到了人身伤害,但合同却是丈夫与另一个人的。该案首席大法官认为妻子有合法诉因,对此我也表示赞同。他认为,出售人在组装商品时不仅对买家负有一般的注意义务,且此义务的对象应当延伸至那些真正使用该商品的第三人,只要出售人明知的话。如果出售人客观上违反了此项义务,且主观上的确没有合理的审慎态度,那么他将对该第三人承担相应的侵权责任。不过我认为"出售人明知",即出售人是否必须明知买受人以及实际使用人的这项限制并不重要,可以考虑删去。就像"Langridge v. Levy 案"〔7〕告诉我们的那样,只有涉及以欺诈为诉因的侵权责任才需要责任人具有主观上的明知。只有这样我们才能正确解读"George v. Skivington

---

〔1〕　2 M. & W. 519.

〔2〕　L. R. 5 Ex. 1.

〔3〕　106 L. T. 533, 536.

〔4〕　10 M. & W. 109.

〔5〕　L. R. 5 Q. B. 501, 515.

〔6〕　L. R. 5 Ex. 1.

〔7〕　2 M. & W. 519.

案"〔1〕判决书里对"Langridge v. Levy 案"〔2〕的引用，以及克利斯比男爵为什么在"George v. Skivington 案"〔3〕中作出如上的评述。

上诉人正确地援引了布雷特掌卷大法官在"Heaven v. Pender 案"〔4〕中的意见，其中核心的内容可摘录如下：

从这些被认可的先例中可以推知的观点是：只要某甲进入了一个特定的情境，且一个普通的人都会知道在这个情境中如果因为某乙不具有一般的审慎态度会导致某甲或某甲的财产因此受到损失时，则某乙负有此项注意义务和技术义务。现在，我们把这个观点具象化，即现在某乙提供的是货物、机器、设施或器械，提供的目的是供某甲使用，但某甲与某乙之间没有合同关系。那么可以推知的结论就是：只要一般人都认为某乙在这种情境下应当对提供的物品本身的质量以及提供物品的方式施加一般的注意义务和技术义务，否则此物就将对被提供的对象，包括使用该物的人造成人身伤害的或财产损害的，那么某乙就应负有此项注意义务和技术义务。若此种人身伤害或财产损害果真是因为某乙的疏忽而未尽到注意义务或技术义务的话，某乙就应当承担侵权责任，某甲可以据此以过失侵权之诉向某乙提起诉讼。这也包括提供货物的情境，即货物会被目标客户一次性消费，且该客户实质上根本没有机会来发现货物中的缺陷，且此货物本身的属性决定了只要货物提供者在货物质量或提供方式方面因疏忽而未尽到注意义务或技术义务，客户就可能蒙受人身伤害或财产损害的情境。但这种观点不能适用于以下情境，即不管被提供的这种货物是否会被客户消费，只要客户有合理的可能在使用时或使用前有机会发现货物中的潜在瑕疵，或者即使客户没有合理的可能发现货物的瑕疵，但货物本身的属性决定了货物提供者即使未尽到注意义务或技术义务，货物也不会对客户造成人身伤害或财产损害的情境。另外，买卖双方与租赁双方的情境则没有必要讨论，因为他们之间本身已经有了合同关系，法律没有必要在他们之间再设定一个义务。不过总的来说，想通过合同默示义务的方式解决这类问题总是很难的，因为目前的法律使我们很难在根本没有合同关系的双方之间拟制出一个默示的合同义务。

---

〔1〕 L. R. 5 Ex. 1.

〔2〕 2 M. & W. 519.

〔3〕 L. R. 5 Ex. 1.

〔4〕 11 Q. B. D. 503, 509 et seq.

其实，掌卷大法官没有明确地引用那些所谓"被认可的先例"，因为那些先例会揭示这类案件判决上的不一致。的确，其中有不少已和他上面总结的原理背道而驰。不过，他的这番总结在历史上确实一直被当成此类案件的当事人用作摆脱困境的救命稻草，以对抗对他们不利的众多相反先例。但在这里我必须指出，"Heaven v. Pender 案"的争议事实并不涉及制造和销售，而是涉及一个不稳固的脚手架和一个被码头主人请上脚手架的工人，以及码头主人对此工人是否负有义务的问题。但毫无疑问，布雷特掌卷大法官认为此案和货物的生产与销售有关，不然他也不会去引用"Langridge v. Levy 案"[1]，且他正是基于此种关联才认为侵权之诉也可以存在于"Heaven v. Pender 案"。

可也就是在"Heaven v. Pender 案"中，科顿大法官（博恩大法官也赞同）的意见则是，他们不能赞同布雷特掌卷大法官采取的这种通过扩张解释来总结出大原则的方法，尤其是这种方法实际上还是在否定那些与之相反的先例。科顿大法官随后给出了自己对"Langridge v. Levy 案"[2]的解读，指出该案的关键在于欺诈性虚假陈述，正如"Blackmore v. Bristol and Exeter Ry Co 案"[3]中科尔里奇法官指出的那样。威尔斯法官在"Collis v. Selden 案"[4]的判决中也指出了"Langridge v. Levy 案"[5]是基于被告的欺诈。科顿大法官继续说道："这就间接否定了大的一般性原则的存在，前述'Collis v. Selden 案'[6]与'Longmeid v. Holliday 案'[7]中作为受害人的原告之所以败诉也正说明了先例与大原则的不一致。诚然，'George v. Skivington 案'[8]以及克利斯比男爵在该案中的论述的确可以用以证成这项一般性原则的存在，但这是建立在克利斯比男爵认为该案的过失在侵权之诉的范围内等同于欺诈，进而援引'Langridge v. Levy 案'[9]这一涉及当事人欺诈的案件作为自己判决的基础。我虽然否认掌卷大法官关于一般原则的概括，但我不否认在涉及危险货

---

[1] 2 M. & W. 519.

[2] 2 M. & W. 519.

[3] (1858) 8 E. & B. 1035.

[4] (1868) L. R. 3 C. P. 495.

[5] 2 M. & W. 519.

[6] (1868) L. R. 3 C. P. 495.

[7] 6 Ex. 761.

[8] L. R. 5 Ex. 1.

[9] 2 M. & W. 519.

物（比如枪支）的情境中，货物提供者应对货物使用者或可预见的潜在使用者负有注意义务，保证他们不会因为提供者自己的疏忽而受到危险货物的伤害，否则提供者将承担过失侵权（negligence）的责任。"

我同意科顿大法官上述的观点。

在"Le Lievre v. Gould 案"[1]中，在建工程的抵押权人基于对工程上一位负责即时更新在建工程进展的土地勘测员的信任，陆续放款给建筑商。该勘测员由于自己的疏忽导致勘测证书与工程实际情况不符，但勘测员在勘测过程中绝无欺诈。问题在于，抵押权人与勘测员之间没有合同关系。该案的结果是勘测员被认定就制作勘测证书的事务对抵押权人不负任何义务，故抵押权人不可以基于勘测员的过失就对勘测员提起诉讼。值得注意的是，伊舍大法官似乎在此案判决中对其在"Heaven v. Pender 案"[2]的观点作出了一定程度的限制。因为他说：

但是，如果被告不存在欺诈，原告可以依据过失侵权来起诉吗？基于过失侵权的责任存在的前提是有过失的一方必须对受害方负有一项事先存在的义务。那么，相互无合同关系的双方会有怎样的义务存在呢？一个人如果对世界上所有的人都没有义务的话，他当然有权利以疏忽的心态来对待所有的人。"Heaven v. Pender 案"[3]与本问题实际上没有关系，该案只是说明了一个人在特定情况下有可能对另一个人负有义务，哪怕他们之间没有合同关系。如果一个人离另一个人足够近，或是离某一财产足够近，那么他可能负有一项不得使对方造成人身伤害或财产损害的义务。

阿尔·史密斯大法官也在该案中说道：[4]

"Heaven v. Pender 案"[5]的判决是建立在对以下原则认可的基础之上的，即如果某甲离某乙或某乙的财产足够接近，那么某甲对某乙负有应尽的注意义务以使某乙免受损失。在这个问题上，我们从"Heaven v. Pender 案"[6]也不能再推导出更多的结论，即使在历史上该案一直被用以证立各种无依据的

---

[1]　[1893] 1 Q. B. 491, 497.

[2]　11 Q. B. D. 503, 509.

[3]　11 Q. B. D. 503, 509.

[4]　[1893] 1 Q. B. 504.

[5]　11 Q. B. D. 503, 509.

[6]　11 Q. B. D. 503, 509.

立场。

在"Earl v. Lubbock案"〔1〕中，原告在驾驶他雇主的货车时因为该车车轮脱落而受伤，但关于维修汽车的合同双方是原告的雇主与被告。郡法院和高等法院分庭都判定，即使被告就修车问题上的疏忽被证立，原告的诉讼也不能成立。上诉法院维持原判的理由就是：被告对原告本不负有任何义务，所以原告的过失侵权之诉不具备有效诉因。理查德·海恩·柯林斯大法官爵士在判决中指出：本案与"Winterbottom v. Wright案"〔2〕的判例相一致，伊舍大法官就"Heaven v. Pender案"〔3〕的相反观点属于附带意见而非判决理由，且他自己也在后来的"Le Lievre v. Gould案"〔4〕中明确限缩并解释了之前的观点。斯特林大法官也指出，原告如想胜诉，则必须遵从科顿大法官在"Heaven v. Pender案"〔5〕中持有的，也是被博恩大法官所赞同的立场。马修大法官进一步阐述了如下的看法：

原告律师的论点是被告厂里的工人以疏忽的心态履行了厂方与货车车主的维修合同，那么，在法律上，这就意味着任何被货车车主雇佣的人都能够诉被告过失侵权，只要他能证明他受到的人身伤害在因果关系上可以追溯到这次疏忽大意的维修。我觉得我们无法接受这样的论点，因为如果法律真是这样的话，那么我很难想象商业活动要如何正常运转。这会导致任何一个谨慎的人都不再敢生产或维修那些会被合同相对方拿来继续许可给第三方使用的产品了。

在"Bates v. Batey & Co Ld案"〔6〕中，原告是一位消费者，他从零售商处购买了一瓶姜汁啤酒，却被爆裂的酒瓶刮伤。经查明，作为被告的某姜汁啤酒生产商对此酒瓶的缺陷并不知情，但生产商若施以合理的注意就可以发现此缺陷。该案的结果是法院判决该生产商对消费者不负侵权责任。霍里奇法官在解释此判决时指出，这符合先前的判例，包括帕克男爵在"Longmeid

---

〔1〕 ［1905］1 K. B. 253.

〔2〕 10 M. & W. 109.

〔3〕 11 Q. B. D. 503, 509.

〔4〕 ［1893］1 Q. B. 491, 497.

〔5〕 11 Q. B. D. 503, 509.

〔6〕 ［1913］3 K. B. 351.

v. Holliday 案"[1]中的意见，科顿大法官与博恩大法官在"Heaven v. Pender 案"[2]中的意见，斯特森大法官在"Earl v. Lubbock 案"中[3]的意见，以及汉密尔顿大法官在"Blacker v. Lake & Elliot Ld 案"[4]中的意见。霍里奇法官据此指出，他认为自己不应受到"George v. Skivington 案"[5]判决的约束。

说到这里，我们可以得出这样的结论，即"George v. Skivington 案"[6]的判决和"Heaven v. Pender 案"[7]的附带意见都可以被废除，以免它们继续混淆法律在此问题上的立场。

在结束之前，我想再谈一个相关的案子。当然，它对本案在法律上没有约束力，因为美国法虽然和英国法同源，但经过多年的演变，二者已经分流了。不过由于它的事实与本案相似，我们可以据此了解美国同事是如何裁判此类案件的。这就是"Thomas v. Winchester 案"。[8]在该案中，一位化学家因为过失使毒品流入市场并因此被判监禁，且被判对某位因服用该毒品而受害的第三方承担侵权责任。在我看来，该案的关键是他过失投放市场的物品依本身属性是危险的。换言之，如果标的物不是毒品，该案的结果可能会不同。

在"MacPherson v. Buick Motor Co 案"[9]中，某汽车制造商因其生产的有缺陷汽车给在场的第三方造成了人身伤害而被判对其承担侵权责任。与上一个案件相似，该案法官也将判决立足于对有缺陷汽车的定性，即从常理上看，因为有缺陷的汽车属于危险物，故汽车制造商应承担对第三方的过失侵权责任。

所以，在我看来，上诉人的主张与先例不符。且就算不考虑先例，我们也很难通过对普通法的再解读来得出对上诉人有利的规则。

可想而知，被上诉人主张的大原则是：任何产品的生产商（也包括修理商），无论合同存在与否，都对合法使用该产品的第三人负有义务保证产品系

---

〔1〕 6 Ex. 761.

〔2〕 11 Q. B. D. 503, 509.

〔3〕 [1905] 1 K. B. 253.

〔4〕 106 L. T. 533, 536.

〔5〕 L. R. 5 Ex. 1.

〔6〕 L. R. 5 Ex. 1.

〔7〕 11 Q. B. D. 503, 509.

〔8〕 6 N. Y. 397.

〔9〕 (1916) 217 N. Y. 382.

被仔细组装。此项义务与合同无关，哪怕在整个链条中涉及一份又一份的合同，这些合同对于义务的存在也无关紧要。这项大原则也不限定于受害人很难发现或根本没有机会发现潜在缺陷的情形。在我看来，这项大原则根本就是错误地把侵权法的原则类推适用到了买卖关系中。

如果这项大原则存在，那么它的适用范围就没有理由只局限在上诉人考虑的情形中。换言之，任何人使用任何形式的产品都可以触发这种义务。毕竟，食物这类产品没有什么特殊性，即除了合同和制定法以外，食物的提供者和消费者之间不会有什么特殊的义务存在。如果按照被上诉人所主张的这项大原则，以至于真的有一项特殊义务的话，那么我们就没有理由不将这项义务也类推适用于房屋建筑关系。既开先例，何以限之？但我们知道，如果一个房子在建造时存在疏忽，且此房屋天花板掉落时正好砸伤了房屋的占用人或随便一个走进房屋的陌生人，那么根据英国法，此受害人是无法根据过失侵权起诉房屋建造人的。当然，我相信这个案件在巴比伦结果会不一样。如果这项大原则真的存在于英国法，那么为什么先前那么多受害者因为此类产品生产中的过失而受伤的案件除了"George v. Skivington 案"〔1〕其他全输了呢？为什么先前我们的先例会确立一项明确的标准，即需要区分产品是否依其本身属性危险与否，或出售人明知其产品危险与否呢？难道我们应该认为这种区分只是无意义的徒劳吗？

再看"Mullen v. Barr & Co 案"〔2〕，一个几乎与本案相同的案子，只是标的物所含的瑕疵从蜗牛换成了老鼠。苏格兰民事最高法院第二分庭大法官安德森勋爵在该案判决中说道："就本案以及类似的案件而言，考虑到作为标的物的商品在苏格兰境内广泛销售，如果我们认为生产商对全社会成员都负有保证产品质量的义务，那似乎就对他们太苛刻了。如果真有这种义务，那么生产商就得时刻面对各种他们根本无法预料到，也不该回应的损害赔偿请求。"

总而言之，我赞同安德森勋爵的判决，而且，说实话，我已经被判决书中他那无可辩驳的语言说服了。所以，我认为本次上诉的请求应予驳回，请尊敬的大法官阁下们考虑。

---

〔1〕 L. R. 5 Ex. 1.

〔2〕 1929 S. C. 461，479.

阿特金大法官：

尊敬的大法官阁下们，本案要裁决的唯一问题是法律上的问题：即如果上诉人对事实的宣称是真实的，那么她的上诉是否具有一个有效的诉因呢？本案的具体事实我就不再赘述了。简而言之，本案的争点就是：一件饮料的生产商将产品卖给了销售商，且当时的情形决定了无论是销售商、最终购买者抑或是实际消费者都无法通过检验来发现饮料中的缺陷，那么该生产商对最终购买者或实际消费者是否负有通过施加合理的注意以保证产品不会造成人身伤害的一项义务呢？我想各位在行使司法权时还没有遇到过比这个案件更重要的案件：不仅因为本案关乎大众健康，更因为本案牵涉到我们法律体系中判断一项义务是否存在的实用标准。本案之前都是根据苏格兰法裁判的，但我们经验丰富的双方律师以及苏格兰民事最高法院博学的法官同事们都认为，就本案的法律问题而言，英格兰法与苏格兰法是一样的。我不敢说我在法律适用问题上是权威，但就我个人的研究而言，我也认为原则上苏格兰法与英格兰法在本案的核心问题上是相同的，所以我接下来的讨论都会建立在这样一个基础之上。两个地区的法律看来都是：如果原告想以过失侵权为诉因追究被告的侵权责任，那么原告必须证明被告在特定的情境下对原告负有注意义务以免原告遭受人身伤害，且被告因为违反了此项注意义务导致原告遭受了人身伤害。本案的关键点不在于此项义务是否被违反，因为假如此项义务真的存在，那么根据我们对事实的审理，则可以确认被告违反了此项义务。本案的关键点在于，在本案特定的情境下，被告是否对原告负有法律上的某项注意义务？

值得注意的是，在英国法的先例中我们很难找到一般性的标准以判定某项义务是否存在于当事人双方。法院只关注那些已经提交到庭上的具体诉讼案件，然后判定某项义务在那种特定情境中是否存在。所以，法院一直在忙于对财产领域中注意义务进行繁杂的列举，从最初的动产和不动产的区分，到后来根据所有、占有或控制对问题进一步区分，再看当事人双方是否有特定的关系，比如一方是否是生产商、销售商或是房东、消费者、承租人，抑或只是陌生人。这种方法的好处是我们可以迅速判定在某类情形下法律是否承认某项义务的存在，坏处则是我们只能判定那些先前已经被确立和区分完毕的情形。但是，从逻辑上说，那些先前被确立的情形总是基于共同的标准才被确立的。我知道，寻找一般性原则的任务已经超出了法官的职责范围，毕竟这种定义越宽泛，那些关键的东西就越容易被忽略，而那些不那么关键的东西就越容易被提及。就本案的核心问题而言，布雷特掌卷大法官在"Heaven v. Pender 案"[1]中第一次做出了尝试，这个尝试我稍后还会提到。尽管从架构上看，他给出的原则显然太宽泛，但在我看来，如果对这个原则作一些限定，它完全可以成为一个很有价值的实践指南。

现在我认为，英国法一定也的确有某种一般性的关于义务在特定关系下是否存在的认识，且目前我们在书籍中看到的那些就是，但也仅仅是其例证。过失侵权责任，无论你是这样称呼还是像其他国家那样把它归为"过失"（culpa）的一种，你都是基于道德情感上的一般性立场，即侵害人应当向受害人赔偿损失。但道德上会被谴责的某种作为或不作为本身不能作为受害人申请救济的权利依据。在这种情况下，法律就起到了限定适格受害人的范围以及限定他们可以获取救济的程度的作用。如果说"你应当关爱你附近的人以免使他因为你受到伤害"成了法律规则，那么我们法律人就会问：什么是"附近的人"？这显然需要限定。你必须对你的某项作为或不作为施以合理的注意义务，并在你可预见的范围内使附近的人免受伤害。那么在法律上，到底谁才是我"附近的人"？这个问题的答案也许是：那些会被我的行为近距离以及直接影响，以至于我在为一定行为或不为一定行为时必须把他们考虑在内的那些人。在我看来，这就是当年布雷特掌卷大法官在"Heaven v. Pender案"[2]中提出的原理（也是后来被伊舍大法官确立的原理）。不过，伊舍大法官以及阿尔·史密斯大法官在"Le Lievre v. Gould 案"[3]中对此原理作出了限制，那就是加入了"接近"（proximity）的观念。在该案中，伊舍大法官说道："'Heaven v. Pender 案'确立了这样的原则，即在特定情形下一人可能对与其无合同关系的另一人负有义务。如果某甲离某乙很近，或离某乙的财产很近，这项义务就会洛在他头上，使他不得做那些可能对某乙的人身造成伤害或财产造成损害的事情。"所以，阿尔·史密斯大法官说道："'Heaven v. Pender 案'[4]的判决基于如下原则，即若一个人或他的财产与另一个人或他的财产足够接近，那么一项注意义务就会被触发，如果此义务人没有施以

[1] 11 Q. B. D. 503，509.
[2] 11 Q. B. D. 503，509.
[3] [1893] 1 Q. B. 491，497.
[4] 11 Q. B. D. 503，509.

应有的注意，那么他就应当对该受害人承担损害赔偿责任。"我认为这番话充分阐释了如下真理，即接近不应当只限于物理上的接近，而应当适用于人与人之间那些已经足够接近和直接的关系，即这种接近已经到了义务人明确知晓如果他不履行注意义务，那么他的过失行为就足以直接影响到对方的程度。这也是伊舍大法官在解释"Heaven v. Pender案"[1]并把此原理适用于货物买卖情境时加上"接近"这一限制的真意：

这（即他刚刚建构的规则）包括买卖货物的情形，即这些货物是提供给特定的一个人或一群人，或一个群体中的某些人，且在这种情况下如果货物的提供者明知此货物将会被消费者一次性使用，且该消费者没有合理的机会发现货物中潜在的缺陷，且此货物的属性决定了只要提供者没有就货物的品质或提供方式施以合理的注意义务和技术义务就有可能对消费者造成人身伤害或财产损害的情形。这不包括另外两种情形，即实际消费者有机会在使用前就发现货物中潜在的缺陷，或此货物的属性决定了即使提供者没有就货物的品质或提供方式施以合理的注意义务和技术义务，它也不太可能对消费者造成人身伤害或财产损害的情形。

我尤其注意到伊舍大法官强调了货物必须是"立刻被使用"以及"在合理的发现机会到来之前就被一次性使用"。这显然就排除了那些根据货物本身的属性决定了货物的品质会因为时间的推移而改变的情形。这也提醒我们注意此标准与"接近"的关系：因为有些"接近"可能会很遥远，以至于实际使用者在检验时可能已经有别的因素介入货物了。有了"接近关系"的限制，正如"Le Lievre v. Gould案"[2]解释的那样，我认为，伊舍大法官正确表达了英国法在本问题上的立场。反之，如果没有这项限制，那么就如"Heaven v. Pender案"[3]中大多数法官反映的那样，这个原则就失之过宽了。当然，以后肯定会发生一些案件让我们难以判断个案中当事人双方的关系是否算作足够接近从而触发这项义务，但就目前我们能看到的案件而言，我不认为这里面有什么难处。生产商把一份食物放入容器中，且他知道这容器会被最终消费者打开，且整个过程中的销售者不可能有机会检验，最终消费者也不太

---

[1] 11 Q. B. D. 503, 509.

[2] [1893] 1 Q. B. 491, 497.

[3] 11 Q. B. D. 503, 509.

可能事前检查，且在装瓶的过程中，生产商因为自己的疏忽导致毒物混入了此产品。如果英格兰和苏格兰的法律都认为在这种情况下中毒的消费者不能对疏忽的生产商追究侵权责任的话，我就必须要说，法律在这个问题上是有严重问题的，也是违背基本原则的。虽然我在上议院的职责是遵循先例，但我还是会在本问题上踌躇不定。而且，我必须提醒各位，在我们现行法律的框架内，中毒的消费者不仅不能从生产商处获得任何救济，他也很可能无法从整个链条上的其他人处获得救济，至少他根本不知道链条上的任何一人存在疏忽。另外，除非该消费者同时也是买受人，否则合同中的质量瑕疵担保责任也不能触发。其实，除了食品和饮料，还有其他货物以其属性是供消费者立刻使用的，比如清洁用品，那么此类侵权责任也应该存在。下面诸案支持的原理不仅没有否定那些因为饮用了有毒啤酒或食用了巧克力的消费者对有过失的生产商寻求救济的权利，而且也支持了那些因使用无害专卖药、软膏、肥皂、洗衣液、洗衣粉而受害的消费者。我此处的论述被限定在了家用产品，这意味着几乎任何人（包括生产商在内），都明知此类产品最终肯定会被某个家庭的成员、仆人或是在某些情况下被客人使用。我不认为从我国的法理能得出这样的结论，即此原则离文明社会的需求以及对社会成员的要求还很遥远，以至于即使社会上发生了明显的不法行为，我们的法律也不能赋予此项救济。

只要仔细考察一下我们就可以发现，关于本问题的先例没有一个明确否认了此项侵权责任的存在。还有很多案子是因为与本问题的关系实在太远才认为此项义务不存在。在下面我们会提及的案件中，还有不少已经超越案件主争点的附带意见，给法院的审判制造了困难。在此我敢断言，在侵权法领域，我们法官看上去是在适用那些已存在的一般性原则，但别忘了这些原则也是由我们法官一手建构的。这意味着，我们需要时刻警惕使用那些不必要的大概念，以免一些重要因素在笼统描述中被抛弃，甚至连英国法的内在适应性也会被削减。基于这个原因，我们不仅要考虑那些可作为法源的判决本身，还要适当考虑那些法官的附带意见。

我认为，许多先例在生产商是否对消费者负有义务的问题上持有非常谨慎的立场。最直接的一例当属"George v. Skivington 案"[1]。在该案中，被告

---

[1] L. R. 5 Ex. 1.

宣称自己卖的是自己生产的洗发水，原告约瑟夫·乔治买了一瓶打算给自己的妻子（亦即该案另一原告艾玛·乔治）使用。被告经查明早已知晓自己在准备和销售过程中均存在疏忽导致洗发水已经不适宜使用。但该案原告还是因为使用洗发水而受伤了。凯利首席法官认为该案不涉及合同的质量瑕疵担保条款，而是涉及基于被告在生产过程中存在疏忽亦未尽技术义务的准侵害诉讼。他说道："毫无疑问，确实存在一项指向买受人的义务，而且此义务也应延伸至出售人明知的该商品的实际使用人。"皮格特男爵与克利斯比男爵也持此观点。我认为，科顿大法官在"Heaven v. Pender 案"[1]中曲解了克利斯比男爵的意思，尽管他也参照了克利斯比男爵在"Langridge v. Levy 案"[2]中的分析。在我看来，克利斯比男爵在"Langridge v. Levy 案"[3]中提出的禁止欺诈的义务就等于施以合理注意的义务。值得注意的是，克利斯比男爵在财税法院任"Francis v. Cockrell 案"[4]的法官时自己也引用了"George v. Skivington案"[5]，并将义务的内容理解为施以合理注意的义务。7月2日，即介于"Heaven v. Pender 案"[6]的辩论日与判决日之间，布雷特掌卷大法官在"Cunnington v. Great Northern Ry Co 案"[7]中也支持了这种义务的存在，虽然在该案中法院判定被告未违反此义务，以至于此案关于义务是否存在的判断不能算作先例。"Hawkins v. Smith 案"[8]也承认了此义务的存在。该案中，作为原告的受雇于码头公司的一位码头工人被有缺陷的麻袋砸伤，此麻袋系被告的票据联署人租借而来以供码头公司卸载被告货船上的货物至码头上。高等法院分庭的戴法官与劳伦斯法官均认为被告应承担过失侵权责任。与之类似，在"Elliott v. Hall 案"[9]中，作为被告的煤矿所有权人委托该案原告的雇主，即一家煤矿经销商通过从货车公司租赁来的卡车运输煤。该案原告在卸煤时因为卡车的缺陷而受伤。高等法院分庭的格罗夫法官与阿尔·史密

---

[1]　11 Q. B. D. 503，509.

[2]　2 M. & W. 519.

[3]　2 M. & W. 519.

[4]　(1870) L. R. 5 Q. B. 501，515.

[5]　L. R. 5 Ex. 1.

[6]　11 Q. B. D. 503，509.

[7]　(1883) 49 L. T. 392.

[8]　(1896) 12 Times L. R. 532.

[9]　(1885) 15 Q. B. D. 315.

斯法官认为原告有权利基于被告未尽到发现卡车缺陷的注意义务来追究被告的责任。不过需要注意的是，这两个案件的被告均没有占有和控制作为标的物的有缺陷货物，在后一个案子中，有缺陷的货物甚至都不是被告的财产。一些人会认为这两个案子中被告的责任基础是被告对原告发出的使用动产的邀请，但我不这么认为。我认为正确的基础是被告对原告将会使用此动产的知情。至于邀请，这只是个拟制，一个用以侧面说明货物提供者和货物使用者之间存在直接关系以触发注意义务的拟制罢了。在上议院最近判决的"Oliver v. Saddler & Co 案"[1]中，一个码头劳务公司被请去卸载装满一袋袋玉米的大型货物，具体方法是由船员先通过缆绳将货物运上货船的甲板，再由码头工用相同的装置将货物从甲板运至码头。码头工基于对船员的信任，相信缆绳质量无虞，于是就没有检查缆绳。在这种情况下，上议院推翻了苏格兰民事最高法院第一分庭的判决，并认为码头劳务公司对码头工负有注意缆绳是否适宜使用的义务，亦即支持了苏格兰民事最高法院第一分庭常任法官莫里森勋爵的意见，支持原告的诉讼请求。在该案中，"邀请"这一事实并没有成为上议院判决中明确表述的标尺，相反，我的标尺倒是被采纳了：该案是基于这样的事实，即存在直接关系，尤其是鉴于当时受伤的码头工没有机会检查缆绳的质量，导致这项注意义务的触发。

我不应该忽略"Grote v. Chester and Holyhead Ry 案"[2]，一个准侵害诉讼案件。该案中，被告在迪河修建了一座铁路桥，并许可什鲁斯伯里和切斯特火车站在该桥上经营客运业务。但由于被告修建时存在疏忽，导致上述火车站的一名乘客因为桥的塌陷而受伤。在该案审理过程中，沃恩·威廉姆斯法官向陪审团指示道，如果被告果真未尽到合理的注意义务和技术义务，那么原告将有权向被告索赔。不过检察总长约翰·杰维斯爵士认为法官就这项责任的绝对存在与否在误导陪审团，因此主张重新审理。财税法院兼听了主审法官的意见后，驳回了重审的请求。凯利首席法官在"Francis v. Cockrell案"[3]中解读本案，认为原告的胜诉是基于一项默示合同，即每个人都有权合法地使用桥梁，桥梁则必须达到作为桥梁应有的功能。但我认为如果阅读

---

〔1〕 ［1929］A. C. 584.

〔2〕 （1848）2 Ex. 251.

〔3〕 （1870）L. R. 5 Q. B. 501, 515.

该案判决，我们发现原告声称的诉讼理由和最终的判决文书均没有提及这种默示合同的存在。诚然，被告是桥梁的所有权人，也是占有人。当年，所有权人对被邀请人以及被许可人的责任还无法可依。总的来说这个案子很有趣，因为在当时那种基于过失的间接侵害之诉下，法院的确认为被告负有保证桥梁安全的合理注意义务。

下面就让我们认真审视一下那些被当事人提出的，认为在此类情形下被告对消费者不负注意义务的先例吧。

首先是 "Dixon v. Bell 案" [1]。在该案中，被告将一支已装填弹药的枪放在大堂，然后迎合了他的仆人，一位十三四岁的黑白混血儿的请求，把枪给了她。这个女孩拿了枪后就瞄准了原告的小儿子，开火伤了他。原告认为被告不该轻信这么年幼的仆人，于是基于被告的过失提起诉讼。主审法官艾伦伯勒勋爵支持了原告的诉讼请求。检察总长威廉·加勒爵士提起的要求重审的主张随后被驳回。艾伦伯勒法官与贝利法官均认为，作为枪支的持有人，被告负有保证枪支无害的责任。

然后是 "Langridge v. Levy 案" [2]。在该案中，被告基于欺诈声称作为该案标的物的枪支是完好无害的，并把该枪卖给了原告的父亲，供父子诸人使用。其中一名儿子基于对质量瑕疵担保的信任使用了该枪，并被爆裂的枪伤到了。最终被告被认定无罪，质量瑕疵担保也被否认了。该案的报告不是很令人满意，因为除了该枪是诺克的高级货的报告之外，就没有对质量瑕疵担保的任何报告了。法官把枪支是否安全这一事实，以及被告是否明知枪支是否安全这一事实的判定任务交给了陪审团。陪审团最终给出了对原告有利的事实认定。原告认为，无论被告负有合同义务还是其他义务，只要原告因为被告违反此义务而受伤，原告就可以得到赔偿。这就意味着这项义务的相对方不一定要是原告，原告甚至可以在被告违反对第三人义务的情况下就获取赔偿。这种观点被法院驳回，但法院还是声明了如果被告对第三人作出了虚假陈述，并含有让原告使用该物的意图，那么哪怕原被告之间没有直接信息交流，原告也可以获取赔偿。对此可参见帕克男爵的分析 [3]。财税法院也持

---

〔1〕 5 M. & S. 198.

〔2〕 2 M. & W. 519.

〔3〕 2 M. & W. 531.

有此种意见。当然，该案判决不能从广义上讨论该不该支持。毕竟该案的基础是被告的欺诈，这就决定了该案不能在实质上左右本案的核心问题。"Winterbottom v. Wright 案"[1]是一个"法律抗辩案件"（demurrer）。原告承认被告的答辩在事实上的真实性，但对于其中两项答辩在法律上提出了质疑。法院以其当时的职权审查了全案，并认为原告没有有效诉因，被告胜诉。（对此可参见 *Sutton's Personal Actions at Common Law* 第 113 页。）法律抗辩程序的优越性是可以让我们迅速抓住法律要点裁决个案。该案被告经邮政总局局长的同意，提供邮递车以供赫特福德到霍利希德的邮政使用，因此也负有保证邮件完好的义务。又有阿特金森等人，在知晓被告的合同的情况下承包了赫特福德到霍利希德的邮政业务。随后，原告自荐于阿特金森，负责驾驶邮递车。由于被告的疏忽，导致原告驾驶的邮递车存在严重的隐患。后原告果然因为一次翻车受伤。乍一看，该案被告的过失只是违约而已——换言之，不存在合同义务以外的其他义务，毕竟被告是否明知该车的隐患尚不得而知。故被告的抗辩必然是：既然被告只有合同责任，那么就只能被合同的相对方追责。从奥尔德森男爵与罗尔夫男爵的判决书中可以看出，财税法院支持了被告的主张。阿宾格大法官的附带意见则太过宽泛，因为他只说了过失侵权之诉应被限定在违反对公义务的情形。该案的判决显然是正确的。毕竟从合同中得不出被告对原告的权利，且被告向邮政总局保证的其提供的邮递车得到检修的条款也与邮政业务承包人的雇员没有直接关系，故我们推导不出被告对原告负有注意义务的结论。我们现在再看"Longmeid v. Holliday 案"[2]，一个对后世同类案件的裁判影响很大的案件。该案原告弗雷德里克·龙梅从作为被告的一家生产和销售"假日灯具"的公司买了一盏灯以供原告夫妻开的小店使用。为了说服原告购买此灯，被告假称自己的灯无质量问题，并作了虚伪的瑕疵担保。后来，原告妻子在使用此灯时果然因为灯泡爆炸而受伤。可以想象，原告律师肯定读过"Langridge v. Levy 案"[3]。该案陪审团在事实层面基本上倾向于原告，除了无法判定被告是否明知灯泡的缺陷。因此，马丁男爵的首次裁决偏向原告，但保留了被告申请再次裁决的机会。原告律师本

---

[1]　10 M. & W. 109.

[2]　6 Ex. 761.

[3]　2 M. & W. 519.

想将此案移出合同范畴，而依据被告的欺诈追究责任，但帕克男爵否定了这种尝试，毕竟被告的欺诈尚不能被证立。原告弗雷德里克最终通过追究被告合同质量瑕疵担保条款的违约责任拿到了赔款，这意味着该案不是过失侵权案。不过，帕克男爵还是讨论了原告不是合同当事人时是否可以向被告获取赔偿的问题。他在列举了外科医生、承运人，以及一家违约并制造了"不可量物侵入"（nuisance）的公司的案例后，又提及了一人给另一人运送危险品比如装弹枪支的情形，并且引用了"Dixon v. Bell 案"[1]，注意该案中我们很难辨明到底哪点与合同有关。帕克男爵随后说道：

但我们如果认为日常生活中发生关系的两个人之间都存在这样的注意义务的话，就太过了。比如有个机器，比如马车，依其属性它本身并无危险，只要施以一般的注意此危险就可被察知，且提供方并不知道。那么如果说提供者，不管他是不是生产商，只要将此机器借给或给予使用者，就要对因使用该机器而受伤的使用者承担责任的话就太过了。

值得我们注意的是，帕克男爵在说这番话时有多谨慎。他用了本身无危险，且提供者也不知危险的机器，比如马车。但又说"施以一般的注意就能发现"，又不说明此处是"谁"能发现。这就有可能是此机器被"借出或给出"的对象，即使用者。注意，此处帕克男爵并不是说"依合同应受领交付的买受人"。另外，生产商第一次被他提及："不管他是不是生产商。"我相信帕克男爵肯定不是在谈那类"糊涂虫"疏忽地把毒物混在了面包里导致买家全家中毒的情形。在我看来，他谈的肯定是某人能否从对方因违背其承诺给合同相对方的注意义务而获得救济的情形。他也没有谈到生产商在生产商品时存在过失并在那种状态下销售商品给消费者并发生直接影响或间接影响的情形。他只是说了"借出或给出"的情形，并讨论在这种情形下是否存在注意义务。这条先例锁链的下一环节是"George v. Skivington 案"[2]和"Heaven v. Pender 案"[3]，这两个案件我之前都提过了。下一个是"Earl v. Lubbock 案"[4]。在该案中，原告在郡法院基于被告过失致原告遭受人身伤害起诉。原告是一家拥有货车的公司的雇员，被告是一名木轮修理工，负责保证原告

---

[1] 5 M. & S. 198.

[2] L. R. 5 Ex. 1.

[3] 11 Q. B. D. 503，509.

[4] [1905] 1 K. B. 253.

雇主的货车车轮状态完好。原告诉称被告自己的雇工因为疏忽而没有发现货车车轮的隐患，也没有认真修理。博学的郡法院法官认为被告对原告不负任何义务。高等法院分庭法官阿尔弗斯通勋爵以及威尔斯法官和肯尼迪法官均判决维持原判。上诉法院也如此判决。掌卷大法官理查德·海恩·柯林斯爵士在该案中指出，该案依据的是"Winterbottom v. Wright案"[1]。换言之，他认为义务只可能从合同中产生，因为在"Winterbottom v. Wright案"[2]中，正如之前指出的那样，被告在合同以外的疏忽原告既未诉称也未证立。诚然，他也赞同了阿宾格大法官的附带意见，但显然该附带意见是有语境限制的，即如阿宾格大法官所言，只限于从合同责任转为侵权责任的情形。斯特林大法官正确地指出本案原告如想胜诉就必须正面面对"Heaven v. Pender案"[3]中多数法官的意见，即只有那些明知自家产品有缺陷且依其属性为危险品，又不适时告知使用者此事实的人，才对使用者的人身伤害负责。我想在此断言，斯特林大法官错误地把本问题的判断标准之一当成了唯一的标准。

在我看来，马修大法官才是把问题谈到点子上的那个人。[4]他说，原告的论据是被告的雇工在履行与货车车主之间的合同时存在疏忽，进而任何被货车车主雇佣的人都对被告拥有有效诉因。他指出："我觉得我们无法接受这样的论点，因为如果法律真是这样的话，那么我很难想象商业活动还怎样正常运转。"我完全同意他的说法。我认为，该案原告未能展示被告基于什么原因对其负有义务是可以理解的，毕竟该案与本案在事实层面有重大区别。相较之下，"Blacker v. Lake & Elliot Ld案"[5]在事实层面倒更与本案类似。我反复阅读了该案判决，发现自己很难理解该案判决的法律基础何在，当然，这不代表我不尊重二位主审法官汉密尔顿法官和勒什法官的博学。该案原告被喷灯烧伤，该喷灯系原告从一位店主处购得，店主则从生产商处购得，该生产商即为该案被告。在事故发生之前，原告已经用了该喷灯长达12个月。该案初审是由现已过世的霍兰德·罗伯茨爵士在郡法院负责。这位博学的法官向陪审团指示道，只要被告被证明将这只足以使谨慎使用者受伤的喷灯放

---

[1]　10 M. & W. 109.

[2]　10 M. & W. 109.

[3]　11 Q. B. D. 503，509.

[4]　[1905] 1 K. B. 259.

[5]　106 L. T. 533.

入市场，且该喷灯本身的属性是只要正常拼装就不会有这种风险的话，那么原告就将胜诉。经查明，陪审团发现该喷灯的缺陷在于蒸发器与储液罐之间的接口没有被妥当处理，被告虽主观上对此危险并不知情，但这种危险属于一个正常的从业者就应该知道的危险。汉密尔顿法官似乎认为这种事实认定说明没有证据证明被告存在疏忽。勒什法官也暗示了同样的意见。如果是这样，此案判决无疑就成了一堆重要的附带意见而已了。汉密尔顿法官指出〔1〕，本案的判决是基于"Winterbottom v. Wright 案"〔2〕以及"Earl v. Lubbock 案"〔3〕。这两个案件确立了这样的原则，即如果被告违反了与 A 的合同，未能尽注意义务或技术义务生产或维修某产品，导致 B 因此受伤，此违约本身不能给 B 任何诉因来追究 A 的责任。他据此推论，如果被告根本没有任何合同以及违约行为，那么 B 就更不可能找到有效诉因了。虽然我尊敬汉密尔顿法官，但我不得不指出，他此处的分析已经背离了原告所援引的那些先例所涉及的核心问题。如果该案的核心问题是合同义务，那么我们可以无视合同外是否存在义务。显然，我们不能用涉及合同的案例来判断合同之外是否存在其他义务。再者，汉密尔顿法官也不应该混淆生产中的注意义务、技术义务和维修中的注意义务、技术义务。涉及物品生产的先例是"Longmeid v. Holliday 案"〔4〕，在该案中，被告的疏忽并没有被原告控诉。汉密尔顿法官认为"George v. Skivington 案"〔5〕是对该案有约束力的先例，前提是该案必须是正确的判例。他指出，"George v. Skivington 案"其实不是正确的先例，因为它违背了更早的案例，即"Winterbottom v. Wright 案"〔6〕。我很难理解他在审理时为什么会想到这两个案子，因为在"George v. Skivington 案"〔7〕中生产商的义务完全独立于合同，至于"Winterbottom v. Wright 案"〔8〕则是一个法律抗辩的案件，其中系争之义务完全是基于合同中的维修义务，且被告的疏忽并未被提及。勒什法官总结认为只有在三类情况下原告才可以独立于合同获取因其使用缺陷动产而受人身伤害的

---

〔1〕 106 L. T. 536.

〔2〕 10 M. & W. 109.

〔3〕 [1905] 1 K. B. 253.

〔4〕 6 Ex. 761.

〔5〕 L. R. 5 Ex. 1.

〔6〕 10 M. & W. 109.

〔7〕 L. R. 5 Ex. 1.

〔8〕 10 M. & W. 109.

赔偿：第一类是涉及欺诈；第二类是标的物依其属性本身就是危险的或有毒的，此时提供者的义务只是给予警示；第三类是对公共的不可量物侵入（public nui-sance）。他没有将以"Elliott v. Hall 案"〔1〕（有缺陷的运煤马车案）为首的那一类案件纳入他的分类中。他认为那些案件属于完全不同的另一类，即"被告因为控制土地或者管理土地上的危险物而产生义务"。我已经说过，这种区分很不合理，因为在"Elliott v. Hall 案"〔2〕以及"Hawkins v. Smith 案"〔3〕（有缺陷的麻袋案）中，被告并未控制那片土地，事故也不是发生在被告的土地上。所以，我虽然尊敬二位法官，但我不得不说他们错误地用狭小的分类限制了法律的适用，也没有对过失侵权一般性原则（即侵权人对那些立即受到未尽注意义务的侵权行为伤害应承担的责任）给予足够的重视。我最后要提及的案子是"Bates v. Batey & Co Ld 案"〔4〕。在该案中，姜汁啤酒的生产商被原告起诉，原告诉称自己从某店家处买到这瓶姜汁啤酒，后被爆裂的酒瓶创伤，此酒的货源则来自该生产商。生产商辩称此酒酒瓶系从另一酒瓶制造商处购得，但陪审团发现生产商在购得酒瓶时并未施以合理的注意义务检查酒瓶是否存在缺陷。霍里奇法官认为，姜汁啤酒依其属性本身并不危险，但有缺陷的酒瓶却已经构成危险物。但是，由于被告对此缺陷并不知情，那么哪怕被告通过施加合理注意就可以发现缺陷，被告也不应承担责任。该案与本案的区别在于给该案原告造成伤害的酒瓶并不是姜汁啤酒生产者制造的。然而，基于陪审团对事实的认定，即被告在验收酒瓶时欠缺合理的注意，我认为法院本该有的结论应是：由于生产商肯定会考虑到这瓶酒随后会立即卖到消费者手中，那么生产商就对消费者负有保证消费者不受酒瓶爆裂的伤害，就像生产商应对消费者负有保证其不受内在伤害（比如毒药或其他毒物）那样。我认为，花费大篇幅去讨论那些涉及有危险的产品（或狭义上那些依其属性本身就属于危险物的物）的案例中注意义务是否存在是没有必要的。这种区分如果被用以划定逻辑上某权利是否存在的话，那就是一种不自然的区分。在这点上我同意斯克鲁顿大法官在"Hodge & Sons v. Anglo-American Oil

---

〔1〕　15 Q. B. D. 315.

〔2〕　15 Q. B. D. 315.

〔3〕　12 Times L. R. 532.

〔4〕　[1913] 3 K. B. 351.

Co 案"中说的话。[1]该案裁判最终的焦点是事实问题。他说:

就我个人而言,我不理解那些依其本身属性就危险的物和那些作为一类物并不危险但因为疏忽组装导致危险存在于其中的特定物之间到底有什么区别。后者,如果真有的话,其实比前者更危险。这就好比披着羊皮的狼和真狼之间的关系。

的确,物的属性决定了应施以注意的程度。处理某物的人其实大可将那些因标的物不危险而使关系似乎不那么近的人放在他的注意义务范围内加以考虑。如此,注意义务的程度上升了,注意义务施加的对象也增加了。但无论如何,这些都阐释了一般性的原则。在 "Dominion Natural Gas CoLd v. Collins and Perkins 案"[2]中,上诉人在一家铁路公司的房屋里安装天然气管道并供气。上诉人在安装调节器以控制气压的时候,他们的员工因为疏忽把本该朝向室外的排气口对准了室内,导致了房屋的爆炸,并导致一些铁路员工,即本案原告受伤。被告(即上诉人)在一审时被认定应承担侵权责任。但尼丁大法官在宣读上议院司法委员会的判决书(包括他本人以及麦克纳顿大法官,柯林斯大法官和亚瑟·威尔逊爵士的判决意见)时,在交代了原被告之间不存在合同关系之后,继续说道:

在一个人操作、拼接或安装一台机器的情况下,这种关系也足以触发义务。此义务的内容会根据所涉及的标的物的不同而不同。陆续有判例确立,如果某物依其属性本身就有危险,例如装弹枪支、毒药、炸药,以及性质相同的类似物,若有其他人将必然进入接近它们时,那些发送或安装这些危险物的人就负有一项特别的注意义务。

这番话准确地总结了本问题的立场。此义务的确可以独立于合同存在。至于此义务是否真的存在,那就取决于涉案标的物的性质。显然,在刚才提及的情形下确实存在此种注意义务。这种认识问题的方法与那种通过创设一种具体的子类以承载义务的方法截然不同。我想再补充一句,虽然这可能对义务的存在没什么影响,那就是安装天然气管道的性质与其说类似于买卖装弹枪支,不如说类似于制造枪支。这两个行为本身都是无害的,只有枪支装弹以后,以及管道通气以后,危险才会到来。至于货运关系的当事人对货物

---

[1] (1922) 12 Ll. L. Rep. 183, 187.

[2] [1909] A. C. 640, 646.

存在缺陷的知晓或应当知晓从而触发义务的问题，我认为没必要考虑。因为就发货人对货运人的直接义务而言，我们已经有默示担保条款这条路径来解决了[1]。发货人对合同以外的人的义务（比如对货运人的雇员的义务），我们也可以用同样的方法解决[2]。从这些案子中我们可以类推得知本案的立场也可以适用于它们。我还要将我之前在上议院审过的两个案子与本案区分一下。第一个是"Caledonian Ry Co v. Mulhollandor Warwick 案"[3]。在该案中，作为上诉人的铁路公司因其提供的运煤车的刹车失灵导致驾驶工受伤，但受伤时该车已经被第二家铁路公司承包用以运输他们的货物，最终第一家铁路公司被认定不承担侵权责任。法院认为，在第一家铁路公司的合同到期后，他们就不对工人负有查验运煤车的刹车装置是否完好的义务了，因为第二家公司有充足的时间去检验。总之，第一家铁路公司与受伤的驾驶工之间的关系不够接近。在第二个案子中（"Cavalier v. Pope 案"[4]），某未装修房屋的承租人的妻子起诉房东，诉称房东因为不修房屋导致自己受伤，且房东与自己丈夫有合同，承诺修缮房屋。法院认为，妻子不是合同的当事方，且出租未装修房屋的出租人对承租人本就不负有这方面的义务，因此，原告不能依据过失侵权起诉被告。

在最近发生的案件中（"Bottomley v. Bannister 案"[5]），有一件根据《坎贝尔勋爵法》起诉的案子。原告已故的父亲从被告手里租了一套房子，被告在屋子里安装了一台燃气热水器，且此热水器按照设计原理本不需要排气管。不幸的是，原告父母都因为从此设施中喷射出的火焰丧命。本案的基础本来是该管道属于不动产，且被告不知道这个危险。但案件讨论过程中又将此管道推测为动产。格里尔大法官认为很难协调这些先例，所以很难确定此管道的性质。另外，对上诉法院有约束力的先例也从未确认过这样的立场，即仅因为不知情被告未能施以合理注意发现本能发现的危险就判定作为卖家的被告对无合同关系的实际使用者（原告）承担责任。如果说这种危险是因为原告自己的疏忽，那么用我提出的接近关系理论解读，我相信一定可以弥补该

---

[1]　See Brass v. Maitland, (1856) 6 E. & B. 470.

[2]　See Farrant v. Barnes, (1862) 11 C. B. (N. S.) 553, 563.

[3]　[1898] A. C. 216.

[4]　[1906] A. C. 428.

[5]　[1932] 1 K. B. 458; (1932) 101 L. J. (K. B.) 46, 54.

案在法律适用上的不足。

英国法官经常喜欢将自己适用的普通法基本原则拿来检测美国法院的同事们发展的原理。在那个国家，我发现他们的法律在这方面已经确立了我之前所说的规则。在苏格兰发生姜汁啤酒中出现老鼠的案件之前，相同的案件早已在美国发生过了。区别就是美国法当时就判定生产商应承担侵权责任。由于本判决书篇幅所限，在此我就援引卡多佐法官（Cardozo J）在纽约上诉法院审理"Mac Pherson v. BuickMotor Co 案"[1]时说的一段话，在那段话中，他说出了我想说的原则，也审视了美国的先例（不仅包括他自己判决过的案例）。至于在英格兰如果发生类似的案件，卡多佐法官说的原则是否适用，那我们还得等到案件发生之后再行考虑。如果现在就解释的话，我想可能是因为汽车买受人在交易的过程中已经获得了检测汽车的机会，这就阻却了买受人与生产商之间的"接近关系"以至于无法触发二者之间的义务。但不管怎么说，如果把美国的这种判决思路带入英国，我们现在处理的这个案子也会得出有利于原告的结果。

尊敬的大法官阁下们，如果你们接受我的观点，那么本案的上诉就构成了有效的诉因。进而可以得出这样的结论：在苏格兰和英格兰法以及类似的法律体系中，产品的制造商如果根据出售商品的形式表明此产品会流至最终消费者，且最终消费者没有合理的可能性中途检测出产品的缺陷，且制造商知道消费者会因为自己在准备和组装产品的过程中未尽合理的注意义务而遭受人身伤害或财产损害，那么制造商就对消费者负有施以此合理注意的义务。

关于这个主张，我敢断言苏格兰和英格兰的每一个非法律人在看到时都不会产生片刻的质疑。和我们做出的其他尝试一样，这里我们又一次在冒险地用一般性原则的方法来让我们的法律变得更清晰，以便使法律与合理的常识接轨。所以，我认为此次上诉应该予以支持。

汤姆林大法官：

尊敬的法官阁下们，我有幸考虑了我尊敬又博学的法官朋友巴克马斯特大法官的观点（也正是我刚才宣读的那些）。我认为，无论从论证还是结论方面，我要说的大部分内容已经被涵盖了。因此我接下来只说一些补充观点。

首先，上诉人能赢得上诉的法律前提是：货物的生产商或修理商对任何

---

〔1〕 217 N. Y. 382.

可能合法使用该物的人都负有在生产或维修该物时应施以适当注意的义务。上诉人无法绕开这一点，因为在我看来饮料和其他货物没有什么本质区别。另外，将饮料封装的事实本身和义务的发生没有直接关系，它充其量只能更好地证明有疏忽的一方是生产商而已。

其次，我想说"Winterbottom v. Wright 案"[1]和本案上诉人的主张是直接冲突的。

如果我们阅读该案就可以发现以下几个要点：第一，被告的疏忽在该案中确实被原告提及，且成了原告诉讼的基础。第二，上面我说的那段关于生产商负有义务的句子就是原告的诉讼依据。

在事实层面，被告"确实因为自己不适当的、疏忽的行为"导致事故的发生。

原告律师说："事实说明，此次事故是由于被告的疏忽和未尽注意义务而发生的。"

接受这种观点的结果是值得警惕的。正如被告律所指出："比如，任何一个在凡尔赛火车站事故中受伤的人就都可以向制造有缺陷轮胎的生产商追究责任了。"

该案的诉讼蕴含了一个在形式上隐晦的侵权之诉。正如阿宾格大法官在判决书结尾中说的那样："通过支持此诉讼，我们就该想着如何应付这种不公平了，即只有被告对他的雇主做了所有的事，然后完成了合同附带的所有项目，我们才可以让他们从合同中解脱出来，从而让被告可以成为侵权之诉的对象。"

我对尊敬且博学的巴克马斯特大法官的判词所作的补充，也是针对上诉人援引的先例以及附带意见，以及其他被收录的案例的回应是：如果上诉人的主张被接受，那么我无法解释为什么那些设计危险物的先例可以被归为本原则的"例外"。在我看来，这些或是直接或是间接反映本案问题的先例，足以否定上诉人主张的这种原则在英国普通法中的存在。所以我认为，我们上议院没有任何合法理由和依据去演绎出这种原则。

汤姆林大法官：

尊敬的大法官阁下们，本案中，上诉人因为饮用了含有蜗牛的姜汁啤酒

---

[1]　10 M. & W. 109.

生病故而向被上诉人索取赔偿。此啤酒由被上诉人生产，上诉人喝了一部分，是在伯思利市的一家咖啡店由上诉人的朋友为她买的。

本案基于过失侵权，在上诉人所称事实均为真的情况下，此次上诉唯一的问题就是上诉人是否足以在法律上开启新裁决。苏格兰民事最高法院常任法官认为可以支持上诉人的请求，但在被上诉人提出反对意见后，民事最高法院第二分庭撤回了常任法官的意见，并驳回了上诉人的诉讼请求。这也与他们最近的另一个判决，即"Mullen v. Barr & Co and M'Gowan v. Barr & Co 案"[1]相一致。

本案的酒瓶被金属盖封上，酒瓶瓶身是由不透明材质的玻璃制造。这意味着在酒瓶被打开饮用之前，浸泡于里面的东西无法从外部用肉眼检测，更不用说被消费者提前取出了。另外，瓶身贴有被上诉人商号和地址的标志，显示了这就是生产商。她（上诉人）说当时卖这瓶酒的店员打开了这瓶酒，倒了一部分到玻璃杯里，里面还有一些冰激凌。她就喝了这些。然后她的朋友拿起酒瓶往自己的杯子里倒出剩下的酒，这才发现有一个已解体的蜗牛随着啤酒被冲出来，让他们三人都大吃一惊。

上诉人主张被上诉人以下四项义务：第一，姜汁啤酒是由被上诉人或其雇员生产，并作为一种饮料向包括上诉人在内的公众销售，据此上诉人有义务施以最大程度的注意以防止蜗牛混进酒瓶里，从而导致姜汁啤酒变成对人体有害的危险物。第二，被上诉人有义务在工作流程中设置一套系统，以保证蜗牛不被混进封口酒瓶中，尤其是不能在洗瓶时使瓶子处于蜗牛容易进入的环境。第三，被上诉人有义务提供一套有效的检验系统以保证蜗牛不能混进酒瓶。第四，被上诉人有义务提供较为透明的瓶子以便上述检测的顺利进行。

在我看来，毫无疑问英格兰法和苏格兰法在求偿方需要证明她和被告有某种义务关系的问题上是一致的，这是被告有义务施以应有以及合理的义务保障求偿方的安全的前提。至于原被告双方是否需要有直接的合同存在，倒是不必要的，因为本案的诉因并非基于合同，而是基于过失侵权。但原告在此诉讼中至少要证明被告对她负有义务，因为一个不负注意义务的人是不可能被判过失侵权的。参见"金妮尔大法官在 Kemp & Dougall v. Darngavil Coal

---

〔1〕 1929 S. C. 461.

Co 案"〔1〕的判决，另参见最高法院院长但尼丁大法官和金尼尔大法官在"Clelland v. Robb 案"〔2〕中的判决。这两个案子处理的就是原告证明了相关事实，那么这个事实本身是否涉及合同关系的存在。

本案中，我们处理的不是那些依其属性本身就危险的物的情形，我们处理的也不是被告明知该物是危险的情形，因为在以上两种情形中，被告有对使用或销售此类物的人给予警示的特殊义务。本案是发生在生产商和消费者之间的案子，且双方无合同关系，生产商不知货物有危险。另外，除非消费者可以找出生产商负有的特殊义务，不然苏格兰法和英格兰法都不可能认为生产商对消费者负有注意义务。如此，消费者就只能向处于中间环节的销售商索赔。我注意到美国法院，正如麦克米兰大法官提到的那样，会持有一种更倾向于消费者的立场。

本案的关系可以被这样表述：被上诉人在将商品投放进市场的过程中，故意采取了一种杜绝中间商检测商品质量的方式，导致被上诉人和消费者的关系变得非常接近，进而导致消费者必须依赖被上诉人的谨慎以保证商品无害。如果这种表述是合理的，那么当消费者证明其拿到商品且因为商品中的有害物质遭受人身伤害，且此伤害是由于被上诉人在装瓶时未尽注意义务导致的，那么消费者就可以向被上诉人索赔。

在我看来，这种义务的存在是与英格兰法和苏格兰法的一般原则相一致的。英国法的先例已经告诉我们对人与人的关系进行最终的分类，包括这些关系中存在的那些非基于合同的义务，以及每个关系背后的使义务存在的情形，都是多么的不现实。本案和之前的案例在核心事实上都不一样，即，本案中生产商是因为自己的行为导致自己与受害消费者的关系变得非常接近。我很荣幸能够考虑我尊敬且博学的同事——阿特金大法官——刚才读的判决理由，而且我非常赞同这些理由，以至于我已经没有什么可以补充的了。

与本案比较近似的一个有趣的案件是"Gordon v. M'Hardy 案"〔3〕。在该案中，原告对杂货商发起损害赔偿诉讼。原告的儿子因为在被告的店中买了罐装三文鱼而食物中毒。原告诉称，那罐三文鱼的罐头有缺口，但原告并没

---

〔1〕 1909 S. C. 1314, 1319.

〔2〕 1911 S. C. 253, 256.

〔3〕 (1903) 6 F. 210.

有证明这是被告切的，并导致空气吹入罐头，或是做了别的什么事情导致毒物产生。该案原告最终败诉。克拉克大法官评论道："我看不出被告为什么应该检测三文鱼罐头，因为他说他在买卖罐头的全过程中根本没有改变罐头的状态。显然在原告儿子食用之前，被告也不可能打开这个罐头。"在该案中，生产商的标签没有在罐头上出现，导致我们最终都不知道这个罐头的生产商是谁。我虽然很同情原告的遭遇，但我必须说，正是由于生产商的行为导致销售商不可能对消费者承担责任，因为生产商使销售商在买卖过程中根本无从检测罐头的质量。

尊敬的大法官阁下们，我认为上诉人的诉讼请求是合理的，她成功地证明了她与被上诉人之间存在一种义务关系，且成功地证明被上诉人对履行该义务时的疏忽心态与她的损失有关。

在"Mullen and M'Gowan 案"[1]中，苏格兰民事最高法院第二分庭的法官们遵循了本案上诉前的判决。该案与本案相似，除了标的物中混入的杂质不是蜗牛而是老鼠。第二分庭（除了亨特大法官反对外）判决生产商对消费者不负任何义务。诚然，英国法的先例也告诉我们大多数法官都不认为此种义务存在，除了奥米戴尔大法官[2]也许不会这么认为。在我看来，亨特大法官持有的反对意见正是我以上表述的意见。

我想我的结论也可以用在"Mullen and M'Gowan 案"[3]中。当然，该案更复杂一些。因为该案的原告需要先解决事实层面的一些举证问题。

总而言之，我认为本次上诉应予支持。

麦克米兰大法官：

尊敬的大法官阁下们，本案的法律问题其实在性质上很琐碎，尽管在上诉人看来本案的结果对她很重要。上诉人诉称，1928 年 8 月，她和她的朋友去了伯思利市的一家咖啡店。她的朋友为她点了一份冰激凌和姜汁啤酒。店员于是打开了姜汁啤酒，往已经有冰激凌的酒杯里倒了一部分啤酒。上诉人喝了这种混合饮品，然后她的朋友接着把剩下的酒倒在自己的杯子里。这时一只已解体的蜗牛顺着姜汁啤酒冲出了酒瓶。上诉人诉称，她正是喝了这种

---

[1] 1929 S. C. 461.
[2] 1929 S. C. 471.
[3] 1929 S. C. 461.

酒才染上了严重的疾病。经查明，此酒瓶是由不透明的玻璃制成，这意味着瓶内的东西无法被肉眼检测。另外，酒瓶已经被金属盖封装，瓶身贴有被上诉人的商号等信息，说明了被上诉人正是此酒的生产商，而卖酒的咖啡店只是零售商而已。

上诉人基于过失侵权的诉讼理由可以被这样概括：姜汁啤酒是由被上诉人生产，并供包括上诉人在内的大众购买的。姜汁啤酒中混入蜗牛导致此酒变得有毒，对人体有害。被上诉人有义务在生产此酒时施以足够的注意，以防止蜗牛混入啤酒。上诉人认为被上诉人的生产系统存在严重缺陷，且被上诉人用不透明的酒瓶导致上诉人在消费前根本无法察觉瓶中的异常。

被上诉人对这些事实的真实性无异议，但对这些事实的关联性有异议，进而提出上诉人在法律上找不到依据证明被上诉人应负任何责任。

苏格兰民事最高法院常任法官认为可以支持上诉人的请求，但在被上诉人提出反对意见后，民事最高法院第二分庭撤回了常任法官的意见，并驳回了上诉人的诉讼请求。这也与他们最近的另一个判决，即"Mullen v. Barr & Co and M'Gowan v. Barr & Co 案"[1]相一致。在他们看来，该案和本案唯一的区别就是标的物中混入的杂质不是蜗牛而是老鼠。本次上诉就是要推翻这些判决，下面我就对此给出我的意见。

上述事实相似的两个案子当时是被并案审理的。在"Mullen v. Barr & Co 案"[2]中，郡治安法官认为可以支持上诉，但郡长反对。"M'Gowan v. Barr & Co 案"[3]也类似。此案打到第二分庭时，亨特大法官接管了本案。最终，此案和"Mullen v. Barr & Co 案"[4]的被告都胜诉了。克拉克大法官认为被告的疏忽没有被证立，所以相关性的问题根本就无从谈起。奥米戴尔大法官认为目前还没有对被告不利的先例，但他准备判决被告败诉，前提是原告在事实层面能够证立。亨特大法官认为原告在法律上可以胜诉，但需要证明被告存在疏忽。安德森大法官认为原告在法律上没有追究被告责任的基础，但如果原告能证明被告存在疏忽，那么胜诉还是有可能的。

我对那份判决的一些段落印象颇深。博学的克拉克大法官说他更倾向于

---

〔1〕 1929 S. C. 461.

〔2〕 1929 S. C. 461.

〔3〕 1929 S. C. 461.

〔4〕 1929 S. C. 461.

"将判决立足于原告未能证明被告的过错上"〔1〕，且他感到"庆幸自己不用判断如果被告有过错，那么原告在法律上能否胜诉的问题"。在本案的前次上诉中，克拉克大法官在否定了其在"Mullen v. Barr & Co 案"〔2〕的立场后说道："我认为我明确点出了那些英国法的案例。"其实，他否认了英国的判例，并打算支持上诉人的请求。正如奥米戴尔大法官说的那样，第二分庭多数法官对"Mullen v. Barr & Co 案"〔3〕的意见是基于他们对英国法先例的解读。在指出了本案的争点后，第一个问题就是"在没有合同关系的情况下，被告是否对原告负有义务保证没有任何有害物质混进啤酒瓶"。他继续说道：

我认为这个问题很难有一个令人满意的答案。而且要不是从"Winterbottom v. Wright 案"〔4〕开始的一系列先例的存在，我已经打算支持上诉人的诉求了。不过从证据上说，生产商通过标志体现了其已尽了最大的注意以保证姜汁啤酒在流通时根本无法被中间商察觉其中的缺陷。据此，我认为合理且公平的观点就是，在这种情况下，就算没有合同存在，生产商与消费者之间仍然存在义务关系。然而先例却告诉我们，这种义务的存在和上述事实是无关的。

奥米戴尔大法官因此认为自己受制于这些"从'Winterbottom v. Wright 案'〔5〕开始的一系列连贯的先例"，不得不逆着自己认为合理且公平的推论得出相反的结论。我认为，"Winterbottom v. Wright 案"〔6〕和本案有重大不同，前者在事实层面没有被告对原告违约的过失存在。所以，我希望的真相就是，在英国法中根本不存在这种所谓的"一系列连贯的先例"以至于英国法成了不合理且不公平的代表，进而导致苏格兰的法官也得违背自己的良心去遵循它们。正如伊舍大法官在"Emmens v. Pottle 案"〔7〕中所言："任何导致英国法成为完全不合理且不公平的法律的观点，都不可能成为英国普通法的一部分。"

正如此次上诉双方律师共同承认的，也是我承认的那样，英格兰法和苏

---

〔1〕 1929 S. C. 470.
〔2〕 1929 S. C. 461.
〔3〕 1929 S. C. 461.
〔4〕 10 M. & W. 109.
〔5〕 10 M. & W. 109.
〔6〕 10 M. & W. 109.
〔7〕 (1885) 16 Q. B. D. 354, 357, 358.

格兰法就本案的核心问题在原则上是一样的，这意味着我们只需要关注英国法的先例。上诉人致力于证明根据英国法，上诉人拥有有效诉因。被上诉人则致力于证明根据英国法，上诉人没有有效诉因。因此我会在下文着重交代我眼中的英国法先例。

首先，我认为就本案的核心问题，英国法还没有真正的先例。我赞同亨特大法官的观点，他认为像"Cavalier v. Pope 案"[1]以及"Cameron v. Young 案"[2]这类案件确立的是"和承租无关的人不能凭借房东未履行租赁合同的义务向房东索赔"。这和本案无关。另外，上述所谓"一系列连贯的先例"其实也不存在，因为其中不少都与本案有着这样或那样的出入。

比如，"George v. Skivington 案"[3]和"Blacker v. Lake & ElliotLd 案"[4]就是处在两个极端的例子，背后反映了两个完全相反的原则。一方面，我们有一个早已确立的原则规定，只有合同当事人才可以追究违约责任。另一方面，我们还有一个同样早已确立的原则规定，合同之外的过失侵权也可以给受害者一个有效诉因。这里，我使用了"过失侵权"（negligence）这个术语，是想表示因为义务人的疏忽而违反义务的情形。需要注意，就算这里存在一个合同关系从而可以让受害人依据合同起诉，也不能排除侵权之诉的并存，哪怕该侵权行为来自合同内部。当然，最好的例子就是：坐火车的乘客可以诉火车公司的原因有二，要么他可以依据客运合同的安全条款起诉，要么可以依据客运方的疏忽起诉。显然，同样的事实不能只给某甲一个合同之诉，只给某乙一个侵权之诉。用我自己的话来表述这个领域非常有名的学者——弗雷德里克·波洛克爵士的观点[5]：

看上去，目前还没有（可能永远也不会有）一种趋势让我们认为构建合同的事实不可能同时触发其他法律效果。那些所谓确立这种观点的先例其实是在说另一个更为合理的问题，那就是，如果 A 违反了与 B 的合同（其中可能没有 A 或 A 的雇员的个人违约行为），这不足以让 A 对 C 承担责任，以赔偿 C 这个合同外第三方的损失。这（也只有这）才是财税法院在"Winterbottom

---

〔1〕 ［1906］A. C. 428，433.

〔2〕 ［1908］A. C. 176；1908 S. C.（H. L.）7. A. C. 1932.

〔3〕 L. R. 5 Ex. 1.

〔4〕 106 L. T. 533.

〔5〕 Sir Frederick Pollock, Law of Torts, 13th ed., p. 570.

v. Wright 案"[1]和 "Longmeid v. Holliday 案"[2]裁决的精髓。在这两个案件中，被告分别根据买卖和租赁合同转移了动产的占有，而动产当时并不满足安全使用的条件。但在前者案件中原告未主张，后者案件中原告虽主张却未成功证立，被告对此等事实是明知的。这两个案子中，都是作为陌生人的第三人因为正常使用这个有危险的动产遭受了人身伤害，前者案件中是沙发，后者案件中是灯。这两个案件的原告都被判定不能从动产的传播者手中获取任何有效诉因。这是因为：首先，他们之间没有合同；其次，被告的疏忽和恶意也没有被证立。

当我们遇到像本案这样的问题时，取决于我们解决问题欲采用的方法，有时候我们很容易走进死胡同。如果你从和生产商签订了买卖合同的零售商讲起，然后消费者又从零售商处购得此物，那么你很容易认为消费者因为不是合同的当事人，所以就不能凭此起诉。的确，生产商和消费者之间没有合同关系，所以消费者如果想胜诉，他就必须寻找那些例外情形，即那些基于公共利益的考虑，法律留给"非合同当事人不得诉违约损害"这项规则的例外。比如，如果标的物依其属性本身就是危险的，或者被告明知标的物已经处于危险的状态。相反，如果你不去想这个案件中是否有合同存在，而只是去想被告是否因为自己的疏忽违反了一项他应对受害者负有的义务，那么你就不会认为受害者必须要是合同的当事人了。进而，你也就不会认为受害者的胜诉条件与合同的存在与否相关了。本案中，上诉人没有去寻找上述那些例外情形，毕竟那些例外情形既不属于合同法，也不属于侵权法。在我看来，这两种例外情形其实不能算作"非合同当事人不得诉违约损害"这项规则的例外。我更愿意将它归类为过失侵权的特殊情形，在这些情形下，法律会给义务人一项很重的义务，以保证权利人的安全。

基于这些初步的结论，我接下来再分析那些有可能影响上诉人胜诉的先例。其实，大部分的先例和本案都有很大不同，它们也没有那种特殊的关系，以及随之而来的义务，这些在我看来都是本案最关键的要素。首先是 "Dixon v. Bell 案"[3]。在该案中，被告将一支已装填弹药的枪放在大堂，然后迎合

---

[1] 10 M. & W. 109.

[2] 6 Ex. 761.

[3] 5 M. & S. 198.

了他的仆人——一位十三四岁的黑白混血儿——的请求，把枪给了她。这个女孩拿了枪后就瞄准了原告的小儿子，开火伤了他。原告认为被告不该轻信这么年幼的仆人，于是基于被告的过失提起诉讼并最终胜诉。"当被告改变了枪支的持有状况，并导致枪支可能走火时，被告就负有了保证这支枪安全无害的义务。"这个案子（在我看来）仅仅阐释了高等级的注意义务，相当于针对风险的保险，也是法律对那些应该为（比如装弹枪支）危险物承担责任的人设定的要求。如果一定要说该案和本案有什么联系的话，那也是对上诉人有利的，因为一个人喝了有毒的饮料和一个人被枪击没什么区别。然后是"Langridge v. Levy 案"[1]。在该案中，被告基于欺诈声称作为该案标的物的枪支是完好无害的，并把该枪卖给了原告的父亲，供父子诸人使用。其中一名儿子基于对质量瑕疵担保的信任使用了该枪，并被爆裂的枪伤到了。买受人的儿子被判定可以向被告索取赔偿。判决的基础是被告存在虚伪表示，虚伪表示延伸到了买受人的儿子，以及虚伪表示造成了损害后果。后世的评论者认为该案和原则无关，只是确立了特殊情形下的规则。至于"Winterbottom v. Wright 案"[2]和"Longmeid v. Holliday 案"[3]，它们对本案都没有决定性影响，原因已经被上面我引用的弗雷德里克·波洛克爵士的那段话很好地揭示了。之后就是"George v. Skivington 案"[4]，也是一个对上诉人很有利的判决。一位化学家由于过失配制了一瓶有害的洗发水，然后卖给了一位买受人，供其妻子使用。妻子果然受伤。正如凯利首席法官指出，该案不是建立在任何合同上的质量瑕疵担保条款，这位妻子也没有发起合同之诉，毕竟她自己不是合同的一方。真正的问题，按照首席法官的理解，是"被告，这位化学家，以售卖为目的，也明知买受人的目的，是否应当为自己未尽注意义务和技术义务承担对受害者的责任"。财税法院一致支持了这位妻子的诉讼。我得提一下阿特金大法官之前对"Langridge v. Levy 案"[5]的评论："在后面这些案子都说明了标的物本该适宜使用，但受害者不知道这些标的物其实已经不

---

〔1〕　2 M. & W. 519.

〔2〕　10 M. & W. 109.

〔3〕　6 Ex. 761.

〔4〕　L. R. 5 Ex. 1.

〔5〕　2 M. & W. 519.

适合使用了。"（参见"Cavalier v. Pope 案"[1]。）诚然，"George v. Skivington 案"[2]一直饱受非议，甚至在"Blacker v. Lake & Elliot Ld 案"[3]中被汉密尔顿法官拒绝适用，尽管他也没有明言推翻。我不确定这个案子是不是真的糟糕到了这种地步。至少我不认为我们上议院应该（也从来就不应该）拒绝适用此案。

相较于其他先例，"Heaven v. Pender 案"[4]应该被大篇幅地提及。这是因为布雷特掌卷大法官（当时他就任的职位）关于对第三人侵权责任的一般性原则的附带意见。他认为，"这种观点可以被确认是正确的"，即"无论何时，只要某甲被放置在一个和某乙有关的位置上，若每个有常识的人都会认为如果某乙不施以正常的注意和技术，他就会对某甲或某甲的财产造成损害，那么某乙就会有这样的义务防止此种损害的发生"。最能适用于本案的一段话是这样的：[5]

无论何时，只要某乙提供货物……为了某甲的消费，以至于每个有常识的人都会认为如果某乙不施以正常的注意和技术，他就会对某甲或某甲的财产造成损害，那么一项义务就会被触发，要求某乙在提供货物时应对任何使用或将要使用该物的人施以正常的注意和技术。如果某乙没有履行这项义务并且造成了伤害，那么某乙就要承担过失侵权的法律责任。

科顿大法官和博恩大法官对此表示赞同[6]，并表示"不赞同掌卷大法官的观点，认为他不应该推导出一项大原则，毕竟有很多先例与这项所谓的大原则相悖"。无论如何，原告毕竟在该案中胜诉了。我刚才引用的那段话，就像其他试图归纳出原则的努力一样，总会受到非议，其普适性也会受到一些限制，但至少它阐释了一种一般性的法律原理，也是我以及亨特大法官打算接受的原理。现在我就来谈一谈三个现代的案子，分别是"Earl v. Lubbock 案"[7]，

---

[1] [1906] A. C. at p. 433.
[2] L. R. 5 Ex. 1.
[3] 106 L. T. 533.
[4] 11 Q. B. D. 503.
[5] 11 Q. B. D. 510.
[6] 11 Q. B. D. 516.
[7] [1905] 1 K. B. 253.

"Blacker v. Lake & Elliot Ld 案"〔1〕，"Bates v. Batey& Co Ld 案"〔2〕。第一个案子涉及货车的修理合同。货车所有人雇佣的司机因为修理人在履行维修合同时的疏忽而受伤。法院判决司机不可以诉修理人请求赔偿。该案遵循的规则是合同之外的第三人不能凭借合同内的违约行为追究合同当事方的侵权责任。值得注意的是，该案原告没有被被告邀请去开车，且车主也没有对修车义务的履行表示过任何的不满。这意味着即使该案被告真的有疏忽，这种疏忽的因果关系也太远了。实际的后果就是如果法院承认被告应承担责任，那么我们社会上的商业交易就都无法进行了。正如马修大法官说的那样："这会导致任何一个谨慎的人都不再敢生产或维修那些会被合同相对方拿来继续许可给第三方使用的产品了。"不过，该案的事实和本案有很大的不同，本案中的生产商明知此产品会被消费者饮用，而零售商只是商品流通的工具，且商品本身决定了任何人都无法预先发现内部的缺陷。"Blacker v. Lake & Elliot Ld案"〔3〕也很重要，因为里面包含了法官对上一个案件的回顾。在该案中，原告被喷灯烧伤，该喷灯系原告从一位店主处购得，店主则从生产商处购得，该生产商即为该案被告。汉密尔顿法官和勒什法官在高等法院分庭审理此案时，就喷灯本身是不是危险物存在不同意见。该案的核心问题是，如果喷灯的买卖双方有合同，那么喷灯就其性质是否要求出卖人应当对其安全状态向第三人负责？该案给予此问题的答案是否定的。就算有疏忽，这种疏忽在因果关系上也太过遥远。汉密尔顿法官是这样说的；

在本案中，我能说的就是被告不知道该喷灯已经很不安全了，他也没有理由这么认为，因为毕竟整个过程中没有人发现了这个问题。事实上，从当时的情况来看，也只有更聪明的人或者更有经验的工程师敢说他们本该知道，就像原告的专家证人说的那样。

对此我想说，此案之所以原告败诉，真正的原因只是原告未能证明被告有疏忽。这意味着该案和本案有着本质区别。假如该案原告输在法律问题上，且该案导出了一项与本案原告诉称相冲突的原则，那么在此我就不敢再说什么其他原则了。但幸好情况不是这样。"Blacker v. Lake & Elliot Ld 案"〔4〕

---

〔1〕 106 L. T. 533, 537.

〔2〕 [1913] 3 K. B. 351.

〔3〕 106 L. T. 533, 537.

〔4〕 106 L. T. 533.

的另一位法官——勒什法官——在他审判的另一个案件——"White v. Steadman 案"[1]中说:"如果一个提供货物或动物的人因为疏忽使自己失去了检测标的物是否有缺陷的机会,那么法律就将推定他知道标的物有缺陷。"至于"Bates v. Batey & CoLd 案"[2],姜汁啤酒的生产商被原告起诉,原告诉称自己从某店家处买到这瓶姜汁啤酒,后被爆裂的酒瓶创伤,此酒的货源则来自该生产商。生产商辩称此酒酒瓶系从另一酒瓶制造商处购得,但陪审团发现生产商在购得酒瓶时并未施以合理的注意义务检查酒瓶是否存在缺陷。霍里奇法官认为,由于被告对此缺陷并不知情,那么哪怕被告通过施加合理注意就可以发现缺陷,被告也不应承担责任。但我必须说的是,在真正的过失侵权案中,被告是否知晓缺陷的存在从来就不是决定性的要素。

通过对这三个案子的分析,我们可以看出,目前已知的先例并不是朝着同一个方向走的。另一个可以作为"George v. Skivington 案"[3]补充的案子是来自美国的"Thomas v. Winchester 案"[4]。该案在我国受到了普遍的积极评价,也和本案上诉人的主张很接近。在该案中,一位化学家本来被要求制作蒲公英提取液,结果不慎配制成了颠茄提取液,但标记上还是蒲公英的字样。这导致合同外的第三人因为服用了一定剂量的液体导致身体严重受损。该案的结果是这位化学家被判应承担侵权责任。此案被但尼丁大法官在枢密院司法委员会判决"Dominion Natural Gas Co v. Collins & Perkins 案"[5]时引用,作为向第三人承担侵权责任的例子。我认为这是个合理的判决。

在"Thomas v. Winchester 案"[6]以后,美国法在本问题上的发展很快。在"Mac Pherson v. Buick Motor Co 案"[7]中,某汽车制造商因其生产的有缺陷汽车给在场的第三方造成人身伤害而被判对其承担侵权责任。卡多佐法官——这位纽约上诉法院非常著名的首席法官——是这样表述法律的:[8]

原告本来就没有指控被告知道此缺陷然后故意隐瞒此缺陷……原告的指

---

[1] [1913] 3 K. B. 340, 348.

[2] [1913] 3 K. B. 351.

[3] L. R. 5 Ex. 1.

[4] 6 N. Y. 397.

[5] [1909] A. C. 640.

[6] 6 N. Y. 397.

[7] (1916) 217 N. Y. 382.

[8] 217 N. Y. 385.

控是基于疏忽而非欺诈。本案需要裁决的问题是：被告是否只对直接买受人负有注意义务……"Thomas v. Winchester 案"[1]确立的原则不仅限于毒药、爆炸物，以及其他依其属性正常使用都具有破坏能力的物。如果某物的性质决定了只要不谨慎制造，它就会危及人的生命或四肢，那么它就是危险物。它的属性决定了我们希望能得到来自提供人的警示。如果生产商明知此物会被买受人以外的人使用，且该人不知道具体方法，那么生产商对那个实际使用人也负有说明清楚的义务。这就是我们处理本案应当遵循的规则。需要强调的是，对危险的明知必须是"很可能的"（probable），而非仅仅是"可能的"（possible）……对该物会被他人使用的明知必须限定在惯常事件范围内。对这种明知的要求也许可以从交易的性质上推测出……比如，从卖家那儿我们可以确定汽车不可能被他自己使用。但被告却非要说他（作为公司）是法律需要保护的对象。我想法律不会让我们推导出这种莫名其妙的结论。

经过上述关于英国和美国判例的大段讨论，我想你们可能会觉得我已经忘了本案是来自苏格兰的上诉案子，必须依照苏格兰法判决。但正如此次上诉双方律师共同承认的，也像我刚才说的那样，英格兰法和苏格兰法就本案的核心问题在原则上是一样的。鉴于先例没有给我们一个确定的答案，也鉴于我们是第一次一起处理此问题，我认为我们可以从原则的角度试着解决本案，只要这种原则被英格兰和苏格兰的法学界双双承认即可。

关于疏忽，我们的法律没有一个抽象的认识。我们只会在特定的注意义务存在且违约导致的损害已经发生的时候才会去考虑疏忽的定义。在那种情况下，疏忽是过失侵权的法律基础，也是过失侵权法律体系的一部分。那么到底在哪些情况下这种注意义务会被触发呢？如果我们把问题投放在日常的社会或商业生活中，或者把它投放在随机的社会成员间的关系中，法律只能使用一般理性人的标准去判定某情境是否会在当事人双方间触发这种注意义务，那么此问题的诉讼基础就会像人犯的错误一样多种多样，法律责任的概念也就会随之改变，以适应新的社会条件和新的行为规范。司法裁判的标准也必须随着社会环境的变迁而适当调整，以适应社会需要。过失侵权的分类永远不是有限的。关于此种责任，最核心的原则就是被告对原告负有一项注意义务，原告必须得证明被告违约，且原告的损失与被告的违约有因果关系。

---

[1] 6 N. Y. 397.

我们有空间容纳多样性，这空间指的也只是那些帮助我们判别注意义务是否存在的情形。

把上面这些普适性的话落实到本案，我不认为任何人或任何12个人会质疑这样的观点，即如果上诉人证明了事实上的真实性，被上诉人就确实在他的生产过程中存在疏忽。作为一家汽水生产商，他把自己的瓶子存放在了蜗牛可以爬进去的地方，而且在封装时也没有注意查看瓶子来保证没有异物混入产品，那么我们可以很合理地认为他已经构成了疏忽。但是，正如我之前说的那样，这用来证明被上诉人在生产过程中的疏忽还是不够的。现在的问题是：他是否负有注意义务，以及他对谁负有注意义务？现在我可以确定，一个以营利为目的的生产商，如果他的经营方法是向公众提供消费的货物，那么该生产商就在生产环节负有注意义务。至于这个注意义务的对象，包括所有他能想象到的消费者。他如果卖的是人类可饮用的产品，那么他就能想象得到，所有人类都有可能喝到他的产品。基于这种原因，他将自己和所有潜在消费者就绑定了关系，这种关系足以触发一种注意义务，要求他防止消费者的健康由于他的产品受损。他有义务防止他的产品转化为对人体有害的物质。有时候我们可以说，如果一个理性的人能够预见这种情况，此种情况就本该被避免，那么如果生产商没有避免，他就应负法律责任。本案中，被上诉人在生产姜汁啤酒的时候，明确知道这些啤酒会被公众饮用。他是不是一个理性的人，他是不是本该预见这种情况呢？答案显然是肯定的。另外，上诉人健康受损的情况告诉我，从因果关系上看，此损害与被上诉人的疏忽关系很近，这也就说明了被上诉人不能推脱这种预见义务。假设有一家面包店，因为疏忽让一定量的砷混入了一批面包，并导致部分消费者中毒，那么我们可以认为这家面包店对消费者不负防止面包有毒的注意义务吗？另外，我们可以因为面包店事实上不知道砷的混入，他的合同瑕疵担保责任就可以免除了吗？注意我刚才使用了"疏忽"二字，这意味着我排除了纯意外事件的情形。我不敢相信，也不会相信英格兰和苏格兰的法律对此案的被害人没有提供任何救济。要知道，一般都是民法的责任比刑法的责任宽，何以在此案中，面包店店主虽应承担刑事责任，却不需要承担民事责任了呢？但我们的先例确立的原则偏偏就是，供大众食用的食物的生产者不对消费者负有任何注意义务，甚至不负防止消费者被毒害的注意义务。

我尊敬的大法官阁下们，苏格兰和英格兰关于本问题的法律相同，暗示着苏格兰法中也没有现成的可供上诉人援引的原则。不过这也让我们不需要分心去考虑苏格兰法可能存在的不同。就我个人而言，我很庆幸不用去多考虑苏格兰法，也很庆幸本案的裁决可以安全地立足于两边共同接受的法律体系中。我很高兴地认为，就本案这种发生于日常生活中的实际问题而言，两边没有差异是最好的。我们此案确立的原则可以很好地从正义和常识上辅助两边法律以接受本案上诉人希望达到的结果。

我想再次强调一下，本案确立的原则本身不会推翻帕克男爵在"Longmeid v. Holliday 案"〔1〕的意见。他说：

如果说这种程度的注意义务在平常生活中的一般人之间也存在的话，这种说法就太过了，即：如果一个机器依其本身属性不危险，但因为嗣后的某个未知原因产生了缺陷，且此缺陷是此机器拥有者施加一般的注意就可以发现的，那么只要这个机器被 A 租借或交给 B（甚至此机器正是 A 从制造者手中取得），则 A 就该对 B 因使用此机器遭受的损害负责。

在我看来，这段话只是在提醒我们，注意的标准不可以设定的太高，以至于让我们错误地认为过失侵权的规则意在防止一切损害。在处理过失侵权的案件中，我们永远不要忘了考虑特定案件中的疏忽是否构成过失侵权，以及特定案件中的损害是否在因果关系上距离被告的疏忽太过遥远。我认为，确实存在那种情形，即一个生产商将自己的产品投放市场，但由于其他经手人的原因导致产品的情况发生变化，进而产生缺陷甚至毒性——在这种情况下，我们确实不能责备生产商。也许我们可以确立这样的规则，即控制力的终止也就伴随着责任的终止。所以，如果在生产商和消费者之间存在介入的第三者，且此第三者有机会和条件在将产品转手前检测该产品的质量，那么生产商的责任也会终止。但如果，就像本案事实显示的那样，产品在离开生产商时就已经处于可以被消费者直接饮用的状态，且生产商由于自己的行为使产品密闭，进而无法让任何中间人干预，那么我就倾向于认为生产商对产品的控制力一直有效地持续着，直到产品到达消费者处并被消费者打开。本案中，外人潜在的干预已经被排除。这也就是为什么在"Gordon v. M'Hardy案"〔2〕中，零售商不应承担侵权责任的缘由。

---

〔1〕 6 Ex. 761.

〔2〕 6 Ex. 761, 768.

最后是一些程序法的问题。我认为举证责任必须一直由被害人承担。被害人有义务证明导致自己受到伤害的缺陷确实存在于商品中，且在商品脱离被告之手时就已经存在，且该缺陷的产生是基于被告的疏忽所致，以及原被告的关系决定了被告的确有保证原告不受伤害的注意义务。过失侵权不采用过错推定，也不采用"事情不言自明"（res ipsa loquitur）的证据规则。过失侵权必须被明确主张和证立。上诉人接受了这种举证责任，而且在我看来她有机会改变诉讼请求，只要她可以的话。综上，我认为此次上诉应予支持，苏格兰民事最高法院第二分庭的判决应予推翻，苏格兰民事最高法院第二分庭常任法官的判决应予恢复。

社会福利行政中的正当程序

——戈德伯格诉凯利案 *

施立栋 ** 译

美国联邦最高法院

纽约市社会福利机构专员戈德伯格诉凯利等人

从纽约南区联邦地区法院上诉而来

No. 62

1969 年 10 月 13 日庭审，1970 年 3 月 23 日判决

本案的被上诉人为纽约市居民，他们接受由联邦政府拨款的"育儿家庭援助"（Aid to Families with Dependent Children）项目或纽约州"一般家庭救济"（Home Relief）项目的资金补助。这些居民在初审法院诉称，负责这些项目的官员在事先没有进行通知与举行听证的情况下，终止了或正准备终止针对他们的补助，这侵犯了他们依据正当法律程序所享有的权利。联邦地区法院认为，只有在停止发放补助前为补助金领受人举行了"证据性听证"（evidentiary hearing），方能满足宪法的要求。同时，联邦地区法院拒绝采纳福利官员提出的答辩意见。该答辩意见认为，将现行的在停发补助金后举行"公

---

* 本案例译自《美国联邦最高法院判例汇编》（United States Reports）第 397 卷，第 254~279 页。（Goldberg v. Kelly, 397 U. S. 254.）在翻译过程中，译者对判决书原文做了如下处理：（1）为符合中文的行文规则，将判决书正文中夹注的解说性案例和法条，一律改为当页脚注。（2）为遵循本刊的编辑规范，将判决书原文中连续编排的注释，一律改为每页重新编号。对于原判决书中因重复引用文献而简写的注释，补上被引用文献的完整信息。(3) 对于判决书原文中提及的页码予以删除。——译者注

** 苏州大学王健法学院讲师，法学博士。

正的听证"（fair hearing）程序与在停发补助金前举行非正式的复审程序相结合，足以保障补助领受人的权利。本院认为：

1. 福利补助是有领受资格的人员享有的一项"法定权利"（statutory entitlement），对他们停止发放这一补助，有适用"程序性正当程序"（procedural due process）之余地。

2. 公共补助金为适格的领受人提供了必需的食物、衣物、住房和医疗服务，领受人在确保这一补助不受妨害方面所享有的利益，加上州政府在确保补助金不被错误终止方面的利益，显然胜过州政府在阻止财政和行政负担增加方面所存在着的竞争性关切。

3. 为福利领受人提供程序性正当程序之保护，需要在停止发放补助前为其举行证据性听证。

（1）此类证据性听证不必采取司法或准司法审判的形式，但领受人应有权获取及时、充分的通知，该通知需详细载明停止发放补助的原因，同时领受人应有权当面对质对方证人，以及以口头形式向"决定者"（decision maker）发表意见和提交证据，以此来为自己作有效的辩护。

（2）在终止补助前的听证中，福利补助领受人并非必须要聘请律师，但如果领受人有聘请意愿，则应予准许。

（3）决定者不必发表全面的意见，也不必作出正式的事实认定或法律结论，但必须给出决定的理由和所依据的证据。

（4）决定者必须是中立的。福利官员先前从事与案件相关的某些工作，并不必然会导致其不能担任决定者，除非被复审的决定是由该官员参与制作的。

本院判决：维持纽约南区联邦地区法院的判决。

小约翰·J. 劳福林（John J. Loflin, Jr.）代理上诉人一方进行辩论。与他一起提供"律师辩论意见书"（brief）的是J. 李·兰金（J. Lee. Rankin）和斯坦利·布克斯鲍姆（Stanley Buchsbaum）。

李·A. 埃尔伯特（Lee A. Albert）代理被上诉人一方进行辩论。与他一起提供律师辩论意见书的是罗伯特·博尔索迪（Robert Borsody）、马丁·加伯斯（Martin Garbus）和大卫·戴蒙德（David Diamond）。

代表合众国出具"法庭之友"（amici curiae）意见的是副检察总长格里斯沃尔德（Griswold）、检察总长助理拉克尔肖斯（Ruckelshaus）和罗伯特·V. 齐纳（Robert V. Zener）。代表全国法律和贫穷教育研究所（National Institute for Education in Law and Poverty) 出具法庭之友意见的是维克特·G. 罗森布鲁姆（Victor G. Rosenblum）和丹尼尔·威廉·费斯勒（Daniel Wm. Fessler）。

布伦南大法官（Justice Brennan）发表法院意见

本案有待判决的问题是，州政府在对特定的公共补助金领受人停止发放补助金前，没有为其提供举行证据性听证的机会，这是否违反了《美国宪法第十四修正案》的正当程序条款。

本件诉讼最初是由纽约市居民向纽约南区联邦地区法院提起的，这些居民正接受由联邦拨款的育儿家庭援助项目或纽约州一般家庭救济项目的资金补助。[1]他们诉称，纽约州和纽约市负责该项目的官员在事前没有进行通知和举行听证的情况下，终止了或正准备终止上述补助金的发放，这侵犯了他们依据正当法律程序所享有的权利。[2]在本案当事人提起诉讼之时，没有法律规定，在停止发放补助金之前必须对领受人进行通知和举行某种形式的听证。但在诉讼提起之后，纽约州和纽约市引入了通知和听证程序，原审原告（即本案被上诉人）则对此类程序提出挑战，认为它们并未符合宪法的要求。

---

〔1〕 育儿家庭援助项目由 1935 年的《社会保障法》（49 Stat. 627）所确立，后经修改被编入 42 U.S.C. §§ 601~610（1964 ed. and Supp. Ⅳ）。依据美国联邦卫生、教育和福利部部长（Secretary of Health, Education, and Welfare）规章的规定，该项目是由联邦政府进行拨款的专项补助金，但由州政府具体负责管理。See N. Y. Social Welfare Law §§ 343~362（1968）. 本院在 1968 年的"金诉史密斯案"（392 U. S. 309）以及 1969 年的"夏皮罗诉汤普森案"（394 U. S. 618）中，对育儿家庭援助项目的其他方面问题做出过判决。家庭救济项目是一个完全由纽约州和地方政府进行拨款与管理的一般援助项目。N. Y. Social Welfare Law §§ 157~165（1966）（自 1967 年 7 月 1 日起，为 Social Services Law §§ 157~166）。该项目旨在为无法自食其力或无法从其他渠道获取资金支持的人员提供援助。Social Services Law, § 158.

〔2〕 本案原本是两个分别提起的诉讼，联邦地区法院进行了合并审理。原告（包括中途参加诉讼的当事人在内）总计达 20 名，其中 14 名已被或即将被停止发放育儿家庭项目的补助金，其余 6 名则已被或即将被停止发放家庭救济项目的补助金。在诉讼过程中，绝大多数原告参加了"公正的听证会"，或者在没有获得听证机会的情况下查看了行政官员据以作成决定的案卷（restored to the rolls）。在许多案件中，补助金事后得到了恢复，但即便在此类案件中，引发本起诉讼的补助金领取资格问题并未获得解决。例如，阿塔格拉西亚·古兹曼（Altagracia Guzman）女士诉称，她在起诉跟她分居的丈夫时，由于没有与纽约市社会福利部门进行合作，可能会失去育儿家庭援助项目的补助金。她认为，要求进行此类合作的部门政策并不能适用于她身上。案卷记载显示，到目前为止，古兹曼女士的补助金并未被停止发放，但没有迹象表明，她是否有合作义务这一基础性的争议问题获得了解决，她所宣称的补助金将被停止的危险也并未得到排除。胡安·德杰西（Juan DeJesus）因拒绝接受戒毒方面的心理辅导和康复服务，而被停止了家庭救济项目的资助。德杰西先生坚称他没有沾染毒品。在他提起诉讼的第二天，他的补助金得到了恢复。但没有任何案卷记载显示，该案内在的事实性争议问题得到了澄清。

纽约州社会福利机构专员（The State Commissioner of Social Services）通过修改《纽约州社会福利部门官方规章》（State Department of Social Services' Official Regulations），要求地方社会福利官员在拟对领受人终止或暂停补助金之时，必须遵循修改后的规章第 351.26 条 a 款或 b 款规定的程序要求。[1]纽约市通过民主的立法程序，依据州规章第 351.16 条 b 款的规定，颁布了地方性程序。该条 b 款规定，地方性程序必须包含如下程序：①至少在决定生效 7 日以前，将拟作出的终止或暂停发放补助金的决定的理由告知领受人；②告知领受人有对拟作出的终止或暂停决定申请复审的权利，该复审应向比批准该决定的主管官员更高级别的官员提出；③领受人可以在复审中提交一个书面陈述，用于阐述为何其补助金不应被终止或暂停。复审官员必须迅速作出是否终止或暂停发放补助金的决定，并以书面形式告知领受人。这一条款进一步明确规定："在这一决定送达领受人或其代表人之前，不得终止或暂停补助金的发放。在决定生效日晚于送达日的情况下，则不得在该生效日前终止或暂停补助金的发放。"

纽约市社会福利部门依据 b 款的规定，发布了第 68–18 号程序。根据该程序的规定，当社会福利工作人员对领受人继续领取福利的资格存有疑问时，必须首先与领受人进行会谈。如果社会福利工作人员断定领受人不再符合领取补助金之条件，他应向"部门主管"（unit supervisor）提出停止发放补助金

---

　　[1]　该规章第 351.26 条在 1968 年 2 月获得通过，并于同年 3 月作了修改。这一条款与联邦卫生、教育和福利部对其部门规章的修订保持一致，该部门规章的修订旨在实施《美国法典》第 42 编第 602 条 a 款第 4 项（即《社会保障法》上的条款），后者规定，州政府如果决定停止发放由联邦政府拨款的补助金，在此类决定成为终局性决定以前，应为补助金领受人举行"公正听证"。现行的规章通过在终止补助金的初步决定作出后为当事人提供一个参加"公正听证"的机会，满足了前述条款的要求。See HEW Handbook of Public Assistance Administration（以下简称"HEW Handbook"），pt. IV，§§ 6200~6400. 即将于 1970 年 7 月生效的卫生、教育和福利部的一部新规章 [34 Fed. Reg. 1144（1969）] 规定，在经由"公正的听证"程序形成终局性决定之前，育儿家庭援助项目的补助金应继续予以发放，而且在"公正的听证"程序中，领受人有权聘请律师。45 CFR § 205. 10，34 Fed. Reg. 1144（1969）；45 CFR § 220. 25，34 Fed. Reg. 1356（1969）. 有关此类"公正的听证"的具体要求，see HEW Handbook, pt. IV，§§ 6200~6400. 另一部近期已生效的规章规定，当地负责管理育儿家庭援助项目的行政机关应举行"事先通知，向领受人表明该机关对于其福利领受资格所持的疑问，以便使领受人在收到有关削减或终止补助金的正式书面通知函之前，有机会阐述其实际情况。"HEW Handbook., pt. IV，§ 2300（d）（5）. 本案与联邦规章的效力或解释问题无关。在本案中，涉及宪法问题的仅仅是纽约州规章第 351. 26 条 b 款和纽约市第 68–18 号实施性程序。Cf. Shapiro v. Thompson，394 U. S. 618，641（1969）. 即便假设在育儿家庭援助项目中，通过解释《社会保障法》或现行的联邦规章，或者通过等待新的规章发生效力，可以回避这一宪法问题，但在纽约州家庭救济项目中，由于该项目仍然适用纽约州和纽约市的程序，这一宪法问题仍需加以面对和裁断。

的建议。如果部门主管同意该建议，则社会福利工作人员应向领受人发送书面通知，告知拟作出的停止发放补助金决定的理由，并通知其可以在 7 日之内，向更高级别的官员申请对案卷进行复审。在复审过程中，领受人可以亲自或者在律师或其他人的帮助下，出具一个书面说明，阐述其提出复审申请的理由。如果复审官员确认当事人不再具有领受资格，补助金将立即被停止发放，同时这一决定的理由将会以书面形式告知领受人。本案的被上诉人对该程序提出挑战，认为它欠缺有关领受人可以面见复审官员、口头提交证据、当面对质和交叉询问对方证人的条款。[1]但是，上述书面通知会告知领受人，其可以在终止决定作出后申请举行一个"公正的听证"。[2]该听证是一个由独立的州听证官员主持的程序，在这一程序中，领受人可以亲自出席听证活动，提交言辞证据、当面对质和交叉询问对方证人，并在此基础上作成听证的案卷。如果领受人在"公正的听证"中获胜，则被错误停发的补助金将全部得到补发。[3]如

---

〔1〕 这一程序疏漏与在本案中效力未受到挑战的《纽约州社会福利部门官方规章》第 351.26 条 a 款形成了鲜明的反差。后者也规定，应至少在决定生效 7 日以前，将拟作出的终止或暂停发放补助的决定之理由，以书面形式告知领受人。但是，该告知书必须进一步提示领受人，如果其愿意，则有权申请在特定的时间和地点面见告知书中指定的官员，该官员将对案件进行复审，并允许领受人提交其所掌握的书面和口头证据，用于证明其补助金不应被终止或暂停。联邦地区法院认为，a 款应被解释为赋予了领受人进行对质和交叉询问的权利，并要求行政机关在作出决定时遵循案卷排他原则。294 F. Supp. 893，906~907（1968）.

〔2〕 依据《美国法典》第 42 编第 602 条 a 款第 4 项的规定，1966 年的《纽约州社会福利法》第 353 条第 2 项设置了一个在终止补助决定作出之后举行"公正听证"的程序。See HEW Handbook，pt. Ⅳ，§§ 6200-6400. 虽然联邦地区法院指出，联邦卫生、教育和福利部已对纽约州的"公正听证"程序提出了一些反对意见（294 F. Supp.，at 898 n.9），但这些反对意见在本案中并未成为争议问题。就在本案当事人提起诉讼不久前，纽约州在终止发放家庭救济项目补助金中引入了类似的"公正听证"程序条款（18 NYCRR §§ 84.2~84.23）。无论是育儿家庭援助项目还是家庭救济项目，均要求在领受人提出请求后的 10 个工作日内举行"公正听证"程序（§ 84.6），并在之后的 12 个工作日内做出决定（§ 84.15）。在口头辩论环节，行政机关承认，上述期限并未得到实际遵守。

〔3〕 现行的联邦卫生、教育和福利部的规章规定，当"公正的听证"推翻了终止发放补助的决定之后，州政府必须向领受人补发所有的补助金（该补助金由联邦拨款）。HEW Handbook，pt. Ⅳ，§§ 6200（k），6300（g），6500（a）；see 18 NYCRR § 358.8. 纽约州的规章也规定，在特定的限定条件下，为了纠正在"公正的听证"举行以前发现的错误的停发补助决定，可以向领受人补发补助金。18 NYCRR § 351.27. 联邦卫生、教育和福利部的规章同时授权（但不是要求）州政府在"公正的听证"结束之前，可以继续向领受人发放由联邦政府拨款的育儿家庭援助项目的补助金。HEW Handbook，pt. Ⅳ，§ 6500（b）. 定于 1970 年 7 月 1 日起生效的新的联邦卫生、教育和福利部规章，将替代（supersede）上述全部条款。See 34 Fed. Reg. 1144（1969）. HEW Handbook，pt. Ⅳ，§§ 6200~6500；18 NYCRR §§ 84.2~84.23.

果"公正的听证"作出不恢复领受人的补助金的决定，那么领受人可以对该决定提出司法审查申请。[1]领受人的确获得了上述通知。[2]

一

因此，本案中有待裁决的宪法问题可以被归纳为：在被停止发放津贴之前，正当程序条款是否要求为领受人举行证据性听证？[3]联邦地区法院认为，只有在停止发放补助金前举行证据性听证，才能符合宪法的要求，同时拒绝采纳纽约州和纽约市官员提出的答辩意见。该答辩意见认为，将在停发补助金后举行"公正的听证"程序与在停发补助金前举行非正式的复审程序相结合，就可以满足补助领受人所提出的全部正当程序诉求。该法院在判决中指出："尽管在停发补助金之后举行听证与正当程序之保护存在关联，但在本案中一个更具压倒性的事实限制了这种关联性。假设领受人一贫如洗，既无金钱也无财产……对于迫切需要福利补助的领受人而言，在停发补助金之前，没有为其举行某种形式的事先听证程序，是不合情理的（unconscionable），除非有压倒性的考虑因素足以证成该行为的合理性。"[4]联邦地区法院拒绝采纳一种论辩意见，该意见认为保护公共税收的需要构成了这种不可或缺的"压倒性的考虑因素"。"保护公共资金的合理愿望，必须与个人在这一特殊情形中确保补贴不被错误剥夺的强烈需要相权衡……尽管带来额外的支出这一问题不容忽视，但这不足以将排除适用听证程序的行为予以正当化，因为该听证程序符合通行的正当程序标准。本院认为，在任何情况下，正当程序要求在停发福利津贴之前为当事人提供充分的听证程序，即便事后存在宪法上的公正听证程序也应如此。"[5]在作为初审被告的众多纽约州官员中，只有纽约市社会福利机构专员提起了上诉。对于在本案的三位法官和今天同时作出的另一判决[6]的

---

[1] N. Y. Civil Practice Law and Rules, Art. 78 (1963).

[2] 18 NYCRR § 84. 16.

[3] 上诉人并未对领受人在被停止发放福利之后举行证据性听证的正当程序权利提出质疑。对于停发补助前举行听证的条款的一般讨论，see Comment, "The Constitutional Minimum for the Termination of Welfare Benefits: The Need for and Requirements of a Prior Hearing", 68 Mich. L. Rev. 112 (1969).

[4] Kelly v. Wyman, 294 F. Supp. 893, 899, 900 (1968).

[5] Kelly v. Wyman, 294 F. Supp. 893, 899, 901 (1968).

[6] Wheeler v. Montgomery, No. 14, post, p. 280.

法官之间存在不同意见的重要问题，我们认为本院有权作出裁决。[1]本院维持（纽约南区联邦地区法院的）判决。

上诉人并未主张停发福利津贴不适用程序性正当程序。此类津贴是符合领取条件的人员享有的一项法定权利。[2]停发此类津贴，是州政府裁决重要权利的国家行为。本案中当事人提出的宪法性挑战，无法通过主张公共补助津贴是"特权"（privilege）而非"权利"（right）获得回应。[3]在撤回公共补助津贴时，适用相关宪法限制的行为还包括：剥夺失业赔偿金领取人员的资格；[4]拒绝给予免税待遇；[5]或者解雇公共雇员。[6]领受人获得程序性正当程序保护的程度，取决于其"遭受到的严重损失"[7]的程度，以及领受人在避免损失方面的利益是否超过了政府进行"迅速裁决"（summary adjudication）的利益。相应，正如本院曾在先前一个案件中所指出的那样："在特定情形下决定应适用何种程序性正当程序，必须首先确定所涉及的政府职能的确切性

---

〔1〕 394 U. S. 971（1969）.

〔2〕 现如今将福利权视作为"财产权"而非"福利"（gratuity），或许更为现实。我们国家现存的众多财富以这样一种权利形态存在，它们不能被归入到普通法上传统的财产权的范畴之中。有人正确地指出："今日的社会围绕权利而建立。汽车经销商拥有专营权，医生和律师拥有职业执照，工人拥有工会成员资格、签约权和领取养老金的权利，经理拥有签约权和认股权，所有这些权利都是用来促进个体安全和自主的装置。当下很多至关重要的权利来自政府，包括向农民和商人发放补贴，准许航空公司的航线和电视台的频道，授予国防、航空和教育领域的长期合同，向个人发放社会保障金。此类个体安全的来源，不论是公共性质的还是私人性质的，不再被视作为奢侈品或赏金；对于领受人而言，它们是必需品和完全应得的，绝非是一种施舍品。在这些权利中，唯独只有穷人的权利没有得到有效的保障执行，虽然该权利已经获得了公共政策的认可。" Reich, "Individual Rights and Social Welfare: The Emerging Legal Issues", 74 Yale L. J. 1245, 1255（1965）. See also Reich, "The New Property", 73 Yale L. J. 733（1964）.

〔3〕 Shapiro v. Thompson, 394 U. S. 618, 627, n. 6（1969）.

〔4〕 Sherbert v. Verner, 374 U. S. 398（1963）.

〔5〕 Speiser v. Randall, 357 U. S. 513（1958）.

〔6〕 Slochower v. Board of Higher Education, 350 U. S. 551（1956）. See also Goldsmith v. United States Board of Tax Appeals, 270 U. S. 117（1926）（该案涉及一位拥有执照的公共会计师向税务上诉委员会上诉的权利）；Horusby v. Alien, 326 F. 2d 605（C. A. 5th Cir. 1964）（该案涉及获取酒类零售店营业执照的权利）；Dixon v. Alabama State Board of Education, 294 F. 2d 150（C. A. 5th Cir.）, cert. denied, 368 U. S. 930（1961）（该案涉及在公立高校上学的权利）。

〔7〕 Joint Anti-Fascist Refugee Committee v. McGrath, 341 U. S. 123, 168（1951）.（法兰克福特大法官的协同意见）

质以及受政府行为影响的私人利益的确切性质。"[1]

当然,某些政府津贴确实可能在没有为领受人举行事前的证据性听证的情况下停止发放。[2]但本院赞同联邦地区法院的观点,即在停止福利待遇之时,只有为领受人举行事前的证据性听证,方能满足程序性正当程序的要求。[3]对于适格的领受人来说,社会福利为他们获取基本的食物、衣物、住房和医疗服务提供了可能。[4]因此,在有关领取资格的纠纷获得解决之前就停发补助金,可能会剥夺适格的领受人所期盼的赖以为生的唯一营生手段,这一关键性的因素在被列入黑名单的承包商、被解雇的政府雇员、被拒绝给予免征待遇的纳税人以及几乎其他任何被终止了政府津贴(governmental entitlements)的人中都是不存在的。由于缺乏独立的收入来源,领受人会立刻陷入绝境。他必须集中精力另行寻觅维持日常生计的手段,这反过来会影响他向福利官僚机构寻求救济的能力。[5]

此外,在停发补助金前为领受人提供证据性听证,能够使重要的政府利益得到促进。自建国以来,合众国一直致力于促进本国全体人民的尊严和幸福。我们已经认识到,穷人们因自身所无法控制的力量造成了他们的困窘

---

[1] Cafeteria & Restaurant Workers Union v. McElroy, 367 U. S. 886, 895 (1961); See also Hannah v. Larche, 363 U. S. 420, 440, 442 (1960).

[2] 有联邦上诉法院指出:"在众多情形之中,一个广为接受的观念是,当公众遭遇损害之威胁,而采取行动将损害到的私人利益相较而言不甚重要之时,公共机构可以在举行事后的听证程序之前迅速采取行动。" R. A. Holman & Co. v. SEC, 112 U. S. App. D. C. 43, 47, 299 F. 2d 127, 131, cert. denied, 370 U. S. 911 (1962) (该案涉及暂停免予股票登记的待遇)。See also Ewing v. Mytinger & Casselberry, Inc., 339 U. S. 594 (1950) (该案涉及扣押误贴标签的维生素产品); North American Cold Storage Co. v. Chicago, 211 U. S. 306 (1908) (该案涉及扣押不适合人类食用的产品); Yakus v. United States, 321 U. S. 414 (1944) (该案涉及引入战时价格规章); Gonzalez v. Freeman, 118 U. S. App. D. C. 180, 334 F. 2d 570 (1964) (该案涉及剥夺一位承包商与政府做生意的资格)。在前引的"餐馆工人联盟诉麦克尔罗伊案"(Cafeteria & Restaurant Workers Union v. McElroy)中,法院维持了行政机关运用速裁程序解雇公共雇员的决定,因为"联邦政府在其专有的军事职位中向来拥有不受约束的控制权",以及本案属于联邦政府的"内部事务"。Cf. Perkins v. Lukens Steel Co., 310 U. S. 113 (1940).

[3] Cf. Sniadach v. Family Finance Corp., 395 U. S. 337 (1969).

[4] 行政机关对行政相对人作出不符合社会福利待遇领取资格的决定,可能同时意味着其无法申请由州出资的医疗服务项目。See N. Y. Social Welfare Law § 366 (1966). Cf. Nash v. Florida Industrial Commission, 389 U. S. 235, 239 (1967).

[5] 考虑到福利官僚机构在获得有关领取资格的正确决定上存有困难,领受人所遭受的不利处境尤为明显。See Comment, "Due Process and the Right to a Prior Hearing in Welfare Cases", 37 Ford. L. Rev. 604, 610~611 (1969).

处境。[1]这一与我们的传统相悖的观念，已对现代公共救助体系的发展产生了深刻影响。福利项目满足了穷人们维持生计的基本需要，这促使他们能有与他人同等的机会富有意义地参与到"共同体"（community）生活之中。同时，福利项目能够抑制因民众普遍的不合理挫折感和不安全感带来的社会动荡。因此，公共救助制度并不是单纯的慈善行为，而是"促进普遍福利，保障我们以及子孙后代之自由福祉"的一种手段。政府利益主张提供社会福利，同样的利益考量也主张将社会福利不间断地提供给有领取资格的人，为达成这一目的，举行事前的证据性听证是不可或缺的。

本案上诉人并不否认这些利益考量，但认为它们不及政府在节省财政和行政资源方面的相应利益来得重要。该论辩意见认为，后一利益考量可以将在停发补助金后举行证据性听证的程序设计予以正当化。当发现领受人不再符合领取资格的情形后立即停发补助，这一速裁程序能够对公共资金起到保护作用。同时，考虑到大多数领受人都接受了停发补助金的决定，速裁程序削减了实际举行证据性听证的次数，这既能节省国库开支，又能节省行政机关的时间和精力。

但本院赞同联邦地区法院的观点，认为在福利情境下，这些政府利益并不具有优先地位。诚然，要求举行事前的听证程序会带来更多的行政成本，而且考虑到不适格的领受人大多没有偿付能力，向他们发放的福利津贴可能无法在事后得到追回。然而，在降低前述额外开支方面，州政府并非是束手无策的。通过设计出新的程序迅速举行停发补助前的听证，以及更为熟练地利用人员与设备，许多财政与行政资源的耗费可以得到削减。实际上，纽约州家庭救济项目要求在停发补助后举行证据性听证程序，这一规定充分表明，该州认可正确判定领受资格这一公共利益具有优先地位，并为此提供了这一程序性保障措施。因此，适格的领受人在确保公共补助不受妨害方面的利益，加上州政府在确保补助金不被错误终止方面的利益，显然胜过州政府在阻止财政和行政负担增加方面所存在着的竞争性关切。正如联邦地区法院所正确指出的："对福利领受人来说所涉利益太大了，行政机关作出善意的错误或急躁的误判的可能性也太高了，以至于不应在没有给予领受人听证机会的情况

---

[1] See e. g., Reich, "Individual Rights and Social Welfare: The Emerging Legal Issues", 74 Yale L. J. 1245, 1255 (1965).

下就停止发放补贴。如果领受人愿意，应当让其充分了解本争议案件，以便使他可以挑战拟作出决定的理由以及提交反驳的证据。"[1]

二

然而，本院同样赞同联邦地区法院的观点，认为停发补助前的听证程序不必采取司法或准司法审判的形式。本院牢记在心的是，制定法上规定的"公正的听证"会为领受人提供一次充分的"行政复审"（administrative review）。[2]相应，停发补助前的听证仅有一个功能，那就是针对社会福利部门不继续发放补助金的理由是否成立，形成一个初步决定，以防止领受人的津贴被错误地停发。[3]因此，在停发补助前阶段，不必制作完整的案卷，也不必发表全面的意见，这两项要求的主要目的是便于开展司法审查以及为未来的判决提供指引。同时，本院注意到，社会福利管理当局和领受人都希望快速解决领受资格问题，他们习惯于以非正式的方式处理案件，而且，一些社会福利部门承受着繁重的案件负荷。出于这些考虑，应将停发补助前举行的听证会程序简化到最低程度，使其能够与福利领受人的具体人员特征相适应，与待解决的争议的特定性质相契合。另需补充说明的是，在社会福利行政这一新兴的法律领域中，不能对州和联邦政府课加超过基本的正当程序所要求的程序性负担，关于这一点，本院并不比相关异议者知之更少。

"正当法律程序的基本要求在于为当事人提供听取意见的机会。"[4]听证必须"在有意义的地点，以有意义的方式进行"。[5]在本案的情境下，以上这些原则就要求，应向领受人及时、充分地告知拟作出的停发补助决定的详细理由，并为其提供有效的机会来当面对质对方证人，以及以口头形式发表自己的意见和提交证据。在像本案这样，因领受人不服行政机关错误认定事实或者错误适用规则、政策而提起的诉讼中，上述这些权利是至关重

---

〔1〕 294 F. Supp. , at 904~905.

〔2〕 当然，正当程序不会要求举行两次听证。假设有一个州只愿意在举行"公正的"听证程序之后继续发放津贴，则将没有必要举行预备性听证。

〔3〕 Cf. Sniadach v. Family Finance Corp. , 395 U. S. 337, 343（1969）.（哈兰大法官的协同意见。）

〔4〕 Grannis v. Ordean, 234 U. S. 385, 394（1914）.

〔5〕 Armstrong v. Manzo, 380 U. S. 545, 552（1965）.

要的。[1]

本院想表达的意思，并不是说纽约市要求在 7 日以前进行通知这一规定本身不符合宪法，尽管在一些案件中，给予当事人更长时间的通知方能满足公正性要求。本院也没有发现该通知的内容或形式在宪法上存在着任何缺陷。纽约市通过同时运用发送书面通知以及与"社会福利工作者"（caseworker）进行私下会谈，向领受人提出有关其是否继续具有领受福利资格方面的特定问题。显然，领受人会被告知社会福利部门所持之疑问的法律依据和事实根据。上述程序的结合，或许是社会福利部门与领受人之间进行沟通的最有效方式。

纽约市现行的程序并未允许领受人亲自或在律师的协助下面见有权决定其领受资格问题的官员。因此，领受人无权以口头形式向该官员提交证据，也无权当面对质或交叉询问对方证人。这些程序疏漏的存在，使得该程序在合宪性方面存在着致命缺陷。

当事人获得听证的机会，须与其所具有的能力和所处的环境相契合。[2]让福利领受人以书面形式或者通过社会福利工作者这一间接途径发表意见，这是不够充分的。对于大多数领受人来说，他们既欠缺出具书面意见所必需的受教育程度，又无法获得专业知识上的援助，因而要求他们以书面形式提交意见并不现实。而且，以书面形式提交的意见不如口头形式那样具有灵活性，无法使领受人将答辩意见聚焦到决定者所认为重要的那些问题之上。尤其是当案件涉及领受人的诚实信用问题时，对于这一在许多停发补助金案件中时常出现的问题，书面提交的意见完全无法令人满意地加以解决。由社会福利工作者向决定者转呈意见，这一方式也存在着内在的缺陷，因为社会福利工作者倾向于收集当事人欠缺领受人资格这一方面的事实，领受人一方所提交的证据难以被安全无误地传达至决定者。因此，应允许领受人以口头方式发表意见。这里的口头发表意见，以非正式的程序进行即可；在本案中，

---

〔1〕 本案并不涉及以下问题：在案件不涉及事实争议问题，或者适用法律规则问题并未与事实问题相交织的情况下，正当程序是仅要求为当事人提供提交书面意见的机会，还是要求同时为其提供提交书面意见和发表口头辩论意见的机会。See FCC v. WJR, 337 U. S. 265, 275~277·(1949).

〔2〕 "提起申诉，要求当事人具备某种安全感、觉悟、韧劲以及一般人所不具备的能力。" Wedemeyer & Moore, "The American Welfare System", 54 Calif. L. Rev. 326, 342 (1966).

正当程序并不要求当事人遵循特定的举证顺序或举证方式。[1]

在几乎所有涉及事实问题的案件中,正当程序都要求为当事人提供当面质证和交叉询问对方证人的机会。[2]本院在"格林诉麦克尔罗伊案"(Greene v. McElroy)中所撰写的如下判词尤其契合于本案:

"在我们的法学理论上,有一些法律原则几乎是亘古未变的。其中的一项原则是,当政府的行为将对个人造成严重损害,而该行为的合理性又取决于事实认定问题时,用以证明政府行为合理性的证据必须向该个人开示,以便使其能够有机会辩驳该证据之不实。对于书证而言,这一原则是重要的;而对于证人证言来说,该原则甚至显得更为重要,因为证人的记忆可能出错,或者他可能有意做伪证,甚或受到恶意、报复心、偏狭、偏见或者嫉妒心的驱使。当面质证和交叉询问程序的设立,将上述保障措施予以制度化。这些程序拥有古老的根基。它们可以在《美国宪法第六修正案》中找到表述。本院一直以来热衷于保护这些权利免受侵蚀。不仅在刑事案件中,而且在所有涉及审查行政行为的案件中,本院都曾这样作出过判决。"[3]

因此,对于社会福利部门据以作出决定的证人,福利领受人必须有权对之进行当面对质和交叉询问。

"在许多案件中,如果缺乏律师的代理,获得听证的权利将毫无实际意义。"[4]本院并不是说,在停发补助之前举行的听证必须获得律师的代理,而仅仅是想说,如果领受人愿意,他应有权聘请律师。律师能够帮助领受人概括案件争议问题,有条不紊地提出事实性主张,开展交叉询问,进而在总体上维护领受人的利益。本院预计,此一法律援助将不会不当地拖延或者妨害听证程序的进程。在这方面,《卫生、教育和福利部门手册》显然也持此观点。[5]

最后,决定者只能依据在听证程序上出示的法律规则和证据,对领受资

---

〔1〕 Cf. HEW Handbook, pt. Ⅳ, § 6400 (a).

〔2〕 E. g., ICC v. Louisville & N. R. Co., 227 U. S. 88, 93 ~ 94 (1913); Willner v. Committee on Character & Fitness, 373 U. S. 96, 103 ~ 104 (1963).

〔3〕 360 U. S. 474, 496 ~ 497 (1959).

〔4〕 Powell v. Alabama, 287 U. S. 45, 68 ~ 69 (1932).

〔5〕 See 45 CFR § 205. 10, 34 Fed. Reg. 1144 (1969); 45 CFR § 220. 25, 34 Fed. Reg. 13595 (1969).

格问题作出决定。[1]为证明决定者遵守了这一基本规则，其必须给出决定的理由和所依据的证据，[2]尽管决定者不必对此发表全面的意见，也不必作出正式的事实认定或法律结论。当然，决定者必须是中立的。[3]联邦地区法院认为，福利官员先前从事与案件有关的某些工作并不必然会妨碍其担任决定者，对此本院予以赞同。但是，该官员必须未曾参与过被复审决定的制作。

维持原判。

【关于首席大法官伯格（Chief Justice Burger）的异议意见，参见《美国联邦最高法院判例汇编》第 397 卷第 282 页以下】*

【关于斯图尔特大法官（Justice Stewart）的异议意见，参见《美国联邦最高法院判例汇编》第 397 卷第 285 页】**

布莱克大法官（Justice Black）发表异议意见

在晚近的半个世纪中，美国与世界上其他许多国家（或许可以说是绝大多数国家）一道，已经朝向福利国家迈进了一大步。福利国家通过向富人们征税，为那些不甚幸运的公民提供资助、食品、衣物和居所。其结果是，如今全美有超过 900 万的人获得了公共援助，这些援助由州政府或联邦政府拨款，以津贴或者说是"赏金"（gratuities）的形式支付，通常是按周、月或季

---

〔1〕 Ohio Bell Tel. Co. v. PUC, 301 U. S. 292（1937）；United States v. Abilene & S. R. Co. , 265 U. S. 274, 288~289（1924）.

〔2〕 Cf. Wichita R. & Light Co. v. PUC, 260 U. S. 48, 57~59（1922）.

〔3〕 Cf. In re Murchison, 349 U. S. 133（1955）；Wong Yang Sung v. McGrath, 339 U. S. 33, 45~46（1950）.

* 就在本案判决作出的同一天，美国联邦最高法院也对"惠勒等人诉加利福尼亚州社会福利部主任蒙哥马利等人案"（Wheeler et al. v. Montgomery, Director, Department of Social Welfare of California, et al, 397 U. S. 280）作出了判决。该案案情与本案类似，加利福尼亚州社会福利部在终止发放老年福利津贴之前，虽然设立了一个复审程序，但是该程序没有为领受人提供举行证据性听证的机会。联邦最高法院同样裁决，在终止或暂停发放福利补助之前，只有为当事人提供一个举行证据性听证的机会，方能满足宪法上的程序性正当程序之要求。但伯格大法官对此发表了异议意见，其反对的理由归纳起来主要有三点：（1）社会福利行政是一个全新的领域，在这一领域中，法院不应急于做出宪法裁决，而是应由行政机关来探索出相应的程序性保护机制，后者更为灵活，且有进行调整的余地。（2）本判决所课加给行政机关的程序性要求，会带来巨大的行政成本。（3）本案所确立的程序要求可能具有先例价值，但是对于其能否适用于诸如削减补助、拒绝增加补助等案件，却并未予以进一步的明确。——译者注

** 在"惠勒等人诉加利福尼亚州社会福利部主任蒙哥马利等人案"中，斯图尔特大法官也发表了异议意见。他认为，纽约州和加利福尼亚州现行的停发补助程序并未违反宪法。——译者注

度定期进行发放。[1]由于这些赏金是按需进行发放的，领受人的名册常常会发生变动：一部分人可能从名册上被撤下来，另一部分人则被新增上去。这一名册的变动不居状况，给政府带来了持续的行政负担；而如果认为在该负担之外，还需额外加上本院今日判决中所课加的程序性开支，那么这必定超出了政府的合理预期。

一边是富人不断增多，另一边则是穷人在持续增加，这一困境给我们带来了压力，如果想要维续现行的体制，则必须在我们所处的制度框架下，探寻相应的解决之道。在很大程度上，正是为了摆脱此类紧迫的经济问题，来自欧洲、亚洲和其他地区的人们才会选择定居于此，并组成了我们的国家。很多定居者曾经遭受过各种形式的迫害，对于因权力不受限制而使人民生活痛苦不堪的政府，他们唯恐避之不及。我相信，正是出于这一原因，才使得早期的定居者一踏上新大陆，便着手约束政府的权力。对此，他们所采取的方式，是将该政府能够运用的权力限定在明文规定的范围之内，并最终出台了成文宪法。[2]他们竭尽集体智慧，撰写了这一基本宪章，向其人民和官员宣布下述措辞强硬的命令："只允许行使这些权力，再逾越一步也不行。在既未授权也未禁止你行使权力之处，我们人民有行动的自由。"[3]

1787年夏天，来自13个原殖民地的代表齐聚宾夕法尼亚州的费城，他们在漫长而又炎热的数月时间内，创制了一个拥有有限权力的政府。代表们将政府分成立法、司法和行政三个部门。司法部门未被赋予任何制定法律的权力。事实上，授予司法部门参与和否决立法的权力，这一方案在制宪会议上

---

〔1〕 这一数据包括了老年人援助、育儿家庭援助、盲人援助、永久残疾与完全残疾援助以及一般援助项目的领受人。本案的一方当事人是育儿家庭援助和一般援助的领受人。单是在纽约州，就有95.1万人在领取育儿家庭援助，有10.8万人领取一般家庭援助。在全国层面，相应的数据分别是608万人和39.1万人。U. S. Bureau of the Census, Statistical Abstract of the United States：1969（90th ed.），Table 435, p. 297.

〔2〕 通过制定成文宪法对政府权力施加固定的约束，这一直是人类孜孜以求的目标。在我们制定殖民地宪法之前，17世纪40年代英国平等派（the Levellers）所发起的政治运动，就已经提出了这一目标。J. Frank, The Levellers（1955）. 1647年，英国平等派主张在人民之间达成一项协定，以明文方式对英国政府进行约束。这一主张中的很多观点，后来被吸收到了美国宪法之中。J. Frank, The Levellers（1955）, at 135~147.

〔3〕 这一命令在第四修正案中得到了表述："本宪法没有授权给合众国或没有禁止各州行使的权力，保留给各州或人民。"

曾被提出和讨论过，但最终遭到了否决。[1]在我看来，《美国宪法》通篇没有一个字、一个短语或者一句话可以推断得出，法官被授予了这种立法权力。诚然，在"马伯里诉麦迪逊案"[2]中，最高法院正确地指出，法院必须是宪法的最终解释者，但在我看来，该判决为法院悄然步入宪法修正案和立法之专属领域提供了可乘之机。当法官们基于立法性目的行使这一司法权力之时，我认为，他们逾越了被授予的权力之运行边界，进入到了宪法授予给国会和人民的权力领域之中。这也正是我认为本院在本案中正在做的事情。因此，我对本案判决提出异议。

纽约州超过100万的人[3]，以及全国50个州超过900万的人，并非是被随机列入到救济名册之中的。他们之所以被列入名册，是因为福利官员认为他们有领取补助金的资格。或许，为了帮助领受人缓解眼前的困窘之境，福利官员仓促地制定出了名单，误将一些人列入其中。一部分获得了接济的人，在法律上肯定没有领取补助的资格。毫无疑问的是，有的人会时时进行自我检视，对于自己缺乏领受资格这一状况，无论是因为无需进行接济或者是出于其他原因，他们都心知肚明。不少误领了补助金的人，由于缺乏足够的财产，以至于政府无法向他们要回已经错误发放的补助金。但是，本院今日作出的判决认为，对这些人停止发放补助金，将会违反《美国宪法第十四修正案》的正当程序条款，除非政府首先为他们提供一个举行事前的"证据性听证"的机会；即便是福利官员确信领受人在法律上没有领受资格，也应这么做。换句话说，多数意见认为，即使领受人纯粹是因故意欺骗而得以进入领取人名册，政府对此也无能为力，必须继续向其发放本不应得的补助金，直至举行证据性听证确认其没有领受资格为止。我认为，政府应致力于确保补助金不发放给那些没有领取资格的人，而在我们的宪法上，没有任何条款禁止政府这么做。

---

〔1〕 有人提议让司法分支的成员出席"复决会议"（Council of Revision），对立法进行审议并有权行使否决权。这一提议后被否决。J. Elliot, 1 Elliot's Debates 160, 164, 214（*Journal of the Federal Convention*）；395, 398（Yates' Minutes）；vol. 5, pp. 151, 164~166, 344~349（Madison's Notes）（Lippincott ed. 1876）. 也有人建议让首席大法官成为总统行政会议（President's executive Council）的成员，这同样遭到了否决。J. Elliot, 1 Elliot's Debates, vol. 5, pp. 442, 445, 446, 462.

〔2〕 1 Cranch 137 (1803).

〔3〕 See U. S. Bureau of the Census, Statistical Abstract of the United States：1969（90th ed.），Table 435, p. 297.

另外，我认为不应对《美国宪法第十四修正案》作如此不必要的扩大解释。该修正案的制定初衷在于保护黑人免受歧视，尽管该条款的部分语词能够而且确实会涵摄到其他人，但众所周知，该条款背后的核心意图在于保护历史上曾出现过的奴隶。[1]然而，本院作出的判决实际上认为，政府未向个人定期发放其所承诺的福利，这侵犯了该个人的财产权，违反了《美国宪法第十四修正案》的正当程序条款。当政府认定个人没有诚实地申领补助金时，如果认为其所承诺发放的慈善款构成了个体的财产权利，这似乎有点令人难以置信。

倘若本案多数意见是作为众议院教育和劳工委员会（House Committee on Education and Labor）的一份报告而撰写的，我将对此不表示任何反对意见，但是，作为一份宣称是依据宪法术语所作出的司法裁判，我认为它完全是存在缺陷的。撇开一切冗言，显然今日本院采纳了联邦地区法院的下述观点："对于迫切需要福利补助的领受人而言，在停发补助金之前没有举行事先的某种形式的听证程序，是不合情理的（unconscionable）。"据此，本院认为福利行政机关的行为违宪。持多数意见的大法官们系通过权衡比较"领受人避免停发决定的利益"与"政府进行迅速裁决的利益"，得出了上述结论。今天，利益衡量后的结果是要求举行一个"停发补助前的听证"，但我们无法预知，明天进行利益衡量后的结果又会是什么。尽管持多数意见的大法官们试图通过援引有限的先例来支撑其决定，但显然，决定今天本院多数意见的因素并不是宪法术语或者其他判决所确立的原则，而是持多数意见的大法官们对于"在本案中什么是公正的和人性化的程序"这一问题所作的集体判断。

因此，本案的多数意见仅仅是本院部分大法官们时常表达的一个观点的翻版。该观点认为，正当程序条款禁止从事那些被本院多数意见认定为是"不公正的""不适当的"或者"触犯了他们的良知"的行为。[2]诸如此类的表述并未出现在正当程序条款之中。假如可以作此解释，那么持多数意见的大法官们可以自由地将他们自己认为是不公正的或者触犯了良知的行为判定

---

[1] Cf. Adamson v. California, 332 U. S. 46, 71~72, and n. 5 (1947) (异议意见)。

[2] See e. g., Rochin v. California, 342 U. S. 165, 172 (1952).

为违宪。[1]要是正当程序条款的起草者们赋予了法官们在宣告法律违宪方面如此自由的权力，那么国父们所关注的成文宪法的核心价值早就荡然无存了。事实上，如果那种观点是正确的话，正当程序条款将会很容易地吞噬宪法文本的其他部分。诚然，宪法在特定时刻经常是"由法官们说了算"，而非取决于国父们写在纸上的内容。[2]成文宪法的制定，旨在保护人民免受包括法官在内的政府官员的权力滥用行为，为此必须要有明文的标准来界定权力行使的范围和具体要求。非常遗憾的是，我不得不说，今天本院所作出的判决，对于旨在控制、约束政府和法官的宪法而言是一种严重而又危险的背离；它恰恰是向如下一部宪法迈进了一步，该宪法反映的是秉持特定社会与经济哲学的法官对于"何谓公正的行为"或者相反"何谓令人震惊的与不合理的行为"的立场。

将今天本院所要求遵守的程序视为一个宪法问题，这在我们的法律体系中未曾有过先例。用最简单的话来说，本案中涉及的问题，与两方当事人因存在持续的法律关系而要求其中的一方当事人定期向另一方付款的情形颇为相似。纠纷通常产生于"欠钱"的一方当事人停止向另一方付款之时，该付款人往往会辩称收款人没有领款的法定权利，以此来证明自己行为的正当性。收款人当然可以不同意付款人的这种辩解，并可以起诉至法院，强制要求其付款。但在我们的法律体系中，我未曾听说过，对于一位缺乏偿付能力的收款人，法律会要求宣称是欠了他钱的人继续向其付款，如果是这样的话，那么在付款人胜诉的情况下，将没有任何的"抵押物"（security）或"保证金"（bond）来确保已支付的款项在事后得到追回。然而，今天的判决丝毫没有要求福利领受人退回其在事前的证据性听证期间错误领取的补助金，也没有要求其提供保证金，这是有违"公正性"要求的。这些领受人确实是太穷了，

----

〔1〕 我注意到，一些人认为，决定本案判决的作出过程的因素，并非是法官个人所持的观点，而是他们对于"人类的集体良知"的探索，后者更为客观化。但在我看来，上述观点仅仅是对个人判断所作的一种委婉表述。与任何人一样，法官们也透过自己的双眼来体察世界，他们所探知的"集体良知"，与自身的良知极度相似。Cf. Griswold v. Connecticut, 381 U. S. 479, 518~519（1965）（布莱克大法官的反对意见）；Sniadach v. Family Finance Corp., 395 U. S. 337, 350~351（1969）（布莱克大法官的反对意见）。

〔2〕 欲知"基本的公正"这一标准有多模糊，只需试想一下，全国福利权利组织（National Welfare Rights Organization）的负责人、全国商会（national Chamber of Commerce）会长以及约翰·伯奇协会（John Birch Society）主席这三人对于本案中的程序公正性问题可能会持的不同见解。

以至于他们无法提供保证金，也无法退还已领取的补助金，正如本院多数意见所意识到的，他们必须依靠这些补助金来维持生活。

本院显然认为，这一判决将使穷人们受益。在我看来，最终的结果将恰好相反。虽然今天的判决仅要求举行一个行政性的证据性听证，但由此推导出来的必然逻辑结果是要求举行宪法所要求的、冗长的、完全对抗式的行政复审和司法审查程序。在此后的案件中，福利领受人必定会提出，在对行政行为进行司法审查之前停掉福利补助，这同样违背了正当程序原则。由于停发补助金仍然可能会"剥夺适格的领受人所期盼的赖以为生的唯一营生手段"，因此这一利益衡量过程不得出下述结论才怪：在停发补助金前未举行完全的司法审查程序是不合情理的。毕竟，如持多数意见的法官所指出的那样，在每一种程序中，都仅涉及权衡比较政府的钱袋子与领受人的实际生存这一问题，而天平通常须向个人这一方进行倾斜。同样，今天的判决仅要求在行政听证中为领受人提供可以寻求律师帮助的机会。但循此逻辑，不推导出要求为领受人指派律师之结论是令人难以想象的，因为领受人这一群体因太穷而无力自己聘请律师，如果不为他们指派律师，其获得律师帮助的权利将显得毫无意义。[1]因此，今天作出的判决的最终后果可能会是，一旦政府决定发放福利津贴，那么在领受人提起行政和司法审查（向法院提起诉讼的权利自然包括在内）之前，政府将无法撤回该决定。由于这一过程通常将持续数年之久，此一宪法所课加的负担必将导致的结局是，政府在没有经过彻底而全面地调查确认领受人的资格之前，不会把福利申请者列入有权领受补助金的名册之中。本院或许可以确保的是，未经充分的"正当程序"诉讼，穷人们不会被从名册中除名，但与此同时，这也将导致许多人再也上不了名册，或者至少会使他们在等待政府认定初始资格的漫长过程中维持贫困状态。

基于上述原因，我对本院作出的判决持有异议。对于我们的国家来说，福利国家的运作是一项新的实验。考虑到这一点及其他原因，我认为，实施福利项目的新实验不应被固化在我们的宪制结构之中。它们应当像其他立法性决定一样，交由国会以及由人民选举出来的专司法律制定之职的立法机构来完成。

---

〔1〕 Cf. Gideon v. Wainwright, 372 U. S. 335, 344 (1963).

美国法对隐私权的确认

——格里斯沃德诉康涅狄格州案

吴至诚 *译

案名：Griswold v. Connecticut

索引：Griswold v. Connecticut 381 U. S. 479（1965）

上诉自：康涅狄格州最高法院

终审地：美国联邦最高法院

时间：1965 年 6 月 7 日

主审法官：厄尔·沃伦首席大法官，雨果·布莱克大法官，威廉·O. 道格拉斯大法官，汤姆·C. 克拉克大法官，约翰·M. 哈伦大法官，威廉·J. 布伦南大法官，波特·斯图尔特大法官，拜伦·怀特大法官，亚瑟·戈德堡大法官

主旨概述：本案两位上诉人分别是康涅狄格州计划生育委员会的执行理事和他的医疗理事（一位有执业资格的内科医生），他们均作为从犯在该州受到了指控，理由为：他们向已婚妇女提供关于避孕的知识和医疗建议，以及通过检测后向部分妇女开具处方，并提供女用避孕用具与材料等行为。这是因为根据康涅狄格州的制定法，向任何人提供任何避孕药物或用具的行为都属犯罪行为。两位上诉人均诉称，这种用以认定从犯的、适用于本案的制定法违反了《宪法第十四修正案》。然而，经过州层面的两次审理，先是康涅狄

＊ 中国人民大学法学院助理教授，牛津大学法学博士。

译者对判决书原文做了如下处理：（1）为符合中文的行文规则，将判决书正文中夹注的解说性案例和法条，一律改为当页脚注。（2）为遵循本刊的编辑规范，将判决书原文中连续编排的注释，一律改为每页重新编号。对于原判决书中因重复引用文献而简写的注释，补上被引用文献的完整信息。（3）对于判决书原文中提及的页码予以删除。——译者注

格州中级上诉法院认定了上诉人有罪，此后州最高法院也维持了原判。最终，美国联邦最高法院推翻了原判，其判决如下：

1. 上诉人有资格主张结婚者的宪法权利。"Tileston v. Ullman 案"[1]应被区别对待，不适用于本案。

2. 康涅狄格州关于禁止使用避孕手段的制定法侵犯了婚内隐私权，此权利处于《权利法案》所保护的特定权利范围的灰色地带，应予保护。

本案上诉人出庭律师为托马斯·I. 艾默森，他的代理意见由凯瑟琳·G. 罗拉巴克准备。本案被上诉人出庭律师为约瑟夫·B. 克拉克，他的代理意见由朱利尔斯·马雷茨准备。

"法庭之友"（amici curiae）的意见：建议推翻原判。此意见来自约翰·M. 亚当斯等医学博士（由惠特尼·诺斯·西摩和埃莉诺·M. 福克斯递交）、美国计划生育联合会（由莫里斯·L. 厄恩斯特，哈里亚特·F. 皮尔伊尔和南茜·F. 韦克斯勒递交）、天主教公民自由理事会（由阿尔弗雷德·L. 斯坎伦递交）以及美国公民自由联合会（由罗达·H. 卡尔帕持金，梅尔文·L. 沃尔夫和杰罗姆·E. 卡普兰递交）。

本案法院意见由道格拉斯大法官宣读如下：

本案上诉人之一，格里斯沃尔德是康涅狄格州计划生育委员会的执行理事。本案上诉人之二，巴克斯顿是一位有执业资格的内科医生，也是耶鲁大学医学院的教授，当时于该计划生育委员会担任医疗理事的职位。这所位于纽黑文的医疗中心仅仅自 1961 年 11 月 1 日营业至 11 月 10 日，在此期间二位上诉人就被逮捕。

他们在此期间被指控向已婚人士提供关于避孕的信息、指示以及医疗建议。他们还被指控为其中的妻子作了检测，并向她们开具了最佳的女用避孕用具或材料。这些服务一般是收费的，不过其中有一些夫妻得到了免费服务。

本案涉及合宪性的制定法条款是《康涅狄格州一般制定法》（1958 年修正）第 53 章第 32 条以及第 54 章第 196 条。前条规定：

"任何为了避孕而服用药物、使用有药效的物品或器械的人都会被处以不低于 50 美元的罚款，或被处以 60 天以上 1 年以下的监禁，或同时受到上述两种处罚。"

该法第 54 章第 196 条规定：

---

[1] 318 U. S. 44（1943）.

"任何帮助、教唆、指导、导致、雇佣或命令他人实施犯罪行为的人，都有可能被起诉并被法律视为主犯而受处罚。"

两位上诉人最终被认定有罪，并作为从犯受到了 100 美元的罚款。这项裁决基于的禁止帮助犯的法律被认为违反了《宪法第十四修正案》。不过，巡回法院上诉分庭和康涅狄格州最高法院均维持了原判。[1]本院认为对此案有管辖权，因此接受了上诉。[2]

我们认为，上诉人有资格主张已婚者的宪法权利，只要他们与上诉人产生了职业上的往来关系。"Tileston v. Ullman 案"[3]，与本案不同，因为在该案中，原告只是想代他人取得一份宣示性判决。我们认为，在那种情况下，原告的诉讼资格的确应被限制，以免《美国宪法》第 3 条对司法权只能介入"具体案件与确实争议"的标准被模糊化。然而，本案却不存在这种担忧，因为本案涉及的是一份刑事有罪判决，依据的是一条禁止帮助或教唆已婚者使用避孕用具的制定法。易言之，已婚者的宪法权利是否被侵犯决定了制定法的合宪性，制定法的合宪性又决定了上诉人是否应当入罪——显然，从犯应当有资格对他被控的罪行提出异议，那么他们就自然也应有资格对制定法的合宪性提出质疑。

本案与以下案件更加类似。其一，"Truax v. Raich 案"[4]。该案中，一位雇员被法院认为有主张他雇主的权利。其二，"Pierce v. Society of Sisters 案"[5]。该案中，一个私立学校的所有者被法院认为有主张那些潜在学生和他们家长的权利。其三，"Barrows v. Jackson 案"[6]。该案中，一位白人被告拥有一块存在消极地役权负担的土地，此消极地役权的内容是有种族歧视色彩的，即该白人被告不可以将土地上的任何财产权转移给黑人。后来，该被告果真违反了这项消极地役权，于是作为需役地人的原告向法院起诉，要求追究作为供役地人的白人被告的损害赔偿责任。该案审理法院认为，被告有主张黑人应被平等保护的权利以质疑此消极地役权的合法性，哪怕该案中没

---

〔1〕　See 151 Conn. 544，200 A. 2d 479。

〔2〕　See 379 U. S. 926.

〔3〕　318 U. S. 44.

〔4〕　239 U. S. 33.

〔5〕　268 U. S. 510.

〔6〕　346 U. S. 249.

有一个诉讼当事人是黑人。[1]本院认为，如果本案所涉的丈夫与妻子的权利不能通过与他们有信赖关系的当事人提出，并于本案得到审理的话，那么这些权利将有被稀释或受到不良影响的危险。

就本案而言，我们眼下面对的是涉及正当程序条款的《宪法第十四修正案》的一系列问题。某些代理意见的弦外之音建议我们依照"Lochner v. New York 案"[2]，不过我们决定对此不予采纳，就像我们之前在"West Coast Hotel Co. v. Parrish 案"[3]、"Olsen v. Nebraska 案"[4]、"Lincoln Union v. Northwestern Co.案"[5]、"Williamson v. Lee Optical Co.案"[6]、"Giboney v. Empire Storage Co.案"[7]等案子中所做的那样。固然，在判断那些与经济问题、商业事务以及社会状况密切相关的法律的智慧、需求和性质等问题时，我们并非凌驾于立法权之上的角色。不过，本案与凌驾无关，因为本案直接关系到夫妻的亲密关系，以及他们的内科医生在这个关系中扮演的部分角色。

公民的结社自由在《美国宪法》和《权利法案》中均没有明示；父母选择公立、私立或教会学校作为孩子的受教育学校的权利也没有被明示规定；公民选择学习一门特定课程或学习任何语言的权利也没有被明示规定——但这些并不妨碍我们通过法律解释证明这些权利均被《宪法第一修正案》所涵盖。

在"Pierce v. Society of Sisters 案"[8]中，公民自由选择自己孩子受教育的权利被法院认为可以对抗国家，它正是依据了《宪法第一修正案》和《宪法第十四修正案》。在"Meyer v. Nebraska 案"[9]中，在小学自由选择德语作为学习科目的权利也被一样保护。易言之，根据《宪法第一修正案》的精神，国家不可以圈定可选知识的边界。同理，表达自由和出版自由的外延不仅包括发声和指明的权利，也包括了宣传、接收和阅读的权利[10]，以及询问、思考、

---

〔1〕 另参见 Meyer v. Nebraska, 262 U. S. 390; Adler v. Board of Education, 342 U. S. 485; NAACP v. Alabama, 357 U. S. 449; NAACP v. Button, 371 U. S. 415 等案。

〔2〕 198 U. S. 45.

〔3〕 300 U. S. 379.

〔4〕 313 U. S. 236.

〔5〕 335 U. S. 525.

〔6〕 348 U. S. 483.

〔7〕 336 U. S. 490.

〔8〕 268 U. S. 510.

〔9〕 262 U. S. 390.

〔10〕 See Martin v. Struthers, 319 U. S. 141, 143.

教授的权利[1]，还应有享受完整的大学社区的自由。[2]如果不承认这些边缘性权利，那么属于法律保护的那些核心权利也就不会得到保障。基于这个原因，我们特此重申"Pierce案"和"Meyer案"的原则。

在"NAACP v. Alabama案"[3]中，我们保护了"成员在社团中的结社自由与隐私权"，我们注意到结社自由是《宪法第一修正案》的边缘性权利。故我们认为，披露某合宪成立的协会的会员表是一种无效行为，"因为它包含了很大程度上抑制会员的结社自由的可能性"。[4]易言之，《宪法第一修正案》虽然存在灰色地带，隐私权依然能在这个地带得到保护，以对抗政府的干预。在类似的情境下，我们也保护了多种形态的"社团"，它们不是一般语境下的那种政治性社团，不过它们也与社团成员的社会、政治和经济利益相关。[5]在"Schware v. Board of Bar Examiners案"[6]中，我们也基于类似原因给出了判决，即法律不允许一位律师仅仅因为曾经加入过共产党就被禁止法律执业，因为此律师"与该党的结社"充其量"只能说明对某一个政党的政治信仰"[7]，这和他是否存在不良品格无关。[8]

这些案子涉及的权利外延比"集会权利"大，这是一种大家可以不分种族和意识形态都能享有的权利。[9]"结社"的权利，就像信仰自由一样[10]，不仅仅是参会的权利，它还包括了通过成为某组织的成员，或附属于该组织，或通过其他方式表达个人观点的权利。在这个语境下的"结社"，其实就是意见表达的一种形式。尽管这个概念没有被《宪法第一修正案》明文规定，但它的存在关系到《宪法第一修正案》那些明文保障的条款是否真的有意义。

上述这些案子还说明了权利法案保障的特定权利存在灰色地带，正是那

---

[1] See Wieman v. Updegraff, 344 U. S. 183, 195.

[2] See Sweezy v. New Hampshire, 354 U. S. 234, 249~250, 261~263; Barenblatt v. United States, 360 U. S. 109, 112; Baggett v. Bullitt, 377 U. S. 360, 369.

[3] 357 U. S. 449.

[4] 357 U. S., 462.

[5] See NAACP v. Button, 371 U. S. 415, 430~431.

[6] 353 U. S. 232.

[7] 353 U. S., 244.

[8] 353 U. S., 245~246.

[9] See De Jonge v. Oregon, 299 U. S. 353.

[10] See Board of Education v. Barnette, 319 U. S. 624.

些从权利束中发散出的元素组成了这种灰色地带。[1]众多的权利保证创造了隐私的空间——正如我们已经看到的，隐含在《宪法第一修正案》灰色地带的结社权利就是其中一例。除此之外我们还能找到更多的例子。比如《宪法第三修正案》规定，军人在非战时且未经房屋权利所有人的同意禁止"在任何房屋中"驻扎，就是隐私的又一次体现。又比如《宪法第四修正案》明文确认了"人民皆有权保其人身、住宅、文件和财产不受无理搜查与扣押"。又比如《宪法第五修正案》的自证其罪条款使公民享有一份隐私空间，在此空间内政府不得强迫他承认对其不利的犯罪。还比如《宪法第九修正案》规定："本宪法对某些权利的列举，不得被解释为否定或轻视由人民保留的其他权利。"

在"Boyd v. United States 案"[2]中，《宪法第四修正案》和《宪法第五修正案》被形容为帮助公民防御政府入侵其住宅和生活隐私的工具。[3]我们最近在"Mapp v. Ohio 案"[4]也将《宪法第四修正案》称为创造了"隐私权——一项重要性不亚于公民特别保留的其他权利的权利"。[5]

在此之前，我们已经遇到过关于"隐私与休息"灰色权利的很多争议。[6]这些案子见证了本案系争之隐私权是一项合于法理的权利。

据此我们可以认为，本案涉及的隐私权法律关系是得到宪法保障的基本法律关系。本案涉及的法律，由于其禁止避孕用具的使用而非仅仅规制避孕

---

〔1〕 See Poe v. Ullman，367 U. S. 497，516~522.（法官反对意见）

〔2〕 116 U. S. 616，630.

〔3〕 法院关于隐私权的这段论述的完整版本是（第630页）："本案法院意见源自［英国的卡姆登大法官在1765年"Entick v. Carrington, 19 How. St. Tr. 1029案"中］确立的原则，它影响到宪法自由和安全的本质。这些原则不仅适用于该案的诉讼形式以及该案在事实层面上并不常见的情况；这些原则也应适用于政府及政府人员对公民住宅和生活隐私的所有类型的侵入。这种侵入不仅限于破门而入、翻箱倒柜这类标准形态，也包括对公民不可减损的个人安全、个人自由以及个人财产权利的侵犯，只要这些权利没有因为该公民在先的对公众的违法行为被依法剥夺——这种对神圣权利的侵犯就是卡姆登大法官确立原则的注释。易言之，破门而入和翻箱倒柜只是这种侵犯的加重形态，该判决谴责的行为门槛只是任何通过强制甚至暴力折磨，取得供状或物证，本质上使公民自证其罪的行为。从这个角度看，宪法第四和第五修正案大体上讲的是同一回事。"

〔4〕 367 U. S. 643，656.

〔5〕 Beaney，"The Constitutional Right to Privacy"，1962 Sup. Ct. Rev. 212；Griswold，"The Right to be Let Alone"，55 Nw. U. L. Rtv，216（1960）.

〔6〕 See Breard v. Alexandria，341 U. S. 622，626，644；Public Utilities Comm'n v. Pollak，343 U. S. 451；Monroe v. Pape，365 U. S. 167；Lanza v. New York，370 U. S. 139；Frank v. Maryland，359 U. S. 360；Skinner v. Oklahoma，316 U. S. 535，541.

用具的生产或销售，也可以被认为是一条为达目的不惜对夫妻关系造成最大化破坏性影响的法律。显然，这条法律与我们熟悉的原则不一致，即"政府若要合宪地管控或防止某行为，则它不可以为达目的使用牵连过广的且可能因此侵入法律所保护的自由领域的措施"。[1]我们可以允许警察为了得到"避孕用具被使用"的证据就搜查教区内已婚男女的卧室吗？答案是显然的，因为基于婚姻关系的隐私环境观念，上述这种想法会让人感到厌恶。

我们面对的隐私权是一项比权利法案、政党甚至学校系统都早的权利。婚姻，是不论顺境逆境的一场相聚，一场期望能恒久且庄严地亲密下去的相聚。和其他结社不同，这种结社是为了升级生活方式，而非创造生活方式；它致力于生活的和谐，而非政治信仰的达成；它的本质是相互的忠诚，而非商业或社会目标。不过，和我们之前判例中遇到的结社相同的是，它们作为一种目的都是高贵的。

故推翻原判。

戈德堡大法官的并存意见（首席大法官沃伦与布伦南大法官均赞同）

我同意上述法院意见，即康涅狄格州关于反节育的法律违宪地插足了婚内隐私的权利，所以我附议此意见及判决。虽然我不同意所谓《宪法第十四修正案》使用的"正当程序"涵盖了宪法前八条修正案[2]的观点，但我却很赞同自由概念的保护范围不仅限于权利法案明示的特定权利，还包括了个人的那些基本权利。我的结论是：自由这个概念不应被限缩解释，它应包括婚内隐私权，即使此权利在宪法中没有被明文规定。[3]这个结论有本院的很

---

〔1〕　See NAACP v. Alabama，377 U. S. 288，307.

〔2〕　参见我在"Pointer v. Texas 案"中第 410 页的并存意见，以及我在"Cohen v. Hurley 案"第 154 页针对布伦南大法官的反对意见。

〔3〕　我的同事斯图尔特大法官不同意这种观点，他认为他"在权利法案、宪法其他部分，或本院任何先例中均无法找到……一般隐私权"。（见下文，第 530 页）他认为支持此判决的前提是这项权利被明确保障，而非仅由法院从宪法修正案中演绎得出。我不同意，我认为本院从来没有说过《权利法案》或《宪法第十四修正案》只保护宪法提及的有名权利。See Bolling v. Sharpe，347 U. S. 497；Aptheker v. Secretary of State，378 U. S. 500；Kent v. Dulles，357 U. S. 116；Carrington v. Rash，380 U. S. 89，96；Schware v. Board of Bar Examiners，353 U. S. 232；NAACP v. Alabama，360 U. S. 240；Pierce v. Society of Sisters，268 U. S. 510；Meyer v. Nebraska，262 U. S. 390。相反，比如在前引"Bolling v. Sharpe 案"中，尽管本院承认《宪法第五修正案》不包括平等保护的"明示保障"（Bolling v. Sharpe，347 U. S. 499.），但平等保护的原则却可以从该修正案的正当程序条款中演绎得出。另外，在前引

多先例可供支持，正如本案法院意见提及的那样，且另有《宪法第九修正案》的文义和历史可供支持。为了得出婚内隐私因为存在于权利法案的灰色地带，所以受到保护的结论，本院引用了《宪法第九修正案》。[1]这里我只是强调一下该修正案与本院判决的联系。

在很多年前，本院就说过正当程序条款保护的是"那些根植于我们的良心和传统的基本自由"。[2]在"Gitlow v. New York 案"[3]中，法院说道：

"就本案的目的而言，我们可以也应当认为言论自由和新闻自由——作为记载于《国会节略》（Abridgement）、被《宪法第一修正案》保护的自由——是被《宪法第十四修正案》保护，使之免于国家损害的基本个人权利和自由之一。"

在"Meyer v. Nebraska 案"[4]中，法院引用了《宪法第十四修正案》，并指出：

"尽管本院没有尝试过给被保障的自由以精确的定义，这个词早已被反复讨论，其含义也随之陆续充实。毫无疑问，它不仅仅指人身不受限制的自由，还指（例如）结婚、建立家庭以及养育孩子……的权利。"

本院在之前的一系列判决中已经明确，《宪法第十四修正案》吸收了前八条修正案中关于个人基本权利的细节，并适用于国家。[5]从宪法第九修正案的文义和历史可知，宪法框架制定者相信，除了那些被前八条修正案明示的基本权利之外，还存在着更多的、使个人免于国家侵犯的基本权利。

《宪法第九修正案》规定："本宪法对某些权利的列举，不得被解释为否定或轻视由人民保留的其他权利。"此修正案可以说几乎就是詹姆斯·麦迪逊（James Madison）一个人的杰作。他把初稿呈交给国会，两院顺利通过，其间

（接上页）"Schware v. Board of Bar Examiners 案"中，法院认为《宪法第十四修正案》保护法律实务职业追求权，使之免受国家恣意发起的诉讼，也是该修正案的应有之义。

[1] Bolling v. Sharpe, 347 U. S. , 484.

[2] See Snyder v. Massachusetts, 291 U. S. 97, 105.

[3] 268 U. S. 652, 666.

[4] 262 U. S. 390, 399.

[5] See Chicago, B. & Q. R. Co. v. Chicago, 166 U. S. 226; Gitlow v. New York; Cantwell v. Connect-icut, 310 U. S. 296; Wolf v. Colorado, 338 U. S. 25; Robinson v. California, 370 U. S. 660; Gideon v. Wainwright, 372 U. S. 335; Malloy v. Hogan, 378 U. S. 1; Pointer v. Texas; Griffin v. California, 380 U. S. 609.

甚至没有一场正式的辩论或任何针对措辞的修改。此修正案体现了他对一份详细列举式权利法案的担忧，〔1〕因为它不能广阔到足以涵盖所有的重要权利，也因为这种列举会使人产生法无明文规定即不保护权利的看法。〔2〕

在其修正案草案的演讲过程中，麦迪逊说道：

"有人不赞成制定一份权利法案的提议，这是因为列举权力让渡的例外会导致没有被列举的权利被无形中贬低了；它也会使人误以为没有被挑出来的权利都已交给了联邦政府，进而不再安全。这是我听过的这方面最有说服力的论点之一；不过我认为，这个问题可以被防范。如果诸君翻到宪法第九修正案第四号决议的最后一句，就可以看到我的确做出过尝试。"〔3〕

斯托里大法官也曾对此权利法案和《宪法第九修正案》的含义写过如下观点：

"关于……那种认为确认一些权利就会贬低另一些权利，进而让人以为后者对权力有利的说法其实站不住脚……因为我的结论是：这可以（且已经）通过正面性的宣言来解决，即在权利法案中宣称对权利的列举并不意味着对人民保留权力的否认或贬低。"〔4〕

他援引《宪法第九修正案》，并进一步指出：

"很明显此条通过的目的在于防止任何公然或巧妙的对法谚的曲解：所谓对一部分情况的肯定就暗示着对另一部分的否定；反之，对一部分情况的否定就暗示着对另一部分的肯定。"〔5〕

---

〔1〕 詹姆斯·麦迪逊（James Madison）此前指出，这种不精确的危险来源于一个事实，即"没有哪种语言能丰富到为所有复杂想法提供词汇"。The Federalist, No. 37（Cooke ed. 1961），236.

〔2〕 亚历山大·汉密尔顿（Alexander Hamilton）反对《权利法案》的必要性时也曾指出，这是因为联邦政府是一个基于权力让渡的政权，且这些让渡的权力中不包括使其侵犯个人基本权利的权力。The Federalist, No. 84（Cooke ed. 1961），578·579. 他还指出（第579页）："我想进一步指出，在我们讨论的语境下，《权利法案》不仅对制宪是不必要的，甚至是危险的。因为它给未被授权的权力创造了发挥空间；从这个角度，它也给了权力扩张的托辞。我们为什么要特意声明那些只要与国家权力无关就不能做的事情呢？比如，我们为什么要特意声明：当法律没有给政府以限制新闻的方法时，新闻自由不得被限制？我认为这种声明一方面既没有增加政府规制的权力，相反它还给滥用权力者装点了一个口实，至少是一条可以限制新闻自由的路径。"另外，《宪法第九修正案》和《宪法第十修正案》的表述，"没有根据宪法被让渡给合众国，且没有根据宪法被禁止留在州的权力，则要么保留于州，要么保留于人民"，显然是被设计出来的，可以在一定程度上响应前引汉密尔顿论点的表述。

〔3〕 Ⅰ Annals of Congress 439（Gales and Seaton ed. 1834）.

〔4〕 Ⅱ Story, Commentaries on the Constitution of the United States, 626~627（5th ed. 1891）.

〔5〕 Ⅱ Story, Commentaries on the Constitution of the United States, 651.

　　麦迪逊和斯托里的论述阐释了宪法框架的制定者并没有意图使宪法前八条修正案穷尽所有的、由宪法赋予人民的基本权利。[1]

　　虽然本院很少解释《宪法第九修正案》[2]，"但这不意味着立法者意图使宪法中的任何一条没有效力"。[3]在解释宪法时，"文本中使用的词应被作为判断的首要依据"。[4]《宪法第九修正案》也许被一些人认为是近期发现，或被另一些人彻底遗忘，但我们不能忘了，这条也是我们一代代人自1791年起就宣誓效忠的《美国宪法》的一部分。既然《宪法第九修正案》不能被理解为无意义的条款，那么仅仅因为宪法前8条修正案没有明示，就认为根植于我们社会中的、如此基本的婚内隐私权可以被侵犯的观点，分明就是与宪法相冲突的观点，因为它会使《宪法第九修正案》沦为废法。另外，如果认为宪法不保护某项基本权利只是因为宪法前八条修正案和宪法其他部分没有明示列举这种权利的话，那么这种推论作为一种司法解释也是违反《美国宪法第九修正案》的。因为《宪法第九修正案》正是说了"本宪法对某些权利的列举，不得被解释为否定或轻视由人民保留的其他权利"。

　　反对我对《宪法第九修正案》作出上述解释的人认为，这种做法在某种程度上"扩张了法院的权力"（见下文）。虽然我很尊重这种观点，但我还是想说这种观点曲解了我的意思。我在论述的时候其实没有用到布莱克大法官

---

　　〔1〕　与之类似的是，《宪法第十修正案》也明文规定，任何未明示让渡于联邦政府的权力都由州与人民保留。

　　〔2〕　此条修正案曾被称为"被遗忘的第九修正案"，且该书正是以此为名：Bennett B. Patterson (1955)。关于《宪法第九修正案》的其他评论，See Redlich，"Are There 'Certain Rights…Retained by the People'?"，37 N. Y. U. L. Rev. 787（1962）；Kelsey，"The Ninth Amendment of the Federal Constitution"，11 Ind. L. J. 309'（1936）。就我所知道的而言，迄今为止本院只在以下诸案中引用过《宪法第九修正案》：United Public Workers v. Mitchell，330 U. S. 75，94~95；Tennessee Electric Power Co. v. TVA，306 U. S. 118，143~144；Ashwander v. TVA，297 U. S. 288，330~331；Calder v. Bull，3 Dall. 386，388；Loan Assn. v. Topeka，20 Wall. 655，662~663. 在"United Public Workers v. Mitchell 案"中，本院说道："我们接受上诉人的观点，即根据《宪法第九修正案》和《宪法第十修正案》被人民保留的政治权利的性质与本案有关。这种不受侵犯的权利可以被陈述为公民享有的、通过成为某政党的管理者或劳动者以传播他的政治观点的权利。据此，我们在干预时需要在哈奇法以及相关规定和公务员基于宪法第一、九、十修正案享有的自由之间做出权衡。另外，如果我们想想作为保证自由存在于这些领域的正当程序原则，我们可以发现在《宪法第五修正案》中也有一个对应的、对此权利的削弱。"

　　〔3〕　Marbury v. Madison，1 Cranch 137，174.

　　〔4〕　Myers v. United States，272 U. S. 52，151.

在其反对意见中提到的"Adamson v. California 案"〔1〕，即整部权利法案都被《宪法第十四修正案》吸收，我也没暗示过根据《宪法第十四修正案》，《宪法第九修正案》是用来对抗合众国的。另外，我也不是想说《宪法第九修正案》创造了一个独立的、可用来防范州或联邦政府侵犯的权源。相反，《宪法第九修正案》只是展示了宪法制定者的一种信念，即基本权利的确可以存在于宪法前八条修正案列举之外的领域，且这些列举不代表制宪者意图穷尽它们。任何学习过本院先例的人都不难发现，本院经常一致认为《宪法第五修正案》和《宪法第六修正案》保护了个人基本自由以免受联邦或州政府的剥夺。〔2〕《宪法第九修正案》只是展示了制宪者的意图，即不能仅因其他的基本权利没有在宪法前八条修正案中被明确列举，就遭到任何形式的否认或贬低。我看不出这种观点哪里扩张了法院的权力，我看这充其量只能证明法院一直在保护基本权利罢了。

我也没有跳过步骤，直接论证《宪法第九修正案》也适用于州对一项基本权利的侵犯。虽说《宪法第九修正案》——诚然，其实整部权利法案——最初都是用来制约联邦权力的，不过，自《宪法第十四修正案》出台以后，各州也被禁止剥夺个人基本自由了。另外，因为《宪法第九修正案》暗示了不是所有的自由都被前八条修正案特别规定，这就更加证明了个人享有的、用以对抗州和联邦侵犯的其他基本权利的存在。总之，《宪法第九修正案》只是强有力地证明了一种观点，即由《宪法第五修正案》和《宪法第十四修正案》保护的、免于受联邦政府或各州侵犯的权利绝不仅限于宪法前八条修正案列举的那些。〔3〕

在判断哪些权利属于基本权利时，法官不可以根据个人和私下的观念作出判断。相反，法官必须以"传统以及人民的集体良心"作准绳，以确定某项原则是不是"足够根植于此……以至于可以被认定为基本的原则"。〔4〕核心问题就是某项涉案的权利"是否具有这样的性质，即除非违反'那些生长

〔1〕 332 U.S. 46, 68.

〔2〕 See Boling v. Sharpe, 347 U.S. 497; Aptheker v. Secretary of State, 378 U.S. 500; Kent v. Dulles, 357 U.S. 116; Cantwell v. Connecticut, 310 U.S. 296; NAACP v. Alabama, 357 U.S. 449; Gideon v. Wainwright, 372 U.S. 335; New York Times Co. v. Sullivan, 376 U.S. 254.

〔3〕 See United Public Workers v. Mitchell, 330 U.S. 75, 94~95.

〔4〕 See Snyder v. Massachusetts, 291 U.S. 97, 105.

于我们所有市民与政治组织底部的，关于自由和正义的基本原则'……就不能否认它"。[1] "自由" 既可 "从宪法特定保证的……散射中获得其土壤"，亦可 "从自由社会所要求的经验中获得其土壤"。[2]

基于对这些判断标准的适用，我完全同意本院的意见，即隐私权是一项产生于 "我们生活的宪法框架内的总和" 的个人基本权利。[3] 布兰代斯大法官在 "Olmstead v. United States 案" 的反对意见中[4]，完整总结了《美国宪法》关于隐私的保证及其衍生的原则：

"宪法 [第四和第五] 修正案的保护范围更广。制宪者致力于提供让我们追求快乐的条件。他们承认公民的精神属性、感情与理解力的重要性。他们知道物质只能带来一部分的痛苦、快乐与满足感。因此他们希望能保护美国人的信仰、思想、情绪和感受。比如针对政府，他们授予了公民得以独处的权利——一项内涵最丰富、最为公民珍视的权利。"

本案系争之《康涅狄格州制定法》正是与这部分尤其重要且敏感的隐私有关——婚姻关系与婚内居所。本院在 "Meyer v. Nebraska 案"（见上文）中承认的 "结婚、建立家庭以及养育孩子" 的权利正是《宪法第十四修正案》所保证的自由的重要组成部分。[5] 在 "Pierce v. Society of Sisters 案"[6] 中，法院一致裁定来自俄勒冈州的制定法，即因为会 "不合理地妨碍父母和其他监护人享有的、得以控制孩子的受教育方式的自由" 而禁止父母送孩子去私立学校的条款违宪。[7] 正如本院在 "Prince v. Massachusetts 案"[8] 中说的，

---

　　[1] See Powell v. Alabama, 287 U. S. 45, 67.

　　[2] 根据在这些案子中法院表述的判断标准，我们不能认为法官判断某项权利是否属于基本权利的职责本身授予了其不受约束的裁量权。事实上，正是对允许过宽的自由裁量权的担忧，促使了我在 "Poniter v Texas 案"（见上文，第 413~414 页）得出结论，即那些权利被《美国宪法第十四修正案》吸收，且适用于合众国，因为它们在适用时显得基本又均等，无论是在对抗联邦政府还是对抗州政府时均是如此。在 "Pontier 案" 中我说过，若要反对这种解释，那么就必须承认 "本院在判断某种做法是否因为违反宪法基本保证而在联邦层面被禁止，进而根据个案具体情况，这种违反是否足够因为触及了正当程序观念导致又在州的层面被禁止时，本院拥有极端主观和过分的自由裁量权。" 前引，第 413 页。See Poe v. Ullman, 367 U. S. 497, 517. （道格拉斯大法官的反对意见。）

　　[3] Poe v. Ullman, 367 U. S. , 521.

　　[4] 277 U. S. 438, 478.

　　[5] 262 U. S. , at 399.

　　[6] 268 U. S. 510.

　　[7] 268 U. S. , at 534~535.

　　[8] 321 U. S. 158, at 166.

"Meyer 案"与"Pierce 案"的判决"尊重了国家无法进入的、属于家庭生活的私人空间。"

我尊重哈兰大法官在"Poe v. Ullman 案"的反对意见:"显然,所谓保护家庭不仅仅源于财产权神圣不可侵犯。家庭的首要地位是家庭生活的避风港。这种生活的完整性非常基本,以至于一项明示的宪法权利已经不足以提供保护了……而在整个'家庭生活的私人空间'中,我们很难想象还有比夫妻的婚姻关系更需要隐私和亲密的候补了。"[1]

整部《美国宪法》的组织结构和其保证中蕴含的目的证明了婚内隐私权、结婚权以及组成家庭的权利是同一层面的权利,它们也都是被《美国宪法》特殊保护的重要的基本权利。

尽管宪法条文没有花多少篇幅去介绍婚内隐私权,我却不认为这意味着宪法不想保护这种基本权利。宪法不作规定的原因恰恰是明确禁止各州干扰传统的家庭关系——一种与我们整个文明一样古老的基本关系——显然政府不会刻意滥用权力去干扰它。相反,正如《宪法第九修正案》明文承认的那样,这里的确存在个人基本权利,比如眼下这个权利,它们虽然没有被宪法特别提及,但根据政府的"节略"(Abridgement),依然受到保护。

我的同事斯图尔特大法官则不这么看。尽管他将康涅狄格州的关于节育的法律标注为"少有且愚蠢的法律"(见下文),但他还是认为此法不应被否定,因为法院没有权力"在裁量立法机关的活动时,抽走特定社会和经济背景中对立法机关的信心,毕竟立法活动源于一个基于民选的机关"。(见下文)我在别的案子中提过:"虽然我很同意布兰代斯大法官的观点……即'一个州可以是一个实验室;一个试验社会和经济新思想的实验室'[2],不过我不认为这种试验可以涉及公民的基本自由……"[3]如果有人不这么认为,那么这种观点一定允许了该州对公民的基本个人权利进行试验。可是,我不认为宪法授权过州政府或联邦政府这种权力。

这种观点背后的逻辑是让联邦和州的立法比我们眼下的这部制定法更违宪。他们会认为,如果没有足够信服的、州层面的下位利益,那么政府不可

---

[1] 367 U. S. 497, at 551~552.

[2] See New State Ice Co. v. Liebmann, 285 U. S. 262, 280, 331. (反对意见。)

[3] Pointer v. Texas, 380 U. S. , 413; Poe v. Ullman, 367 U. S. 517~518. (道格拉斯大法官的反对意见。)

以命令所有的丈夫和妻子都必须在生了两个孩子之后被绝育。根据他们的推导，这种对婚内隐私的侵犯并不受制于宪法监督，因为，尽管这样听起来有点"愚钝"，但宪法中的确没有哪一条特别禁止了政府削减公民养育孩子、组建家庭的婚内权利。尽管今天"本院认为宪法保护婚内隐私"的立场会让我的一些同事感到震惊，但在我看来，这还没有比相信"宪法不保护家庭的大小免受集权主义的侵犯"更让人感到震惊。退一步说，就算这种观点站得住脚，既然法律禁止自愿的产后避孕，则基于一样的逻辑，法律也应该要求大家必须至少生一个孩子。这样归谬就可以看出，其实这两种法律都不正当地侵犯了宪法保护的婚内隐私权。

在本院审理的一系列案子中，本院都认为，如果涉及个人基本自由，这些自由不可以仅仅因为州政府认为制定一部规范性的制定法符合州层面的合理目的就被削减。"州只有在展示了下位的、足够信服的利益时，才能对个人自由进行实质性的侵犯。"〔1〕这种制定法必须证明其"对实现州层面正当政策的必要性，而不仅仅是说得通的相关性"。〔2〕

尽管康涅狄格州的节育法明显侵犯到了个人的基本自由，州政府却没有证明这部制定法基于任何"足够信服的、州层面的下位利益"或具有"对实现州层面正当政策的必要性"。州政府充其量只证明了州层面的正当考量与此节育法的一些说得通的相关性而已。州政府认为，禁止婚姻中的任何一方使用避孕用具可以防止一些特殊情况下的纵欲。此论证的合理性很值得商榷，尤其是考虑到这部制定法会殃及康涅狄格州的所有人，无论结婚与否，无论他们使用避孕用具是为了防止疾病还是真的为了避孕。〔3〕但不管怎么说，州政府完全可以用一部不必牵连过广的制定法来实现婚姻忠诚的社会目标，以避免像现在这部制定法那样侵犯全体已婚者的隐私。〔4〕正如有的判例所述："对敏感领域进行规制的精确性是判断我们珍视的自由不被侵犯的试金石。"〔5〕不难发现，康涅狄格州早已有关于反已婚通奸与未婚私奸的制定法，

---

〔1〕 See Bates v. Little Rock, 361 U. S. 516, 524.

〔2〕 See McLaughlin v. Florida, 379 U. S. 184, 196; Schneider v. Irvington, 308 U. S. 147, 161.

〔3〕 See Tileston v. Ullman, 129 Conn. 84, 26 A. 2d 582.

〔4〕 See Aptheker v. Secretary of State, 378 U. S. 500, 514; NAACP v. Alabama, 377 U. S. 288, 307~308; McLaughlin v. Florida, 379 U. S. 184, 196.

〔5〕 See NAACP v. Button, 371 U. S. 415, 438.

且此制定法的合宪性并未受到质疑。[1]这些制定法条款证明了，如果康涅狄格州只是为了达到婚姻忠诚的目标，那么它根本不需要"入侵被保护的自由领域"。[2]

最后我想强调的是，本院今天的裁决并不意味着法院正在干涉州层面的对滥交与不检点行为的合理规制。正如我的同事哈兰大法官在"Poe v. Ullman 案"中的反对意见部分指出（见上文）：

"本州禁止通奸、同性恋以及类似的性亲密关系……但至于丈夫与妻子间的亲密关系，则是婚姻制度的必要组成部分，也是应当被接受的内容，故而本州不仅应当允许，而且还应当对之提供持续的巩固和保护。本州行使权力反对婚外性行为……或婚前性行为是一回事，但通过刑法去规制已被承认的、具有亲密内核的婚姻关系中的细节又是另一回事。"

总而言之，我相信婚姻关系中的隐私权是一项基本的——根据《宪法第九修正案》"被人民保留"的个人权利。根据《宪法第十四修正案》，作为一州的康涅狄格州不能违宪地侵犯这项基本权利。因此我同意本院的判决，即上诉人的犯罪指控应被推翻。

哈兰大法官赞同本院判决，其并存意见如下

我完全赞同推翻原判，只是本院判决中的有些地方不敢苟同。之所以这样认为，是因为我赞同我的同事布莱克大法官与斯图尔特大法官的分析方法，即《宪法第十四修正案》的正当程序条款原则上应与本案系争之康涅狄格州的制定法无关，除非此制定法侵犯了权利法案中保护的边缘性权利。

易言之，我发现本院判决的一个隐性要素就是使用了"合并"理论去限制《宪法第十四修正案》中的正当程序条款。就我而言，这是一个不可接受的宪法理论，因为它通过"合并"，使法院在解释宪法时对各州施加了可见于宪法前八条修正案的、权利法案中全部的要求。[3]

我认为，本案的真正争点是：作为默示保护"所规定的自由"[4]的《宪

---

〔1〕 参见《康涅狄格州一般制定法》第53~218条以及第53~219条以下。

〔2〕 See NAACP v. Alabama, 377 U. S. 288, 307~308; McLaughlin v. Florida, 379 U. S. 184, 196.

〔3〕 参见我在"Pointer v. Texas 案"中第408页以及"Griffin v. California 案"中第615页的并存意见，以及我在"Poe v. Ullman 案"中第539~545页的反对意见。

〔4〕 See Palko v. Connecticut, 302 U. S. 319.

法第十四修正案》，康涅狄格州的制定法是否因为侵犯这种自由从而违反了这一修正案的正当程序条款？基于我在"Poe v. Ullman 案"中详细陈述的反对意见，我相信本案系争之《康涅狄格州制定法》确已构成了对正当程序条款的违反。虽然与这个争点相关的一些讨论也许会涉及权利法案中的某些条款，但它们本身及它们的辐射范围都不对争点的判断起到决定性作用。在我看来，《宪法第十四修正案》的正当程序条款才是最高的依据。

关于"合并"方法的正当性，我并不是不尊重我的同事布莱克大法官和斯图尔特大法官，只是他们不应将此方法设定于历史背景中，因为在历史中其实完全找不到答案。[Fairman, Does the Fourteenth Amendment Incorporate the Bill of Rights? The Original Understanding, 2 Stan. L. Rev. 5（1949）.] 真正的原因是：如果限制了《宪法第十四修正案》正当程序条款对宪法规定权利的保护，那么在《权利法案》中，比如本案，法官们就会因此将自己的思维限缩于对特定宪法条文的"解释"，进而使自己无法基于自己对宪法性问题的是非观来判断"正当程序条款的模糊边界"。[1]

尽管我发自内心地赞同司法"谦抑"是合宪司法中不可分割的组成部分，然而我还是想说，这句话的象征作用比实际作用更大。哪怕是"特定"宪法条文，更不用说"正当程序"，其实都是应当允许法官作出"个人"解释，因为法官对宪法的展望可以让宪法"与时俱进"（见下文）。对此，我们无需溯及遥远的历史，只要看看我们上个季度的几个重新划分选区案，比如"Wesberry v. Sanders 案"[2]以及"Reynolds v. Sims 案"[3]，当时本院多数法官"根据人民"（《美国宪法》第1条第2款）以及"平等保护"（《宪法第十四修正案》）作出了"解释"，判令"1人1票"——这不正是明知历史无可辩驳却依然作出的相反解释吗？[4]

我认为，司法谦抑不能适用于"正当程序"领域——这个在历史上从没有接受过合并理论的领域，尽管此理论得到了我的同事布莱克大法官的大段论述以及我的同事斯图尔特大法官的部分支持。司法谦抑无论是在这个领域，抑或是其他宪法领域，都只能通过对历史教育，对社会基本价值的坚定承认，以

---

〔1〕 See Rochin v. California, 342 U. S. 165, 170.

〔2〕 376 U. S. 1.

〔3〕 377 U. S. 533.

〔4〕 参见我在"376 U. S. 20 案"中和"377 U. S. 589 案"中的反对意见。

及对联邦主义与分权理论的广泛赞同的基础上才能实现。〔1〕对这些原则的恪守虽然无法也不应消除法官们的宪法性意见分歧，但它至少可以给法官指明方向，使之不必在宪法中加入被扭曲的、具有误导性的对正当程序条款的限制。〔2〕

怀特大法官赞同本院判决，其并存意见如下

我认为康涅狄格州适用于已婚者的法律，根据《宪法第十四修正案》中的概念，其实是未经正当程序剥夺了他们的"自由"的法律。因此我同意本院判决，即应当推翻根据《康涅狄格州制定法》对本案上诉人的"教唆犯""帮助犯"等指控。

在此，我就不赘述此制定法对《宪法第十四修正案》所保护的、根据其性质应免于恣意剥夺的自由的影响了。可以说，这已经不是本院第一次有机会说明被《宪法第十四修正案》保护的自由包括了"结婚、建立家庭以及养育孩子"的权利〔3〕和"引导抚养与教育孩子……的自由"〔4〕，且它们都属于"人的基本公民权利"〔5〕。当然，本案涉及的权利，即婚姻亲密关系不被规制的权利，"上诉至本院时因为产生于狡诈的经济协议而看上去不值得被尊重"。〔6〕

康涅狄格州的反避孕制定法显然在实质上侵入了这种法律关系，因为它剥夺了全体已婚者使用节育用具的权利，并无视他们对这种用具的使用是否是基于对家庭计划的考虑〔7〕，抑或对健康的考虑，甚至是对生命的考虑。〔8〕这些制定法条文带来的后果，正如施行的情况所反应的那样，就是实质上否定了康涅狄格州的弱势群体，即那些缺乏足够知识或资源以获得私人律师、医生以及最新的关于节育方法的信息的公民们。〔9〕在我看来，带有这种效果的

---

〔1〕 See Adamson v California, 332 U.S. 46, 59. （弗兰克福特大法官的并存意见。）

〔2〕 正如我的同事布莱克大法官，在论述他的观点时，被迫无视本院先前做出的一系列带有承认《宪法第十四修正案》的基本权利，却并不特别依赖于权利法案的判决。

〔3〕 See Meyer v. Nebraska, 262 U.S. 390, 399.

〔4〕 See Pierce v. Society of Sisters, 268 U.S. 510, 534~535.

〔5〕 See Prince v. Massachusetts, 321 U.S. 158, 166.

〔6〕 See Kavacs v. Cooper, 336 U.S. 77, 95. （弗兰克福特大法官的意见。）

〔7〕 Trubek v. Ullman, 147 Conn. 633, 165 A. 2d 158.

〔8〕 Buxton v. Ullman, 147 Conn. 48, 156 A. 2d 508.

〔9〕 See State v. Nelson, 126 Conn. 412, 11 A. 2d 856; State v. Griswold, 151 Conn. 544, 200 A. 2d 479.

制定法一旦受到《宪法第十四修正案》攻击，将负有极重的正当性证立义务。[1]

然而，我们不能通过随意的一句话定性，比如康涅狄格州的反避孕制定法侵犯了被保护的隐私范围以及身份结合，或此制定法贬抑了婚姻关系就认为可以不必检验此制定法的正当性。此正当性与被侵犯的权利的性质有关，因为制定法在对自由的敏感领域进行规制时，根据先例，应当被"仔细推敲"[2]，且"必须证明无法通过较为温和的其他途径达到相同的目的"[3]。"州只有在展示了下位的、足够信服的利益时，才能对个人自由进行实质性的侵犯。"[4]相反，如果这部制定法被证明为了实现合法且实质的州层面的利益，的确具有合理且必需的存在意义，且不会带来恣意适用时，这部制定法就不会因为违反正当程序条款而归于无效。[5]

当我在阅读康涅狄格州法院的判决以及被上诉人在本院的论点时，我发

---

　　[1] See Yick Wo v. Hopkins, 118 U. S. 356; Skinner v. Oklahoma, 316 U. S., 535; Schware v. Board of Bar Examiners, 353 U. S. 232; McLaughlin v. Florida, 379 U. S. 184, 192.

　　[2] See Skinner v. Oklahoma, 316 U. S. 535, 541.

　　[3] See Shelton v. Tucker, 364 U. S. 479, 488.

　　[4] See Bates v. Little Rock, 361 U. S. 516, 524; McLaughlin v. Florida, 379 U. S. 184.

　　[5] 有反对意见宣称，正当程序条款保障的自由只限于那些过于模糊的制定法以及缺乏程序公正的神判带来的自由问题。根据这种观点，本院将无权裁量一部被质疑的制定法及其适用是否基于正当目的，以及其为达目的选择的规制的方式是否合理、可证立。然而，一系列先例可以证明，本院从未接受过这种观点。See Dent v. West Virginia, 129 U. S. 114; Jacobson v. Massachusetts, 197 U. S. 11; Douglas v. Noble, 261 U. S. 165; Meyer v. Nebraska, 262 U. S. 390; Pierce v. Society of Sisters, 268 U. S. 510; Schware v. Board of Bar Examiners, 353 U. S. 232; Aptheker v. Secretary of State, 378 U. S. 500; Zemel v. Rusk, 381 U. S. 1. 传统的正当程序标准被很好地表述并适用于"Schware v. Board of Bar Examiners 案"，其中并没有依赖权利法案的特殊保证条款。"一州不可以因为正当程序或平等保护条款，或是以违反正当程序或平等保护条款的方式禁止某人从事法律实务或其他职务。"(See Dent v. West Virginia, 129 U. S. 114, 对比 Slochower v. Board of Education, 350 U. S. 551; Wieman v. Updegraff, 344 U. S. 183, 另参见 Ex parte Secombe, 19 How. 9, 13.) 一州可以对某个职业设置高准入门槛，比如好的道德品格或法律熟悉程度，只要这种门槛设置在某人申请律师资格被批准之前，且这种门槛必须与该申请人有没有能力或适不适合从事法律实务工作有合理的联系。(See Douglas v. Noble, 261 U. S. 165; Cummings v. Missouri, 4 Wall. 277, 319~320, 对比 Nebbia v. New York, 291 U. S. 502.) 显然，申请者不能仅仅因为他是一个共和主义者，一个黑人，或是某特定教堂的成员就被排除在外。就算是申请人适用许可类标准，州的官员们也不可以在无法证明该申请人未达标之前，或基于可憎的歧视行为就将该申请人排除在外。(See 353 U. S. 238~239, 对比 Martin v. Walton, 368 U. S. 25, 26. 道格拉斯大法官的反对意见。)

现康涅狄格州关于反避孕制定法只提供了一个正当性证立。[1]康涅狄格州并不认为这部禁止使用人工或外在避孕方法的制定法是基于避孕非道德或非明智，抑或基于促进人口增长。相反，这部制定法被康涅狄格州解释为是为了落实州的政策，即反对所有形式的婚前或婚外滥交或非法性关系，这也是该州认为应被允许的且具有合法性的立法目标。

且不说一个前提性的问题，即这种对怀孕的恐惧会不会在康涅狄格州已有的刑事禁令之外给处于上述性关系的人们施加额外的威慑力，我完全想不出禁止已婚者使用避孕用具为何就能给州对非法性关系的禁止增加一臂之力。[2]康涅狄格州并不禁止对避孕用具的进口或占有——避孕用具不属于州法规定的违禁品[3]，它们的存在甚至未在该州引起过实质性的辩论。康涅狄格州对此器具的唯一限制就是其《一般制定法》中关于帮助犯与教唆犯的条文，且这个条文表述的语境决定了它非常低效——因为它主要打击的是由节育诊所向已婚者、而非未婚者提供建议的行为。[4]诚然，此州关于使用避孕用具的禁止已经存在了80年，避孕用具销售的合法性从未被明文确定，但看上去这并没有影响到在实践中长期存在的销售行为，且这些行为很少被质疑。这"不背离宗旨的政策……经历了这么多年……传递着检察瘫痪以及更多的信息"。[5]另外，根据康涅狄格州法律，以预防疾病为由销售避孕用具的行为是完全合法的。

鉴于上述事实，我们很难相信禁止已婚者使用避孕用具能从任何方面阻止这类器具被涉及非法性关系的人们使用，进而协助康涅狄格州推行规制这类关系的政策。而且，无论是州法院在上次审理和州政府在本次审理中对此均未作出解释。据我推断，也许康涅狄格州认为如果禁止了已婚者使用，就有助于政府发现未婚者或有其他关系的人，进而使整个社会对避孕用具的使用率降低，以达到行政效果。这种理论或许立足于只要普遍禁止在婚姻关系中使用或占有避孕用具，那么婚外的人也会受到更少的诱惑去使用它？可是

---

〔1〕 对比 Allied Stores of Ohio v. Bowers, 358 U. S. 522, 530; Martin v. Walton, 368 U. S. 25, 28.（道格拉斯大法官的反对意见。）

〔2〕 See Schware v. Board of Bar Examiners, 353 U. S. 232, 239.

〔3〕 See State v. Certain Contraceptive Materials, 126 Conn. 428, 11 A. 2d 863.

〔4〕 对比 Yick Wo v. Hopkins, 118 U. S. 356.

〔5〕 See Poe v. Ullman, 367 U. S. 497, 502.

这个推论的前提是，已婚者将会遵守婚姻关系内的禁令，不论这种禁令是否被执行，是否可执行，且他们将不会遵守反婚外私通的刑法条文，也不会遵守不法性关系中对避孕用具使用的制定法条文——显然，这个前提的逻辑性没有被证立，且看上去很难被证立。如此广泛的禁令对其声明的治理目标而言，最多只有边际效用而已。易言之，一部反对非法性关系涉及者使用避孕用具的制定法与一部广泛禁止所有公民使用避孕用具的制定法，正如康涅狄格州现在做的这样，它们的效果是一样的。所以，我看不出这部牵连甚广的制定法如何能证立自己的正当性，以解释它为何有必要对已婚者的自由产生负面效果。故该制定法构成了未经正当法律程序剥夺已婚者的自由。

布莱克大法官的反对意见（并得斯图尔特大法官赞同）如下

我赞同我的同事斯图尔特大法官的反对意见。与他类似，我不认为康涅狄格州的制定法的合宪性在任何程度上必须基于此制定法是否明智，或是否属于良法。不然，我根本不可能按照现在这样投出反对票——毕竟我必须坦言，这部制定法充满了攻击性，就像本院多数法官，尤其是我的同事哈兰大法官、怀特大法官和戈德堡大法官认为的那样，以此为判断标准的话那么它当然违宪。关于本院判决以及并存法官意见中关于《康涅狄格州制定法》的政策分析，我没有任何批评意见，但我不认为这足以得出此恶法当然违宪的结论。

试想，假使本案的上诉人医生，甚至他连医生都不是，被指控为仅给问诊者提供关于特定避孕用具、避孕药以及避孕方法是否可取，以及具体如何操作等意见，那么我认为此时这种言论应当受到《宪法第一修正案》和《宪法第十四修正案》的保护，因为这属于被修正案保护的言论自由。[1]然而，言论是一回事，行为又是另一回事了。[2]本案中的两位原审被告是某机构中的工作人员，该机构为妇女提供身体检查，并指导妇女选择最适合她们的避孕用具或避孕药，然后根据妇女所属家庭的收入以累进的计算方式向妇女收费。因此，在这个过程中，两位已经构成了帮助他人违反康涅狄格州的法律。

---

[1]　对比 Brotherhood of Railroad Trainmen v. Virginia ex rel. Virginia State Bar, 377 U. S. 1; NAACP v. Button, 371 U. S. 415.

[2]　See Cox v. Louisiana, 379 U. S. 536, 554~555; Cox v. Louisiana, 379 U. S. 559, 563~564, 575~584. (法官并存意见。) Giboney v. Empire Storage & Ice Co., 336 U. S. 490. 对比 Reynolds v. United States, 98 U. S. 145, 163~164.

诚然，就像很多犯罪具体形态中会涉及言论，本案所涉犯罪行为也具有一些言论作为铺垫——但这种言论的存在却不能让我们认为《宪法第一修正案》不仅应保护言论，还应禁止一州惩罚伴随这些言论而出的行为。我自然希望《宪法第一修正案》保护自由，但这不等于我希望此修正案的保护范围被无限拉伸，以保护这些违反康涅狄格州的法律的行为。相反，如果康涅狄格州的法律直接制裁言论，那么它的合宪性，正如我已经说过的，就会是另一个答案了。

本院一直在说宪法中的"隐私权"，听起来仿佛真的有那么一条或几条宪法条文防止可能减损个人隐私的法律被通过。可事实上根本没有。当然，确实存在几条宪法条文，其中保障了特定情况下针对特定行为的隐私保护。比如，《宪法第四修正案》就保护了公民免受"无理搜查与扣押"。不过，我认为如果说此条只是为了保障"隐私"的话，那就太贬低它的价值了。因为这种吝啬的解读不是权利法案应有的、自由主义的解读。就算把扣押的方式从私下变成公开，被执行人也不会因此感到更镇定。同理，就算把抓捕的方式从公开变成私下，被抓捕者感到的愤怒、受到的伤害大体上应该是一样的。

如果要稀释或扩张某一宪法保障的权利，最有效的方法之一就是将条文中的重要单词替换为更有弹性的、意义更不局限的新单词。用"隐私权"替换宪法第四修正案中的"无理搜查与扣押"就是一例。"隐私"是一个宽泛的、抽象的、模糊的概念，此概念的范畴可大可小。重要的是，一旦替换，它就可以被解释为宪法对包括搜查与扣押在内的很多行为的禁止。之前我不止一次地说过，宪法修正案（比如《宪法第一修正案》）中的被制宪者使用的平实语言总是被法院用一些词替换，然后被解释成了另一种意思。[1]基于这些原因，我不认为本案所谓的"隐私权"源于任何一个或几个宪法条文中。[2]和

---

〔1〕 See New York Times Co v. Sullivan, 376 U. S. 254, 293. （法官并存意见。）此案被引于 City of El Paso v. Simmons, 379 U. S. 497, 517, n 1. （法官反对意见。）Black, The Bill of Rights, 35 N. Y. U. L. Rev. 865.

〔2〕 "隐私权"这个术语最初源于沃伦先生与布兰迪斯先生（后成为大法官）在 1890 年写的一篇论文，其中呼吁各州应当用侵权救济去保护那些私人事务被他人干扰的人们。See "The Right to Privacy", 4 Harv. L. Rev. 193. 大体因为这篇文章，一些州后来就通过了这种诉因，另一些州则授予其法院以普通法上的权力。See 41 Am. Jur. 926~927. 所以，乔治亚州最高法院在审理某人因其画作被某报纸未经许可刊登而提起的损害赔偿诉因时说道："关于私人事务的隐私权……源于自然法"，而且 "我们得到的结论看上去……完全符合自然正义，每个文明国家的法律原则，以及普通法中那些有弹性的原则。"See Pavesich v. New England Life Ins. Co., 122 Ga. 190, 194, 218, 50 S. E. 68, 70, 80. 鉴于本院眼下需要回应"隐私权……的承认"问题，我认为我没有权力像普通法法院那样，现在进一步将沃伦与布兰迪斯在侵权救济语境中的术语擢升成一种宪法规则，以阻止州立法侵犯"隐私"。

别人一样，我也喜欢我的隐私，但我不得不承认政府除非被特定的宪法条文限制，否则是可以侵入此领域的。所以我不同意本院关于康涅狄格州的制定法违宪的判决。

现在，我来分析一下我的同事哈兰大法官、怀特大法官和戈德堡大法官关于康涅狄格州的制定法违宪的论点。哈兰大法官[1]和怀特大法官将其违宪的结论立足于《宪法第十四修正案》中的正当程序条款，戈德堡大法官和哈兰大法官且还将结论立足于《宪法第九修正案》。从侵犯言论自由与新闻自由的角度，我认为康涅狄格州的确违反了宪法第一修正案和宪法第十四修正案。如果将本案的事实与《宪法第一修正案》联系，就可以知道我不赞同本院的判决，这种违反只是一个勉强的违反。我真正反对哈兰大法官、怀特大法官和戈德堡大法官的是一个更基本的问题。我认为，只要正确解释修正案，那么正当程序条款、《宪法第九修正案》或二者加在一起，都不足以成为否定康涅狄格州的制定法的有效性的基础。这里，我把正当程序条款和《宪法第九修正案》放在一起讨论，是因为经过分析可知它俩其实是一回事——只不过用了不同的词语以授权本院及背后的联邦司法权去否决任何在法官看来非理性、不合理或具有攻击性的立法行为。

正当程序论点被我的同事哈兰大法官和怀特大法官解读为：本院有权宣布州的任何法律无效，只要本院认为该法律是恣意的、反复无常的、不合理的、压制性的，或经过推敲被发现欠缺"理性或正当"的目的，或侵犯"公平和正义感"的。[2]如果这种基于"自然正义"或类似理念的公式果真如此，[3]那

---

[1] 我的同事哈伦大法官的观点在"Poe v. Ullman 案"作为反对意见有详细版本。

[2] 的确，怀特大法官想突破关于自然法的正当程序理论，因为该理论建议法院在行使不受限制的权力、审视州的法律的合宪性问题时应当保持"谦抑"。于是，他否认了法律被推定合宪的前提（See Munn v. Illinois, 94 U.S. 113, 123; 对比 Adkins v. Children's Hospital, 261 U.S. 525, 544），提出该制定法"一旦受到《宪法第十四修正案》攻击，应负有极重的正当性证立义务"。

[3] 我这里已有长篇累牍的、关于法官在感到个人基于《宪法第十四修正案》的自然正义观被立法冲击后说出的名言警句。也是因为这个原因，本院曾说过，只要州的行为"冲击了良心"（Rochin v. California, 342 U.S. 165, 172），或足以"将其震入宪法保护的范围"[Irvine v. California, 347 U.S. 128, 138.（法官并存意见）]，那么本院就可以加以禁止。本院也曾说过，州的行为不可以违反"文明的行为操守"（Rochin v. California, 342 U.S. 173），或"根植于人民的传统与良心的、被认为是基本的正义原则"（Snyder v. Massachusetts, 291 U.S. 97, 105），或"英语世界中、表述于操守与公平规则的人们的正义观"[Malinski v. New York, 324 U.S. 401, 417.（法官并存意见）]，或"社群中的公平竞赛与操守观念"（Rochin, v. California, 342 U.S. 173）。所以，我们被认为必须判断某州的一部

么它们就要求法官基于个人对法律明智性或合理性的印象来对法律的合宪性作出判断。可是，这种权力显然不属于法官，而应属于立法机关。他们必须承认，没有哪个宪法条文明确赋予了法院通过行使如此高高在上的否决权以审视立法政策的智慧与价值，以及在法院认为立法不明智或危险的情况下就可以宣布该立法违宪的权力。我不认为州或者联邦政府在立法时，必须要期待着获得"合宪性"标志以免事后被否决。而且，我不认为哪个立法机关在立法的时候会认为自己的作品不清醒、不理性、不明智或无法被证立。尽管我赞同"Marbury v. Madison 案"及其后一系列案子带来的传统，即本院有宪法赋予的、可以否决联邦或州的法律的权力，只要这种法律违反联邦宪法的命令，但我却不赞同正当程序条款或宪法其他条文也赋予了我们这种根据某立法是否恣意、邪恶、不合理、欠缺可证立的目的、有违"文明的行为准则"就可以判断立法合宪性的权力。[1]对立法智慧的信任是立法权而非解释权的一个属性。联邦法院使用这样的公式或理论去否决联邦或州的立法，只会使国会或州基于自身判断而立法的权力变得受制于法院的终局决定——显然这是有违制宪传统的。[2]

（接上页）法律是"公平、合理且适当的"，或"不合理、不必要且横加干涉个人自由或……合同的"（Lochner v. New York，198 U. S. 45，56）。沿着这个逻辑，州不能以违背"根植于社群中的感受"的方式［Haley v. Ohio，332 U. S. 596，604.（法官反对意见）］，或是"关于公平与正义的基本观念"（Haley v. Ohio，332 U. S. 596，607）的方式行事。另参见 Wolf v. Colorado，338 U. S. 25，27（"我们自由社会中的基本……权利"）；Hebert v. Louisiana，272 U. S. 312，361（"关于自由与正义的基本原则"）；Adkins v. Children's Hospital，261 U. S. 525，561（"对自由的……任意限制"）；Betts v. Brady，316 U. S. 455，462（"否认基本公平，有违一般正义观"）；Poe v. Ullman，367 U. S. 497，539 法官反对意见（"不可忍受、无法被证立的"）等。

〔1〕 汉德大法官写道："法官很少会满足于只否决提交其审理的特定方案；但他们也不能，且他们也无法将所有问题都加以考虑。立法者的方案有时候对他们来说太难消化了。于是，他们把自己的否决权用一些形容词包裹了起来，这些形容词比如'恣意的''机械的''正常的''内在的''基本的'以及'重要的'等等。用了这些词，他们在做个人判断的时候就有了很好的伪装，可以使他们的判断看上去更有说服力。"See Rochin v. California，342 U. S. 165，174.（法官反对意见。）对比"Linkletter v. Walker 案"，第 631 页。

〔2〕 本院在"Marbury v. Madison 案"中说过，本院有权基于立法超越了宪法赋予国会的权力，或立法有违宪法明令禁止的情形时否决该立法（See Fletcher v. Peck，6 Cranch 87）。但本院也至少两次拒绝了联邦司法有权以对不明智的法律或恶法行使否决权的方式为国会提供立法建议的观点。来自弗吉尼亚州的埃德蒙·伦道夫（Edmund Randolph）提出："总统与合适数量的国家司法机关成员应当在否决权失效之前召集一个委员去审查国家立法机关将要推行的每一部法律；若委员会有反对意见，这种

在我的同事怀特大法官和戈德堡大法官引用的案子里，毫无疑问其中两个案子对他们的结论非常有利——另外一些其他的未被他们引用的案子也是一样，比如"Lochner v. New York 案"[1]、"Coppage v. Kansas 案"[2]、"Jay Burns Baking Co. v. Bryan 案"[3]以及"Adkins v. Children's Hospital 案"[4]，他们着重引用并摘录的两个案子分别为"Meyer v. Nebraska 案"[5]和"Pierce v. Society of Sisters 案"[6]，两个案子都按照麦克雷诺兹大法官的观点作出了判决。这种观点则是基于"Lochner v. New York 案"（见上文）中提及的自然法正当程序哲学。在"Meyer 案"中，"Lochner 案"同很多坏案一起被引用了，比如"Adams v. Tanner 案"[7]和"Adkins v. Children's Hospital 案"（见上文）。"Meyer 案"的违宪判决是基于法律"恣意地"且不合理地妨碍了教师履行职责的权利以及家长雇佣教师的权利，因为法律禁止学校面向年幼的孩

（接上页）反对意见应当视为否决，除非国家立法机关已经通过此制定法，或某部制定法被全体反对。"［1 The Records of the Federal Convention of 1787（Farrand ed. 1911），21.］为了表达对上述这类观点的支持，来自宾夕法尼亚州的詹姆斯·威尔逊（James Wilson）论道："……法官作为法律的阐释者，被认为有机会守护他们自己的宪法权利。这种说法有一定的道理；但法官的权力并没有想象中的那么大。法律也许是不正义的，也许是不明智的，也许是危险的，也许是破坏性的；但这些性质不足以给法官拒绝承认其效力提供宪法上的正当性。就让他们拥有剩余权力的一部分吧，他们就可以有机会关注法律的这些性质，然后把他们的意见提供给立法机关，以改正错误吧。"来自马萨诸塞州的纳撒尼尔·戈勒姆（Nathaniel Gorham）则认为自己"看不出让法官审查的优势所在，因为法官就立法政策而言并没有更多的知识。"来自马萨诸塞州的埃尔布里奇·格里（Elbridge Gerry）也反对组建司法审查委员会："……他依据人民授予他的那部分权力去保护人民的权利和利益。此建议旨在使他成为法律的阐释者，这个职能是立法者不应行使的。"

另有人说道："格里先生对司法权可以组建审查委员会持怀疑态度，因为司法人员已经有足够的能力通过对法律的阐释来审查立法权对自己的侵蚀，这种方法就是审查合宪性的权力……但如果让他们成为公共政策的裁判，那就违背了司法的性质。"麦迪逊则支持司法对立法的审查。来自特拉华州的约翰·迪金森（John Dickinson）则反对，因为"法官应当阐释法律，他们不是立法者"。最终，审查委员会的提案被否决。

另有提案如下：

"为了协助总统履行其公共事务职责，合众国应当建立一个国家委员会，其中包括以下人员：一、最高法院首席大法官，他有权就美国法是否应有修改或增加向总统提供建议，只要他认为这种建议对司法的正当过程是必要的，且这种建议可以推动合众国对法律的学习和对凝聚力的培养……"最终，此提案也被否决。

［1］ 198 U. S. 45.
［2］ 236 U. S. 1.
［3］ 264 U. S. 504.
［4］ 261 U. S. 525.
［5］ 262 U. S. 390.
［6］ 268 U. S. 510.
［7］ 244 U. S. 590.

子提供外语教学。[1]在"Pierce案"中，基于对"Meyer案"的接受，麦克雷诺兹大法官指出某条要求所有孩子都必须上公立学校的州立法违宪，因为它侵犯了私立学校的正当权利，也因为它是一种"恣意、不合理且不合法"的妨碍，威胁到了"他们的事业与财产的毁坏"[2]。鉴于此后通过《宪法第十四修正案》进而通过《宪法第一修正案》来约束州的案子，[3]我不用说这两个案子是不是正确的，我只想提醒大家，"Meyer案"和"Pierce案"遵从的自然正当程序哲学在后来的很多案子中被弃用了，也是我不赞同的。怀特大法官和戈德堡大法官还引用了其他案子，比如"NAACP v. Button案"[4]、"Shelton v. Tucker案"[5]以及"Schneider v. State案"[6]。这些案子都判决州在规制某种行为的时候，因为《宪法第十四修正案》和《宪法第一修正案》的存在，不可以通过过于宽泛的制定法以间接侵犯到《宪法第一修正案》规定的自由。[7]怀特大法官和戈德堡大法官正是从这里出发，开始推导法律必

[1] 在"Meyer案"中，我的同事坚称正当程序条款提供了一个抽象且不可被侵犯的"结婚、建立家庭以及养育孩子"的权利。值得注意的是，麦克雷诺大法官也宣称了迄今已经被废除的理论，即正当程序条款禁止州妨碍"个人缔结合同的权利"。(262 U. S. , at 399.)

[2] 268 U. S. , at 536.

[3] 对比 Poe v. Ullman, 367 U. S. 497, 543~544. (哈伦大法官的反对意见。)

[4] 371 U. S. 415.

[5] 364 U. S. 479.

[6] 308 U. S. 147.

[7] 本院还说过，根据《宪法第十四修正案》的主要目的之一，即消灭州层面的种族歧视，本院将会仔细审查任何包含了种族分类的制定法，以保证这些法律不会否定法律的平等保护原则。See McLaughlin v. Florida, 379 U. S. 184; Brotherhood of Railroad Trainmen v. Virginia ex rel. Virginia State Bar, 377 U. S. 1, 7~8. 在过去的25年内，凡是被怀特大法官和古德伯格大法官引用的案子，没有哪个案子可以被理解为法官有权使用自然法正当程序公式，以否决他们认为属于不明智、危险的或不理性的州法律。"Prince v. Massachusetts案"支持了一部禁止未成年人在街上出售出版物的州立法。"Kent v. Dulles案"认可了国会限制公民出境旅游的决定，只要这种限制没有违反正当程序对公民的保障，也没有违反宪法特定条文。"Schware v. Board of Bar Examiners案"只是说即使符合正当程序，一州也不可以仅仅因为某人在道德上不适合做律师，且没有证据支持的情况下就拒绝发放律师从业资格许可。对比"Thompson v. City of Louisville案"，一个部分基于"Schware案"的判决。(See Konigsberg v. State Bar, 353 U. S. 252.) 至于"Bolling v. Sharpe案"，它只是承认我国自立国就被大众以及后来的《宪法第十四修正案》的制定者广为接受的理念，即整部权利法案，包括《宪法第五修正案》的正当程序条款，都是对公民应被法律平等对待的保证。对比"Chambers v. Florida案"。除了一个例外，其他被我的同事引用的现代案子要么是基于《宪法第十四修正案》的平等保护条款，要么是基于《宪法第一修正案》要求法院对集会自由进行保护的要求做出的判决。至于"Aptheker v. Secretary of State案"，我认为即使一定要说此案令人意外地翻转了宪法审判的立场，这种变化也是以一种非常隐秘的方式完成的，其中并没有什么正当性证立的尝试。

须限缩地制定，以避免减损言论自由和集会自由，进而推导出法律不能侵犯"自由"，且这个"自由"应由他们定义。我认为，这至少意味着所有的州刑事制定法——因为它注定要在某种程度上减损"自由"——就都是值得商榷的；故每一部刑事制定法在本院都不得不提供其正当性证立。[1]

　　我的同事戈德堡大法官采纳了最近的发现，[2]即《宪法第九修正案》和正当程序条款授权法院否决其认为一切有违"关于自由与正义的基本原则"或"人民集体良心与传统"的法律。他又表示，尽管在我看来有点牵强，法官在做出判断的过程中应避免溯及"他们自身的个人观念"。一个人怎样才能做到如此呢？我们院里又没有实施盖洛普民意测验的机器。[3]更何况凭借现在的科技发展水平，我们也不能指望获得一个用以判断"人民集体良心与传统"的小工具。另外，《宪法第九修正案》的文义也说明制宪者并没有赋予法院如此让人羡慕的足以推翻任何联邦或州立法的否决权。[4]至于修正案的历史解释，我也看不出它能演绎出一套理论让法院有这样让人感到震撼的权力。关于接受宪法与权利法案的历史完全指向了另一边。至于我的同事戈德堡大法官引用的材料，关于《宪法第九修正案》旨在杜绝那种对联邦而言"法不禁止即授权"的想法，即"那些没有被明示的权力都是立法

---

〔1〕 对比"Adkins v. Children's Hospital案"（霍尔姆斯大法官的反对意见），"关于同一个词组（正当程序条款）的早期判决一直在我们的记忆里，它就是一个毫不掩饰的、关于选择服从于某种召唤的自由宣称。尔后，这种无害的一般性被扩张成了一种教义，即合同自由。在这个教义中，合同不是有意限定的语境。易言之，这只是在说人们可以做自己想做的事情而已。但是几乎所有的法律都包含了禁止我们做特定事情的内容，合同行为也不例外"。

〔2〕 See Patterson, The Forgotten Ninth Amendment (1955). 皮特森先生敦促《宪法第九修正案》应被用于保护未被明确列举的"自然且不可分的权利"（第4页）。庞德在为其著作写的序言中也指出："全世界正出现瞩目的，对自然法思想的回归。对修正案的兴趣正是这种回归的一个信号。"（第iii页）

在"Are There 'Certain Rights … Retained by the People'？"一文中，雷德利赫教授论及是否应依据《宪法第九修正案》和《宪法第十修正案》否决本案所涉之康涅狄格州制定法时，他坦率地说："对于那些认为婚姻关系应当超越州禁止使用避孕用具的人而言，节育案正是一个有争议也有挑战性的关于宪法解释的难题。他们可以说'此法违宪——但理由何在呢？'能走得通的路有两条：一条路是借助有弹性的正当程序概念去攻击那些没有违反宪法明确条文的行为；另一条路是演化出一个宪法新框架，以迎合解决此类难题的需求。"（Redlich, "Are There 'Certain Rights … Retained by the People'？", 37 N. Y. U. L. Rev. 798.）

〔3〕 实验的结果并非不言而喻。比如在盖洛普先生公布民意测验之前，我们怎么会知道有46%的人认为学校应当教授节育知识？

〔4〕《宪法第九修正案》规定："本宪法对某些权利的列举，不得被解释为否定或轻视由人民保留的其他权利。"

者意图授权于美国政府的权力，因此对人民而言，这些领域将不再安全"。[1]事实上，此修正案的通过并不是为了扩张本院的权力，或是美国政府其他部门的权力，而是，正如每个学历史的学生都知道的，为了人民得以限制联邦政府被明示或默示授予的权力。如果法院真的有能因为自己认为某法律违反了"人民的良心"就可以宣布此法违宪的不受限的权力，那么我不相信这会是来自宪法第九修正案的制宪者，我宁愿相信这其实就是法院自己送给自己的权力。事实上，一个半世纪以来，还没有过将这用以帮助州对抗联邦的《宪法第九条修正案》，竟能反过来解释为帮助联邦权力对抗地方的提议。若我们接受了这宽泛无边的司法权威，那么我们作为法院的成员，实际上就成了宪法日常传统的创造者。

我在此重申，我并不是说法院无权宣布那些被联邦宪法禁止的法律违宪。我想说的只是宪法没有明示或默示地赋予法院代为监督的权力，以否决那些由依法组成的立法机关出台的法律，且这种否决只是因为法院认为立法政策不合理、不明智、恣意、怪异或不理性。如果真的接受了如此宽松、弹性、无法制约的违宪判断标准，那么权力的天平就会向法院大大倾斜——这个结果在我看来不仅对国家有害，对法院本身也是有害的。用如此不受限的司法权力去制约联邦和州的立法，我担心，这会危害到制宪者通过宪法所欲达成的分权架构。[2]

我发现有很多能人会雄辩地说与写，有时还能出现令人拍案的旋律，来描绘本院是如何让宪法与时俱进的。他们认为，宪法应当因时而变，且这个变化的重担落在了法院的肩上。就我个人而言，我完全不赞同这种哲学。制

---

〔1〕 1 Annals of Congress 439；Ⅱ Story，Commentaries on the Constitution of the United States（5th ed. 1891）："很明显此条通过的目的在于防止任何公然或巧妙地对法谚的曲解：所谓对一部分情况的肯定就暗示着对另一部分的否定；反之，对一部分情况的否定就暗示着对另一部分的肯定。这个法谚只要被正确理解，自然是有理且安全的；但它的自然之义经常被人扭曲，进而用于支持危险的政治邪说。"

〔2〕 霍尔姆斯大法官在最近的一次针对麦克雷诺大法官就"Baldwin v. Missouri 案"判决的反对意见中，很严肃地表达了对使用正当程序公式的警示，而这个公式正是被我在座的同事所采纳的。他说："我对目前日益萎缩的州宪法权力感到十分担心。目前看来，只要是本院大多数法官觉得不满意的，那么他们就可以几乎不受限地否决州的任何权力。我不相信修正案真的意在给法院这样的全权委托书，使法院能通过对立法的禁止体现我们的经济或道德信条。而且除了这种理由之外，我想不出能证立立法否决权的其他正当性。显然，'法律的正当程序'这几个字的字面意思看上去根本不应该适用于本案。虽然现在提醒大家不要对这几个字做扩张解释已经太晚了，但我觉得我们还是应该记住，应该谨慎对待宪法对州权力的限制，并谨慎使用自由裁量权去理解《宪法第十四修正案》，进而随意否决州的一切立法。"2 Holmes-Pollock Letters（Howe ed. 1941），267~268.

宪者知道变化的需求，也已经提供了空间，那就是被人民代表们提议的一部部修正案，可以提交给人民以及他们的代表来表决。这种变化的方法在早期是好的，现在虽然看上去有些老套，但就我而言依然是足够好的。据此，我不愿意援引正当程序条款，或《宪法第九修正案》，或是其他神秘又不确定的自然法概念作为推翻这部州立法的理由。要知道，蕴含于正当程序条款的"恣意且无常"或"震撼良心"等公式曾被本院多次用于推翻本世纪前几个十年的经济立法，这种行为已经遭到了很多的批评声，被指责为破坏了这个国家的平静与稳定。[1]这种基于主观"自然正义"的公式在被本院用于维护个人权利时，其危险程度不亚于本院用于维护经济权利。作为一种攻击州立法的工具，这个公式有时也被闲置过。[2]

在"Ferguson v. Skrupa 案"[3]中，也就是两年前，本院除了一位反对之外，[4]以绝对多数通过了以下判决：

"'Lochner 案''Coppage 案''Adkins 案''Burns 案'之类的先例承认的理论——即正当程序授权法院可以基于对立法不明智的判断宣布该法违宪——早已被丢弃了。我们已经返回了宪法最初的立场，即法院不能用自己对社会和经济的信仰去替换立法者的信仰，毕竟立法者才是被选出以制定法律的。"

仅 6 周之后，本院又果断地推翻了"Tyson & Brother v. Banton 案"[5]，该案判决一部规制票务经纪人的州制定法违反了法律的正当程序。[6]与

---

〔1〕 See Lochner v. New York，198 U. S. 45.

〔2〕 See West Coast Hotel Co. v. Parrish，300 U. S. 379；Olsen v. Nebraska ex rel. Western Reference & Bond Assn.，313 U. S. 2，36，以及其他很多案子。例如在"Day-Brite Lighting，Inc. v. Missouri 案"中（第 423 页），本院认为："我们最近的判决清晰地揭示了我们不会像一个超立法机关的角色那样去衡量立法的智慧，我们也不会去判断立法阐述的政策会不会侵犯到公共福利。"另需对比"Gardner v. Massachusetts 案"，该案判决明显被今天的判决推翻了。该案认为就联邦宪法而言，一州禁止销售或供应避孕用品的行为不是一个实质上的联邦问题，即不应干涉。See Lochner v. New York，198 U. S. 45，74.（霍尔姆斯大法官的反对意见。）

〔3〕 372 U. S. 726，730。

〔4〕 这位反对者就是我的同事，哈伦大法官，他始终坚信法院有权推翻法院认为属于恣意或不合理的法律。See Poe v. Ullman，367 U. S. 497，539~555.（反对意见。）故哈伦大法官成了"Ferguson v. Skrupa 案"判决的反对意见法官。

〔5〕 273 U. S. 418.

〔6〕 霍尔姆斯大法官在"Tyson 案"反对意见中指出："我认为应当承认州立法机关可以做他们想做的任何事情，除非这种事情被美国宪法或州立法所禁止。本院应当对这些限制进行限缩解释，避免使它们的意思超出其表面文义，从而用以操控政策解读。"

"Gold v. DiCarlo 案"[1]一样，它们都让我对本院今天的判决感到费解。他们似乎是试图重新承认"Lochner 案""Coppage 案""Adkins 案""Burns 案"等案子的约束力，可是它们确实已经被推翻了。显然，我的这届同事们对州的经济规制的不满比他们的前任要少，不过，他们在允许自己使用自然法正当程序哲学之后，在这上面所加的任何限制，在我看来都是装饰而已。[2]

在 1798 年，当本院面临判断康涅狄格州又一部法律是否违宪时，艾尔德尔大法官说道：

"我们美国的传统就是州自从革命之后构建了各自的宪法，然后合众国的人民共同构建了联邦宪法，其中定义了立法机关的精确目标，并限制立法机关在圈定的范围内行使权力。如果国会或某州的立法违反了这些宪法条文，那么它们毫无疑问就是无效的；不过考虑到这个后果的严重性，本院除非遇到明显和紧急的情况，否则不会随意使用。相反，如果联邦或州的立法机关在宪法授权范围内通过了一部法律，那么法院是不可以仅仅因为自己认为这部法律违反自然正义的原则就宣布此法无效的。自然正义的观念没有一个固定的标准，它因人而异。这意味着，法院只能说，在这种情况下，立法机关只是在法官眼中没有遵循抽象的自然正义原则立了法而已，且不论立法机关也有权持有自己的意见。"[3]

我觉得今天在处理另一个康涅狄格州法律的时候，我们也应尊重上述宪法哲学。另外，我也不觉得此时我应该背离我在 1947 年"Adamson v. California案"[4]中的反对意见：

"自从'Marbury v. Madison 案'判决出台，关于违宪审查的司法实践大体上就已确定，即法院可以推翻违宪的立法。显然这个程序是需要解释的，既然文字有多种意思，这种解释就有可能被逸出宪法条文的本来意思，进而影响立法政策。不过，根据权利法案以及宪法其他部分来判断一部立法的合

---

〔1〕　380 U. S. 520.

〔2〕　对比"Nicchia v. New York 案"。该案判决纽约关于养狗许可证的制定法没有"未经正当程序剥夺狗主人的自由"。正如我在"Rochin v. California 案"中的并存意见说的那样："我相信，严格遵守权利法案中特定保证条款的方法，相比于一套模糊不清的标准而言，可以做到对个人自由更稳定的保护。"至于模糊不清的标准，正是今天我的同事们倡导的标准。

〔3〕　Calder v. Bull, 3 Dall. 386, 399.

〔4〕　332 U. S. 46, 90~92.

宪性是一回事，根据'自然法'去解释宪法，进而否决制定法就是另一回事了。'关于前者，法院是严格根据宪法政策行使权力；关于后者，法院只是在根据自己的信仰而毫无边际地漫游，并对宪法政策作出选择，可是这种选择明明是宪法赋予民选立法机关的权力范畴。'"[1]（Federal Power Commission v. Pipeline Co. , 315 U. S. 575, 599, 601.）

我非常同意已过世的汉德大法官的观点，他在论述法官不可以滥用正当程序公式（就像今天我的同事这样）或其他类似公式去否决那些与法官"个人偏好"[2]相冲突的立法，他说：

"就我个人而言，被一群柏拉图式的守护者统治是件让人感到很烦恼的事情，即使我知道如何挑选他们，我也肯定不愿意这么做。"[3]

综上，我认为本案系争之康涅狄格州制定法没有为联邦宪法中的任何一个条款所禁止，至少从文义上如此，故我认为原审判决应予维持。

斯图尔特大法官的反对意见（并得布莱克大法官赞同）如下：

自1879年起，康涅狄格州的法律合集中就一直有一部禁止任何人使用避孕用具的法律。我认为这是一个不常见且愚蠢的法律。从实践角度而言，这部法律显然是无法操作的，除非出现了像本案这样的涉他情形。就哲学角度而言，我相信在婚姻关系内使用避孕用具的问题应留给当事人自己，于私下基于个人的道德、操守以及宗教信仰等因素来选择。就社会政策而言，我认为关于节育方法的专业咨询应当向所有人公开，这样每个人的选择就可以变

---

〔1〕 参见"Gideon v. Wainw right 案"以及类似的引用权利法案特定条款审查州立法的案子。这些在我看来不能成为今天法院依据自己的概念，诸如"赋予的自由"或"震撼良心"或自然法去决定立法机关可以立什么样的法的根据。吉迪恩在适用宪法第六修正案关于律师权的保障时遵循了"Palko v. Connecticut, 302 U. S. 319"，该案认为限制州的不是整部权利法案，而是权利法案中的特定条款。我虽然说了整部权利法案都可以因为《宪法第十四修正案》而适用于州（这也得到了斯图尔特大法官的赞同），但我在"Adamson v. California 案"的反对意见中也说过："如果一定要选择适用权利法案中一部分条款以对抗州的'保尔科案'，还是一条都不能适用的特文宁规则，我更愿意接受'保尔科案'的选择性程序。""吉迪恩案"以及其类似案件只是遵循了"保尔科案"确立的规则，我也愿意遵循它，正如我在"阿达姆松案"中做的那样，即权利法案的保障条款应适用于州。See Pointer v. Texas, 380 U. S. 400; Malloy v. Hogan, 378 U. S. 1.

〔2〕 Hand, The Bill of Rights (1958), 70.

〔3〕 Hand, The Bill of Rights (1958), 73. 尽管汉德大法官认为根据自然法正当程序公式否决州立法的正当性的做法是不正当的。[Hand, The Bill of Rights (1958), 35~45.] 他也表达了另一种观点，即本院在遵循权利法案特定保障条款作为合宪性标准的问题上走得太远了。虽然我同意他对运用正当程序公式做法的批判，我却不同意他对权利法案特定保障条款的解读。

得更合理。然而，我们眼下要处理的案子并不取决于我们对这条法律的判断，无论此法多么不明智，甚至可以用愚蠢形容。我们真正要回答的问题是，此法是否违反了合众国宪法？对于这个问题，我则认为此法并不违宪。

在本案审理过程中，本院至少引用了六条宪法修正案，他们分别是：第一、三、四、五、九以及第十四条。但本院没有说其中任何一条被康涅狄格州的此法直接违反了。

之前判决已经说过，《宪法第十四修正案》的正当程序条款不是本案的"指南"，从这个意义上说我同意。毕竟没有人质疑过康涅狄格州立法机关制定的这部制定法构成了违宪性的模糊。另外，也没有人质疑过上诉人在接受指控以及审理过程中遭受了程序上的不公，进而使得整个指控因为违宪而归于无效。而且，如本院所说，正当程序条款作为判断州立法的"智慧、需求以及性质"的时代已经过去了。这点只需对比"Lochner v. New York 案"即可得知。更何况我的同事哈伦大法官和怀特大法官曾说过："我们已经返回了原初的宪法立场，即法院不会用自己对社会和经济的信念替换立法机关对这些问题的判断，毕竟立法机关才是被选出来作为立法的实体。"[1]

至于宪法第一、三、四、五修正案，我看不出它们为何能用以否决康涅狄格州的法律，即使这些修正案被解释为完全适用于州的事务。[2]首先，此法与"尊重宗教的建立以及人们信教的自由"[3]无关。其次，只要这个案子的宪法问题不是直接关系到语言的，那么这里就没有"言论自由或新闻自由，抑或人民和平机会，向政府呼吁救济"[4]的问题。再次，没有士兵驻扎于任

---

〔1〕 Ferguson v. Skrupa，730.

〔2〕 但众所周知，这些修正案的初衷是限制联邦政府而非州政府的。可是本院就曾认为前八条修正案中的一些内容其实是用来限制州层面的行为，更有一些大法官认为由于《宪法第十四修正案》的出台，使得前八条修正案全部变成了可以适用于州事务的修正案。See damson v. California，332 U. S. 46，68.（布莱克大法官的反对意见。）

〔3〕《宪法第一修正案》。需要说明的是，我们不能因为康涅狄格州制定法中的一些禁制令与宗教信仰有冲突就认为它违宪，不然的话，我们就得承认绝大多数刑法都是违宪无效的。See the Ten Commandments，The Bible，Exodus 20：2~17（King James）.

〔4〕《宪法第一修正案》。如果上诉人只是向客户提供关于如何使用避孕用具、使用哪种避孕用具更好的建议，那么上诉人在面对指控时，自可援引《宪法第一修正案》胜诉。但本案中他们的行为远远超出了语言咨询，因为他们还开具处方，并向客户实际提供了避孕用具。

何涉案房屋。[1]最后，本案不涉及任何搜查或扣押，[2]也没有谁被强迫作出对自己不利的证言。[3]

本院还引用了《宪法第九修正案》，我的同事戈德堡大法官的并存意见非常倚重此修正案。但如果说第九修正案与本案有关系的话，恐怕这只是历史的空谈。与《宪法第十修正案》相呼应，《宪法第九修正案》被认为"表达了不言自明的真理，即所有未放弃的就被保留"。[4]此观点由詹姆斯·麦迪逊构建，并被各州接受，用以明确对权利法案的接受并不改变联邦政府依然是一个依赖于明示授权与限权的政府，而且未让渡的权力依然由各州与其人民保留的事实。直至今日，本院中从未有人提出《宪法第九修正案》有不同意义。易言之，如果有观点认为联邦政府可以适用《宪法第九修正案》来废除民选州立法机关制定的法律，若詹姆斯·麦迪逊在世，他一定会感到非常费解。

既然如此，那么宪法中到底是哪一条导致了此州此法无效呢？本院说，这是因为"被一些宪法性基本保证创造的"隐私权导致的。可是我却看不出《权利法案》中、宪法其他条文中、抑或本院任何先例中哪里规定了隐私权。[5]

在本案的口头辩论阶段，我们被告知康涅狄格州的法律未能"合于当下的社群标准。"但本院却没有在社群标准基础上裁决案子的功能。我们在此只是"依据宪法及合众国法律"审案。作为司法者，我们有责任抛开个人观念，这就包括了我们对哪些立法明智，哪些不明智的判断。如果，且正如我希望的那样，本案系争之制定法真的没有反映康涅狄格州人民的标准，那么康涅

---

[1] 《宪法第三修正案》。

[2] 《宪法第四修正案》。

[3] 《宪法第五修正案》。

[4] United States v. Darby, 312 U. S. 100, 124.

[5] 比如"Shelton v. Tucker, 364 U. S. 479"和"Bates v. Little Rock, 361 U. S. 516"都被并存意见援引了，但我认为这两个案子只是说明了《宪法第一修正案》的结社自由，用在这里很不恰当。See NAACP v. Alabama, 357 U. S. 449；Edwards v. South Carolina, 372 U. S. 229. 同理，本院在"McLaughlin v. Florida, 379 U. S. 184 案"的判决也不能用于此处，因为该案只是基于对平等保护条款的违反而否决了一州的歧视黑人的刑法。另外，本院也没有说明这项新宣布的宪法性隐私权的边界。See Mueller, Legal Regulation of Sexual-Conduct, 127；Ploscowe, Sex and the Law, 189. 不过我估计，就算今天这个案子的结果已定，并不意味着州以后就不能对不在公共场所进行的犯罪行为给予合宪处罚了。

狄格州的人民可以自由地行使他们真正的宪法第九、第十修正案的权利去劝说他们的民选代表，以最终废除此法——这才是让此法离开法律合集的合宪性方式。[1]

---

[1] See Reynolds v. Sims, 377 U. S. 533, 562. 康涅狄格州众议院通过了一项法案（第 2462 号法案），其实此法案已经在众议院层面废除了节育法，只不过州参议员至今未采取任何措施予以回应，以至于今天这个任务竟然落到了本院的手中。See New Haven Journal-Courier, Wed. , May 19, 1965, p. 1, col. 4, and p. 13, col. 7.

罗兰诉克里斯蒂安案：扩张性时代的标志 *

罗伯特 L. 拉宾 ** 著 缪 宇 *** 译

辉煌的岁月

回顾不久前的过去，观察 20 世纪中叶的侵权法图景，我们可能已经感觉到了偶尔的颤动，它们暗示着在加利福尼亚这片地震扰动之地上有些大事将会发生。比如，在 "Escola v. Coca-Cola Bottling Co. of Fresno 案"〔1〕中，特雷诺法官在协同意见书中呼吁，将缺陷产品案件的归责原则由过失责任转向严格责任。同一时期，通过 "Ybarra v. Spangard 案"〔2〕，加利福尼亚最高法院惊人地将 "事实自证规则"（res ipsa loquitur）扩张适用到医疗事故案件中。4年后，"Summers v. Tice 案"〔3〕则在共同侵权案件中反常规地提出了因果关系举证责任的转移。* 但是，这些侵权法领域的现象可以很容易地被当作随机事

---

* 本文为罗伯特·罗宾（Robert Rabin）和斯蒂芬·舒格曼（Stephen Sugarman）2007 年出版的 *Torts Stories*（*Law Stories*）一书的第三章。本书的翻译已获授权。

** 美国斯坦福大学法学院教授。

*** 德国明斯特大学法学院罗马法研究所博士生。

〔1〕 150 P. 2d 436（Cal. 1944）.

〔2〕 154 P. 2d 687（Cal. 1944）.

〔3〕 199 P. 2d 1（Cal. 1948）.

* 本案实际上涉及两个行为人实施的共同危险行为，虽然两个行为人均有过失，但无法证明究竟是谁造成了损害，此时由行为人对损害发生的因果关系举证，行为人可以通过证明谁是真正的加害人来免除自己的责任，否则两个行为人须承担连带责任，但该判决并未对我国侵权法中类似的共同危险免责事由之争给出明确的答案参考—— "Ordinarily defendants are in a far better position to offer evidence to determine which one caused the injury……In addition to that, however, it should be pointed out that the same reasons of policy and justice shift the burden to each of defendants to absolve himself if he can——relieving the

件而不予考虑。在 1960 年之后的二十年多年间，并无实际证据表明在全国范围内发生了重大改变，而加利福尼亚最高法院则扮演了开路先锋的角色。

在一系列具有里程碑意义的案件中，加利福尼亚法院将目光放在了意外伤害责任基础框架的重塑上，而且，加利福尼亚法院重塑活动的范围之广，在美国侵权法中可谓是前所未有。以下案件可以让我们了解这些发展的全貌。在 "Greenman v. Yuba Power Products, Inc. 案" [1] 和随后的一系列案件中 [2]，加利福尼亚最高法院重新接受了特雷纳法官在 "Escola 案" 中的观点，为严格责任在产品致人损害侵权案件中的适用奠定了基础。而在 "Tunkl v. Regents of University of California 案" [3] 中，就免除过失行为责任的免责条款而言，加利福尼亚最高法院大幅限制了这些免责条款的适用范围。在 "Muskopf v. Corning Hosp. Dist. 案" [4] 和 "Gibson v. Gibson 案" [5] 中，加利福尼亚最高法院推翻了长期以来适用于过失责任的 "政府豁免权" （governmental immunity） 和 "家庭内豁免权" （intrafamily immunity）。在 "Li v. Yellow Cab Co. 案" [6] 中，加利福尼亚最高法院推翻了共同过失理论，从过失责任产生时起，依据该理论，具有共同过失的受害人完全不能获得救济。在 "Dillon v. Legg" [7] 和 "Molien v. Kaiser Foundation Hospitals" [8] 中，加利福尼亚最高法院降低了过失引起的精神痛苦获得救济的门槛。此外，在 "Tarasoff v. Regents of University of California 案" [9] 中，精神病人在接受治疗期间对第三人施以暴力威胁的，加利福尼亚最高法院为心理治疗师创设了一项须尽合理注意的义务。

（接上页） wronged person of the duty of apportioning the injury to a particular defendant, apply here where we are concerned with whether plaintiff is required to supply evidence for the apportionment of damages. " ——译者注

〔1〕 377 P. 2d 897 (Cal. 1963).

〔2〕 尤其是下面两个案例。See Vandermark v. Ford Motor Co., 391 P. 2d 168 (Cal. 1964) （在该案中，法院认为新订的责任标准也适用于销售链上的其他被告，比如零售商）；Elmore v. American Motors Corp., 451 P. 2d 84 (Cal. 1969) （在该案中，法院将严格责任扩展适用于因缺陷产品而受害的旁观者）.

〔3〕 383 P. 2d 441 (Cal. 1963).

〔4〕 359 P. 2d 457 (Cal. 1961).

〔5〕 479 P. 2d 648 (Cal. 1971).

〔6〕 531 P. 2d 1226 (Cal. 1975).

〔7〕 441 P. 2d 912 (Cal. 1968).

〔8〕 616 P. 2d 813 (Cal. 1980).

〔9〕 551 P. 2d 334 (Cal. 1976).

在 1968 年——接近这一非凡时代的中点处——加利福尼亚最高法院就
"Rowland v. Christian 案"[1]作出判决,放弃了对"应邀来访者"(invitee)、
"许可进入者"(licensee)或"不法侵入者"(trespasser)的分类,就土地占
有人对土地进入者所受意外伤害应尽的注意义务而言,这一分类依据土地进
入者的身份对这一注意义务进行了限制——从加利福尼亚成为联邦州时起,
这些限制就是加利福尼亚侵权普通法中不可或缺的组成部分。[2]"罗兰案"
可以被理解为那些产生于非凡时代的开拓性判决意见的翘楚。[3]

此外,过对"罗兰案"的近距离观察,如果将目光抽离该案所处的特殊
时点,考虑到加利福尼亚最高法院在 1960 年到 1980 年期间所持有的改革精
神,就会发现,该案本身还是积极司法决策的典型例子。事实上,"罗兰案"
可以被表述为多个故事,而不仅仅是一个故事。从最早的起源到如今,侵权
法呈现出一种独特的动态特征,而该案则为我们提供了一条路径,让我们能
够探索那些赋予侵权法这一动态特征的基本问题:规则与标准之间的张力,
"不当行为"(misfeasance)与"不履行义务"(nonfeasance)的区别,责任保
险在重新阐释(侵权法)体系的各项目标时可能发挥的作用,等等。而且,

---

[1] 443 P. 2d 561(Cal. 1968).

[2] 对加利福尼亚法律的权威论述(在"罗兰案"之前的版本)援引了两个案例。第一个是
1890 年的案例,认为土地占有人对不法侵入者仅负有有限的注意义务;第二个是 1904 年的案例,认
为土地占有人对许可进入者也仅负有有限的注意义务。See B. E. Witkin, 2 Summary of California Law
1444, 1449(6th ed. 1960).

[3] 此后不久,侵权责任的紧缩时代(era of retrenchment)开始了,尽管这些里程碑案件中的大
部分(并非"莫林案"判决)受到的影响相对较小并得以保留了下来。See Stephen D. Sugarman,
"Judges as Tort Law Un-Makers: Recent California Experience with 'New' Torts", 49 DePaul L. Rev. 455
(1999).(该文讨论了 1984 年至 1998 年期间的加利福尼亚判例法,并且发现大部分判决转向了极为保
守的模式。)舒格曼将这种变化主要归结于在这期间任职的两位民主党州长所任命的法官在政治上具
有保守性。几乎就在同时,美国全国范围内也开始出现了侵权法紧缩的现象。对此现象的类似评估,
See Gary T. Schwartz, "The Beginning and the Possible End of the Rise of Modern American Tort Law", 26
Ga. L. Rev. 601(1992).但司法实践并没有就所有的这些紧缩现象展开讨论。加利福尼亚最高法院在
另外一宗判决中发出了紧缩时代的宣言,即"Coulter v. Superior Court 案",但是该案判决看起来带来
了重大分歧。在该案中,加利福尼亚最高法院认为,主人负有义务避免给社交客人不合理地提供酒类,
该客人随后因醉驾导致他人遭受人身损害。后来,州立法机关不仅推翻了该判例,而且也改变了一项
早期判例(译者注: See Cal. Bus. & Prof. Code § 25602 b),该判例对商业销售者也课以了民事责任。
See Cal. Bus. & Prof. Code § 25602(Deering 2003); Cal. Civ. Code § 1714(c)(Deering 2003).州立法
机关也修正了"罗兰案"判决所阐发的规则,但是仅仅是对该案判决要旨进行了轻微限制(在实施重
罪的不法侵入者遭受损害的情况下)。

在加利福尼亚最高法院作出里程碑式判决的背景下，该案从一开始就揭示了当事人"对立陈述"（adversary presentation）的不断变化。在该案中，上诉法院有自己的打算，因此当事人迫切关注的问题可能与上诉法院自身关注的问题相去甚远。下面本文将从这些维度来对"罗兰案"进行分析。

意见：里程碑即将出现

程序悖论

从"Rowland v. Christian 案"被上诉至加利福尼亚最高法院时表现的内容来看，该案似乎不能再简单明了了。[1]在指出原告詹姆斯·罗兰不服有利于被告南茜·克里斯蒂安的简易判决而提起上诉后，法官雷·彼得斯以一种不置可否的方式开始阐述其判决意见，并重述了双方当事人在书面诉状中表述的案件事实。罗兰宣称，克里斯蒂安明知在她租赁的公寓里有一个存在裂纹的浴室水龙头把手，却没有就此向他发出警示，因此，当罗兰洗手后关闭水龙头时，由于水池的缺陷状况，他的肌腱和神经被割断。克里斯蒂安则回应说罗兰是她的社交客人，虽然克里斯蒂安承认她早已知悉浴室设备的缺陷——实际上她已经就此向公寓管理人提出了抱怨——断言罗兰也存在共同过失而且没有运用他的"视力"。克里斯蒂安并不否认，在罗兰关闭水龙头时，瓷制把手在罗兰手中破裂，罗兰由此遭受损害，而这正是诉讼发生的原因。乍看起来，如果真有什么不对劲，那就是损害发生的细节并不清晰：水龙头的裂缝是显而易见的，还是隐蔽的？

加利福尼亚最高法院并没有就此止步，而是立即指出简易判决是一项"极端"的程序，这一评价实际上已经暗示了后来的裁判结果。随后，彼得斯法官玩了一点花招。双方当事人都提交了"宣誓书"（affidavit）及其各自的"请求"（motion）和"相反请求"（countermotion）。但有些不可思议的是，罗兰没有声称缺陷是隐蔽的；除了在答辩中仅声称原告没有运用其视力以外，克里斯蒂安也并未提到缺陷是显而易见的。彼得斯法官以引人注意的方式指出了这一事实

---

〔1〕 该案的初审法院为 Superior Court of the City and County of San Francisco，该法院根据被告的请求做出了有利于被告的简易判决，随后原告提起上诉，加利福尼亚上诉法院——Court of Appeal, First District, Division 4, California——维持了初审判决，于是原告上诉至加利福尼亚最高法院。——译者注

方面的真空地带，指出，"没有任何相冲突的［被告方］宣誓书或［原告方］自认，原告在初审中可以认为，被告本应预见到原告不会发现这一危险"。[1]

没错。然而，如果缺陷的隐蔽性是原告诉讼请求的必要因素——而且正如我们所看到的，原告只是主张，作为一个社交客人，主人对他负有警示隐蔽缺陷的义务——那么疑惑在于，为什么虽然初审法院作出了简易判决但最终获胜的原告甚至连"虚假主张"（a colorable claim）都没有提出——即缺陷是隐蔽的，然而，被告可能已经在主张驳回原告起诉的请求（motion for dismissal）中对事实进行了描述。简言之，在应予审理的事实问题方面，加利福尼亚最高法院巧妙地将"主张负担"（burden of pleading）转移给了被告，即由被告来主张缺陷不存在隐蔽性，而不是要求原告提出能够表明缺陷具有隐蔽性的事实。

当然，这一快速处理问题的方式仅在以下情况下才属必要，即被告仅对传统社交客人/获得许可进入的原告负担警示义务，这就要求隐蔽的缺陷在承认原告负有警示义务之前就已经存在。[2]如果被告对进入其土地的客人负有一般性的合理注意义务，不论客人的身份是不法侵入者、许可进入者还是应邀来访者，原告获得最终的胜利都并不需要仰仗这样的处理方式。而且，让我们提前透个底，这的确是"Rowland v. Christian 案"判决所支持的主张，即以权威的方式废弃依据进入者身份而定的分类处理模式。然而，奇怪的是，加利福尼亚最高法院致力于从程序上来为"实体层面的问题"（substantive display）进行粉饰，而实体层面的问题却从未为人所知。仿佛加利福尼亚最高法院对随后的讨论和判决一无所知。

判决意见的结尾则更为怪异。彼得斯法官首先给出了一系列理由，表示依据进入者身份来限制土地占有人注意义务的分类处理模式已经派不上用场。然后他回到了手中的案件写道："（一旦关于土地占有人责任的古老概念被抛弃，原告的身份对这一责任而言不再具有决定意义，而且过失的一般原则得以适用，那么本案的结果就）并没有太大困难。"[3]但令人惊讶的是，彼得斯法官随后看似无意识地改写了案件的事实。我们必须假设，彼得斯声称，被告克里斯蒂安不仅知道水龙头具有缺陷且十分危险，而且"这一缺陷并不明显"。

---

〔1〕 参见"罗兰案"判决，第 563 页。

〔2〕 上诉法院认为，仅当缺陷是隐蔽或无法察觉时，土地占有人才因没有对许可进入者发出警告而负过失责任，由于原告并未证明缺陷具有隐蔽性，因此维持了初审判决。——译者注

〔3〕 参见"罗兰案"判决，第 568 页。

紧接着，他写道，"土地占有人意识到隐蔽的（危险）状况（concealed condition）含有致人损害的不合理风险"但没有警告（他人）或者修复的，她的行为即构成过失。[1]

请注意这里的转变。虽然双方当事人都没有提到缺陷是隐蔽的还是显而易见的——与这一问题最为相关的是克里斯蒂安的陈述，即只要罗兰运用了他的"视力"，他就会注意到水龙头有裂缝——但由于加利福尼亚最高法院对了结该案件具有显而易见的积极性，这一缺陷突然变成了隐蔽的缺陷。然而，其后果就是，法院就这样对法律进行了完全没有依据的改变，从而使"罗兰案"成了里程碑式的案件。但如果缺陷的确是隐蔽的，简易判决就是不当的，因为之前主流观点认为土地占有人对社交客人这一类进入者负有注意义务。[2]

正如我们将看到的那样，可以说，加利福尼亚法院并不赞同这一通行的观点，而是要求某项要件必须存在，就像土地占有人罔顾他人而维持的陷阱（recklessly maintained trap），从而引出土地占有人对社交客人的警示义务。[3]但即便如此，一旦加利福尼亚最高法院在描述案件事实时认定缺陷是隐蔽的，只要接受了原告的理由，简易判决就会被轻易推翻，原告主张坚持这一被广泛接受的观点，即任何隐蔽的缺陷——不仅仅是弹簧枪类型的危险状况——都需要向社交客人予以警示。然而，到了这一步，本文并没有否定法院的立场。（按照进入者身份来限制土地占有人注意义务的）分类处理模式不得不退场。

事实上，虽然加利福尼亚最高法院在"罗兰案"的判决意见中或者检讨上诉法院判决时从未提及，但在不到两年前，加利福尼亚最高法院就已经在无意中暴露了自己的意图。在"Ross v. DeMond 案"[4]中，原告摔倒在漆黑的门前台阶上并严重受伤，因为门前台阶在较长一段时间内下沉，导致原告朋友家的门廊显著升高，但是上诉法院还是明显不情愿地维持了原审判决，即原审法官不顾陪审团有利于被告的裁断而作出了相反判决。缺陷虽然可能

---

〔1〕 参见"罗兰案"判决，第 568 页。

〔2〕 这种观点认为，对于"土地占有人知悉的、存在于不动产上的任何隐蔽的危险状况"，土地占有人对社交客人负有揭示义务。See William L. Prosser, Handbook of The Law of Torts 390（3d ed. 1964）.（引用了《侵权法重述》第 342 条）下文将用较大篇幅对这一普遍的看法进行深入分析。

〔3〕 正如审理"罗兰案"的加利福尼亚最高法院指出的："一般的规则是，不法侵入者和许可进入者负有维持不动产原状（在不动产上可能会存在缺陷状况）的义务，而土地占有人对他们则仅仅负有避免故意或恣意损害的义务。"参见"罗兰案"判决，第 565 页。

〔4〕 48 Cal. Rptr. 743（Cal. App. 1966）.

由于门廊灯的阴影而变得朦胧模糊，但它并非是隐蔽的缺陷。实际上，原告以前曾经来到过被告的家中。在这种情况下，上诉法院受制于原告作为社交客人/许可进入者的特殊身份。但是，在判决意见中，上诉法院倨傲地将分类处理模式比作"普洛克路斯忒斯之床"（Procrustean Bed），而该上诉法院正好受制于这一分类处理模式理论。[1]

通过6:1的表决，加利福尼亚最高法院受理了"罗斯案"的上诉。但是该案最终在"听审"（hearing）之前得以和解。因此，可以说，加利福尼亚最高法院试图对此做出改变的预兆已经出现。一年后，罗兰的律师在远远不够理想的背景下提起了上诉，正如我们将在下文更详细地看到的，加利福尼亚最高法院看起来觉得改变的时机已经成熟，不论手头案件的细节如何。

理论基础：为新的体系构筑基础

然而，为何（依据进入者身份而认定土地占有人注意义务的）分类处理模式在加利福尼亚最高法院看来是如此怪异？尽管受人尊敬的评论家曾质疑过这一模式的持续生命力，[2]但土地占有人注意义务的框架，依据土地进入者的三分——应邀来访者、许可进入者和不法侵入者——过去被美国各州法院广泛地接受，而且也基于声望卓著的《第二次侵权法重述》对这一模式的长期接受而得到了有力支持。[3]此外，这一分类处理模式也并非拒绝改变。

---

[1] 参见"罗斯案"判决，第752页。法院讨论了罗伊·皮特斯（Ray Peters）法官——后来他撰写了"罗兰案"的判决意见，废弃了分类处理模式——早期作出的非常重要的两项判决意见，即 Fernandez v. Consolidated Fisheries, 219 P. 2d 73（Cal. App. 1950）（在撰写该案判决意见时，皮特斯还只是上诉法院法官，他将该案定性为涉及积极过失的案件——这是有限注意义务类型的例外）和 Chance v. Lawry's, Inc., 374 P. 2d 185（Cal. 1962）（在该案中，按照皮特斯法官的意见，法院拒绝允许独立承包人通过尽到土地占有人的有限注意义务而受益）。

[2] See, e.g., Fowler Harper & Fleming James, The Law of Torts ch. XXVII (1956).

[3] 普罗塞中肯地阐明了这一理论框架：土地进入者被分为三类：不法侵入者，许可进入者和受邀进入者。土地占有人对他们分别负担细分的义务。作为通用的模式，这些注意义务呈现出按比例增减关系（sliding scale），据此，随着访问者法律地位的提升，土地占有人负有的保护义务也就越多。参见普罗塞前揭书，第365页。《第二次侵权法重述》在第342条（题目为：土地占有人知悉的危险状况）规定了土地占有人对许可进入者的义务，并规定：土地占有人就许可进入者因土地的危险状况而遭受的人身伤害应当且仅在下述情况下承担责任：（1）土地占有人知道或应当知道该危险状况的存在，应当认识到该危险状况具有对许可进入者造成不合理伤害的风险，并且应当预料到许可进入者不会发现或认识到该危险状况的存在；并且（2）土地占有人没有尽到使危险状况安全化的合理注意，或者没有对许可进入者就该危险状况及其包含的风险予以警告；并且（3）许可进入者不知道或有理由不知道该危险状况及其包含的风险。参见1965年《第二次侵权法重述》第342条。

随着时间流逝，一项更为细致的规则框架逐渐形成：商业组织对任何合法进入其不动产的人都负有合理注意义务；土地占有人发现并容忍不法侵入者进入土地的，不法侵入者即变成许可进入者；当不法侵入者为儿童时，应适用特殊规则，土地占有人对其负有合理注意义务。[1]然而，这些发展本可以被视为规则的灵活性，却被审理"罗兰案"的法院当作体现这一模式混乱不堪和过度复杂的证据。

基于一系列主张，加利福尼亚最高法院构筑了新理论体系的基础，然而，这些主张中的大部分，正如难以捉摸的隐蔽缺陷一样，并没有体现在双方当事人的辩论中。[2]事实上，比起土地占有人的义务，彼得斯法官在判决意见开头部分所阐明的内容更为引人注目。考虑到《加利福尼亚州民法典》第1714条（该法典制定于近乎1个世纪前的1872年）笼统的文义，"任何人应对由于其在管理财产或人员时欠缺通常注意而给他人造成的损害负责，受害人自己引起损害的除外"，[3]加利福尼亚最高法院认为，迄今为止土地占有人负担有限注意义务的规则，比较反常。加利福尼亚最高法院指出，《加利福尼亚州民法典》的这一规定经常被理解为"我们过失侵权法的基础"。引人注目的是，原告的律师并未想到要在辩论摘要中提及这一法律规定。但是，很难据此苛责原告的律师，因为《加利福尼亚州民法典》第1714条自远古时代（或者更确切地说，是1872年）就问世了，而与此同时，土地占有人对进入者负担有限义务的规则也已经存在——而且，与加利福尼亚州普通法所支持的每一条"无义务的规则"（no-duty rule）或"限制义务的规则"（limited duty rule）相比，《加利福尼亚州民法典》第1714条实际上是一项激励性的宣示性规定。[4]

---

[1] 参见普罗塞前揭书，第364~408页。

[2] 我所获得并研究的"罗兰案"卷宗，包括双方当事人从提交法律文书时起到最终发回重审后的和解为止所提交的每一项书面文件。这些提交的文件将在下文中讨论。

[3] 《加利福尼亚州民法典》第1714条（Mathew Bender, 1968年）。

[4] 在上文提到的"罗兰案"时期的里程碑式案例中，只有"Li v. Yellow Cab Co. 案"判决在实质上适用了第1714条，该案的判决出现于"罗兰案"的7年之后。有意思的是，该案的判决认为，《加利福尼亚民法典》旨在将该法典制定时施行的普通法予以凝练。但同时，加利福尼亚最高法院却认为，1872年的立法机构希望将法典条文进行宽泛解释——通过对条文的宽泛解释，加利福尼亚最高法院在第1714条的文义中找到了从共同过失迈向比较过失的根据。参见"李案"判决意见，第865~867页。

但《加利福尼亚州民法典》第 1714 条是加利福尼亚最高法院阐明一系列
"注意义务因子"（duty factors）的关键——这些因素对于在个案中应否偏离
通常注意这一"基本原则"具有决定意义——它们可能是意见书的独特标志。
的确，这一"均衡考量"（balance of considerations），后来被称为"罗兰义务
因子"，成了加利福尼亚侵权法发展到今天的指路牌：

原告遭受损害的可预见性，原告遭受损害的确定性，被告行为和损害之
间关联的紧密性，被告行为应受的道德谴责，预防未来损害的政策，对被告
蒙受不利的程度和对被告施以注意义务、要求被告为违反义务承担责任对这一
群体产生的后果，以及就所涉及风险投保的可行性、成本和普及情况。[1]

将保险要素以斜体字表示是本文作者所为——而且此举是有目的的。事
实上，罗兰义务因子并非源于"罗兰案"。它们一字不差地照搬自加利福尼亚
最高法院 10 年前判决的一宗案件，"Biakanja v. Irving 案"[2]，并且在后来的
许多案件判决中都被援引[3]——只有一个极其明显的例外：在之前的表述
中，没有一项表述将保险作为决定一般注意义务（而非无义务或限制义务的
规则）是否应当适用的因素。

很明显，加利福尼亚最高法院在该案的审理中是有所企图的。但是，加
利福尼亚最高法院的谋划并没有以"当事人声明"（suggestion）的形式得以
实现。就像双方当事人均未提到《加利福尼亚州民法典》第 1714 条一样，既
非原告也非被告提到过保险是能够影响到案件结果的因素。在损害发生时，
尽管被告克里斯蒂安只是一个公寓住客且收入微薄，却享有租客保险——以她
的条件来说这是相当少见的。而且，克里斯蒂安的律师实际上是承保人的律师，
而承保人是该案中有利益关系的"真实当事人"（real party in interest）。但是所
有的这些细节在诉状、"支持性宣誓书"（supporting affidavit）、下级法院的判
决和加利福尼亚最高法院的判决意见中均并未被提及。就责任保险对土地占
有人义务法重塑的重要性而言，我们所有的线索只有一点，即责任保险是加
利福尼亚最高法院首次作为政策考量引入的一项附加义务因子，而且加利福
尼亚最高法院对此也没有作出任何评论。

---

〔1〕 参见"罗兰案"判决意见第 564 页。

〔2〕 320 P. 2d 16（Cal. 1958）.

〔3〕 "罗兰案"判决意见援引了这些案件，以及"比亚坎贾案"。

审理"罗兰案"的加利福尼亚最高法院随后从"司法上的可操作性"（judicial administrability）和公平的角度提供了论据。这样，在加利福尼亚最高法院看来，上文提到的土地进入者子类型的增多，只是致力于将一项过时的"封建遗产"——过度保护土地占有人——与现代性相适应，即通过扩展"积极运营"（active operation）和"陷阱"（trap）的概念来扩张通常注意这一要件的范围。[1]对于加利福尼亚最高法院来说，这种努力虽然用心良苦，但只是造成了混乱和过度复杂。他们以"有效司法行政"（judicial administration）的名义论证了完全抛弃这一分类处理模式的必要性，而不是继续维持这一分类处理模式。与此相对，"罗兰案"中的律师们则一心一意地在概念问题上展开了激战，在什么构成"陷阱"的定义上，双方存在矛盾——他们想到最远的事情只是暗示分类处理模式失去了活力而已。

从书面诉状、当事人的请求和辩论摘要来看，当事人也没有提到宽泛的"公平"准则（precepts of fairness），当事人只是忙于理论层面的精细化。然而，加利福尼亚最高法院对长期以来诉诸分类处理模式的做法并不耐烦。下面是加利福尼亚最高法院对此以最清楚明白的方式阐明的理由：

一个人的生命或肢体并不会因为他未经许可进入他人土地或尽管获得许可但欠缺商业目的而应当在法律上受到更少的保护，他的损失也不会依法获得更少的赔偿。理性人通常并不会依据这些事项而改变自己的行为，而且，为了确定土地所有人是否负有注意义务而关注于受害人的身份，即不法侵入者、应邀来访者、许可进入者，违反了我们现代社会道德观念和人道主义价值。[2]

稍后我将回到加利福尼亚最高法院的论断，即分类处理模式"违反了我们现代社会道德观念和人道主义价值"。现在，是时候将"罗兰案"的判决意见放在一边，让我们将目光投向案件的背后——目光不囿于我在上文已经指出的事实，即积极主动的法院对当事人的"诉讼构想"（conception of litigation）漠不关心——来更详细地观察，一宗从各个方面来看都仅仅是普通的案件，其是为何变成一项里程碑式的判决的？[3]

---

〔1〕 参见"罗兰案"判决意见，第565~566页。

〔2〕 参见"罗兰案"判决意见，第568页。

〔3〕 我必须补充一点，伯克法官提交了一份简短的不同意见书（持不同意见的还有麦库姆法官）。他认为，传统路径"具有一定的稳定性和可预见性，这在法律中值得高度重视"，而且"侵权责任法的彻底修正更适合被纳入立法者的领域"。参见"罗兰案"判决意见，第569页。

简单的案件被改变

詹姆斯·罗兰要赶飞机，如果可以避免，他并不想离开他在机场的汽车，当时他将离开旧金山前往波特兰。罗兰去找他的朋友鲍勃·科勒，想着也许他可以把车放在科勒寓所门口然后搭乘科勒的车去机场。不幸的是，科勒外出了。但罗兰想到，科勒也许并未走远，而就在南茜·克里斯蒂安的公寓附近，后者是他和科勒的朋友，且当时科勒一直在和克里斯蒂安约会。罗兰曾经在克里斯蒂安举办的聚会上到过一次她的公寓。于是，罗兰给克里斯蒂安打了电话，发现科勒并不在克里斯蒂安的公寓。但当他提到他打电话的原因时，克里斯蒂安提出开车载他去机场。

当罗兰到达克里斯蒂安的公寓时，克里斯蒂安正在忙于给公寓喷漆，她在一个月之前刚刚搬进来。他们一起喝了点酒，然后罗兰请求在他们离开前往机场之前使用一下公寓的浴室设备。剩下的就是历史了——侵权法的历史。有裂缝的浴室水龙头出现在了罗兰和他要搭乘的西部航空公司飞往波特兰的航班之间，这一水龙头严重割伤了他，导致其肌腱和神经被切断，罗兰因此需要住院治疗。损害发生的时间是 1963 年 11 月 30 日——正好在加利福尼亚最高法院就"Rowland v. Christian 案"作出判决的五年多之前。[1]

在起诉状中，罗兰以标准的法律术语宣称，"上述浴室设施对所有使用它们的人来说非常危险，而被告们非常了解这一事实"。[2]也许这些浴室设施具有危险性，但是正如之前所指出的，原告并没有提到这一危险是否具有隐蔽性。令人难以捉摸的是，罗兰在起诉状中声称，"浴室水槽中的冷水龙头上有裂缝，而且应当被更换"——而且，正如我们已经看到的那样，他断言克里斯蒂安早已知道冷水龙头上有裂缝（对此克里斯蒂安并无争议）。但不论是罗兰的起诉状还是他的支持性宣誓书，都没有对浴室设施的描述留下只言片语。

在推进诉讼合并（joinder）这一方面，克里斯蒂安也没能做得更好。正

---

〔1〕 实际上该案判决时间为 1968 年 8 月 8 日。——译者注
〔2〕 请注意，这里的被告是复数。其他的被告是建筑物所有人。在对建筑物所有人的诉讼中，罗兰立即获得了更大的胜利。初审法官接受了建筑物所有人要求简易判决的申请——该法官并非审理"Rowlan v. Christian 案"的初审法官，即使诉讼合并审理以后也是如此——做出了有利于罗兰的裁决。但是，对建筑物所有人的诉讼程序就此为止了。这一诉讼程序一直被搁置到罗兰对克里斯蒂安的上诉结束，随后罗兰对建筑物所有人和克里斯蒂安的诉讼请求都以和解告终（对此下文将会展开讨论）。

如之前指出的那样，她在答辩状中毫无证据地提出罗兰"具有共同过失"而且他没有运用其"天然的工具，包括他的视力"。然而，在她的答辩状或为了支持她要求简易判决的请求而递交的宣誓书中，她并没有对水龙头的外观加以描述。双方当事人都没有对水龙头的缺陷状况作出事实说明，然而就要求法院依据诉状驳回起诉的请求（motion for dismissal on the pleadings）而言，这一事实说明其对妥善处理这一请求至关重要。

数年后，当我与南茜·克里斯蒂安面谈时，她对在书面诉状中语焉不详的真实生活背景透露了更多内情。她回忆道，发生损害的公寓是她一个多月前搬进去的，这个公寓简直是个"猪圈"——完全是乱七八糟。事实上，她最终在绝望中搬出了公寓，当时，楼上的租客为腾房提前对楼上公寓进行了重新装饰，大量的蟑螂在装修期间蜂拥而至。

就水龙头而言，当她回想起来，裂缝实际上并不是隐蔽的，只是被灰尘和污垢掩盖了而已。她猜测罗兰可能并没有注意到缺陷。当然，这些观察言论是多年以后了。但克里斯蒂安的回忆清楚地表明了律师业务活动的中立性——实际上，充其量，中立的是罗兰方律师，他仅仅希望避免简易判决，因为在当时的情况下，原告方本可以提出虚假的事实说明：缺陷是隐蔽的。

但是，促使罗兰的律师对克里斯蒂安这个收入微薄的年轻女性提起诉讼的首要原因是什么？答案不但不足为奇，而且同时也令人吃惊。不足为奇的是，克里斯蒂安只是一个普通的被告；她被证实享有租客保险。同时，令人吃惊的是，她竟然有这样的保险。在20世纪60年代早期，收入微薄的大城市公寓租客享有责任保险，这种情况非常少见。事实上，她投保并非系出于个人责任的考虑，而是因为她有一些值钱的纯银银器，而这是她的传家宝。这些偶然性就是诉讼产生的原因——并且导致案件在不确定的道路上渐行渐远，最终走进了加利福尼亚最高法院。

克里斯蒂安与她的律师在事实上并无关系，这对应了她在案件中名义当事人的地位。约翰·希利只是一个无足轻重的保险辩护律师，他在该案中为克里斯蒂安的承保人处理该案。克里斯蒂安与他唯一的联系就是准备她的宣誓书和宣誓证词（deposition testimony）。出人意料的是，克里斯蒂安实际上是罗兰的律师杰克·伯曼的好友之一——事实上，伯曼是克里斯蒂安一个相当要好的朋友。诉讼开始了两个月后，伯曼搬到了新的办公室，他将自己的地毯给了克里斯蒂安，协助她不断努力将自己的公寓变得更加宜居！甚至，我们可以猜测，虽然在当时这并不确定，罗兰雇用伯曼——他之前主要是刑事辩护律师而非人身损害方面的执业者——作为自己的律师乃是出自克里斯蒂安的建议，克里斯蒂安在诉讼开始前就已经认识伯曼有一段时间了。[1]

一位自 20 世纪 60 年代即已认识杰克·伯曼和约翰·希利的律师告诉我，两者都属于"街头律师"（street lawyers）。这位律师并没有任何蔑视的意思。按照新闻报告的说法和一些目前仍然健在的朋友的回忆，伯曼在刑事法庭是一位众所周知的人物，并且的确具有鲜明的旧金山人性格。[2]但是，作为一名刑事辩护律师，他最初并非民事诉讼中的原告的律师，而且从各方面看来，他也不是将他接手的案件推进到州最高法院的上诉律师。在参与到一宗看似惯常的不动产责任案件并担任被告律师这一点上，希利看起来——至少在初审法院如此——更为内行。但与伯曼一样，他也不是上诉律师。简言之，本案中并没有判例案件律师（test case lawyer）——正如下面将要讨论的，当彼得斯法官及其同事决定聆讯该上诉案件时，这一点在法官们所看到的书面记录中非常明显。

但只有在仔细研究土地占有人对社交客人应负有义务——当詹姆斯·罗兰命中注定式的遇到裂开的水龙头时——的背景下才能理解这些书面记录。与其他州一样，加利福尼亚法院当时赞同按照土地进入者的三种身份——应邀来访者、许可进入者或不法侵入者——来认定土地占有人注意义务的分别处理模式。然而，值得注意的是，加利福尼亚法院似乎以最为吝啬的方式赞同了这一模式。固然，就进入商业不动产的人而言，加利福尼亚最高法院在"Oettinger v. Stewart 案[3]"中遵循了大部分州的做法，广泛地认可了土地所

---

[1] 虽然南茜·克里斯蒂安想不起来她是否曾经将伯曼推荐给罗兰，但她觉得这种可能还是存在的。

[2] 在《旧金山纪事》2002 年 4 月 12 号 A23 版发布的一则讣告中，伯曼的一群老友（都是具有政治联系的旧金山人）将他描述为，一个对拉斯维加斯赌桌充满激情的狂热赌徒；长期的爵士和职业拳击爱好者，喜欢流连于市政厅对面一家知名酒吧。在 20 世纪 60 年代，他还作为一名民权积极分子前往南方，而且从 1982 年起他甚至在那里担任地方初级法院法官多年。他的第二任妻子将他形容为一个个性鲜明的人。在参议员丹尼·范斯坦（Dianne Feinstein）开始其政治生涯之前，伯曼很早就与她结婚了，这一段婚姻持续了数年（1956 年至 1959 年）。

[3] 148 P. 2d 19（Cal. 1944）. 在附带意见（dictum）中，审理该案的法院宣称，当土地占有人从事土地的"积极运营"（active operations）时，加利福尼亚法院承认土地占有人对许可进入者负有合理注意的义务，这是侵权法重述中土地占有人对许可进入者仅负有限义务规则的例外。在"奥汀格案"中，房东告知租客大楼中没有空房后，走下楼梯时意外摔倒落在租客身上，导致后者严重受伤。

有人的合理注意义务，不考虑土地所有人是否认识到进入者的出现会带来经济利益这一特殊之处。如果罗兰在浴室中遭受的伤害发生在隔壁的咖啡馆，即使他仅仅是为了使用浴室的设施而在咖啡馆停留，咖啡馆的经营者也应对其尽到充分的合理注意义务。

然而，就进入私人住宅环境的社交客人而言则是另外一回事。在这一问题上，下级上诉法院的判决充斥着混乱，加利福尼亚最高法院实际上也没有阐明这一问题。一些上诉法院审理的案件表明，社交客人应当保持不动产的原状。换言之，如果土地占有人采取的安全措施对其直系亲属个人而言已经足够，那么土地占有人就没有义务采取更多的安全预防措施。[1]将其转换为适用于许可进入者的行为规则，这常常被理解为，加利福尼亚的土地占有人仅仅负有避免故意和恣意损害访问者的义务，除此以外土地占有人不负其他义务。[2]

与此相反，大部分州认为，只要主人知道危险存在，且他有理由预料到这一危险不会被发现，那么他就必须对社交客人发出警示，这一规则也被《第二次侵权法重述》第342条所明确承认。[3]简言之，侵权法重述要求土地占有人对已知的隐蔽危险予以警示，隐蔽风险由土地占有人的行为——近乎轻率的不当行为（reckless misconduct）——引起的这一标准，则不在考虑范围之内。

加利福尼亚法律的混乱状况，以及其他州在理论发展上的不均衡，大概可以被归结为对一个概念的争议，即什么能构成"陷阱"。在早期，陷阱往往依靠弹簧枪这一例证来予以说明，在同时期的加利福尼亚判决中也是如此——这就意味着，与土地占有人为了顾及自身利益而就一系列"陷阱"——如前

---

〔1〕 这是对加利福尼亚判例法中"Ross v. Demond 案"这一上诉案件的解读，在"罗兰案"判决出现的两年前，加利福尼亚最高法院同意就此案进行听审（此案最终以和解告终）。"罗斯案"判决援引了一些早期的判决，以支持判决中对许可进入者类型的严格限定。参见"罗斯案"判决，载《加利福尼亚案例报告》（第48卷）（48 Cal. Rptr.），第747~749页。

〔2〕 参见"罗兰案"判决意见，第565页。对这一有限注意义务的另一观察路径是传统普通法中对不当行为（misfeasance）与不履行义务（nonfeasance）的区分。因为故意和恣意的不当行为已经演变成一种积极的不当行为，故该行为会排除土地占有人通常享有的保护。事实上，通过宽泛界定主人的"积极运营"，司法实践已经在一些案件中将土地占有人负担的通常注意义务间接地扩展到社交客人身上。参见"奥汀格案"。我将在本文的下一部分以较大篇幅讨论不当行为与不履行义务的区分。

〔3〕 参见1965年《第二次侵权法重述》第342条。

院被遮挡的香蕉皮和饭厅地面中比较湿滑的部分——而应尽的义务相比，土地占有人对他人所负担义务极为有限。但是，在威廉·普罗塞尔的与"罗兰案"同时期出版的一版侵权法权威著作中，"陷阱"获得了全新甚至更为广阔的含义：

[陷阱] 最初是在看似安全但实际并不安全的意义上使用的。但是重点并非在于有人故意造成伤害，也不在于任何积极的不当行为，而仅仅是土地占有人负有义务向许可进入者披露任何他所知道的、土地上的隐蔽危险情况。这一重点逐渐成了陷阱概念的一部分。[1]

在这一点上，普罗塞尔参照的是被他称为"压倒一切的权威"的《第二次侵权法重述》第342条。值得一提的是，普罗塞尔本人就是《第二次侵权法重述》的报告人。[2]

这就是当时伯曼和希利发生碰撞的战场。由于伯曼并无法断言缺陷是隐蔽的，而即使对于在大多数司法辖区适用的规则而言，隐蔽缺陷也是一项（认定土地占有人责任的）基本要件（baseline requirement）。于是，不足为奇，伯曼立即就失去了其用武之地——初审法院按照被告的诉状作出了简易判决。伯曼并没有泄气，他代表罗兰向加利福尼亚上诉法院提起了上诉，坚定不移地坚持着他对案件的陈述。他在最初的上诉摘要（opening brief）中说道："被告明知水龙头把手已经有了裂缝，而且也已经认识到有裂缝的水龙头已经构成了一种危险状况。"罗兰方仍然没有主张裂缝是隐蔽的。但在摘要的不到2页半的论证部分，伯曼才几乎以一种事后补记（afterthought）的形式首次提出，"法庭面临的唯一问题是，裂缝是隐蔽的危险抑或是误导性的状况（deceptive condition）"。如果是这样，伯曼继续写道，就无法阻止法院适用

---

〔1〕 参见普罗赛前揭书，第390页。

〔2〕 参见普罗赛前揭书，第390页。与审理"罗斯案"的法院的立场一致，普罗赛在下一个脚注中援引了加利福尼亚上诉法院的一项判决，Fisher v. General Petroleum Corp. , 267 P. 2d 841（Cal. App. 1954），以表明偶尔还是会出现背离《侵权法重述》之路径的"例外"（也许有人会称之为倒退）（译者注：加利福尼亚上诉法院在该案中认为《侵权法重述》第342条不符合本案的事实，也并非加利福尼亚的法律。值得注意的是罗门法官在协同意见书中实际上比较倾向于《侵权法重述》第342条）。但是普罗塞尔在前一个脚注中又援引了加利福尼亚上诉法院的另外一个案件，Newman v. Fox West Coast Theatres，194 P. 2d 706（Cal. App. 1948），该案支持了《侵权法重述》的立场（译者注：事实上，该案判决意见为摩尔法官撰写，他采纳了与《侵权法重述》第342条相同的立场，但是他明确写道，"对该上诉案件的判决并不依赖于《侵权法重述》第342条所确立的规则"。），从而隐晦地表明了加利福尼亚法院在这一问题上的困惑。

"作为无责任规则例外的陷阱规则"——但令人费解的是，伯曼并没有在论证部分接下来的几段话中对这一例外规则作出界定。

于是，"委聘条款"（terms of engagement）就确定好了：希利在答辩摘要（reply brief）中指出，加利福尼亚从未接受过《第二次侵权法重述》第342条。而且，他认为，"所谓的"陷阱例外规则，"除了蓄意和故意的'诱捕行为'（entrapment），诸如保有弹簧枪和其他隐蔽设备，在很大程度上都只是一种虚构的说法"。与此相对，伯曼在答辩摘要中以不超过一页的篇幅，对希利的辩驳作出了回应，认为没有什么能够阻止法院在本案中适用《第二次侵权法重述》第342条。到此，事情就结束了——双方当事人并没有敦促法院在阐明隐蔽缺陷的含义之外来进一步大胆地重新思考分类处理模式的合法性（legitimacy）。[1]

上诉法院将目光放在了双方摘要中的论证部分上，并且很快就解决陷阱例外规则列举了三种可能性：它并非加利福尼亚法律的一部分；按照被告律师的建议，它的含义极为有限；按照原告的建议，它的含义相对宽泛。[2]随后，不足为奇的是，法院认为完全没有必要来解决这一问题——尽管法院非常明显地倾向于土地占有人仅负有有限的义务，如果土地占有人应当对社交客人负有义务的话——因为，"记录中的信息并没有任何事实性主张或没有证据的结论性主张，这些主张描述了水龙头的状况，比如它的外观、位置，以及照明状况，浴室状况……记录中也欠缺任何其他事实的信息，这些事实能够支持原告因隐蔽的危险而遭受伤害的结论"。[3]

事后看来，如果案件的主题只是从狭隘的眼光来看罗兰应否得到救济（而不涉及分类处理模式的正当性），案件正是这样被上诉至加利福尼亚最高法院的，那么原告向加利福尼亚最高法院申请对此案进行听审，就意味着这个案件已经走到尽头了。这里有必要介绍一下当时的背景。在"罗兰案"判决时，加利福尼亚最高法院并没有独立的辩论摘要制度；加利福尼亚最高法院只是基于上诉法院归档的辩论摘要重新复查案件——并审核听审申请（可

---

〔1〕 与此相反，在"罗斯案"中，在主张该案只是一个原告可以作为受邀进入者或许可进入者获得救济的常规案件后，原告上诉人在提交给上诉法院的初始上诉摘要中主张废弃分类处理模式。参见"Ross v. Demond 案"上诉摘要第15~17页。与伯曼的摘要相比，希利的答辩摘要只是在篇幅上更长，而且阐明了之前的现行判例法。在19页的答辩摘要中，一多半都在援引（大部分仅仅具有较边缘的相关性）两项早期的先例，这两项先例对土地占有人对许可进入者负担的义务进行了狭义解释。

〔2〕 Rowland v. Christian, 63 Cal. Rptr. 98, 102~104 (Cal. App. 1967).

〔3〕 Rowland v. Christian, 63 Cal. Rptr. 98, 102~104 (Cal. App. 1967), 104.

能会达到 30 页甚至更多)。[1]如果加利福尼亚最高法院同意了当事人的听审申请，那么值得注意的是，申请和答辩就成了对立双方当事人按照他们的认识来阐明问题的最后机会。一如既往，伯曼仅要求适用《第二次侵权法重述》第 342 条，而希利则从上诉法院的判决中得到提示，严密地回应道，当事人并没有最起码的关于隐蔽缺陷的陈述，而只有存在隐蔽缺陷时，加利福尼亚最高法院才应当重新审核有利于被告的简易判决。双方提交的陈词都不超过 4 页，而且根本没有提到分类处理模式会被抛弃的可能性。[2]

双方在口头辩论中谈到了放弃分类处理模式的可能性吗？也许吧，但是对此我只能猜测，因为当时双方在最高法院的口头辩论并没有被誊写或记录下来。我曾与"罗兰案"时期的法庭书记员进行过交流，这一交流表明，在大部分案件中，法院在听取双方当事人口头辩论时，最终判决意见书的草稿实际上已经准备好并交给了负责书写判决意见书的法官。简言之，在大多数情况下口头辩论只是走个过场。于是，极有可能的是，如果抛弃分类处理模式的可能性的确在双方当事人口头辩论期间被提到，那么这也是基于法官而不是当事人的倡议。[3]无论案件经过如何，在"Rowland v. Christian 案"中，

---

〔1〕 See Cal. R. Ct. 28（Deering 1968）. 1985 年，案件复核申请书被限制在了 30 页以内。此前，对这种申请书并没有任何页数限制。顾问委员会（Advisory Committee）的评论对此予以了解释，即限制页数的原因在于当事人可以基于案情实质（on the merits）额外提交一份摘要。See Cal. R. Ct. 28（Deering 1985）. 在"罗兰案"判决出台时，加利福尼亚最高法院在同意就此上诉案件进行听审后，可以要求当事人提供补充性摘要（supplemental briefing），而且在有些案件中，加利福尼亚最高法院已经这么做了。但是在"罗兰案"中，加利福尼亚最高法院则没有这么做。

〔2〕 在当时的诉讼中也没有法庭之友（amicus parties），以便他们从更广阔的视角来观察问题。如果加利福尼亚最高法院就其更大的企图给出了理由——比如，加利福尼亚最高法院要求当事人提供补充性摘要——法庭之友会不会对此提交意见书，则当然完全是另外一件事。与伯曼的申请书类似，希利的申请书——即对原告向加利福尼亚最高法院提出就该案进行听审的请求做出回应——只有草草 4 页。看起来可以公平地说，双方律师的工作处于一个公平的竞争环境中。

〔3〕 需要附带说明的是，杰克·伯曼（Jack Berman）此时也许已经得出了他需要一些外部援助结论。在案件相关的材料和论据中，罗兰的协同律师首次出现在帕西菲卡·罗伯特（Pacific Reporter）（但并非加利福尼亚最高法院的官方报告或加利福尼亚上诉法院的报告）的批注（headnotes）中，"杰克 K. 伯曼和西里尔·维亚德罗，旧金山，代表原告和上诉人。"参见"罗兰案"判决，第 562 页（重点为本文所加）。在我与他人的多方交流中，这两点都得到了证实：西里尔·维亚德罗在当时是一名著名的本地上诉出庭律师；伯曼本人非常不愿意在加利福尼亚最高法院就此案进行争讼。不管怎么说，伯曼都被认为是在"Rowland v. Christian 案"中胜诉并促成不动产占有人责任法改革的律师，而且该案从起诉到和解判都一直是他的案子。他仍然健在的同事告诉我说，伯曼对这一成就极为自豪，而且事实上，他对被收录进了肯尼思·詹姆斯·阿诺德的 *California Courts and Judges* 一书中（人物传记第

双方律师在战壕中的短兵相接以独特的方式确认了，法院按照自己的标准准备改进和重塑侵权法，一个非凡且主动的法院。

后果：对案件的评价

在加利福尼亚最高法院依据新定的标准——土地占有人对所有的土地进入者均负有通常注意义务——将案件发回重审之后，伯曼将案件求助于旧金山的一个原告诉讼专家团沃尔克普律所、唐宁律所和瓦拉克 & 斯特恩斯律所，他们迅速地了结了案件。专家团中仍然健在的律师回忆，和解金的数字不到1万美元，这符合案件朴素的细节。[1]很明显，罗兰的伤可得治愈且不留下任何后遗症。实际上，据一个之前工作于沃尔克普律所的律师回忆，该案在调解时遇到的主要问题是，罗兰搬离了加利福尼亚并且定居了下来，他对于为了这件已经被他抛诸身后的事情而不得不回到加利福尼亚并露个面感到有些生气。在南茜·克里斯蒂安的律师希利为她办完宣誓作证以后，南茜·克里斯蒂安对案件就完全失去了兴趣，而且甚至懒得询问案件的结果。她再也没有见到罗兰。当然，这些事实并没有贬低该案的重要性。一些法律发展上的里程碑会对直接当事人的生活产生持续的影响；其他的里程碑，如"Rowland v. Christian 案"，则脱离了加利福尼亚最高法院的控制变得一发不可收拾，而当事人则继续自己的生活，几乎不会回顾过去。

里程碑式案件的影响：对法律的影响

基于以下两种原因中的任一原因，理论重塑都会具有极大的显著性：理

（接上页）63 号，7th ed. 1995）也极为自豪——该书提到，伯曼后来被任命为加利福尼亚地方法院的法官，他在被收录进该书时恰好在这一位置上退休——该书出版于"Rowland v. Christian 案"的近 30 年后，并在人物传记中以如下文字结尾："伯曼法官作为律师受理的重要案件包括"Rowland v. Christian案"，就不动产占有人负担的义务而言，该案废弃了应邀进入者、许可进入者和不法侵入者的区分。"

〔1〕 档案中有记录的来自沃尔克普律所的两名律师与我进行了面谈，在回忆起这一赔偿金总额时，他们没有区分代表克里斯汀的保险人被告和建筑物所有人被告。我还找到了一位当时代表建筑物所有人的律师，并且与其进行了交流，他指出他的律所更多地代表了保险人，而不是被告个人，这与克里斯汀的情况一样，她的律师也更多地代表了保险人而非她本人。现在，我们已经无法确定，每方的保险人各自支付了多少和解金。无论如何，就和解所支付的金额数量来说，"罗兰案"很明显并非那种令人难忘的案件。

论重塑对类似情况中的未来当事人具有决定性意义。或者，通过其他司法辖区法院对该理论重塑的接受，它会产生广泛的影响。"罗兰案"在这两个方面都可以称得上是典范。

未来的案件，类似的案情

想想最初当事人是如何推进"罗兰案"本身的，直到加利福尼亚最高法院介入并废弃了分类处理模式。即使依据着眼于隐蔽缺陷而更加宽松的《第二次侵权法重述》，如果水龙头上的裂缝是显而易见的——倘若在最后的分析中，罗兰没能在辩论中指明缺陷隐蔽的理由在于缺陷并不具有隐蔽性，而且他在使用水龙头时认为，对他而言避免伤害并不成为问题——那么该案都不会进入到陪审团评议阶段（而是被直接驳回）。许可进入者仅能就隐蔽危险造成的损害受偿，这一要件会阻碍罗兰受偿。更一般地说，无论对"罗兰案"的事实进行何种说明，仍然会存在伤害系由非隐蔽性的危险状况等引起的诸多可能性：社交客人自身的健忘（想想在"Ross v. Demond 案"[1]中，顶部台阶与门廊平台之间被遗忘的空隙），疏忽或对风险的完全漠视。很明显，在这些情况中，即使遵循"罗兰案"判决所阐发的规则，被告也可以在陪审团面前提出受害人对损害的发生具有共同过失的抗辩。但这就是问题的关键。依据"罗兰案"判决所确立的规则，陪审团就案件需要回答的是什么构成通常注意——消除危险还是警告义务——以及何种行为能够成为抗辩。与此相对，依据分类处理模式，更为频繁出现的情况则是：案件无法满足危险的隐蔽性这一基本要件。而只有满足了这一要件，案件才不会被即决驳回（summary dismissal）。[2]

类似地，就受害人必须是许可进入者这一要件来说，该要件在"罗兰案"中也得到承认——被告已经意识到了危险但并没有予以警示——在许多情况下主人对危险的认知可能还不如客人。想想"Carter v. Kinney 案"[3]的事实，

---

〔1〕 参见"罗斯案"判决，载《加利福尼亚案例报告》（第48卷）（48 Cal. Rptr.），第743页。

〔2〕 当然，即使在分类处理模式下，陪审团仍然有较大的决定空间。具有讽刺意味地是，正如我的描述所暗示的，"罗兰案"本身就可以被理解为这样的案件；如果原告做出了更清晰的陈述，指出水龙头的外观并没有体现出它的危险状况，有可能就由陪审团来讨论责任问题——至少原告得到的绝不仅仅是简易判决。

〔3〕 896 S. W. 2d 926（Mo. 1995）。

在这桩最近发生在密苏里的案件中，法院坚守了传统的分类处理模式。在该案中，原告是一名社交客人和圣经学习小组成员，他为了参加聚会提前抵达了被告的房屋并在冰雪上滑到，而这些冰雪是被告前一天晚上最后清理车道上的积雪而堆积起来的。密苏里最高法院维持了简易判决并驳回了案件上诉，其理由在于，被告并不知道危险状况的存在，因此从法律角度来说他对许可进入者并不负有警示义务。也就是说，即使在遵循"罗兰案"判决的司法辖区，法院也并非必然肯定土地占有人的责任。被告可能会主张原告具有共同过失，或者被告可以仅仅主张，合理注意义务并不要求被告在上午 7 点之前起床以便于为了即将到来的客人清理车道上的积雪。但是这些事项将由拥有相对自由裁量权的陪审团来决定，而不是按照分类处理模式基于被告欠缺对危险情况的认识而不予考虑。

因此，分类处理模式具有重要影响；分类处理模式仍然具有重要意义。请注意，我甚至没有提到非法入侵者这一身份，类似地，非法入侵者作为一个独立的有限注意义务类型也被"罗兰案"判决所抛弃，"罗兰案"判决用合理注意义务标准（简单地说，更多地适用于不法侵入者）替代了土地占有人最低限度的注意义务，即避免对非法入侵者故意实施不当行为。[1]总之，抛弃分类处理模式的结果在于，当无法确定不动产占有人知道危险的存在和不动产上危险状况的隐蔽性时，决策权由法官转移到了陪审团。

未来的案件，其他地方

接下来讨论的是"罗兰案"在加利福尼亚以外的影响。在 1964 年，当普罗塞尔出版了其权威著作的第三版时，在彼得斯法官眼中，分类处理模式的废除虽然毫无进展但却有了一丝曙光。[2]此时，罗兰的诉讼请求刚刚开始了它在加利福尼亚法院的漫长旅程，也没有其他普通法司法辖区认为，接受如福勒·哈珀和弗莱明·詹姆斯等评论家的意见是合适的，这些评论家建议分

---

〔1〕 在判决意见的最后，加利福尼亚最高法院加上了这样的限定用语，"鉴于用来认定原告具体身份的特定事实，尽管原告作为不法侵入者、许可进入者或受邀进入者的身份会对原告的责任问题起到一定影响，但是原告的身份并非决定性的因素"。参见"罗兰案"判决意见，第 568 页。但是，通过"一定影响"这一表述，加利福尼亚最高法院心中可能所想的，乃是不法侵入者可能会溜到不动产的偏僻角落，而在这一偏僻角落中，危险状况会给他人带来风险是无法预见的，从而在这样的案件中，土地占有人不负责任。当然，这与加利福尼亚最高法院全面认可合理注意义务标准完美地保持了一致。

〔2〕 关于皮特斯法官早期就倾向于废弃分类处理模式的信号，参见前注。

类处理模式应当被扫进侵权法历史的垃圾堆。[1]然而在7年之后，当普罗塞尔再次修订他的著作时，他认为有必要专门论述最近判决的"罗兰案"，并大胆谨慎地看看未来会如何。在当时，只有夏威夷追随了加利福尼亚的脚步。虽然如此，正如普罗塞尔所言："这些判决太新，以至于我们无法揣测它们在其他地方能否被效仿，尽管这的确是并非不可能的；……"[2]

普罗塞尔并没有活着看到他谨慎的预测成为现实。但在1984年，当约翰·韦德和其他人出版了普罗塞尔著作的第五版时，已经有8个州接受了"罗兰案"判决并完全放弃了分类处理模式，另外还有5个州虽然维持了土地占有人对不法侵入者仅负有有限注意义务的立场，但取消了土地占有人对受邀进入者所负义务和对许可进入者所负义务之间的区别。[3]普罗塞尔著作的第五版接着警告说，在1979年以后，以任何形式对"罗兰案"判决的接受都"遇到了急刹车"——第五版令人赞许地想到了一种可能性：这可能表明，司法实践越来越对20世纪60年代特定现象持根本不满的态度，即以宽泛的合理注意标准取代量身定制的侵权法规则。[4]不论这一概括观察的准确性如何，我最近对接受"罗兰案"判决的司法辖区进行了统计，该统计结果表明，"罗兰案"判决意见体现了持续的有说服力的影响：到2002年末，我发现已经有10个州完全放弃了分类处理模式，还有13个州则仅仅维持了就土地占有人对不法侵入者负担有限注意义务的立场。[5]因此，自"罗兰案"判决作出以

---

[1]　参见哈勃和詹姆斯前揭书。然而，值得注意的是，作为分类处理模式的普通法渊源，英格兰已经于1957年通过立法废除了分类处理模式。参见1957年《占有人责任法令》(5 & 6 Eliz. 2, c. 31)。而美国最高法院则在"Kermarec v. Compagnie Generale Transatlantique案"中拒绝在海事案件中承认分类处理模式。在判决意见中，皮特斯法官援引了上述法令和案件。参见"罗兰案"判决意见，第566、568页。

[2]　William Prosser, Handbook of the Law of Torts 399 (4th ed. 1971).

[3]　W. Page Keeton et al., Prosser and Keeton on the Law of Torts 433 (5th ed. 1984).

[4]　W. Page Keeton et al., Prosser and Keeton on the Law of Torts 433 (5th ed. 1984), 433~434. 相对来说，普罗赛愿意接受分类处理模式的废弃，而令人惊讶的是，与此相对，考虑到接受"罗兰案"判决会带来的失去动力(loss of momentum)，新的编撰者酸酸地指出："至少，就传统上限制土地占有人对成年不法侵入者负担义务的背后考量而言，法院看起来获得了赞赏，而且，有建议主张，放弃过去多年发展而来的法学理论(jurisprudence)，而代之以诱人的法律万能药(a beguiling legal panacea)，而法院则更普遍地对这些建议采取了一种合理的怀疑主义。"

[5]　已经完全放弃分类处理模式的州（至少有一项公开的上诉判决）包括：阿拉斯加，加利福尼亚，华盛顿，夏威夷，路易斯安那，蒙大拿，内华达，新罕布什尔，纽约和罗德岛。就应邀进入者和许可进入者放弃了分类处理模式，但就不法侵入者仍然维持了有限注意义务立场的州包括：伊利诺

来，美国几乎一半的州都重塑了土地占有人责任的法律，这足以证明"罗兰案"判决的影响和十足后劲。

里程碑式案件的影响：引起广泛的关注

然而，对此，我们是应该看到其乐观的一面还是悲观的一面呢？在"罗兰案"判决作出的 30 年后，仍然有 27 个州坚持了分类处理模式，这的确意味着与放弃被法院称为"违反了我们现代社会道德观念和人道主义价值"的路径相比，可以说，"罗兰案"判决更多地处于岌岌可危的状态之中。[1]

事实上，不言而喻的是，"罗兰案"促成了对意外伤害侵权责任之中心指导原则的再评估：不当行为（misfeasance）与不履行义务（nonfeasance）的区别。[2]在最严格地适用这一指导原则时，通过拒绝将好的撒玛利亚人的道德认同（moral approval）转化为积极行为的法律义务，该原则为个人自主（individual autonomy）提供了强有力的保护。作为一项伦理问题，当婴儿躺在铁轨之上，火车奔驰而来，假设旁观者拒绝实施没有风险的救援行为，这一点可能无法获得我们的赞同。但是在传统上，侵权法并不承认一个陌生人负有保护他人免受伤害的法律义务。

这一准则——没有积极行为的义务——是侵权法的一项主旨（leitmotif），但它也受制于诸多随着时间推移而发展出的例外，尤其是特殊关系的存在。[3]土地占有人对各类土地进入者负担责任的传统规则，也是这一主题的变种之一。[4]在现代，将这些义务描述为中世纪保护地主豪绅理念的残余，只

（接上页）斯，爱荷华，缅因，马萨诸塞，明尼苏达，内布拉斯加，新墨西哥，北卡罗来纳，北达科他，田纳西，西弗吉尼亚，威斯康星和怀俄明。在上述提到一些州中，以及剩下的坚持分类处理模式的州中，就分类处理模式的地位而言，在州内不同巡回法庭间偶尔会出现相冲突的判决意见。

〔1〕 参见"罗兰案"判决意见，第 104 页。当然，在维持分类处理模式的州中，可能有一些州并没有机会来重新考虑是否应当坚持分类处理模式，尽管在"罗兰案"出台三十年后，我认为这些州最多只是少数。

〔2〕 在救助义务背景下的讨论，See Richard A. Epstein, "A Theory of Strict Liability", 2 J. of Legal Stud. 151, 197~204 (1973)。关于现代运用，See Harper v. Herman, 499 N. W. 2D 472 (Minn. 1993).

〔3〕 参见 1965 年《第二次侵权法重述》第 314A 条。

〔4〕 试想，在这一点上，依据传统的分类处理模式，应邀进入者类型体现了（土地占有人与应邀进入者之间具有）特殊关系的观念；尤其是土地进入者的出现可能会给土地占有人带来经济利益。此外，就"积极运营"（active operations）这一例外的后来发展而言，我们可以将其视为对不当行为和不履行义务进行区分的直接回应：如果土地占有人从事了积极运营，承认谨慎行事的义务会带来实施行为的积极义务，就不再成为问题。

是一种混淆视听（red herring）的做法。更确切地说，主人为家庭成员提供合适的家庭环境，而且在主人看来这一家庭环境对家庭成员是不存在风险的。那么问题在于，除此以外，文明规范（norms of civility）对主人是否还有更多的要求？当不动产老化时，修复成本往往包含时间和金钱的大量耗费，这会导致房主将房屋的维护工作和风险消除事务推迟到其他日子，隐居在自己的住所中并凑合着过日子。退一步来说，虽然这么说有些异乎寻常，但住在年久失修的房子里——也可能是一种对生活方式的选择，如果不是仅仅出于经济原因的话——可能是一种共同的倾向，主人一般不会通过在不动产周围树立警示标示来予以补救。这种家常的事实是否违反了"现代社会道德观念和人道主义价值"，非常值得怀疑。

如果说法院对于将社交客人依商业访问者标准来对待还明显有些不情愿的话，那么土地占有人对不法侵入者也负担合理注意这一立场获得的支持就更少了。正如上文已经提到的，在接受"罗兰案"判决主张提升社交客人之地位的州中，只有不到一半的州有意在改善不法侵入者地位方面也接受"罗兰案"判决。于是，再一次地，由于"罗兰案"判决意见对继续承认身份考量（即土地占有人对进入者负有的义务依据进入者的身份而定）抱有敌意，它取消了关于义务分析的一项基本规则。但是，这一问题（指如何对待不法侵入者）与如何对待社交客人并不一样。在传统上，对试图从自己的不当行为中获利的原告，一直不被侵权法看好。

不法侵入者就是这一类坏蛋的原型。让我们来看看加利福尼亚出现的一个案子，该案出现在"罗兰案"判决出台之后，它为我们提供了一个真实的例证。在20世纪80年代早期，一个不法侵入者深夜爬上了学校建筑的屋顶，试图不法地拿走探照灯，却从天窗摔了下来，于是他选择起诉，然而，鉴于"罗兰案"判决带来的法律上不确定性，加利福尼亚学区决定以与不法侵入者和解结案。[1]该案引起了强烈的抗议，这促使加利福尼亚州通过立法确定了土地占有人对非法侵入的冒犯者（criminal trespassers）仅负有受到严格限定的

---

　　[1]　在该案中，不法侵入者最终四肢瘫痪，学区在和解时支付了26万美元，同时为不法侵入者的生活每月支付1200美元。参见 Calvillo-Silva v. Home Grocery, 968 P. 2d 65, 71（Cal. 1998）对该案的讨论。

义务（a narrowly limited duty）。[1]对于土地占有人使用弹簧枪刺戳不法侵入者来说，人道主义价值的确是一项有力的反对理由。但是，设置弹簧枪与允许在私人海滨物业上堆积有害垃圾——如碎玻璃——并明确标示"不得擅自闯入"不可同日而语，更何况在学校天窗上涂鸦。将后面的这些疏忽也视为人道主义价值的欠缺，看起来似乎是一种过度轻信。但这些疏忽可能是大多数不法侵入者遭受损害并就此提起诉讼的起因。不法侵入者有意识地游荡到不属于他们的地方并且随后在遭受损害的情况下提起诉讼，法律在传统上对这些不法侵入者给予的关照较少。法律是否应当偏离这一传统（而遵循"罗兰案"判决），这似乎充其量只是一个有争议的主张。

到了这里，是时候再次承认"罗兰案"判决的说服力了——毕竟，接近一半的州都站在"罗兰案"判决要旨这边。这该如何解释呢？尽管没有魔术公式来权衡"罗兰案"中的各种因素，据我推测，如同事故法的许多其他领域一样，责任保险——在"罗兰案"判决中，这一义务因子（duty factor）首次被明确作为一项一般政策考量被悄悄地引入了加利福尼亚侵权法中——具有极为重要的意义。[2]由于房主几乎普遍享有房屋保险，从保险统计的角度来看，不动产致害事件的发生也具有高度的可预见性，而且不动产致害的成本相对有限（在不动产责任中，意外死亡或灾难性伤害极为少见）。[3]从赔偿的角度来看，在当时，尊重房屋所有人的自主或惩罚不法侵入者（尤其是非重罪的不法侵入者）的呼声在许多地方已经减弱。当然，这一点在20世纪60年代——加利福尼亚最高法院的侵权激进主义（tort activism）的全盛时期——的确属实，而且毫无疑问地，这一精神的痕迹仍然存在于今天的某些其他地方。

"罗兰案"判决从一个更为彻底的制高点进入了智识思潮（intellectual

---

[1] 《加利福尼亚州民法典》第847条（Deering 2003）。"卡维洛案"还讨论了第847条立法史中另一个关键案例，在该案中，摩托车盗窃者在农场主的田野里兜风，撞上凹坑以后严重受伤，并获得了接近50万美元的赔偿。参见"卡维洛案"判决，第71页。

[2] 请比较Gibson v. Gibson 479 P. 2d 648, 653（Cal. 1971）.（在该案中，加利福尼亚最高法院指出，"我们觉得，我们不能忽视责任保险的广泛普及性以及它对家庭内诉讼的实际效果。尽管在没有其他要件存在的情况下，我们不能因为责任保险的存在就认定责任成立，这一点是显而易见的，但是就是否废除父母不对过失负责的免责事由而言，在对此做出明智的决策时忽视责任保险这一要素，是不现实的。我们不能基于父母可能被要求向子女支付赔偿金这一过时的假定而不再考虑子女—父母诉讼。"）

[3] 有趣的是，正如南茜·克里斯蒂安购买租客保险基于单方原因——也就是说，为她的餐具投保——而非出于她可能对第三人承担责任的考虑一样，房屋保险主要用于满足抵押人并且保护房屋和个人财产免受不可预料的损害或损失，而非基于侵权责任的考量。

current），它获得了司法界的广泛接受。的确，就侵权法从 19 世纪到 20 世纪的历史进化而言，它可以被视为是这一进化的主旋律之一。以免责事由或有限的注意义务的名义，依据身份来阻却过失行为责任的做法，成了一项新兴范式——我们可以将其描述为以危险范围为基础的义务——的牺牲品。[1]这一观念转变的最著名例证可能是，纽约州最高法院在"MacPherson v. Buick Motor Co. 案"[2]这一产品致害案件中放弃了相对性（privity）要件。类似地，就基于合同产生的限制工伤救济的抗辩事由而言，批发式地通过劳工赔偿法律，就标志着对这些抗辩事由的拒绝。在 1960 年到 1980 年这段辉煌岁月之前，通过一些案件的判决，加利福尼亚最高法院对上述运动也做出了重要贡献，如"莫斯科普案"（拒绝了对政府责任的概括免责），"吉布森案"（类似地，否决了家庭内侵权的免责）以及"通克尔案"（限制合同对过失责任的免责条款）。[3]"罗兰案"判决则在不动产责任案件中取消了基于身份的责任限制，从而站在了致力于推进这一新兴范式的最前沿。

结　语

假定案件在被发回重审以后没有以和解告终：詹姆斯·罗兰最后会胜诉吗？并不一定。在他们离开公寓前往机场前的那一刻——南茜·克里斯蒂安可能正在换掉溅上油漆的衣服，罗兰临时起意决定使用浴室——南茜·克里斯蒂安没有提到在使用水龙头时应当小心注意，这是否构成通常注意的欠缺？答案既可能是肯定的也可能是否定的。毕竟，在等候房主前来修理期间，这些设施被她持续使用长达一个月之久，却没有对她本人或客人造成事故。因此，罗兰因为没有运用他的"视力"而具有的共同过失（甚至自甘冒险）——这在当时仍然可能会导致罗兰完全无法获得救济——在初审中可能会更加清楚地显露出来。[4]

---

〔1〕 对依据身份对过失责任进行限制的讨论，See Robert L. Rabin，"The Historical Development of the Fault Principle：A Reinterpretation"，15 Ga. L. Rev. 925（1981）.

〔2〕 111 N. E. 1050（N. Y. 1916）.

〔3〕 111 N. E. 1050（N. Y. 1916），6~8.

〔4〕 就这一方面而言，罗兰在审前事实自认（pretrial admissions of fact）中明确指出，他此前去过克里斯汀的公寓参加过一次聚会——并且使用过浴室设施。

事实上，我们可以推测"罗兰案"分别在十种场合再现，在五种甚至更多的场合中陪审团可能会持一项结论，而在其他的场合陪审团可能得出另外一项结论，这一结果看起来并不难想象。在这一点上，"罗兰案"会让人想起两个经典案例，"Baltimore & Ohio Railroad Co. v. Goodman 案"〔1〕以及"Pokora v. Wabash Railway Co. 案"〔2〕，它们的判决意见分别由奥利弗·温德尔·霍姆斯法官和本杰明·卡多佐法官撰写，他们在判决意见中形象地阐述了侵权案件中规则与标准之间的张力，以及随之而来的在法官和陪审团之间分配决策权的问题。

根据我的经验，大多数研习侵权法的一年级学生会赞同卡多佐法官的观察结论：至少在当时，虽然固定规则要求司机在接近铁道路口时采取适当的预防措施，但（发生在铁路与公路）平交道口的意外事故（grade-crossing accidents）仍然在固定规则毫无意义时的各种情况下发生——正如霍姆斯法官所说的，好的人会停下并看看四周的情况，而且，如果有必要的话，还会走出车辆；通常注意这一标准的灵活性，适用于具体的个案，更有可能保证结果的公正。

但是卡多佐法官提出了一项进一步的限定，这与我们当前的关注直接相关。在给出了一系列假设的情形后——在这些情形下固定规则要求司机走出车辆，而这可能与通常注意相悖——他说道：

这样的例子足以证明，在制定实际上是法律规则的行为标准时必须小心谨慎。当（制定者）没有制定行为标准的相关背景经验时，就更迫切地需要小心谨慎。在这种情况下，这些行为标准并非行为以其习惯形式自然发展而来的结果，而是人为创设出来的规则，并且这些规则被从无到有地施行。〔3〕

当然，分类处理模式是否体现这样的"行为以其习惯形式自然发展而来的结果"，是评估"罗兰案"判决时所要回答的问题。〔4〕

---

〔1〕 275 U. S. 66（1927）.

〔2〕 292 U. S. 98（1934）.

〔3〕 292 U. S. 98（1934），106.

〔4〕 与"罗兰案"同时期出现的另外一桩精彩的里程碑式判例是"吉布森案"，该案废弃了家庭内过失侵权的豁免权（intrafamiliy negligence immunity）。原告的父亲过失地指示原告在公路上走出汽车，并对拖在汽车后面的吉普车进行轮胎校正。随后，原告被经过的汽车撞上。尽管其他州在两种情况下采纳了豁免家庭内过侵权的立场，但是加利福尼亚最高法院废弃了这一豁免权，拒绝限制家长的责任。换言之，其他州采纳了基于规则的路径来调整以下具体情况："（1）当所谓的过失行为涉及家长对子女亲权的行使时；以及（2）当所谓的过失行为涉及家长就子女的饮食、衣着、住宿、医疗和牙医服务之供给或其他方面的照顾行使一般裁量权（exercise of ordinary parental discretion）时。"参见"吉布森案"判决，第 652 页〔引用了 Goller v. White，122 N. W. 2d 193，198（Wis. 1963）〕。

在最后的分析中，就对"罗兰案"判决的接受而言，赞成的州和反对的州大致各占一半，这可能是妥当的。规则与标准之间的张力无法以定论的方式加以解决。而且毫不夸张地说，规则与标准之间的张力意味着两者应当处于经典的比例关系之中，这一主题还体现在不朽的文学作品中。[1]一方面，掺入这种相互冲突的压力（conflicting pressures），以实现广泛的风险分散和补偿目标，而且，另一方面，尊重个人在居住环境方面的自主，"Rowland v. Christian 案"里程碑式的重要性就成了关注的焦点。

（接上页）[与此类似，纽约在"过失监督"的案件类型中承认了过失责任的例外，旨在尊重不同宗教群体和不同种族群体间抚养子女观念的多样性。See Holodook v. Spencer, 324 N. E. 2d 338 (N. Y. 1974)]。审理"吉布森案"的加利福尼亚最高法院拒绝对家长过失行为负担的责任给予任何类似的限制：我们拒绝了"戈勒尔案"判决中蕴含的弦外之音，即在家长——子女关系的某些方面，家长得全权（carte blanche）对其子女实施过失行为……总之，虽然家长对子女有运用亲权的特权和义务，这一特权必须在合理的范围内运用。应当适用的标准是传统的理性人标准，但要从家长的角色这一角度来观察。因此，我们认为应当对家长行为进行合适地校检：一个通常理性审慎的家长在类似情况下会做些什么呢? 参见"吉布森案"判决，第 652~653 页。

〔1〕 See Herman Melville, Billy Budd.

非法证据排除规则的例外

——犹他州诉斯特里夫案

俞　伟 *译

美国联邦最高法院

判决要旨

犹他州诉斯特里夫[1]

案号：14-1373

2016 年 2 月 22 日庭审，2016 年 6 月 20 日判决

　　依据一份匿名举报线索，缉毒警员道格拉斯·法克雷尔对南盐湖城（South Salt Lake City）的一处房屋进行了毒品活动监视。根据一周内访问该房屋的人数，法克雷尔警官怀疑屋内的人员正在进行毒品交易活动。在观察到被告人爱德华·斯特里夫离开房屋后，法克雷尔警官在停车场附近拘留了斯特里夫。法克雷尔警官表明了自己的身份，并询问斯特里夫在房屋内的行为。

---

　　* 美国加州大学伯克利分校法律硕士生。

　　[1] Utah v. Strieff, 579 U.S. （2016），https://www.supremecourt.gov/opinions/15pdf/14-1373_83i7.pdf. 在翻译过程中，译者对判决书原文进行了适当调整：一是为符合中文的行文规则，将判决书正文中夹注的解说性案例和法条，一律改为当页脚注；二是为遵循本刊的编辑规范，将判决书原文中连续编排的注释，一律改为每页重新编号。对于原判决书中因重复引用文献而简写的注释，补上被引用文献的完整信息；三是考虑到本刊没有设置原判决书的页码，对于判决书原文中提及的页码予以删除。标题为译者所加。——译者注

随后，法克雷尔警官要求斯特里夫出示身份证明，随后将身份信息转发给警方的在线调度员（police dispatcher）。调度员告知法克雷尔警官在查到的斯特里夫的违法记录里，有一项尚待执行的交通违法逮捕令（outstanding arrest warrant）。[1]法克雷尔警官于是立即逮捕、搜查了斯特里夫，并在其身上发现了甲基苯丙胺[2]与毒品工具。斯特里夫申请排除该证据，他辩称该证据来自于警方对他的违法拦停盘查行为（unlawful investigatory stop）。初审法院驳回了斯特里夫的请求，犹他州上诉法院则维持了初审意见。犹他州最高法院推翻了先前法院的意见，判定该证据被排除。

根据"布朗诉伊利诺伊州案"[3]的因果关系减弱（attenuation）因素，法克雷尔警官所获取的证据可以被采纳。在本案中，警察不存在恶意的不当行为。因此，法克雷尔警官凭借着有效、事前已经存在、未被污染的逮捕令（a valid, pre-existing, and untainted arrest warrant），减弱了警方违宪拦停盘查与附带性搜查所获得证据之间的联系。

1. 作为侵犯《宪法第四修正案》行为的主要司法救济方式，非法证据排除规则（exclusionary rule）包含了"经由非法搜查与扣押直接获得的原始证据"与"经由非法行为发现与衍生的证据"两项内容。[4]但是，为了保证非法证据排除规则的实质社会成本（substantial social costs）不超过其"吓阻效应"的收益（deterrence benefits），该原则有几项例外情形。其中包括因果关系减弱理论，它指当违宪的警察行为与证据之间关系足够遥远时，或二者关系因某种外来介入因素（intervening circumstance）而中断时，该证据可以被采纳。[5]

2. 家喻户晓的是，"因果关系减弱理论"对"被告人的独立行为"仍然适用。既然本案的"介入因素"是一份有效的、事前存在的、未被污染的逮捕令状，所以因果关系减弱理论在本案中亦可适用。就算是假设而非断定（assuming, without deciding）：法克雷尔警官最初缺少拦停斯特里夫的合理怀

---

〔1〕 美国的交通违法行为被视为轻罪，行为人交通违章情节严重的亦可能被视为犯罪，法院可以发出拘捕令。

〔2〕 俗称"冰毒"。

〔3〕 Brown v. Illinois, 422 U. S. 590.

〔4〕 Segura v. United States, 468 U. S. 796, 804.

〔5〕 Hudson v. Michigan, 547 U. S. 586, 593.

疑证明。当警方发现了尚待执行的交通违法逮捕令后逮捕嫌疑人，该逮捕令减弱了违法拦停与从斯特里夫处搜查到的致其被捕的证据之间的联系。

（1）根据之前的"布朗诉伊利诺伊州"案[1]，其所描述的三个要素导出了本案这一结论。第一，从警方最初的违法拦停行为与搜查行为间的"时间接近性"（temporal proximity）程度来看，本院支持排除警方证据，因为毕竟法克雷尔警官在违法拦停斯特里夫数分钟后便发现了违禁毒品。不过，相比之下，第二个要素"出现介入因素"（the presence of intervening circumstances）有力地支持了州政府。[2]既然有效的逮捕令在调查之前便已存在，并且与拦停行为毫无关联，这便支持了因果关系减弱理论在本案中的适用。逮捕令授权法克雷尔警官逮捕斯特里夫，同时一旦逮捕的授权生效，法克雷尔警官的搜查行为便毫无疑问是合法的。第三个要素即"警察不当行为的目的与恶性"（the purpose and flagrancy of the official misconduct）同样支持了州政府。[3]法克雷尔警官的行为至多属于过失，其判断错误不应被上升为故意或恶意侵犯（purposeful or flagrant violation）《宪法第四修正案》权利的行为。在违法拦停之后，他之后的行为仍然是合法的，同时没有迹象表明该拦停行为属于系统性或频发性的警察不当行为。

（2）斯特里夫的抗辩缺乏说服力。首先，法克雷尔警官对其权利侵犯的目的或恶性均未达到足以进行证据排除的程度。法克雷尔警官的目的并非进行"无目标的巡逻搜捕"（a suspicionless fishing expedition），而是收集房屋内被合法怀疑正在进行毒品活动人员的信息。申请人将违法拦停的标准与恶意侵权的标准混为一谈，而后者的成立不仅仅要求缺乏"相当理由"（proper cause）。其次，尚待执行的逮捕令不会导致警察的拉网式搜索（dragnet searches），因为这样的不当行为会让警察承担已经由"布朗案"中"目的与恶性"要素所规定的民事责任。

托马斯大法官发表了法庭意见，罗伯茨大法官、肯尼迪大法官、布雷耶大法官、阿利托大法官加入。索托马约尔大法官撰写了异议意见，金斯伯格大法官加入了Ⅰ、Ⅱ、Ⅲ部分。卡根大法官撰写了异议意见，金斯伯格大法

---

[1]　Brown v. Illinois, 422 U. S. 590.

[2]　Brown v. Illinois, 422 U. S. 590, 603~604.

[3]　Brown v. Illinois, 422 U. S. 590, 604.

官加入。

托马斯大法官发表意见

为了实施《宪法第四修正案》中的禁止"不合理的搜查与扣押"（unreasonable searches and seizures）条款，本院多次要求下级法院排除通过违宪的警察行为所获取的证据。但是本院同时也认为：存在违反《宪法第四修正案》的情况下非法证据排除规则不适用于排除成本高于排除收益的情形。在某些案件中，违宪行为与所发现的证据之间的因果关系太过微弱，以至于没有充分的理由来进行排除。本案所涉及的问题是：当警察进行违宪拦停时、当拦停过程中得知嫌疑人背负有一份有效逮捕令时、当进行逮捕与搜查中获取到控告证据时，因果关系减弱理论是否适用。本院认为，警官在搜查中获取的证据可被采纳，因为逮捕令的发现减弱了违法拦停与证据间的因果关系。

I

本案始于一份匿名举报。2006年12月，有居民拨打了南盐湖城毒品举报专线，报告某处房屋内有人从事毒品犯罪。缉毒警察道格拉斯·法克雷尔负责调查核实该项举报。在一周之内，法克雷尔警官对房屋进行了间歇性的监视。他观察到房屋的访客总是在进入房屋后数分钟便离开，这些频繁的访问足以让法克雷尔警官怀疑：屋内人员正在进行毒品交易活动。

被告爱德华·斯特里夫正是访客之一，法克雷尔警官观察到斯特里夫离开房屋并走向附近的便利商店。在商店停车场，法克雷尔警官拘留了斯特里夫，告知斯特里夫其身份，同时询问斯特里夫在房屋内的行为。

在拦停盘查过程中，法克雷尔警官要求斯特里夫出示其身份证明，斯特里夫出示了其犹他州公民的身份证件。法克雷尔警官将斯特里夫的身份信息转发给在线的警察调度员，调度员告知法克雷尔警官斯特里夫尚有一项未执行的交通违法逮捕令。于是，法克雷尔警官依据这份逮捕令逮捕了斯特里夫。随后，当法克雷尔警官对斯特里夫进行搜查时，他发现了一袋甲基苯丙胺与毒品工具。

犹他州政府以非法持有甲基苯丙胺与吸毒工具的罪名起诉了斯特里夫，但斯特里夫辩称：该证据来自于违法拦停而不应被采纳，并请求排除该证据。

在证据排除听证会（suppression hearing）中，检察官承认法克雷尔警官缺少进行拦停的合理怀疑，但认为该证据因有效的逮捕令减弱了违法拦停与发现毒品间的因果关系，所以不应被排除。

初审法院支持了犹他州并采纳了该证据。法院认为违法拦停与搜查之间的短暂间隔促使法院进行证据排除，但是两项相对应的考虑让该证据得以被采纳。首先，法院考虑到有效逮捕令的出现属于"特殊的介入性情况"（extraordinary intervening circumstance）。[1] 其次，法院强调法克雷尔警官的行为并非恶意失职，而是对涉嫌毒品活动的房屋所进行的合法调查。

斯特里夫有条件地认罪，以减轻其受到的持有被管控毒品与毒品工具的指控。但斯特里夫保留了他对初审法院拒绝排除证据的决定进行上诉的权利。犹他州上诉法院维持了初审法院的意见。

犹他州最高法院推翻了先前的判决。该院认为，只有"被告的自愿行为（指在自首或者同意被搜查时）"才可以打破违法拦停与获取证据间的关系，因此该证据不应被采纳。因为法克雷尔警官发现有效逮捕令的情形不符合上述要求，所以法院判定该证据被排除。

本院通过调卷令程序来解决"因果关系减弱规则"是否也适用于"因违宪拘留后发现有效逮捕令"的情形。例如，"合众国诉格林案"[2]认为，令状的发现是认定"警察的不当行为不构成恶意"的决定性介入因素。又如，"合众国诉莫拉雷斯案"[3]认为，逮捕令的发现并不重要。在此本院推翻先前判决。

II

A

《宪法第四修正案》保护"人民的人身、住宅、文件和财产不受无理搜查和扣押的权利，不得侵犯"。侵犯《宪法第四修正案》权利的警察习惯上被视为非法侵害者，遭受违宪搜查和逮捕的个人一般通过侵权之诉或自助行为

---

〔1〕　United States v. Simpson，439 F. 3d 490，496（CA8 2006）.

〔2〕　United States v. Green，111 F. 3d 515，522~523（CA7 1997）.

〔3〕　State v. Moralez，297 Kan. 397，415，300P. 3d 1090，1102（2013）.

（tort suits or self-help）来行使其权利。[1]在20世纪，原本时常使得初审法院在刑事审判中进行证据排除的非法证据排除规则成了《宪法第四修正案》权利被侵犯时的常用司法救济手段。[2]

在最高法院历来的判例中，非法证据排除规则包括了"经由非法搜查或扣押直接获得的原始证据"与"经由非法行为发现与衍生的证据"两种情形，后者也就是所谓的"毒树之果"（fruit of the poisonous tree）。[3]但是，非法证据排除规则显著的成本使我们认为"该规则只适用于排除的收益高于其实质社会成本的情形"。"证据排除一直是我们的最后手段，而非我们的第一推动力。"[4]

因此，我们确认了非法证据排除规则的若干例外情形。这些例外情形包含三种违宪行为与所发现证据间的因果关系。第一，独立来源理论（the independent source doctrine）允许法院采纳警方从单独、独立的来源处通过非法搜查所独立获得的证据。[5]第二，必然发现理论（the inevitable discovery doctrine）允许法院采纳未经由违宪来源也必然会被发现的证据。[6]第三，即本案涉及的因果关系减弱理论（attenuation doctrine）：当违宪的警察行为与证据之间关系遥远，或二者关系因某种介入因素中断时，"宪法所保护的利益不会因排除该证据而得到保障"。[7]

B

为了在本案当中应用因果关系减弱理论，我们应当处理的首要问题是：该理论是否适用于介入因素是发现了有效、已经存在、未被污染的逮捕令的情形？犹他州最高法院拒绝在本案中适用因果关系减弱理论，因为它将本院的判例解读为只在"被告在自首或同意进行搜查时的'自愿'独立行为中"适用该理论。在本院，斯特里夫没有为此观点进行辩护，同时本院也不同意

---

〔1〕 Davies, "Recovering the Original Fourth Amendment", 98Mich. L. Rev. 547, 625（1999）.

〔2〕 Mapp v. Ohio, 367 U. S. 643, 655（1961）.

〔3〕 Segura v. United States, 468 U. S. 796, 804（1984）.

〔4〕 Hudson v. Michigan, 547 U. S. 586, 591（2006）.

〔5〕 Murray v. United States, 487 U. S. 533, 537（1988）.

〔6〕 Nix v. Williams, 467 U. S. 431, 443~444（1984）.

〔7〕 Hudson v. Michigan, 547 U. S. 586, 593（2006）.

此观点。因果关系减弱理论乃是用于评估政府违法行为与证据发现间的因果关系，与被告人的行为无关。同时，前述案件中的因果关系减弱理论的逻辑不受被告人独立行为的限制。

我们同时需要注意的是：有效逮捕令是否是打破违法拦停与在斯特里夫身上发现毒品相关证据间因果联系的介入因素？"布朗诉伊利诺伊州案"[1]中的三个要素可以指引我们进行分析。第一，我们注意到违宪行为与证据发现间的"时间接近性"决定了违宪搜查与证据发现间的关联性。第二，我们也考虑了"出现介入因素"。[2]第三，尤其重要的是，我们检验了"警察不当行为的目的与恶性"要素。[3]在评估这些因素时，我们假设而非断定（因为犹他州承认了这一点）：法克雷尔警官最初拦停斯特里夫时缺少合理怀疑。同时，因为我们最终断定逮捕令打破了因果关系，所以即便法克雷尔警官拦停前没有注意到逮捕令的存在，我们也无需判断逮捕令本身是否会使得最初的拦停合法化。

1

第一个要素，最初的违法拦停与搜查的时间接近性支持对证据进行排除。之前的判例认为，除非在违法行为与证据获取间存在"实质性的时间"（substantial time）间隔，否则就不适用因果关系减弱理论。[4]在此，法克雷尔警官在违法拦停斯特里夫仅数分钟后便在其身上发现违禁毒品。正如法院在"布朗案"中所述，如此短暂的间隔有利于对证据进行排除。在此，我们依据"在非法逮捕与供述间的时间间隔小于两个小时"而认为该供述应被排除。[5]

但是，与此相反，考虑第二个因素，"介入性因素"的出现有力地支持了犹他州。在"塞古拉诉合众国案"[6]中，法院强调有效的介入因素允许对证据进行采纳。案件中，探员有理由相信公寓内人员正在交易可卡因。[7]在寻求搜查逮捕令期间，他们进入公寓并逮捕了一名住客，同时在以安全原因进

---

〔1〕 Brown v. Illinois, 422 U. S. 590（1975）.

〔2〕 Brown v. Illinois, 422 U. S. 590, 603~604（1975）.

〔3〕 Brown v. Illinois, 422 U. S. 590, 604（1975）.

〔4〕 Kaupp v. Texas, 538 U. S. 626, 633（2003）.（法院一致判决）

〔5〕 Brown v. Illinois, 422 U. S. 590, 604（1975）.

〔6〕 Segura v. United States, 468 U. S. 796（1984）.

〔7〕 Segura v. United States, 468 U. S. 796, 799~800（1984）.

行的有限搜查中发现了毒品活动的证据。[1]第二天晚上，治安法官颁发了搜查逮捕令。尽管搜查行为违法，但是法院认定采纳该证据，因为颁布搜查逮捕令所依据的信息与"进入公寓的行为完全没有联系，同时这些信息在进入公寓前探员们已经知晓"。[2]

因为非法闯入对"依搜查逮捕令而发现证据而言没有任何帮助"[3]，所以，"塞古拉案"当然地适用独立来源理论。但是，在"塞古拉案"中法院暗示有效搜查逮捕令的存在消除了违法行为与发现证据间关系的污染。这项原则同样适用于本案。

在本案中，有效的逮捕令是早于法克雷尔警官的调查就存在的，同时它与拦停行为没有任何关系。一旦法克雷尔警官发现了逮捕令，他便有义务逮捕斯特里夫。"逮捕令是一名公务人员进行逮捕行为的司法授权，同时公务人员也对执行该令状有宣誓责任（sworn duty）。"[4]因此，法克雷尔警官对斯特里夫的逮捕是一项独立的、依照已经存在的逮捕令而进行的行政行为。一旦法克雷尔警官被授权逮捕斯特里夫，以保护法克雷尔警官人身安全为由对斯特里夫进行搜查毫无疑问是合法的。

最后，第三个因素，"警察不当行为的目的与恶性"[5]同样有力地支持了犹他州。非法证据排除规则的存在是为了阻止警察不当行为。[6]因果关系减弱理论的第三个因素体现了该原则仅在警察不当行为迫切需要阻止时方可适用——该行为属于故意或恶意时。

法克雷尔警官的行为至多属于疏忽（at most negligent）。在拦停斯特里夫时，法克雷尔警官犯了两个善意的错误（good-faith mistakes）。首先，他没有观察到斯特里夫进入涉嫌毒品活动的房屋的时间，所以，他不知道斯特里夫在房屋内逗留的时间。法克雷尔警官因此缺少得出斯特里夫这名短期访客（a short-term visitor）在房屋内完成毒品交易的有效证据。其次，因为法克雷尔警官缺少证明斯特里夫是一名短期访客的证据，所以他应当询问斯特里夫是

---

[1] Segura v. United States, 468 U. S. 796, 800~801 (1984).

[2] Segura v. United States, 468 U. S. 796, 814 (1984).

[3] Segura v. United States, 468 U. S. 796, 815 (1984).

[4] United States v. Leon, 468 U. S. 897, 920, n. 21 (1984).

[5] Brown v. Illinois, 422 U. S. 590, 604 (1975).

[6] Davis v. United States, 564 U. S. 229, 236~237 (2011).

否愿意与他交谈，而非命令斯特里夫这么做。法克雷尔警官宣称其目的是"查明房屋内所进行的活动"，但是当时没有任何情况阻碍他接触并询问斯特里夫。[1]但是，这些判断上的错误不应被上升为对斯特里夫《宪法第四修正案》权利的故意或恶意侵犯。

虽然法克雷尔警官最初的拦停决定是错误的，但是，他随后的行为却是合法的。他对斯特里夫是否存在逮捕令进行检查的决定是"对警察自身安全的微小而又繁杂的（negligibly burdensome precaution）"防范措施。[2]同时，法克雷尔警官对斯特里夫的实际搜查行为是进行逮捕时的合法搜查。[3]

此外，没有迹象表明该拦停行为属于系统性或频发性的警察不当行为。相反，所有证据都显示该拦停行为是在对涉嫌毒品活动房屋进行善意调查（a bona fide investigation）时所发生的独立的过失情形。法克雷尔警官看到了斯特里夫离开嫌疑房屋，同时他对房屋的怀疑是基于一份匿名举报与自己的观察。

运用以上要素，我们认为，在斯特里夫身上发现的证据可被采纳，因为已经存在的逮捕令极大地减弱了违法拦停行为与所发现证据之间的因果关系。虽然违法拦停行为距斯特里夫被逮捕的时间间隔较短，但其他两项有利于犹他州的因素要胜过该项的考虑。逮捕行为中，斯特里夫背负尚待执行的逮捕令，这是完全独立于违法逮捕行为的关键介入因素。该逮捕令的发现打破了违法拦停与发现迫使法克雷尔警官逮捕斯特里夫的证据间的因果联系。同时，尤其重要的是，没有证据表明法克雷尔警官的违法拦停是恶意、非法的警察不当行为。

2

我们认为斯特里夫的抗辩没有说服力。

首先，他提出不应适用因果关系减弱原则，因为法克雷尔警官的拦停行为是故意且恶意的。他声称法克雷尔警官仅仅是为了搜寻其过错行为的证据而拦停他。但是法克雷尔警官之所以向斯特里夫获取信息，是为了查明一批

---

〔1〕 Florida v. Bostick, 501 U. S. 429, 434（1991）. 在该案中，警察用手拍触了嫌疑人并询问了数个问题，但并不意味着会导致警察立即获得逮捕权（因为证据仍然不足）。

〔2〕 Rodriguez v. United States, 575 U. S. （2015）.

〔3〕 Arizona v. Gant, 556 U. S. 332, 339（2009）.

被合法怀疑正在进行毒品交易的人员在房屋内的行为。这并非一个"期待某事发生"而进行的受怀疑的调查。[1]

斯特里夫还另外辩称法克雷尔警官的行为是恶意的，因为他没有足够的原因便拘留了自己（此处要求达到合理怀疑）。但是，这种观点将违法拦停的标准与恶意侵权的标准混为一谈。只有当警方行为比"缺少相当理由拘留嫌疑人"更为严重时，才能成立恶意侵权。[2]法克雷尔警官被指控的不当行为的目的与恶意侵权，均未达到排除逮捕令的级别。

其次，斯特里夫提出，鉴于当前司法体系中尚待执行的逮捕令是十分常见的，如果非法证据排除规则得不到适用，警察将会进行拉网式搜索。本院认为，这样的结果不可能出现，警察的这种肆意行为（wanton conduct）将使他们承担民事责任。[3]在所有的案件中，"布朗案"中有关警察不当行为目的与恶意的要素均会被考量。假如有证据表明有拉网式搜索行为，"布朗案"中的要素适用也会不同。没有证据表明，斯特里夫所提出的关于刑事司法系统的担忧在犹他州南盐湖城是现实的。

* * *

我们认为，法克雷尔警官在逮捕中获得证据可被采纳，因为他所发现的逮捕令这一事实减弱了违法拦停与逮捕斯特里夫后所获得的证据间的因果关系。因此，推翻犹他州最高法院判决。

故推翻原判。

索托马约尔大法官发表异议意见，金斯伯格大法官加入第I、II、III部分

最高法院多数意见认为：如果警方发现嫌疑人因有未执行的违规停车罚单而带来的拘捕令，就可以豁免警察对《宪法第四修正案》权利的侵犯行为。不要因为法庭意见中的技术性语言而感到安慰：本案使得警察可以在街上拦停你，要求你出示身份证明，并且根据未执行的交通案件逮捕令而进行检

---

〔1〕 Taylor v. Alabama, 457 U. S. 687, 691 (1982).

〔2〕 Kaupp v. Texas, 538 U. S. 626, 633 (2003). 恶意侵权是指：当警察在没有合法令状以及部分警察明知其侦查行为缺乏相当理由（probable cause）的情况下，在被捕人家中实行了没有令状的逮捕行为。

〔3〕 42 U. S. C. §1983；Monell v. New York City Dept. of Social Servs., 436 U. S. 658, 690 (1978)；Segura v. United States, 468 U. S. 796, 812 (1984).

查——即使你什么也没有做错。如果警察发现了你背负有忘记支付罚款而被处罚的逮捕令，那么现在法院会免去警察违法拦停你应负的责任，并采纳任何他在依逮捕令逮捕你之后从你的身上恰巧搜出的证据。我反对多数意见，因为《宪法第四修正案》应当禁止，而不是允许这种不当行为。

I

在爱德华·斯特里夫走出南盐湖城的住所数分钟后，一名警察拦住并询问了他，同时将他的身份证明与警察局数据库进行核对。警察并没有怀疑斯特里夫做了坏事，只是斯特里夫恰好是第一个离开那所警察认为可能存在毒品活动的房屋的人。

正如犹他州所承认的，这种拦停是非法的，《宪法第四修正案》保障人民不被"无理搜查与扣押"。当一名警察在没有任何证据证明行人涉嫌犯罪的情况下就进行拘留以检查其证件时，该警察即违反了《宪法第四修正案》。[1]这名警察违反《宪法第四修正案》的程度更为严重——他仅仅为了搜寻进一步的违法证据就延长了拘留时间。[2]在搜寻违法证据时，本案中警官自己就已经违背了法律。

警官得知：斯特里夫背负有一份"小小的交通案件逮捕令"（small traffic warrant）。根据这份逮捕令，警官逮捕并搜查了斯特里夫，最后在他的口袋中发现了甲基苯丙胺。

犹他州指控斯特里夫非法持有毒品。在庭审之前，斯特里夫提出，如果允许发现的毒品成为证据，这将使得警官的不当行为得到豁免。甲基苯丙胺来源于警官的非法拦停，采纳该证据就等同于告诉警察：只要发现一个"小小的交通案件逮捕令"，就会给予他们搜查与交通违法行为毫不相关的证据的许可。犹他州最高法院全体一致支持斯特里夫，但本院的多数意见现在推翻了该判决。

---

〔1〕 Delaware v. Prouse, 440 U. S. 648, 663 (1979); Terry v. Ohio, 392 U. S. 1, 21 (1968).

〔2〕 Rodriguez v. United States, 575 U. S. (2015).

Ⅱ

本案引人关注之处在于：一名警察的违法行为揭露了一位公民的违法行为，而前者的违法行为得到了豁免。虽然这名警官的直觉判断是违宪的，但是结果却是准确的。然而，《宪法第四修正案》之核心包含一个基本原则：两个错误相加不等于一个正确（Two wrongs don't make a right）。[1]警察作出违法行为却发现了一位公民违法行为的证据，本院总是要求在随后的刑事审判中排除这一非法获得的证据。[2]例如，如果一名警察闯入一幢房屋并发现了伪造的支票，那么该支票可能不得被用于指控房屋主人的银行诈骗行为，我们将该支票称为"毒树之果"。[3]必须被排除的"果实"不仅包括基于非法搜查行为直接得到的证据，还包括进一步利用该非法搜查所得到的证据。

这一非法证据排除规则使得警察不能在没有正当理由的情况下搜查我们。[4]该规则也使得法院避免"参与到允许不受限的政府通过使用毒树之果来非法侵犯公民宪法权利的行为当中"。[5]如果法院只允许采纳合法搜集的证据，那么他们就鼓励了"那些制定法律执行的人与执行法律的警察在他们的价值体系中吸纳第四修正案的精神"。[6]但是，当法院同时采纳非法获取的证据时，"如果他们并非意在公然蔑视宪法，那么他们便是基于明显的疏忽"。[7]

犹他州最高法院正确适用了非法证据排除规则，判决斯特里夫的毒品证据必须被排除，因为该证据是警察利用违法拦停而得来的。警察在得知斯特里夫有交通违章行为后，才发现了毒品。同时，警察也是因为违法拦停并检查斯特里夫驾驶证才得知斯特里夫的交通违章行为。

犹他州最高法院还正确地驳回了犹他州提出的观点——犹他州政府认为警察发现交通逮捕令并没有损害"毒树之果"原则。犹他州政府将逮捕令的发现与另一先前判决——"王申（Wong Sun）诉合众国案"——进行类比。

---

〔1〕 Weeks v. United States, 232 U. S. 383, 392 (1914).

〔2〕 Terry v. Ohio, 392 U. S. 1, 12 (1968)；Mapp v. Ohio, 367 U. S. 643, 655 (1961).

〔3〕 Wong Sun v. United States, 371 U. S. 471, 488 (1963).

〔4〕 Terry v. Ohio, 392 U. S. 1, 12 (1968).

〔5〕 Terry v. Ohio, 392 U. S. 1, 13 (1968).

〔6〕 Stone v. Powell, 428 U. S. 465, 492 (1976).

〔7〕 Weeks v. United States, 232 U. S. 383, 394 (1914).

在那个案件中，一名警察非法逮捕了一个人，而几天之后这个人自愿地返回警察局进行自愿陈述。[1]即使"如果没有警察的非法行为"，这个人便不会自供有罪，[2]但我们认为该案中警察没有利用违法逮捕来获得此人的自愿供述。[3]由于供述获得的方式显然不违宪，本院认为该证据可以被采纳。[4]与此相似，犹他州政府主张本案中基于逮捕令进行的搜查与违法拦停有着明显的区别。

但是，"王申案"解释了为什么斯特里夫的毒品证据必须被排除。我们认为，违反《宪法第四修正案》并不会使得随后的每一个搜查都着色被污染，但是，如果警察利用了该违法行为，那么他的做法就沾染了污点。在考虑如下多种因素之后，我们认为通过无害方式获得的证据有别于通过利用不当行为获得的证据：是否经过较长时间、是否存在"介入因素"、该不当行为的目的与恶性是否被"精心计算"（calculated）以用于获取证据。[5]

这些因素证明：在本案中，警察利用了自己的违法行为来发现斯特里夫的毒品。警察并非仅仅是为了在几天后发现斯特里夫背负一份逮捕令而要求斯特里夫主动提供他的名字。警察违法拦停了斯特里夫，并立即进行了逮捕令检查。警察发现逮捕令的情形并不是无法预见的意外情形。实际上，犹他州的数据库中有超过18万份的轻罪逮捕令。当警官实行逮捕行为时，盐湖城"积压着大量尚待执行的逮捕令"。轻罪逮捕令的数量是如此巨大，以至于其面临着"潜在的民事责任"。[6]该警察的违法行为正是为了获得证据而"精心计算"的。警察自己承认，他拦停斯特里夫的唯一理由就是进行调查——他想要了解斯特里夫离开的房屋里是否存在毒品活动。

换句话说，检查逮捕令的行为并不是区别拦停与搜查毒品的"介入因素"，相反，搜查逮捕令的行为是警察认为"期待某事发生而进行的调查"中

---

[1] Wong Sun v. United States, 371 U.S. 471, 491 (1963).

[2] Wong Sun v. United States, 371 U.S. 471, 488 (1963).

[3] Wong Sun v. United States, 371 U.S. 471, 491 (1963).

[4] Wong Sun v. United States, 371 U.S. 471, 488, 491 (1963).

[5] Brown v. Illinois, 422 U.S. 590, 603~604 (1975).

[6] "Survey of State Criminal History Information Systems", 2014 (2015) (Systems Survey) (Table 5a), https://www.ncjrs.gov/pdffiles1/bjs/grants/249799.pdf, last visit date：2016-6-16; "Salt Lake County Criminal Justice System Assessment 6.7" (2004), http://www.slco.org/cjac/ resources/SaltLake CJSAfinal.pdf., last visit date：2016-6-16.

的一部分。[1]根据先例，由于警察通过其违宪行为而发现斯特里夫的毒品，该证据应当被排除。

III

A

法院意见对本案持不同观点。对法院来说，逮捕令给予了警察进行逮捕的理由，存在逮捕令这一事实提供了非法警察行为与发现证据之间的联系。这个问题值得重视：虽然警察拦停前并不知晓有逮捕令事项的存在，但某一份逮捕令的客观存在不仅给予了警官逮捕和搜查的合法理由，而且也免除了警官心血来潮（a whim or hunch）违法拦停他人的责任。

托马斯法官代表的多数意见，根据"塞古拉诉合众国案"进行了说理。[2]在"塞古拉案"中，联邦探员申请了对公寓的搜查逮捕令，但却在法院颁发搜查逮捕令之前非法进入并控制了该公寓。[3]在得到搜查令后，探员对这间公寓进行了毒品搜查。[4]现在的问题是，应当如何处理该探员们发现的证据。法院认为不应该排除该证据，因为"非法进入申请人的公寓对搜查逮捕令之后的证据发现没有帮助"。[5]

根据多数意见，"塞古拉案"的案情与本案"类似"并且"显示"一份有效的逮捕令会使得任何因非法行为发现的证据有效。这种解释让人费解。在"塞古拉案"中，探员们非法进入公寓的行为与他们获得搜查逮捕令无关。但在本案中，警察违法拦停斯特里夫是他发现逮捕令的关键。只有当探员利用了非法进入公寓得到的信息来获得搜查逮捕令或者发现逮捕令时，"塞古拉案"才与本案相似。正是因为这些不是本案的案情，法院才在"塞古拉案"采纳未被污染的证据。[6]

当警方执行逮捕令进行附带性人身搜查时，多数意见同样认为，是警方

---

[1] Brown v. Illinois, 422 U. S. 590, 605（1975）.

[2] Segura v. United States, 468 U. S. 796（1984）.

[3] Segura v. United States, 468 U. S. 800~801（1984）.

[4] Segura v. United States, 468 U. S. 801（1984）.

[5] Segura v. United States, 468 U. S. 815（1984）.

[6] Segura v. United States, 468 U. S. 814（1984）.

"为了保护警察安全而实施的预防性措施"（negligibly burdensome precaution）[1]，这显然没有抓住关键点。[2]应当记住的是，警察拦停斯特里夫时，并没有怀疑他有任何犯罪行为。根据警察自己的解释，他并不害怕斯特里夫。此外，我们在"罗德里格斯案"中讨论过的公路巡逻队的安全原理，在本案中明显不适用。公路上的逮捕令检查"保证了路上车辆安全负责地行驶"。[3]我们允许在合法的交通拦停中进行这种检查，因为驾驶证的合法性与道路安全有"密切联系"。[4]"相反的，在人行道上进行逮捕令检查是'意在发现普通犯罪证据而采用的一种方式'。"[5]当然，警官也不能以"确保慢跑者、遛狗者、柠檬水小贩不对他人造成威胁"为由，任意对他们进行逮捕令检查。

多数意见还认为，警察并非利用其违法行为，因为他没有故意违反《宪法第四修正案》。更确切地说，他犯了"善意的错误"。多数意见没有考虑到该警察的唯一目的便是搜寻证据，多数意见把警察的违宪行为称为"疏忽"，因此无法被非法证据排除规则排除。

但是《宪法第四修正案》并不能容忍：警察仅仅因为不知道更多信息，就进行无理的搜查与扣押行为。即便是疏忽大意的警官，他也可以从法院判决中得知非法获取的证据应当被排除。[6]事实上，他们有可能是最需要接受教育的人，不论是关于法官意见，公诉人的未来指导或者是最新的刑事诉讼程序的操作规则。如果警官对于法律规定存有疑问，证据排除规则便给了他们一种"宁可选择合宪行为的鼓励"（incentive to err on the side of constitutional behavior）。[7]

B

法院意见中最令人惊讶的是，它坚持本案中的事件是"独立"且"没有迹象表明该拦停行为属于系统性或频发性的警察不当行为"。但是，本案中的任何事件都不是独立的。

---

〔1〕 当警方执行法院的逮捕令时，为了保护警察自身的人身安全，有权对犯罪嫌疑人的人身及可控制之处进行搜身、搜查，防止嫌疑人对警方构成危险。——译者注

〔2〕 Rodriguez, 575 U.S. (slip op., at 7).

〔3〕 Rodriguez, 575 U.S. (slip op., at 6).

〔4〕 Rodriguez, 575 U.S. (slip op., at 7).

〔5〕 Indianapolis v. Edmond, 531 U.S. 32, 40~41 (2000).

〔6〕 Stone v. Powell, 428 U.S. 465, 492 (1976).

〔7〕 United States v. Johnson, 457 U.S. 537, 561 (1982).

尚待执行的逮捕令是再常见不过的。当一个负有交通罚款单的人忘记交付罚款或出席法庭时，法院便会颁发逮捕令。[1]当一个处在缓刑期中的人饮酒或者违反宵禁令，法院便会颁发逮捕令。[2]州政府和联邦政府的数据库中有超过780万个尚待执行的逮捕令，其中绝大多数是轻微犯罪。[3]即使以上来源无法准确追踪到惊人数量的逮捕令，许多城市政府抽屉里都堆满了交通违章以及违反条例的逮捕令。[4]在本案中，盐湖城就"积压"（backlog）了大量这类逮捕令。司法部最近发布的报告表明：在有2.1万人口的密苏里州的弗格森镇，约有1.6万人负有尚待执行的逮捕令。[5]

司法部在全国范围内的调查说明了这些数量惊人的逮捕令可以被警察用来没有理由地拦停人们。在新奥尔良市，警察一年内"进行了将近六万次逮捕，其中两万次涉及邻近教区未解决的交通或是轻罪逮捕令，例如未支付的罚款单"。[6]在圣路易斯市大都会区，警察会例行公事地拦住人们——在街上、公交车站甚至法庭上——除了"警方希望检查他们是否负有有待解决的市政逮捕令"外没有任何其他理由。[7]在新泽西州的纽瓦克市，警察4年间拦停了52 235名行人，并对其中39 308人进行了逮捕令检查。[8]司法部分析了这些基于检查逮捕令的拦停，并通过报告指出"大约93%的拦停被认为缺

〔1〕 Brennan Center for Justice, Criminal Justice Debt 23 (2010), https://www.brennancenter.org/sites/default/files/legacy/Fees%20and%20Fines%20FINAL.pdf.

〔2〕 Human Rights Watch, Profiting from Probation 1, 51 (2014), https://www.hrw.org/report/2014/02/05/profiting-probation/Americas-offender-funded-probation-industry, last visit date: 2016-6-16.

〔3〕 Survey of State Criminal History Information Systems, 2014 (2015) (Systems Survey) (Table 5a).

〔4〕 Dept. of Justice, Civil Rights Div., Investigation of the Ferguson Police Department 47, 55 (2015) (Ferguson Report), https://www.justice.gov/sites/default/files/opa/press-releases/attachments/2015/03/04/ferguson_police_department_report.pdf.

〔5〕 Dept. of Justice, Civil Rights Div., Investigation of the Ferguson Police Department 6, 55 (2015) (Ferguson Report).

〔6〕 Dept. of Justice, Civil Rights Div., Investigation of the New Orleans Police Department 29 (2011), https://www.justice.gov/sites/default/files/crt/legacy/2011/03/17/nopd_report.pdf.

〔7〕 Dept. of Justice, Civil Rights Div., Investigation of the Ferguson Police Department 49, 57 (2015) (Ferguson Report)

〔8〕 Dept. of Justice, Civil Rights Div., Investigation of the Newark Police Department 8, 19, n.15 (2014), https://www.justice.gov/sites/default/files/crt/legacy/2014/07/22/newark_findings_7-22-14.pdf.

乏明确的合理怀疑"。[1]

我并不怀疑大多数警察的行为是出于"善意",并且没有意图去违反法律。但这并不意味着这些拦停是"独立的疏忽情形"。[2]许多拦停是有组织的程序训练下的产物。用一位地区法院法官的话来说,纽约市警察局长期训练警官"先进行拦停与询问,随后再发展合理怀疑"。[3]犹他州最高法院把盐湖城警察局将警察在没有合理怀疑时便拘留行人并检查逮捕令的行为称为"'例行程序'(routine procedure)或是'习惯做法'(common practice)"。[4]在相似的交通拦停案件中,一份被广泛遵守的警察手册指导进行毒品搜寻的警察"至少应对每一位被拦停的驾驶者进行逮捕令检查。数据表明,毒品犯罪者在收到法院诸如关于交通违章和非法入侵的传票时有较高可能性拒不出庭,并致使法院颁发法庭逮捕令。发现未执行的逮捕令给予了警察立即对嫌疑人羁押逮捕并进行搜查的理由"。[5]

多数意见并没有说明是什么让本案"独立于"其他数不胜数的相似案件。多数意见也未对被告应该如何证明该逮捕属于"普遍的"(widespread)不当行为提供指导。当然,在法院决定要保护处于斯特里夫位置的人之前,法院不应该对盐湖城进行联邦调查。

IV

仅从我的个人观点与个人职业经验看来,除了会引发该行为字面上的不便之外,我认为违法"拦停"行为会造成更为严重的后果。法院给予了警察一系列对嫌疑人进行调查与检查的特权。如果我们免除了警察在缺乏足够理由时使用上述特权的责任,我们便给了了警察以武断方式调查行人的理由。我们也同时面临着部分社会成员沦为二等公民被加以对待的风险。

---

[1] Dept. of Justice, Civil Rights Div., Investigation of the Newark Police Department 9, n. 7 (2014).

[2] Dept. of Justice, Civil Rights Div., Investigation of the Newark Police Department 8, n. 7 (2014).

[3] Ligon v. New York, 925 F. Supp. 2d 478, 537~538 (SDNY).

[4] State v. Topanotes, 2003 UT 30, ¶2, 76 P. 3d 1159, 1160.

[5] C. Rems-berg, Tactics for Criminal Patrol 205-206 (1995); C. Epp et al., Pulled Over 23, 33~36 (2014).

尽管许多美国人曾因超速或横穿马路而被拦停，但几乎没有人意识到这种尴尬的拦停在警察意图发现更多东西时会演变成什么。法院允许警察以任何他想要的理由拦停你——只要警察能够在事后提供辩护的托词。[1]这种辩护必须提供警察怀疑你违反法律的特定原因，[2]但种族因素、[3]住址因素、[4]穿着因素[5]和举止因素[6]都可能被纳入考虑。警察甚至不需要知道你具体违反了哪一部法律，只要他事后能够指出你任何可能的违法行为——即使该行为是轻微、不相关或是含糊的。[7]

这种拦停的无礼之处不局限于警官告诉你：你看上去像一个罪犯。[8]警察可能会进而征求你的"同意"以允许他检查你的背包或钱包，但是他不会告知你有拒绝的权利。[9]不管你的回答如何，他都可能会让你"无助地面壁站立着并高举双手"。[10]如果警察认为你有危险性，他可能对你搜身以确定你是否携带武器。这不仅涉及搜身检查。据路过的旁观者所言，警察会用"灵敏的手指触摸你身体的每一个部分。他们可能会对你的手臂、腋窝、腰、后背、腹部、睾丸区域以及从腿到脚的全身表面都进行彻底检查"。[11]

警察对你的控制并不会因为拦停的结束而停止。警察还可能会仅仅以你超速、横穿马路或者"驾驶皮卡车时没有让你三岁的儿子和五岁的女儿使用安全带"为由让你戴上手铐，把你关进监狱。[12]在监狱中，他可以采集你的指纹，从你的口腔获取 DNA 或强迫你进行"灭虱淋浴"，而你则要"伸出舌头，举起手臂，转过身并举起生殖器"。[13]即使你是无辜的，你现在也是美国

---

〔1〕 Whren v. United States, 517 U. S. 806, 813（1996）.

〔2〕 Terry v. Ohio, 392 U. S. 1, 21（1968）.

〔3〕 United States v. Brignoni-Ponce, 422 U. S. 873, 886~887（1975）.

〔4〕 Adams v. Williams, 407 U. S. 143, 147（1972）.

〔5〕 United States v. Sokolow, 490 U. S. 1, 4~5（1989）.

〔6〕 Illinois v. Wardlow, 528 U. S. 119, 124~125（2000）.

〔7〕 Devenpeck v. Alford, 543 U. S. 146, 154 ~ 155（2004）；Heien v. North Carolina, 574 U. S.（2014）.

〔8〕 C. Epp et al., Pulled Over 23, 5（2014）.

〔9〕 Florida v. Bostick, 501 U. S. 429, 438（1991）.

〔10〕 Terry v. Ohio, 392 U. S. 1, 17（1968）.

〔11〕 Terry v. Ohio, 392 U. S. 1, 17, n. 13（1968）.

〔12〕 Atwater v. Lago Vista, 532 U. S. 318, 323~324（2001）.

〔13〕 Florence v. Board of Chosen Freeholders of County of Burlington, 566 U. S.（2012）（slip op., at 2~3）；Maryland v. King, 569 U. S.（2013）（slip op., at 28）.

6500 万有过逮捕记录和遭受雇主、房东以及任何对你进行背景审查的人"剥夺公民权利"（civil death）式的歧视的成员之一。[1]并且，如果你无力支付保释金或者拒绝出庭，法官会颁发逮捕令来让你未来处于"随时随地可被逮捕"（arrestable on sight）的状态。

本案也包括了不存在怀疑便进行拦停的情形，警察可以在没有正当理由的情况下引发一连串事件。正如司法部记录的，许多无辜的人都曾经历过这种违宪搜查的侮辱。在这些案件之中，被告的白人种族身份表明：任何人的尊严都可能被这种方式侵犯。[2]但是众所周知，有色人种更容易受到这种审查的侵犯。[3]一代又一代黑色和棕色人种的家长"教育"他们的孩子：不要在街上奔跑、把手放在警察能看见的地方、不要和陌生人顶嘴……其实，这一切都是出于对持枪警察的恐惧。[4]

通过使这种导致双重认知的行为合法化，本案告诉所有人：警察可以在任何时候核查你的法律记录状态，无论你是白人还是黑人，是有罪还是无罪。你的身体将受到侵犯，而法院将会谅解这种对你权利的侵犯。这表明，你并非民主社会中的公民，而是等待着被编入名册的监狱国家的奴隶。

我们不能假装认为：无数被警察常规性地列为目标的人们是"独立的"。我们就像矿井中死亡的金丝雀，不论是在法律上还是在字面上，都在警告我们：没有人可以在这种氛围中呼吸。[5]我们意识到非法的警察拦停损害了所有的公民自由，并对我们的生命产生威胁。在我们的观点得到重视之前，我们的司法系统将难以维系。

* * *

我提出异议。

---

[1]　Chin, "The New Civil Death", 160 U. Pa. L. Rev. 1789, 1805 (2012); J. Jacobs, "The Eternal Criminal Record 33~51" (2015); Young & Petersilia, "Keeping Track", 129 Harv. L. Rev. 1318, 1341~1357 (2016).

[2]　M. Gottschalk, Caught, 119~138 (2015).

[3]　M. Alexander, The New Jim Crow, 95~136 (2010).

[4]　W. E. B. Du Bois, The Souls of Black Folk (1903); J. Baldwin, The Fire Next Time (1963); T. Coates, Between the World and Me (2015).

[5]　L. Guinier & G. Torres, The Miner's Canary, 274~283 (2002).

卡根大法官发表异议意见，金斯伯格大法官加入

如果一名警察没有合理怀疑就在道路上拦停行人，这种扣押便违反了《宪法第四修正案》。如果警察对这个被非法拘留的人进行检查并且在其口袋中发现毒品，那么政府不能在刑事诉讼中将该毒品作为证据，以上显然是毫无疑问的。本案的问题在于，如果警察在拦停路人之后、在找到毒品之前，发现他有尚待执行的逮捕令记录，证据禁止规则是否会被消解。因为如此微小的波澜不会在宪法框架下产生任何影响，所以我持反对意见。

本院已经建立了如何判断是否应该排除违反《宪法第四修正案》的证据的简单框架：只有社会收益大于其成本时，此类证据才能被排除。[1]非法证据排除规则有一个重要功能——阻止违宪的警察行为。通过禁止使用非法获取的证据，法院减少了警察绕过《宪法第四修正案》的机会。[2]但非法证据排除规则也"需要付出沉重的代价"（exacts a heavy toll）：它使得许多案件中的罪犯尚未受到惩罚便被释放。[3]本院的判决应当致力于在二者的矛盾中取得良好平衡，我不赞成在每次警察行为与《宪法第四修正案》冲突时，便"神经反射般"（reflexive）地排除证据。[4]但是，当排除证据可以"有效地阻止"警察不当行为时，法院应当坚决予以排除。[5]

因此，本案需要法院来判断：对道格拉斯·法克雷尔警官非法拦停爱德华·斯特里夫后所获得的证据进行排除，是否会有效地阻止警察在将来进行相似的违宪行为。并且，正如法院所言，这种要求需要适用"因果关系减弱理论"——我们试图找到一个证据发现与警察不当行为间"因果关系减弱"至排除证据的收益小于其成本的"临界点"。[6]自"布朗诉伊利诺伊州案"以来，[7]三大要素指引我们的分析。第一，违法行为与证据发现之间的"时间接近性"越接近，进行证据排除的价值就越大；[8]第二，警察违法的意图

---

[1] Davis v. United States, 564 U. S. 229, 237 (2011).

[2] James v. Illinois, 493 U. S. 307, 319 (1990).

[3] Davis v. United States, 564 U. S. 229, 237 (2011).

[4] Davis v. United States, 564 U. S. 229, 238 (2011).

[5] Herring v. United States, 555 U. S. 135, 141 (2009).

[6] United States v. Leon, 468 U. S. 897, 911 (1984).

[7] Brown v. Illinois, 422 U. S. 590, 604~605 (1975).

[8] Brown v. Illinois, 422 U. S. 590, 603 (1975).

越是故意或恶意，阻止相似违法行为的需求就越明确，机会也越大；[1]第三，"介入因素"的出现将产生一定影响：违法行为与证据发现间的因果关系越强，非法证据排除就越能抑制将来的违宪行为。[2]在本案中，正如下文所述，每一个要素都指向了排除该证据。法克雷尔警官发现未执行的逮捕令，但并没有使得其违法行为与发现毒品之间的因果关系减弱，因此减少了适用非法证据排除规则带来的收益。

多数意见的开头直截了当地承认，时间接近性因素"支持对证据进行排除"。毕竟，法克雷尔警官仅在其违宪拦停了斯特里夫几分钟后便发现了毒品。在先前的判决中，本院清楚地表明，只有在两个事实间存在"实质性的时间"（substantial time）间隔时法院才会采纳证据。[3]（在非法逮捕与供述间的时间间隔小于两个小时时，排除非法证据。）因此，根据各种意见，州政府的行为不适用第一个要素。

接下来讨论法克雷尔警官行为的目的性，但是在这一点上，法院多数意见并未给予足够重视。对于法克雷尔警官违反《宪法第四修正案》的行为，多数意见将其归咎于若干无辜般的"错误"。但不同于巴尼法伊夫式的灾难（a Barney Fife-type mishap）[4]，法克雷尔警官对斯特里夫的扣押是精心计划后的决定。这样的扣押是如此缺乏正当理由，以至于州政府从未对该行为的合法性进行辩护。在证据排除听证会中，法克雷尔警官承认其拦停是以调查为目的——"为了查明他所监视的房屋内发生了什么"并查明"斯特里夫在房子内的行为"。法克雷尔警官坦白地承认除了斯特里夫"恰巧从那所房屋出来"外，他没有其他理由进行这种行为。如果加入法克雷尔与斯特里夫的名字，把"逮捕"换成"拦停"，把"合理怀疑"换成"正当理由"，那么本院对"布朗案"的判决可以完美地诠释本案：

"毫无疑问，法克雷尔警官缺少拦停斯特里夫的合理怀疑。法克雷尔警官之后承认，他是为了自己对房屋的调查才拦停斯特里夫并进行询问……本案

---

[1] Brown v. Illinois, 422 U. S. 590, 604（1975）.

[2] Brown v. Illinois, 422 U. S. 590, 603~604（1975）.

[3] Kaupp v. Texas, 538 U. S. 626, 633（2003）（法院一致判决）；Brown v. Illinois, 422 U. S. 590, 604（1975）.

[4] 巴尼法伊夫（Barney Fife）是美国电视剧《安迪格里芬秀》（Andy Griffith Show）中的一名男性角色。剧中巴尼法伊夫是一位自大、莽撞、喜欢吹牛但又缺乏自信的警察。——译者注

的违法性在于……警察有一定的目的性。拦停斯特里夫行为的错误性是明显的。法克雷尔警官承认自己意识到了这个问题。在证词中，他行为的目的是'为了调查'：法克雷尔警官是期待某事发生才着手进行检查。"[1]

在"布朗案"中，法院所列举的支持排除证据的事实与本案一致。对于"布朗案"判决中列举的第二个要素（警察行为的目的），多数意见对之考虑不周。

最后，需要考虑是否存在某种介入性因素，该因素是否导致了"违法行为与发现的证据之间因果关系"的中断。介入因素的概念来源于侵权法的近因原则（proximate causation）。[2]并且，在侵权法的语境中，只有在不可预见时此种情形方可被称为介入因素——而非在几英里之外就能预见。[3]但是，本案中的因素是可以预见的，因果关系尚未被打破（例如 X 自然地引发 Y 又自然地引发 Z）。

此外，法克雷尔警官发现了逮捕令——多数意见考虑的唯一一介入因素——这是拦停斯特里夫显而易见的可预见结果。正如法克雷尔警官的证言，拦停并根据尚待执行的逮捕令对嫌疑人进行盘查是南盐湖城警察"标准"的行为。[4]换句话说，警察局进行拘留的标准程序（拦停行人，询问身份，进行检查）中，有一部分是为了警方执行尚待执行的逮捕令而设计的。[5]例如：加利福尼亚州有 250 万份尚待执行的逮捕令（相当于该州 9%的成年人口）；宾夕法尼亚州（约 1280 万人口）有超过 140 万份类似的逮捕令；纽约市（840 万人口）有 120 万份类似的逮捕令。[6]因此，尚待执行的逮捕令并不是

---

〔1〕 Brown v. Illinois, 422 U. S. 590, 605（1975）.

〔2〕 Bridge v. Phoenix Bond & Indemnity Co. , 553 U. S. 639, 658~659（2008）. 该案判决，当"一个介入因素打破了侵权行为与伤害的因果关系"时当事人无法主张近因原则。在"Kerr, 'Good Faith, New Law, and the Scope of the Exclusionary Rule', 99 Geo. L. J. 1077, 1099 (2011)"一案中，法院认为分析《宪法第四修正案》因果关系减弱时，应当注重审查违宪行为是否是证据发现的近因。

〔3〕 W. Keeton et al. , Prosser and Keeton on Law of Torts 312（5th ed. 1984）.

〔4〕 State v. Topanotes, 2003 UT 30, 2, 76 P. 3d 1159, 1160.

〔5〕 索托马约尔大法官的异义意见。

〔6〕 Reply Brief 8; Associated Press, Pa. Database, NBC News（Apr. 8, 2007）, http://goo. gl/3Yq3Nd（最后访问于 2016 年 6 月 17 日）; N. Y. Times, Oct. 8, 2015, p. A24. 更重要的是，未解决逮捕令在人群中不是平均分布的。相反，它们集中于拦截经常发生的城市、城镇与邻近社区——所以在拦截中发现逮捕令的概率比上文所列的数字更高。例如一项研究表明，俄亥俄州辛辛那提市的 30 万位居民中存在超过十万未解决的逮捕令。Helland & Tabarrok, "the Fugitive: Evidence on Public versus Private Law Enforcement from Bail Jumping", 47 J. Law & Econ. 93, 98（2004）. 正如索托马约尔大法官所述，密苏里州弗格森镇的 21 000 位居民中有 16 000 人负有未解决的逮捕令。

突如其来的因素。它是警察拦停路人的一般结果，这也正是警察在对行人的身份进行常规检查时想要发现的东西。同时，警察知晓该情况屡有发生（with fair regularity）。总之，本案并不存在介入因素中断因果关系。[1]所以，第三个要素在本案中也不适用。

多数意见误用了"布朗案"中的三要素标准，将对警察们进行令人遗憾的引导，事实上等于鼓励前案中的那些警察做出与本案法克雷尔警官相同的行为。设想一个像法克雷尔一样的警察：在缺少法院所认可的合理怀疑时，为了犯罪调查便可以随意拦停任何人。如果警察认为他所发现的任何证据都会不被采纳，那么他很可能判定他的违法拦停没有价值，这恰恰是非法证据排除规则所要取得的威慑目的。但是，倘若他知晓了本院今天的判决结果，他将会如何？如今，警察们发现：违法拦停可以产生可被采纳的证据，只要其拦停目标是成千上万的个人记录中有未处理的逮捕令的人，警察在搜查中发现的任何物品都可以在刑事诉讼中使用。警察的违宪意愿也会因此增加，从今以后，他们会发现：即使缺少合理怀疑而拦停行人，仍然会产生潜在收益，尤其是警察期待着不再受证据排除规则的约束时。因为多数意见将《宪法第四修正案》置于危险之中，因此我提出了异议。

---

〔1〕 多数意见依据"塞古拉案"得出相反的结论，但"塞古拉案"的判决与本案案情并不相似。在塞古拉案中，法院认为，警方《宪法侵犯第四修正案》对随后获得逮捕令与发现毒品证据无任何帮助。所以，在"塞古拉案"中法院没有理由考虑本案所面临的问题：当违宪行为事实上导致逮捕令的发现，并随后导致了证据的发现时应该如何处理？

警察有权搜查公众手机信息吗？

——莱利诉加利福尼亚州案 *

沈定成 ** 凤立成 *** 译

美国联邦最高法院

就莱利诉加利福尼亚州一案

发至加州第四区上诉法院一审调卷复审令

No. 13-132

2014 年 4 月 29 日法庭辩论 2014 年 6 月 25 日判决〔1〕

判决摘要

上诉人莱利（Riley）驾驶车辆因违反交通规则而被警察拦截，随即因车内夹藏武器而被逮捕。一名警察在其被捕后立即搜身，并从其裤袋中拿出了莱利的手机。该警察查看了手机信息并注意到了信息中反复出现与一个街头流氓团伙有关的措辞。2 小时后，在警察局，专业侦破团伙犯罪的侦探进一步检查了手机中的数码内容。根据侦探从手机中所获取的部分照片和影像资料，加利福尼亚州（简称"加州"）指控莱利早前的枪击行为，并因其团伙作案情节予以加重处罚。莱利申请将警察从其手机中获取的信息排除在本案的证

* Riley v. California, 573U. S. (2014).

2016 年江苏省政府法制研究专项资助课题项目"政府信息公开司法审查利益平衡原则实证研究"（项目编号：2016jsfz013）。本案的翻译受到江苏博事达律师事务所政府法律顾问业务部的大力支持，深表感谢。

** 东南大学法学院博士生，金陵行政法案例研究中心研究员。

*** 常州市武进区人民检察院办公室副主任，检察员。

〔1〕 以及就"合众国诉伍瑞案"（案号为第 13-212 号）发至第一巡回上诉法院的调卷复审令。

据范围之外。地区法院驳回了莱利的申请并判处其犯枪击罪，加州上诉法院维持了这一判决。

被告人伍瑞（Wurie）因被警察发现其参与明显的毒品交易而被捕。在警察局，警察没收了伍瑞随身携带的手机并发现手机屏幕上显示有多个来自"我的家"（my house）的来电。警察打开手机，访问电话记录，确定号码与"我的家"有联系，并且追踪这个他们怀疑是伍瑞公寓的号码。他们获得了搜查令并在随后的搜查中发现了毒品、枪支、弹药和现金，然后，伍瑞被指控犯毒品和枪支犯罪，伍瑞申请将警察从公寓获取的证据排除在本案的证据范围之外，地区法院驳回了伍瑞的申请并判其有罪。第一巡回法院推翻了地区法院驳回申请的裁决，撤销了有关的定罪。

本院判决：在没有令状的情况下，警察一般不能没收被捕者的手机并查询相关数字信息。

第一，只有在符合《宪法第四修正案》令状原则的特定例外情况下，无证搜查才是合理的，[1]当合法逮捕中进行无授权的搜查时，针对这个问题应该适用已确立的例外原则。

三个相关先例规定了警察在何种程度上可以搜查在被逮捕人身上或其附近找到的财产。"戚莫尔（Chimel）诉加利福尼亚州（California）案"[2]要求为了保护警察的安全利益和防止证据损毁，逮捕之后的搜查必须被限制在被捕者立即控制的区域。在"合众国诉罗宾逊案"[3]中，法院把对"戚莫尔案"的分析应用于搜查被捕者身上发现的烟包，认为即使对个别案件中证据的丢失或对警察的威胁并不特别担心，"戚莫尔案"中所确定的风险也存在于所有拘留逮捕中。[4]在三部曲的最后——"亚利桑那州（Arizona）诉甘特（Gant）案"[5]中只有在被捕人具有威胁性且当搜查时与汽车车厢近在咫尺时，或者有正当理由相信在车辆中可能发现据以逮捕的犯罪的证据时，方允许警察搜查车辆。[6]

---

[1] See Kentucky v. King, 563 U.S.
[2] Chimel v. California, 395 U.S. 752.
[3] United States v. Robinson, 414 U.S. 218.
[4] 414 U.S., at 235.
[5] Arizona v. Gant, 556 U.S. 332.
[6] Arizona v. Gant, 556 U.S., at 343.

第二，法院拒绝扩张"罗宾逊案"所确立的规则来搜查手机中存储的数据。由于缺少来自建国时期更精确的指导，在决定某一搜查能否在没有搜查令的情况下进行时，法院一般"要一方面评估其侵犯个人隐私的程度，另一方面评估其能促进的合法的政府利益的程度。"〔1〕利益的权衡为在"罗宾逊案"中逮捕之外的搜查提供着支撑，但是查看手机中的信息并不能增进在"戚莫尔案"中所确定的政府利益，并且它涉及比简单的物理搜索明显更大的个人隐私利益。

1. 存储在手机上的数字数据不存在戚莫尔风险。

（1）存储在手机上的数字数据本身不能用作伤害逮捕警官或帮助被捕者逃跑的武器。警察仍然有权检查手机部件以确保它不会被用作武器，但手机上的数据不会危及任何人。在一定程度上查看手机数据可能警告警察即将发生危险，比如被捕者的同伙已经到达现场，这种问题最好通过令状原则规定的特定案例的例外来解决，如紧急情况。〔2〕

（2）联邦政府和加利福尼亚州政府担心证据被破坏，认为即使手机本身是安全的，手机上的信息仍然容易受到远程擦除和数据加密。这些外部的担心最初产生于戚莫尔试图隐藏或破坏在其范围内的证据来应对逮捕，律师辩论意见书也没有说明问题是普遍的或者执行逮捕时搜查是一个有效的解决方法。至少对于远程删除证据来说，执法部门目前有一些技术措施来应对证据丢失。最后，在特定案件中，执法部门所担心的问题可以通过有针对性地应对远程删除的紧急威胁来解决，〔3〕或者采取行动禁用电话的锁定机制以便保护现场。〔4〕

2. 检查被捕者包裹里的东西并不会对被捕者的隐私权造成额外的侵犯，这一结论在适用于检查实物时可能是对的，但当涉及数字数据时，比这更大的实质性隐私利益将会受到威胁。

（1）手机无论是在量上还是在质上都不同于来自被逮捕人可能携带的其他物体。显然，现代手机具有巨大的存储容量。在手机出现之前，对人的搜查受到物理现实的限制，并且通常只构成对隐私的有限入侵，但手机可以存

---

〔1〕 Wyoming v. Houghton, 526 U. S. 295, 300.

〔2〕 See, e. g., Warden, Md. Penitentiary v. Hayden, 387 U. S. 294, 298~299.

〔3〕 See Missouri v. McNeely, 569 U. S.

〔4〕 See Illinois v. McNeely, 531 U. S. 326, 331~333.

储数百万页的文字、数千张图片或数百个视频，这就造成了几个与隐私利益有关的后果。第一，手机在某个方面收集了多份不同种类的信息，能够揭示比单一的记录更多的联系；第二，手机的容量甚至允许仅仅一种类型的信息可能传播的距离远远超过以前；第三，手机上的数据可以追溯到几年前。此外，手机最普遍的特征并非物理记录。十年前，警察可能偶尔会碰到高度个人化的东西，比如日记，但是在今天许多拥有手机的美国成年人中，有超过90%的人在他们的生活中几乎每一个方面都有一个数据记录。

（2）由于在现代手机上查看的数据信息实际上可能存储在远程服务器上，这导致所关注的隐私利益的范围进一步复杂化。所以，搜查可以远远超出被捕者身体附近的文件和财产，这是联邦政府承认且不能明确排除的一种关切。

第三，联邦政府和加利福尼亚州政府的后备选择是有瑕疵的，并且有悖于本院通过提供分类规则给执法部门以明确指导的通常偏好。[1]一个可能的方法就是引入车辆环境中的甘特标准，无论何时我们都有理由相信手机包含了逮捕的犯罪证据时，允许在无令状时查看被捕者的手机，这种提议在当前这种环境下是不恰当的：当涉及查看手机的时候，它实际上没有任何限制。另一个可能的方法就是将查看手机信息的范围限制在与犯罪、被捕者的身份或警察的安全相关的范围。该提议仍然缺少对警察的有意义的限制。最后，加利福尼亚州政府提出了一个模拟规则，根据该规则，如果警察可以从前数字的对应物（pre-digital counterpart）中获得相同的信息，那么他们可以搜索手机数据。即使人们不太可能随身携带包含有各种信息的纸质的形式，但该提议会使执法部门搜查手机中包含的大量内容，并将促使法院在界限不清的情况下寻找与电子文件对应的物理记录。

第四，诚然，本案判决将会对执法部门打击犯罪产生一定影响。但是本院并不是禁止查看手机上的信息，而是要求在查看之前取得令状。令状原则是《宪法第四修正案》的一个重要组成部分，而且令状随着工作效率的提高是可以获得的。此外，虽然逮捕时例外的搜查规定并不适用于手机，但是在紧急情况下例外的持续存在可能会使执法机构有理由在特定情况下进行无证搜查。

首席大法官罗伯茨（Roberts）发表了法庭判决，斯卡利亚（Scalia）大法官、肯尼迪（Kennedy）大法官、托马斯（Thomas）大法官、金斯伯格（Gins-

---

〔1〕 See Michigan v. Summers, 452 U. S. 692, 705, n. 19.

burg）大法官、布雷耶（Breyer）大法官、索托马约尔（Sotomayor）大法官和卡根（Kagan）大法官同意，阿利托（Alito）大法官在判决中发表了部分协同意见。

法庭判决

首席大法官罗伯茨发表了法庭判决意见。

这两个案件都揭示了同一个问题：对被逮捕的嫌疑人，在没有获得法院搜查令的情况下，警察是否有权查看从其身上搜到的手机中的数字信息。

一

（1）在第一个案件中，莱利因为驾驶的车辆牌照过期而被警察拦下，在盘问过程中警察还发现莱利的驾驶证已被吊销，警察根据规定扣押了莱利的车，另一名警察则对车辆中的物品进行搜查，并且发现车子引擎盖下藏有两只手枪，莱利遂因非法夹藏枪支被逮捕。[1]

一名警察在逮捕莱利后附带性地对其进行搜查，发现了与"血"街道帮派（the "Bloods" street gang）有关的东西，同时从莱利裤兜里没收了一部手机。据莱利交代，这是一部智能手机，功能强大，有先进的计算功能、存储容量巨大而且还能联网。警察查看了手机中的信息并且发现一些与词语"CK"有关的信息（短信和通话记录）。该警察认为"CK"是"Crip Killers"的简称，这是血帮成员的代号。

逮捕后在警察局经过大约两个小时，专业侦破团伙犯罪的侦探进一步检查了手机里的内容。侦探仔细检查了莱利的手机"以寻找证据，因为……帮派成员经常拍摄他们拿枪的视频或图片"。[2]尽管手机上有很多内容，但特别吸引侦探眼球的一些内容包括一些年轻人在打斗，而旁边则有一些人在叫喊着"Blood"的视频，[3]警察还发现莱利站在一辆汽车前，他们怀疑这辆汽车与几个星期前的枪击事件有关。

---

[1] See Cal. Penal Code Ann. §§ 12025（a）（1），12031（a）（1）（West 2009）.

[2] App. in No. 13-132, p. 20.

[3] App. in No. 13-132, at 11-13.

莱利最终被控告与一起早前的枪击事件有关，用半自动武器袭击载有人的车辆并企图谋杀，州政府控诉莱利为街头犯罪团伙利益所犯的罪行，应当作为加重情节加重他的刑罚。[1]在审判之前，莱利对警察从他手机里获得的所有证据提出异议。他主张从手机里获得的证据违反了《宪法第四修正案》，因为他们在查看手机时并没有获得令状，也没有紧急情况的例外。初审法院驳回了这一抗辩，[2]在莱利的审判中，警官核实了电话里的照片和录像，认为其中一些照片可以作为证据使用。莱利在三次审判中均被判有罪，并被判处15年有期徒刑至终身监禁不等的刑罚。

加利福尼亚州上诉法院维持判决[3]，该院援引了加利福尼亚州最高法院在"皮普尔（People）诉迪亚兹（Diaz）[4]案"中的意见，该案认为《宪法第四修正案》允许在没有搜查令时对手机数据进行附带搜查，只要该手机与被捕者近在咫尺。[5]

加利福尼亚州最高法院驳回了莱利的复审请求[6]，本院发出了调卷令[7]。

（2）在第二个案例中，一名巡逻警察发现被告人伍瑞在一辆汽车上进行明显的毒品贩卖，警察随后逮捕了他并将其带回警察局，在警察局，警察没收了伍瑞的两部手机。其中一个为"翻盖手机"，一种翻转开来使用，通常具有比智能手机更少功能的手机。到警察局5分钟~10分钟后，警察发现手机的外部屏幕上显示不断接到多个来自"我的家"的来电。几分钟后，他们打开了手机并发现手机的壁纸是一个女人怀抱婴儿的照片，他们按下一个键来访问通话记录，然后按另一个键搜索到标记为"我的家"的电话号码，然后他们接着使用在线电话目录来跟踪该电话号码到一栋公寓楼。

当警察进入该公寓时，找到了有伍瑞名字的邮箱并通过窗户看到跟伍瑞手机上的照片一样的女人，他们在获得搜查令后包围了公寓，随后执行搜查令，发现并缴获了215克强效可卡因、大麻、吸毒用具、枪支弹药和现金。

---

〔1〕　Cal. Penal Code Ann. § 246（2008）with § 186. 22（b）（4）（B）（2014）.

〔2〕　App. in No. 13-132, at 24, 26.

〔3〕　No. D059840（Cal. App.，Feb. 8, 2013），App. to Pet. for Cert. in No. 13-132, pp. 1a~23a.

〔4〕　People v. Diaz, 51 Cal. 4th 84, 244 P. 3d 501（2011）.

〔5〕　See id.，at 93, 244 P. 3d, at 505-506.

〔6〕　App. to Pet. for Cert. in No. 13-132, at 24a.

〔7〕　571 U. S. ___（2014）.

伍瑞被指控贩卖强效可卡因、基于贩卖意图而持有强效可卡因以及非法持有枪支弹药。[1]伍瑞认为，应该将从其公寓中获得的证物排除在证据范围之外，因为对他的手机的搜查是违宪的，地区法院驳回了这一抗辩[2]，伍瑞在三次庭审中都被判有罪，并被处以262个月监禁。

第一巡回上诉法院一个意见有分歧的合议庭推翻了地区法院对伍瑞抗辩的否决，该院认为伍瑞没有非法持有武器并意图出售的罪行。[3]该院认为手机不同于其他可以无证搜查的物品，因为它包含大量的个人信息并且对执法利益基本没有威胁。[4]

本院发出了调卷令。[5]

二

《宪法第四修正案》规定："人民的人身、住宅、文件和财产不受无理搜查和扣押的权利不受侵犯，除依据可能成立的理由，以宣誓或代誓宣言保证，并详细说明搜查地点和扣押的人或物，不得发出搜查和扣押令。"

"布里格姆市（Brigham City）诉斯图亚特（Stuart）案"明确表明："第四修正案的最终目标是'合理性'。"[6]本院的判例明确了"执法人员执行搜查以发现犯罪分子的犯罪证据时，'合理性'通常指需要搜查令"[7]搜查令能够确保支持搜查的结论是"由中立和超然的法官提出的，而不是由负责查明犯罪事实的警察擅自决定的"。[8]只有在特定的例外情形下，无令状的搜查才是合理的。[9]

摆在本院面前的这两个案例，其争点是合法逮捕后所附带进行的无证搜查是否具有合理性。在1914年，本院首次声明："在英美法下，合法逮捕被

---

〔1〕 See 18 U. S. C. § 922（g）；21 U. S. C. § 841（a）.

〔2〕 612 F. Supp. 2d 104（Mass. 2009）.

〔3〕 728 F. 3d 1（2013）.

〔4〕 See id. , at 8~11.

〔5〕 571 U. S. ＿＿＿（2014）.

〔6〕 Brigham City v. Stuart, 547 U. S. 398, 403（2006）.

〔7〕 Vernonia School Dist. 47J v. Acton, 515 U. S. 646, 653（1995）.

〔8〕 Johnson v. United States, 333 U. S. 10, 14（1948）.

〔9〕 See Kentucky v. King, 563 U. S. ＿＿＿, ＿＿＿（2011）（slip op. , at 5~6）.

告人时搜查和扣押犯罪的成果和证据，是政府一方的权利。"〔1〕自那时起，这种搜查作为令状原则的例外，被人们普遍接受。因为在逮捕时无令状的搜查事件远比有令状的要频繁，"例外"这个词在此背景下显得有点使用不当。〔2〕

虽然早在一个世纪以前人们就认识到无证搜查的存在，但对其范围的争论同样旷日持久。〔3〕这场争论的焦点在于，警察可以搜查被捕者身上或附近的哪些财产？三个相关的先例阐述了这样的搜查规则。

第一个案例——"戚莫尔诉加利福尼亚州案"〔4〕，为大多数逮捕时的附带搜查原则奠定了基础。在该案中，警方在戚莫尔家中逮捕了他，然后搜查了他带有三个卧室的房子，包括阁楼和车库。在个别房屋，他们甚至还查看了抽屉里的东西。〔5〕

法院提出了以下标准来评估逮捕附带搜查的合理性：

"逮捕时，拘捕人员对被捕的人进行搜查是合理的，以便可以防止被捕者可能试图使用的任何武器以抵制逮捕或逃跑，否则，警察的安全可能受到威胁或造成逮捕失败。此外，逮捕人员搜查和没收被捕人的任何证据以防止其被隐瞒或毁坏，是完全合理的……因此，对被逮捕者进行搜查，以及在其'即时控制'范围内的地区（即在他可能拿到武器或销毁证据的范围内）进行搜查，具有充分的理由。"〔6〕

在无令状的情况下对戚莫尔家进行大范围的搜查，并不在这种例外之内，因为它并不需要保护警察的安全或保存证据。〔7〕

4年后，在"合众国诉罗宾逊案"〔8〕中，法院针对被捕者本人的搜查援引了"戚莫尔案"的分析。罗宾逊因使用已吊销的驾照驾驶车辆而被警察逮捕，警察对罗宾逊进行拍身搜查，并且在他的口袋中发现了不明物体，取出后发现原来是一个皱巴巴的香烟盒，之后打开发现里边有 14 粒海洛因。〔9〕

---

〔1〕 Weeks v. United States, 232 U. S. 383, 392.

〔2〕 See 3 W. LaFave, Search and Seizure § 5. 2 (b), p. 132, and n. 15 (5th ed. 2012).

〔3〕 See Arizona v. Gant, 556 U. S. 332, 350 (2009). (提及了这一例外规则的"多变历史"。)

〔4〕 Chimel v. California, 395 U. S. 752 (1969).

〔5〕 Chimel v. California, 395 U. S. 752 (1969), at 753~754.

〔6〕 Chimel v. California, 395 U. S. 752 (1969), at 762~763.

〔7〕 Chimel v. California, 395 U. S. 752 (1969), at 763, 768.

〔8〕 United States v. Robinson, 414 U. S. 218 (1973).

〔9〕 United States v. Robinson, 414 U. S. 218 (1973), at 220, 223.

上诉法院认为这种搜查是不合理的，因为没有证据证明罗宾逊犯有涉嫌之罪，并且因为搜出香烟盒并不能认为是搜查武器的保护性措施。本院作出了相反的裁判，否定了"逐案裁决"即结合个案来确定"是否有理由支持附带搜查"这一观点。[1]法院解释道："在合法拘留逮捕时对被捕人的附带搜查的权力，取决于是否要解除武装和发现证据，而并不取决于法院事后能够确定存在从特定被逮捕的嫌疑人身上发现武器或证据的可能性。"[2]相反，"基于可能原因拘留逮捕嫌疑犯是对第四修正案的合理违反；该违反是合法的，对逮捕后的搜索不需要取得额外的许可"。[3]

法院最后作出判决，尽管并没有证据证明可能毁损的危险，警察也不确定罗宾逊持有武器，但是，对于罗宾逊的搜查仍然是合理的。[4]在这个案子中，法院并不认为对罗宾逊本人的搜查和对在搜查中所发现的口袋里的香烟盒的进一步搜查有何不同。法院认为："在合法搜查的过程中发现皱巴巴的香烟盒，警察有权检查它。"[5]几年后，法院澄清这种例外仅限制于"个人物品……与被捕者近在咫尺的个人物品"。这一规定因为其他原因在"加利福尼亚州诉阿赛维多（Acevedo）案"[6]中被废除。

逮捕时附带搜查三部曲最终以"甘特案"结尾，它涉及搜查被捕人的交通工具。"甘特案"像"罗宾逊案"一样，都认可在"戚莫尔案"中对警察安全和证据的保全构成逮捕时附带搜查的基础。[7]最终，法院认为根据"戚莫尔案"确立的规则，"只有在被捕人具有威胁性且当搜查时与汽车车厢近在咫尺时"，警察才可以搜查车辆。[8]但是，"甘特案"另外提出，对汽车进行无证搜查还须具备另外的条件，即"有理由相信可能在车辆中发现与逮捕的犯罪相关的证据"。[9]法院解释，这一例外规定并非来自"戚莫尔案"，而是

---

[1] United States v. Robinson, 414 U. S. 218 (1973), at 235.

[2] United States v. Robinson, 414 U. S. 218 (1973), at 235.

[3] United States v. Robinson, 414 U. S. 218 (1973), at 235.

[4] United States v. Robinson, 414 U. S. 218 (1973), at 236.

[5] United States v. Robinson, 414 U. S. 218 (1973), at 236.

[6] California v. Acevedo, 500 U. S. 565 (1991).

[7] See 556 U. S., at 338.

[8] 556 U. S., at 343.

[9] 556 U. S., at 343. (quoting Thornton v. United States, 541 U. S. 615, 632 (2004). (斯卡利亚大法官的协同意见)

源于"机动车的特殊性"。[1]

三

这些案例要求我们决定如何将逮捕时附带搜查的原则应用到现代手机中。手机是我们广泛使用且不可或缺的日常生活的一部分,或许就连外星人都知道这是了解人类的一个重要方式。从莱利身上搜到这种智能手机,十年前还不存在,而现在绝大多数美国人都有这种手机。[2]伍瑞持有的操作比较简单的手机,自 2007 年伍瑞被捕时起就不太流行了,但也存在了将近 15 年。当"戚莫尔案"和"罗宾逊案"作出判决时,这两款手机的技术在几十年前是不敢想象的。

由于缺乏来自建国时期更精确的指导,我们通常通过评估"一方面,它在何种程度上侵犯了个人的隐私权,另一方面,它能在多大程度上提升政府的合法利益"来决定某一搜查是否能在没有搜查令的情况下进行。[3]这样的一种利益权衡方法为在"罗宾逊案"中逮捕时附带搜查提供了支持,并且在这个问题上,对"罗宾逊案"的机械适用,可能为本案的无证搜查提供很好的支持。

然而,尽管"罗宾逊案"的原则可以适用于具有物理性质的实物的权衡,但在适用于手机上存储的数据信息方面就不再那么具有说服力了。在政府利益方面,"罗宾逊案"总结出在"戚莫尔案"中对于警察人身安全的危害和证据损毁的两种危险,在羁押逮捕时普遍存在,而查看数码信息则没有相应的风险。此外,"罗宾逊案"中认为任何在逮捕后所保留的个人的隐私权由于逮捕本身的原因事实上都在减少,然而,手机掌握有大量的个人信息。查看手机中的信息,跟在"罗宾逊案"中简单的物理搜索之间,几乎没有可比性。

因此,我们拒绝将"罗宾逊案"的要旨扩展到查看手机信息的情况中去,而是认为警察在进行搜查之前必须获得搜查令。

1. 我们首先考虑"戚莫尔案"中所涉及的每个问题。我们无法忽略"罗

---

[1]　556 U. S. , at 343.

[2]　See A. Smith, Pew Research Center, Smart phone Ownership—2013 Update (June 5, 2013).

[3]　Wyoming v. Houghton, 526 U. S. 295, 300 (1999).

宾逊案"对于逮捕时的附带搜查所提出的原则，即不管"在特定的逮捕情形下发现武器或证据的可能性如何"，"基于解除武装和发现证据的需要"而进行逮捕时的附带搜查是合理的。[1]我们并非是要求采用"罗宾逊案"所推翻的"逐案裁决"原则，[2]而是需要考虑将附带搜查原则应用到这一特殊情形，是否会"超出戚莫尔案判决所确立的原则"。[3]

（1）手机上所储存的数字信息本身并不能作为危害正在执行逮捕的警察或帮助被捕者逃脱的武器。执法的警察仍然可以自由地检查手机的物理方面，例如确定是否有一个剃刀刀片隐藏在手机壳里，以确保它不会被用作武器。一旦警察拿到了手机并且排除了潜在的物理上的威胁，手机上的信息不会危害任何人。

也许有人认为这与没收罗宾逊口袋里的烟盒情况相同，一旦警察控制了烟盒，罗宾逊就不可能接触到烟盒里的东西。但是，在逮捕时的紧张氛围下，无论不明物体多么微小，都会有一定的风险。"罗宾逊案"的警察作证说，他不能识别香烟盒中的物品，但知道它们不是香烟，[4]鉴于此，进一步的查看是合法的保护性措施。但数字数据不存在这样的未知风险。第一巡回法院解释道，查看伍瑞手机的警察确切知道他们将会查看到的信息，他们也知道里边的信息不会对他们造成危害。[5]

联邦政府和加利福尼亚州政府都认为查看手机信息可能间接地保证警察的安全，例如提示警察被捕者的同伙正赶往现场。毫无疑问，巨大的政府利益存在于这种潜在威胁的提示中，但联邦政府和加利福尼亚州政府都没有提供证据表明他们的担心是有事实依据的。这种观点也是"戚莫尔案"中认为被捕者本人有可能夺取武器来反抗警察以抗拒逮捕或帮助他逃脱的担心的扩大。[6]而且，任何来自逮捕现场以外的此类威胁都不会"出现在所有拘留逮捕中"。[7]因此，保护警察安全的利益并不足以使无证搜查合法化。在某种程度上，危险在特定案件中会以特定的方式伴随着警察，可以通过考虑个案的

---

[1] 414 U. S. , at 235.

[2] 414 U. S. , at 235.

[3] Gant, supra, at 343; See also Knowles v. Iowa, 525 U. S. 113, 119 (1998).

[4] See 414 U. S. , at 223, 236, n. 7.

[5] 728 F. 3d, at 10.

[6] 395 U. S. , at 763.

[7] Chadwick, 433 U. S. , at 14~15.

例外情况，比如在紧急情况下，来更好地解决这些问题。[1]

（2）联邦政府和加利福尼亚州政府主要关注"戚莫尔案"的第二个原则：防止证据毁损。

莱利和伍瑞都承认警察可以拿走他们的手机以防止在申请令状时损毁证据。[2]这是一种合理的让步。[3]一旦执法的警察对手机采取保护措施，就不存在被捕者能够删除手机中的有罪证据的风险。

联邦政府和加利福尼亚州政府认为，手机上的信息仍然可能遭遇电子数据特有的两种类型的证据损毁——远程擦除和数据加密。当连接到无线网络的手机接收到删除存储的数据的指令时就会发生远程擦除，这可能发生在第三方发送远程指令时，或者当手机被预编程为在进入或离开某些地理区域（即"区域限定"）时删除数据。[4]加密是一些现代手机通过附加设置密码的一种安全功能。当手机上锁后，数据受到复杂的加密保护，除非警察知道密码，否则所有电话都不会遭到破坏。[5]

这些有关证据灭失的深层次的考虑，不同于"戚莫尔案"中被捕者试图隐匿或毁灭身边的证据的情况。[6]关于远程擦除，政府的主要关注点是不在逮捕现场的第三方的行动，数据加密则是更深层次的考虑。所以，政府所担心的不只是被告及其同伙试图隐匿或销毁证据，还有实现手机安全功能的正常操作。

我们也没有理由相信这个问题普遍存在，以上仅仅列举了由逮捕而引发远程擦除的例子。[7]同样，警察搜到未受密码保护的手机的机会是相当有限的。执法警察不太可能遇到处在解锁状态的手机，因为大多数手机在触碰一个按钮之后都会锁住，或者在默认情况下在非常短暂的不活动时间之后锁定。[8]这可能解释了为什么在法院的案情阶段（merits stage）之前没有争论过加密

---

〔1〕 See, e. g., Warden, Md. Penitentiary v. Hayden, 387 U. S. 294, 298~299（1967）.

〔2〕 See Brief for Petitioner in No. 13-132, p. 20; Brief for Respondent in No. 13-212, p. 41.

〔3〕 See Illinois v. McArthur, 531 U. S. 326, 331~333（2001）; Chadwick, supra, at 13, and n. 8.

〔4〕 See Dept. of Commerce, National Institute of Standards and Technology, R. Ayers, S. Brothers, & W. Jansen, Guidelines on Mobile Device Forensics（Draft）29, 31（SP 800-101 Rev. 1, Sept. 2013）（以下简称"Ayers"）.

〔5〕 Brief for United States as Amicus Curiae in No. 13~132, p. 11.

〔6〕 See 395 U. S., at 763~764.

〔7〕 See Brief for Association of State Criminal Investigative Agencies et al. as Amici Curiae in No. 13-132, pp. 9~10; see also Tr. of Oral Arg. in No. 13-132, p. 48.

〔8〕 See, e. g., iPhone User Guide for iOS 7. 1 Software 10（2014）.

问题，而且上诉法院从未考虑过加密问题。

此外，在逮捕可能引发的远程擦除或警察发现未锁定电话的情形中，无证搜查所起到的作用尚不清楚。需要实施逮捕，保护现场以及其他紧迫事项，这意味着执法人员很可能不能立即将他们的注意力转向手机。[1]从个人预料被逮捕起至最终完成对手机的搜查，甚至是在警局几个小时后，手机信息一直有被远程擦除的风险。同样，警察拿走在解锁状态下的手机，可能无法在手机锁定和数据加密之前及时开始查看手机信息。

在任何情况下，执法部门没有具体的手段来应对远程擦除的威胁。通过断开手机与网络的连接，可以完全防止远程擦除。至少有两个简单的方法这样做：第一，执法警察可以关机或移除其电池。第二，如果他们担心加密或其他潜在问题，他们可以打开电话，并将其放在一个封闭的袋中以隔离手机的无线电波。[2]这种设备以英国科学家迈克尔·法拉第（Michael Faraday）命名，被称为"法拉第袋"。它们基本上是由铝箔制成的类似三明治的袋子：便宜、轻便、易于使用。[3]这可能不是一个完整的问题解决方案，但至少提供了一个合理的解决方式。事实上，全国各地的一些执法部门已经鼓励使用法拉第袋。[4]

执法部门仍然十分担心可能发生的证据灭失，针对这一问题，可以采取更多有针对性的方法。如果"警察确实遭遇'机不可失'的情况"，例如，被告的手机将会成为远程擦除的目标，他们在这种紧急情况下可以查看手机信息。[5]或者，如果警察碰巧占有处于解锁状态的电话，则他们可以关闭电话的自动锁定功能，以防止电话锁定和加密数据。[6]这一预防措施可以用"麦克阿瑟案"[7]中的原则进行分析。当警察等待搜查令时，可先采取合理

---

〔1〕 See Tr. of Oral Arg. in No. 13-132, at 50; see also Brief for United States as Amicus Curiae in No. 13-132, at 19.

〔2〕 See Ayers 30~31.

〔3〕 See Brief for Criminal Law Professors as Amici Curiae 9.

〔4〕 See, e. g., Dept. of Justice, National Institute of Justice, Electronic Crime Scene Investigation: A Guide for First Responders 14, 32 (2d ed. Apr. 2008); Brief for Criminal Law Professors as Amici Curiae 4~6.

〔5〕 Missouri v. McNeely, 569 U.S. (2013) (slip op., at 10) [quoting Roadenv. Kentucky, 413 U. S. 496, 505 (1973); some internal quotation marks omitted].

〔6〕 See App. to Reply Brief in No. 13-132, p. 3a (diagramming the few necessary steps).

〔7〕 531 U. S. 326.

措施以保护现场和证据。[1]

2. 支持逮捕时的附带搜查,不仅是为了维护在不稳定的逮捕情形下高度的政府利益,还因为被捕者被警察拘留时隐私权益的必然减少。"罗宾逊案"主要关注的是第一点,但它也引用了当时卡多佐法官解释逮捕时的附带搜查的历史原因时的支持言论:"当具备逮捕和指控的理由,而且法律允许对被捕者进行人身控制时,对该人的搜查变得合法。"[2]简单地说,与政府当局羁押罗宾逊相比,轻拍罗宾逊的衣服和检查在他口袋中发现的烟盒只是很小的附属性的侵犯。[3]

事实上,被捕者隐私权益的减少并不意味着《宪法第四修正案》的落空,并不是所有的搜查"仅仅因为嫌疑人被羁押就变成可接受的"。[4]相反,当"与隐私有关的问题足够重要"时,"尽管被逮捕者的隐私期望降低,搜查可能需要搜查令"。[5]"戚莫尔案"就是这样一个例子,"戚莫尔案"否认"对戚莫尔房屋从顶部到底部的整体的搜查对隐私权的侵犯是'微小的'"。[6]因为对被捕者整个房子的搜查是超出逮捕范围的大规模入侵,法院认为需要获得搜查令。

"罗宾逊案"是本院唯一援引"戚莫尔案"关于搜查被捕者物品进行裁判的案件。在早前的一个案件中,本院支持了对被逮捕人携带的拉链袋的搜查,但法院只分析了逮捕本身的有效性。[7]然而,下级法院援引"罗宾逊案"和"戚莫尔案"以支持对被逮捕者携带的各种个人物品进行搜查。[8]

联邦政府声称查看手机上存储的数字信息跟搜查这些普通物品"实质上

---

[1] See 531 U.S., at 331~333.

[2] 414 U.S., at 232 [quoting People v. Chiagles, 237 N.Y.193, 197, 142 N.E.583, 584 (1923)]; see also 414 U.S., at 237.(鲍威尔大法官的协同意见指出:"被合法羁押逮捕的人不享有宪法第四修正案中的重要隐私利益。")

[3] See Chadwick, 433 U.S., at 16, n.10 (searches of a person are justified in part by "reduced expectations of privacy caused by the arrest").

[4] Maryland v. King, 569 U.S. (2013) (slip op., at 26).

[5] Maryland v. King, 569 U.S. (2013) (slip op., at 26).

[6] 395 U.S., at 766~767, n.12.

[7] See Draper v. United States, 358 U.S.307, 310~311 (1959).

[8] See, e.g., United States v. Carrion, 809 F.2d 1120, 1123, 1128 (CA5 1987) (billfold and address book); United States v. Watson, 669 F.2d 1374, 1383~1384 (CA11 1982) (wallet); United States v. Lee, 501 F.2d 890, 892 (CADC 1974) (purse).

没有区别"。[1]这就像说骑马去月球和飞向月球实质上没有区别一样，这两者都是从 A 点到 B 点，但很少有人会将两者等同视之。现代手机所涉及的隐私问题远远超过搜查烟盒、钱包或手提包。一种观点认为搜查被捕者口袋里的东西除了逮捕本身可能造成的影响外，其并没有对个人隐私造成额外的实质性的侵犯，这种仅适用于普通物品，任何扩张至电子信息的搜查都是完全不同的事。

（1）手机无论是在量上还是在质上都不同于被捕人身上可能带有的其他物体。"手机"这个词本身是具有误导性的简称；许多这些设备只是碰巧具有电话功能，实际上是小型计算机，他们可以轻易地被称为相机、视频播放器、名片盒、日历、磁带录音机、图书馆、日记、相册、电视、地图或报纸。

现代手机最显著的特点之一就是其巨大的存储容量。在手机出现以前，对一个人的搜查受到物理现实的限制，并且仅构成对隐私的有限入侵。[2]大多数人都不可能随身携带在过去几个月收到的每一封邮件，他们拍的每张照片，或他们已经阅读的每本书或文章。他们也没有任何理由试图这样做。如果他们这样做，他们将不得不在身后拖着一个大箱子，而不是跟罗宾逊烟盒一样大小的容器。搜查类似于大箱子的物品是需要事先获取搜查令的，如"查德威克案"。[3]

但是，当涉及手机时，对隐私的可能的侵犯不限于对实物的搜查，目前畅销智能手机的标准容量为 16GB（最高可达 64GB）。16GB 相当于数百万页的文字、数千张图片或数百个视频。[4]手机将可用来存储多种不同类型的信息，即使是售价低于 20 美元的最基本的手机也可以存储照片、彩信、短信、互联网浏览历史、日历、上千条电话号码等。[5]我们认为普通物品与电子产品之间的鸿沟在未来只会继续扩大。

手机的存储功能会对隐私产生相关影响。首先，手机在某个方面收集许多不同类型的信息，如地址、笔记、处方、银行对账单、视频等，这些信息

---

[1] Brief for United States in No. 13-212, p. 26.

[2] See Kerr, "Foreword: Ac-counting for Technological Change", 36 Harv. J. L. & Pub. Pol'y 403, 404~405 (2013).

[3] Chadwick, supra.

[4] See Kerr, supra, at 404; Brief for Center for Democracy & Technology et al. as Amici Curiae 7~8.

[5] See id., at 30; United States v. Flores-Lopez, 670 F. 3d 803, 806 (CA7 2012).

会比任何单独的记录显示出更多的联系。第二，与以前相比，手机能够使一种信息类型传播相当多的信息。个人的私生活可以通过一千张标有日期、地点和描述的照片来重新构建，这与钱包里放一两张亲人的照片是完全不同的。第三，手机上的数据可以追溯到购买手机时，甚至更早。一个人可能在口袋里塞便条，提醒他打电话给琼斯先生，但他不会像通常手机存储那样，携带他在过去几个月里与琼斯先生的所有联系的记录本。[1]

最后，手机使用的普遍性使其并不仅仅是一个存储设备。在数据时代之前，人们通常不会随身携带含有他们敏感的个人信息的存储器来度过他们的一天，现在则是极少数的例外不会携带存储有个人信息的手机。根据一次民意调查，几乎3/4的智能手机用户说他们的手机大多数时候在5英尺内，有12%承认他们甚至在洗澡时也会使用他们的手机。[2]10年前，搜查被捕者的警察可能偶尔会发现一个高度个人化的物品，例如日记。[3]但这些发现通常少之又少。相比之下，到了今天，毫不夸张地说，在90%以上拥有手机的美国人中，许多人会用手机记录下来他们从寻常的到私密的几乎生活的各个方面的信息。[4]容许警方例行检查这类记录，与在偶然的情况下允许他们搜查一两件个人物品有很大不同。

虽然手机上存储的数据在量上与物理介质分开，但是某些类型的数据也在质上有所不同。例如，互联网搜索和浏览历史可以在具有互联网功能的手机上找到，并且可以透露个人的私人兴趣或关注点，其中或许还是对某种疾病的搜索。手机上的数据还可以显示某人去过哪里。历史位置信息是许多智能手机上的基本功能，能将个人活动精确到分钟，不仅可以定位某人在城镇，甚至还能定位到特定建筑物中。[5]

手机上的移动应用软件或"应用程序"提供了一系列用于管理人们生活各个方面的详细信息的工具。有民主党新闻和共和党新闻的应用程序；酒精、

---

〔1〕 由于联邦政府和加州政府都认可这些案件关于附带搜查，那么就不涉及搜查电子数据是否等同于其他情形下的搜查的问题。

〔2〕 See Harris Interactive, 2013 Mobile Consumer Habits Study（June 2013）.

〔3〕 See, e.g., United States v. Frankenberry, 387 F. 2d 337（CA2 1967）.（法院意见）

〔4〕 See Ontario v. Quon, 560 U. S. 746, 760（2010）.

〔5〕 See United States v. Jones, 565 U. S. ＿＿＿, ＿＿＿（2012）.（索托马约尔大法官的协同意见）（slip op., at 3）（"GPS定位系统对个人的社会活动能够形成精确全面的记录，这些记录能够反映这个人包括家庭、政治、职业、种族和性关系在内的各种细节。"）

毒品和赌博的应用程序；分享祷告请求的应用程序；检测怀孕症状的应用程序；计划预算的应用程序；各种可想象的爱好或消遣的应用程序；提升生活情趣的应用程序；以及购买和销售任何东西的流行的应用程序——可以随时在手机上访问这些交易记录。在两个主要应用商店中，每个都有超过 100 万个应用程序可用，"有一个应用程序可以用来……"这一短语现在是流行词汇的一部分。平均每个智能手机用户安装有 33 个应用程序，这些应用程序合在一起可以重构使用者的生活。[1]

1926 年，勒恩德·汉德（Learned Hand）认为（该意见在之后的威莫尔案中也被引用）搜查一个人的口袋和利用从他的房屋中搜查到的所能控告其有罪的一切东西是完全不同的。[2]然而，如果他的口袋里有一个手机，这一切就不同了。事实上，查看手机通常会暴露给政府远远超过对房屋最详尽地搜查的信息。手机不仅包含以前在家中发现的数字形式的敏感信息，还包含从未在家中找到过的任何形式的、广泛的个人信息。

（2）一个与隐私权益相关但更加复杂的问题是，事实上许多现代手机的用户可能并不将信息储存在设备本身上。将手机当作一个载体，其包括逮捕时所要搜查的内容，其实在最一开始就限制了手机的范围。[3]但当触摸手机屏幕就可以访问其他载体上的数据时，这一类比就完全没有意义了。越来越多的手机被设计成具有"云计算"的功能，云计算通过联网设备显示储存在远程服务器上的信息而不是设备本身，手机用户经常不知道信息是储存在手机还是云端，它基本上没有任何影响。[4]此外，同一类型的信息可能既储存在设备上也可以储存在云端。

联邦政府承认逮捕的附带搜查不能扩展到对远程文件的搜查——对云端储存文件的搜查。[5]这样的搜查就像在嫌疑人的口袋中找到钥匙后就允许执法部门开门并搜查房屋。但是，警察查看手机信息时并不知道他们所看到的信息是在逮捕时就存储在手机上还是从云端下载的。

---

〔1〕 See Brief for Electronic Privacy Information Center as Amicus Curiae in No. 13-132, p. 9.

〔2〕 United States v. Kirschenblatt, 16 F. 2d 202, 203（CA2）.

〔3〕 See New York v. Belton, 453 U. S. 454, 460, n. 4（1981）.（将"载体"解释为"能够承载其他信息的物品"）

〔4〕 See Brief for Electronic Privacy Information Center in No. 13-132, at 12~14, 20.

〔5〕 See Brief for United States in No. 13-212, at 43~44.

尽管政府意识到这一问题的存在，但尚没有明确的解决方法。政府提议警察在查看手机时可采取将手机断网这一应对远程擦除威胁的非常措施，或者由执法部门"通过协议解决"云计算带来的问题。这或许是个好主意，但是先贤们领导革命并不是为了让政府有这种订立协议的权利。搜查的范围可能超过被捕者自身携带的文件和物品，是本案隐私利益大于"罗宾逊案"隐私利益的又一原因。

3. 除了直接扩张适用"罗宾逊案"的要旨外，联邦政府和加利福尼亚州政府还提出了多种后备的选择，允许在特定情形下对手机进行无证搜查。每个提议都有缺陷，并且有悖于本院通过提供分类规则给执法部门以明确指导的通常偏好。"如果要为警察提供可行性的规则，那么不同利益间的平衡……'必须很大程度上按照分类基础进行，而不是由每个警察按照个案情况便宜行事。'"[1]

联邦政府首先提议引入"甘特案"确立的在汽车中搜查的标准，无论何时，只要有合理理由相信手机中包含逮捕所需的犯罪证据，就可以对被捕者的手机进行无证搜查。但是"甘特案"的依据是"机动车的特殊性"，仅仅支持为了收集证据而搜查。[2]在"甘特案"的依据——"桑特案"中，斯卡利亚大法官解释：当涉及机动车时，这些特殊性是指"对隐私权的期待减少"和"迫切的执法需要"。[3]根据我们所说明的上述理由，搜查手机并不具备上述任何一种特征。

无论如何，当涉及查看手机时，"甘特案"的标准根本没有实际限制。当涉及机动车时，"甘特案"主要是防止对以往犯罪证据的搜查，[4]然而当涉及手机时，无论犯罪何时发生，都有合理理由预料到将会在手机上发现有罪信息。同样，当涉及机动车时，"甘特案"也限制对一些小的犯罪（如交通违章）扩大搜查。[5]这对手机来说却不一定如此，特别是对一名缺乏经验和想象力的执法警察来说，他无法想象出是否可以在手机上发现犯罪证据。若某

---

〔1〕 Michigan v. Summers, 452 U. S. 692, 705, n. 19 (1981) (quoting Dunaway v. New York, 442 U. S. 200, 219-220 (1979) (怀特大法官的协同意见)。

〔2〕 556 U. S., at 343.

〔3〕 541 U. S., at 631; see also Wyoming v. Houghton, 526 U. S., at 303~304.

〔4〕 See 3 W. LaFave, Search and Seizure §7.1 (d), at 709, and n. 191.

〔5〕 See 3 W. LaFave, Search and Seizure, §7.1 (d), at 713 and n. 204.

个人因为超速这种经常发生的事被拦下，也有可能在他的手机上发现证明他有罪的定位信息。即使是司机因为超速这种司空见惯的行为而被拦下，也有可能在他的手机上留有证据，显示是否在开车时发短信。这种潜在的相关信息非常之多，所以将"甘特案"的标准应用到手机上会"赋予警察过大的自由裁量权，使其可以恣意搜查个人的私人物品。"[1]

联邦政府还提议可以设定规则限制手机的搜查范围，当警察有合理理由相信将会发现的信息，与犯罪、被捕人身份或警察安全有关时，可以搜查手机。[2]但这种方法仍然缺少对警察的有益限制，所设条目包含有大量的信息，而警察不能总提前知道将在哪里找到什么信息。

我们还否定了联邦政府最后的主张，就像在"伍瑞案"中一样，警察总是可以查看手机的通话记录。政府这一提议的依据是"史密斯诉马里兰州政府案"，[3]该案提出，查看电讯公司用记录器记录的某人拨过的号码不需要搜查令。然而法院在这个案件中使用记录器根本不是《宪法第四修正案》下的"搜查"。[4]警察查看伍瑞的手机没有争议。此外，通话记录所包含的远不止电话号码，它还包括个人可能添加的身份识别信息，如在"伍瑞案"中的标签"我的家"。

最后，在口头辩论阶段，加利福尼亚州政府提出了另一个新的限制性原则，即如果警察可以从前数字的对应物中获得相同的信息，那么他们可以查看手机信息。[5]但事实上，前数字时代搜查也就是查看钱包中的一两张照片，这并不意味着查看电子相册中的数千张照片也是合法的。一些人可能在钱包中装有纸质的银行对账单，但这并不意味着搜查他过去五年每一笔银行账目都是合法的。更糟的是，这种对应物标准会使执法部门搜查手机中包含的大量的内容，尽管人们不太可能随身携带包含有此类各种信息的纸质形式材料。例如在"莱利案"中，在口袋中随身携带有录像带、相册、电话本等一切物品是不太可能的。但是因为每个物品都有前数字时代的对应物，在加利福尼

---

〔1〕 556 U. S. , at 345.

〔2〕 See Brief for United States in No. 13-212, at 51~53.

〔3〕 Smith v. Maryland, 442 U. S. 735 (1979).

〔4〕 See id. , at 745~746.

〔5〕 See Tr. of Oral Arg. in No. 13-132, at 38-43; see also Flores-Lopez, 670 F. 3d, at 807. （"如果警察有权翻开随身日记本查看所有者的地址，那么就应当有权打开他的手机查看电话号码。"）

亚州政府的建议下，警察可以查看包含所有这些内容的手机——这是对隐私权的加大侵害。

此外，对应物标准将使法院在界限不清的情况下判定何种电子文件对应物理记录。电子邮件与书面信件等同吗？语音邮件与电话留言等同吗？警察在执行搜查之前怎样决定这些东西或法院在事实发生后怎样适用所建议的规则，这是不清晰的。对应物标准会使"被告和法官不知该如何做"。[1]

四

不可否认，今天我们所作的判决将会对执法部门打击犯罪产生影响。手机已经成为方便犯罪团伙成员间通信交流的重要工具，而且可以提供有关危险罪犯的重要涉案信息，但这以隐私权益的牺牲为代价。

当然，我们并不是说手机中的信息就免于搜查，相反，我们的意思是，在进行此类搜查时，通常要获得搜查令，即便搜查针对的是在逮捕时附带没收的手机。历史上的判例使我们意识到搜查令是"政府机器运转的重要工作内容"，而不仅是"以某种方式妨碍警察的工作效率"。[2]同时，当前相关技术的发展使获得搜查令的过程更加有效率。[3]

此外，即使逮捕时的附带搜查并不应用于手机，在其他的个案中，可能仍有针对个别手机进行无证搜查的情形。"当遇到第四修正案下的紧急情况，执法部门迫不得已要进行无证搜查在客观上是合理的时，就能适用这一例外。"[4]这种紧急情况包括在个案中阻止即将发生的证据毁损、追捕逃犯、帮助受重伤或面临危险的人。[5]例如，在"查德威克案"中，法院认为逮捕时附带搜查的例外存在并不能证明搜查箱子就是合法的。但法院指出："如果警

---

〔1〕 Sykes v. United States, 564 U.S. 1, (2011) （斯卡利亚大法官的异议意见）（slip op., at 7）（讨论了《携带武器的职业犯罪法案》下的对应物标准）。

〔2〕 Coolidge v. New Hampshire, 403 U.S. 443, 481 (1971).

〔3〕 See McNeely, 569 U.S., at (slip op., at 11~12)；McNeely, 569 U.S., at （罗伯茨大法官的部分协同意见和部分异议意见）（slip op., at 8）（描述的是一种"警察可以通过电子邮件将搜查令的申请发送至法官，然后法官签署搜查令后发回给警察，这些能够在15分钟内完成"。）

〔4〕 Kentucky v. King, 563 U.S., at ＿＿＿ (slip op., at 6)〔quoting Minceyv. Arizona, 437 U.S. 385, 394 (1978)〕.

〔5〕 563 U.S., at .

察有理由相信行李箱中包含紧急的危险物（如爆炸物）时，将它运送到警察局而不事先打开它是愚蠢的行为。"[1]

从这些紧急情况下可适用的例外来看，没理由不相信执法警察会遭遇曾经提及的更加极端的情况：嫌犯向准备引爆炸弹的嫌犯发消息或人贩子手机上可能有被拐儿童位置的信息。在这里被告承认（事实上是强调）这些特定的威胁，可能会使对手机数据的无证搜查合法化。[2]关键问题是，不像逮捕时的附带搜查，紧急情况的例外要求法院判断在每个案件中是否存在使无证搜查合法化的紧急情况。[3]

本院的判例使我们认识到，《宪法第四修正案》是起草人对饱受指责的"空白搜查令（general warrants）"和殖民时代的"协助令（writs of assistance）"的回应。"协助令"允许英国警察为了寻找犯罪证据进入房屋进行无限制的搜查。对这些搜查的反对，事实上成了革命的驱动力量。在1761年，爱国主义者詹姆士·奥蒂斯（James Otis）在波士顿针对协助令发表了演说，当时年轻的约翰·亚当斯（John Adams）就在那儿。他后来写道："拥挤的人群中的每一个人，都像我一样离开，准备好拿起武器反对协助令。"[4]根据亚当斯所说，奥蒂斯的演讲是"反抗大不列颠专横要求的首次行动中的第一个片段，美国的独立就是在那个时候、那个地方发端开来的"。[5]

现代手机并不仅仅是另一个提供技术上便利的工具，它包含并可能泄露所存储的信息，并被许多美国人视为"生活的隐私"。[6]现在技术允许个人随身携带这些信息，这并不使得这些信息缺少了保护价值，这些信息的保护都是建国者们为之奋斗的目标。对于警察进行逮捕时附带进行搜查手机前所要做的事，我们的答案很简单，那就是获得搜查令。

---

[1] 433 U. S. , at 15, n. 9.

[2] See Reply Brief in No. 13-132, at 8~9; Brief for Respondent in No. 13-212, at 30, 41.

[3] See McNeely, supra, at (slip op. , at 6). 比如，在"伍瑞案"中，第一巡回上诉法院持异议意见的法官提出，这些紧急情形本可以证明对伍瑞手机的搜查是合法的。See 728 F. 3d 1, 17 (2013). (霍华德大法官的意见) (讨论了来自"我的家"的多个未接来电，而"我的家"是一个疑似藏毒窝点。) 但是多数意见认为，政府并未因此处于紧急状态。See 728 F. 3d 1, at 1. 政府在庭审中提出了相同的意见。See Brief for United States in No. 13-212, p. 28, n. 8.

[4] 10 Works of John Adams 247~248 (C. Adams ed. 1856).

[5] 10 Works of John Adams, at 248 [quoted in Boyd v. United States, 116 U. S. 616, 625 (1886)].

[6] Boyd, supra, at 630.

我们在本院第 13-132 号判决中撤销了加利福尼亚州上诉法院的判决，并要求该案的后续事项不得与本案相违背。我们在本院第 13-212 号判决中对第一巡回法院的判决予以维持。

判决如上。

阿利托大法官的部分协同意见

我赞同本院要求执法警察在进行逮捕时的附带搜查里，在查看手机上存储的信息前必须获得搜查令。在此，我另外提两点意见。

一

1. 首先，此时我并不确信逮捕时附带搜查的古老规则仅仅出于（或甚至主要）保护逮捕警察的安全或防止证据毁损的需要。[1]这个规则比《宪法第四修正案》至少早了一个世纪，[2]而且在"威克斯案"或任何当局关于古老通行的法律规则的讨论中，我都没能找到任何意见证明逮捕时附带搜查仅仅出于或主要是为了保护逮捕警察的安全或防止证据毁损的需要。

相反，在"威克斯案"之前，当局对这一规则的基础进行讨论时，提及了出于获得具有证明力的证据的需要。例如 1839 年的一个案件写道："很明显而且毫无疑问，警察对被控以叛国或其他重罪的嫌疑人依法逮捕时，有权扣押在他的财产中发现的能够证明其被控罪行的物品。"[3]法院提及了这一规则的来源，"起源于国家将有罪（或有合理理由相信其有罪）之人送到法庭并且审判的正当诉讼程序的利益"。[4]

---

〔1〕 Cf. ante, at 9.

〔2〕 See T. Clancy, The Fourth Amendment: Its History and Interpretation 340 (2008); T. Taylor, Two Studies in Constitutional Interpretation 28 (1969); Amar, "Fourth Amendment First Principle", 107 Harv. L. Rev. 757, 764 (1994). In Weeks v. United States, 232 U. S. 383, 392 (1914) (我们认为第四修正案并未打破这一规则). See also Taylor, supra, at 45; Stuntz, "The Substantive Origins of Criminal Procedure", 105 Yale L. J. 393, 401 (1995). ["附带搜查（对被捕的嫌疑人进行搜查）的权力在 18 世纪中叶已经形成，并且在第四修正案中并未做任何改变。"]

〔3〕 See Dillon v. O'Brien, 16 Cox Crim. Cas. 245, 249～251 (1887). (citing Regina, v. Frost, 9 Car. & P. 129, 173 Eng. Rep. 771.)

〔4〕 16 Cox Crim. Cas., at 249～250; See also Holkerv. Hennessey, 141 Mo. 527, 537～540, 42 S. W. 1090, 1093 (1897).

本院曾援引的两部 19 世纪有关逮捕时附带搜查规则之来源的专著,[1]也提出了同样的原理。[2]

最终使我相信这一规则与保护警察安全和保全证据的需要并不那么紧密相连,是因为这些原理并不能解释规则的适用范围。在之前很长的一段时间内,法院都承认对被捕者身上发现的物品可以进行检查和在审判时使用。[3]但是一旦这些物品从被捕者那里被搜走(很多时候在查看之前即被搜走),就不存在被捕者会毁坏它们的风险,这些物品的存在也没有危及逮捕警察安全的风险。

认为保护警察安全和保全证据是允许逮捕时无证搜查的主要原因的观点,来自本院在"戚莫尔诉加利福尼亚州案"[4]中的判决,该案涉及搜查逮捕现场合法性的问题,而不是对被捕者人身的搜查,就像我之前所说的,"戚莫尔案"的推理是有疑问的,[5]而且我认为允许将推理应用到像搜查被捕者本人的案件是错误的。

---

[1] See Weeks, supra, at 392.

[2] See F. Wharton, Criminal Pleading and Practice § 60, p. 45 (8th ed. 1880) ("进行逮捕时,一定要从嫌疑人身上拿走他可能在庭审辩护时用作证据的物品"); J. Bishop, Criminal Procedure §§ 210~212, p. 127 (2d ed. 1872). (如果警察发现"与犯罪有关的财产,不论物品还是金钱,只要有理由相信它与可能的犯罪结果、犯罪工具或者有关交易的直接证据有关,就可以进行搜查,因为它们可能被提交至法庭。")

[3] Cf. Hill v. California, 401 U. S. 797, 799~802, and n. 1 (1971) (日记); Marron v. United States, 275 U. S. 192, 193, 198~199 (1927) (总账目和详单); Gouled v. United States, 255 U. S. 298, 309 (1921) (基于其他理由被撤销), Warden, Md. Penitentiary v. Hayden, 387 U. S. 294, 300~301 (1967) (文件); see United States v. Rodriguez, 995 F. 2d 776, 778 (CA7 1993) (地址簿); United States v. Armendariz-Mata, 949 F. 2d 151, 153 (CA5 1991) (笔记本); United States v. Molinaro, 877 F. 2d 1341 (CA7 1989) (钱包); United States v. Richardson, 764 F. 2d 1514, 1527 (CA11 1985) (钱包和文件); United States v. Watson, 669 F. 2d 1374, 1383~1384 (CA11 1982) (钱包里找到的证件); United States v. Castro, 596 F. 2d 674, 677 (CA5 1979), cert. denied, 444 U. S. 963 (1979) (口袋里找到的文件); United States v. Jeffers, 520 F. 2d 1256, 1267~1268 (CA7 1975) (3 个笔记本和会议记录); Bozel v. Hudspeth, 126 F. 2d 585, 587 (CA10 1942) (文件、通告、广告一类的物品,"记载详细姓名和地址的备忘录"); United States v. Park Avenue Pharmacy, 56 F. 2d 753, 755 (CA2 1932) ("大量空白处方"和 1 个支票簿). See also 3 W. LaFave, Search and Seizure § 5.2 (c), p. 144 (5th ed. 2012) ("下级法院在援引罗宾逊案时,认为以获取证据为目的的搜查是完全不受限制的"); W. Cuddihy, Fourth Amendment: Origins and Original Meaning 847~848 (1990) (在殖民地时期,"任何被捕者都能预料到,他的外套、身体、行李以及背包都可能会被搜查")。

[4] 395 U. S. 752 (1969).

[5] See Arizona v. Gant, 556 U. S. 332, 361~363 (2009). (阿利托大法官的反对意见)

2. 尽管我在上面对上述问题谈了自己的看法，但我同意的是，我们不应当将前数字时代的规则机械地应用到搜查手机上。现在使用的许多手机能够存储并获取的大量信息，有一些是高度私密性的，没有人会随身携带这些信息的纸质文件，这就要求执法与隐私利益间达成新的平衡。

法院偏向于保护隐私利益，这关系到所有的手机及其所存储的信息，并且这一方式将导致一些不同寻常的后果。例如相较于存储信息的纸质文件，法院更侧重于保护电子信息。假设两个嫌犯都被逮捕了，第一个嫌犯口袋里有一个月的通话详单，上边有一个与犯罪有关的长途号码，他的钱包里还有几张照片，其中一张与犯罪有关。第二个嫌犯的口袋里有一部手机，通话记录显示了与第一个嫌犯相同的电话号码。此外，手机里还存有许多照片，其中一张与犯罪有关。根据现行法律，警察可以在没有搜查令的情况下没收和检查嫌犯的通话单和钱包中的照片，但是法院今天认为，手机中的信息免于搜查。

法院的方式导致了这些不同寻常的后果，我并没有找到可行的替代规则。执法警察需要针对逮捕时附带搜查的清晰规则，这需要法院在很长一段时间内通过大量的案例，发展出更为细致的规则。而在此期间，普通美国人随身携带的电子设备还会持续变化。

二

这就引出了我要说的第二点，我同意法院的观点，我也重新考虑了其中的问题，在对执法部门的合法利益和手机所有者的隐私利益进行评估后，国会或州立法机关在制定法律时，能否根据信息的分类规则或其他的可变因素，作出合理的区分。

电子监控的规则为我们提供了指导性的范例。在法院认为即使没有侵犯财产利益，电子监控也构成搜查时，[1]国会在《1968 年综合犯罪控制与街道安全法》（Omnibus Crime Control and Safe Streets Act of 1968）第三章中，对其作出了回应。[2]自那以后，对电子监控的管制主要是依据权威且详细的法令

─────────

〔1〕 See Katz v. United States, 389 U. S. 347, 353~359 (1967).

〔2〕 See also 18 U. S. C. §2510 et seq.

来进行，而不是交由法官进行自由裁量。

现代手机对于合法和非法的使用目的来说，都有极大的利用价值：它们可以被用来实施许多严重的犯罪，而且带来了新的执法难题。[1]同时，由于这些设备在现代生活中扮演着重要角色，搜查手机的内容会牵涉到非常敏感的隐私利益，对于这些利益，法院往往难以进行界定和评估。现代技术的多种形式使得政府和个人记录关于平民生活的大量信息变得越来越容易。与此同时，许多普通人选择公开大量的个人信息，而这些信息在几十年前很少向外界透露。

鉴于目前的发展状况，如果联邦法院在 21 世纪主要关注《宪法第四修正案》的刻板规则，那这对于隐私保护将是极其不幸的。与我们相比，公众所选出的立法机关处于更加有利的位置，能够更好地评估和应对已经出现的和在将来几乎必定发生的变化。

---

[1] See Brief for United States in No. 13-212, pp. 2~3.

美国联邦最高法院对堕胎权的确认
——罗伊诉韦德案 *

马洪伦 ** 译

上诉自：美国得克萨斯州北区联邦地区法院

终审地：美国联邦最高法院

编号：No. 70-18

第一次辩论：1971 年 12 月 13 日

第二次辩论：1972 年 10 月 11 日

判决：1973 年 1 月 22 日

判决摘要

单身孕妇罗伊（Roe）提起了一个挑战《得克萨斯州刑事堕胎法》（Criminal Abortion Law）合宪性的集体诉讼，该法规定除非根据医嘱是为了挽救母亲的生命，否则禁止堕胎。执业医师赫夫特（Hallford）涉及两项未决的州堕胎刑事指控，但是被允许参加诉讼。一对已婚无子且妻子尚未怀孕的多伊夫妇（John and Mary Doe）基于未来避孕失败、怀孕、对亲子关系的不知所措以及对妻子健康的伤害等理由，挑战《得克萨斯州刑事堕胎法》。得克萨斯州北区联邦地区法院的一个三法官合议法庭合并审理了上述案件，裁定罗伊、赫夫特以及集体诉讼中的其他人都具备原告资格，并提出了一个可裁决的争议。

---

* Roe v. Wade 410 U. S. 113 (1973).

** 曲阜师范大学法学院副教授，法学博士。

为了符合中文的行文规则，原判例书正文中引注的解读性案例和法条，被译者改为当页脚注。判例的标题为译者所加。——译者注法院授予确认救济（Declaratory Relief）但拒绝禁令救济（Injunctive Relief），并裁决《得克萨斯州刑事堕胎法》因为明显侵犯《宪法第九修正案》和《宪法第十四修正案》保障的原告权利而无效。为寻求禁令裁决，上诉人向本院提起上诉。因为地区法院授予罗伊和赫夫特确认救济，被上诉人提出交叉上诉。判决如下：

1. 根据《美国法典》第 28 卷第 1253 条，当事人无权仅凭确认救济的授予或者拒绝而向本院提起上诉，但是对于因禁令救济被明确拒绝而已经上诉至本院，且禁令救济和确认救济理由一致的案件，可予以审查。

2. 罗伊具备诉讼资格，多伊夫妇和赫夫特不具备。

（1）与被上诉人的抗辩相反，罗伊孕期的自然结束并未使得"罗伊案"失去实际意义。"实际的争议必须存在于审查阶段，而不仅仅是诉讼开始之时"是原则，但"可重复，但规避审查"的妊娠诉讼是一个例外。

（2）地区法院拒绝禁令救济是正确的，授予赫夫特确认救济是错误的，因为他主张一种受联邦保护的权利，以此作为未决州指控的抗辩理由。[1]

（3）多伊夫妇的诉求建基于一系列的偶然事件，不能形成一个真实的案件或者争议。

3.《得克萨斯州刑事堕胎法》（比如本案所涉及者）规定不管在孕期的任何阶段及堕胎所涉的其他利益，只有为挽救母亲的生命而实施的堕胎手术才合法。这种规定违背了《宪法第十四修正案》所规定的正当程序条款，受该条款所保障的隐私权包含妇女终止妊娠的决定权。虽然不能剥夺上述权利，但是州具有保护孕妇健康和潜在人类生命的利益和义务，在妊娠的不同阶段，各种利益都在发展，且都可能在利益平衡中占据主导地位。

（1）在妊娠的前三个月，孕妇的主治医生有权依据临床判断决定并实施堕胎。

（2）妊娠三个月之后，为了保障孕妇的健康，州可以规制堕胎，但是规制措施必须与孕妇的健康合理相关。

（3）在胎儿具备存活能力之后，为了保护潜在的人类生命，除非根据适当的医学判断需要保护母亲的健康或者生命时，州可以规制乃至禁止堕胎。

4. 州可以规定，除目前已获得州执业许可的医生之外，任何人不得实施

---

[1] Samuels v. Mackell, 401 U. S. 66.

堕胎。

5. 得克萨斯州必定完全承认本院的判决，禁令救济问题无需裁决。

原判〔1〕部分被维持，部分被撤销。

布莱克门大法官发表了伯格首席大法官、道格拉斯大法官、布伦南大法官、斯图尔特大法官、马歇尔大法官和鲍威尔大法官加入的法院意见。伯格首席大法官、道格拉斯大法官和斯图尔特大法官发表了协同意见。怀特大法官发表了反对意见，伦奎斯特大法官加入。伦奎斯特大法官单独发表了反对意见。〔2〕

法庭判决

布莱克门大法官发表了法庭判决意见

本案以及"多伊案"挑战了州刑事堕胎立法的合宪性。许多州的刑事堕胎法已生效近一个世纪，得克萨斯州是其中的典型。与之不同，《佐治亚州刑事堕胎法》在某种程度上明显受到近来观念变化、医学知识与医疗技术进步以及对堕胎问题新思考的影响。

我们意识到堕胎争议的敏感性、强烈的反对意见（甚至在医生群体内部）以及似乎绝对的堕胎有罪化倾向。一个人的哲学观、经历、生存状态、宗教背景、关于生活和家庭及其价值的观点、观察与评论的道德标准等，都有可能影响甚至歪曲其关于堕胎问题的思考与判断。此外，人口增长、污染、贫穷和种族主义使得堕胎问题更加复杂。

我们的任务是通过宪法判断解决问题，并免受情感和偏见的影响。我们认真研究了过去几个世纪与堕胎的观念变化有关的医学及法医学历史，并在本院意见中重点强调。我们也牢记霍姆斯大法官（Holmes）如今已被证实的告诫：〔3〕

"宪法是为了拥有迥异观点的人而制定，我们不能根据包含某种观点的制定法是否与美国宪法相冲突，而认定这种观点是自然的、熟悉的、新奇的、甚至是令人震惊的。"

---

〔1〕 314 F. Supp. 1217.

〔2〕 伯格首席大法官和道格拉斯大法官的协同意见以及怀特大法官的反对意见发表在"多伊案"〔Doe v. Bolton, 410 U. S. 179〕中，作者表明同样适用于本案，遂一并译出。——译者注

〔3〕 Lochner v. New York, 198 U. S. 45, 76（1905）.（反对意见。）

一

  与本案有关的《得克萨斯州刑法典》第 1191~1194 条以及第 1196 条[1]规定，堕胎既遂与未遂都是一种犯罪行为，但根据医学建议挽救母亲的生命是例外。多数州的刑法典都有类似规定。[2]得克萨斯州在 1854 年首次颁布刑事堕胎法，[3]相关条款很快被修改，并在实质性内容未改变的前提下，延续至今。[4]

---

  [1] 第 1191 条：堕胎："经孕妇同意，以药物或者其他手段导致堕胎，判处入狱 2 年~5 年；未经孕妇同意者，刑期加倍。堕胎是指摧毁妇女子宫内的胚胎或者胎儿的生命或者导致其早产。"

  第 1192 条：堕胎药具的供应："为堕胎提供药具的人，若知其目的，则为共犯。"

  第 1193 条：堕胎未遂："堕胎未遂者，处罚金 100 美元~1000 美元。"

  第 1194 条：堕胎中的谋杀罪："因堕胎或者堕胎未遂导致母亲死亡，视为谋杀。"

  第 1196 条：治疗性堕胎："为挽救母亲的生命，可实施治疗性堕胎。"

  上述条款以及第 1195 条组成了《得克萨斯州刑法典》第 15 部分第 9 章。第 1195 条并不在合宪性挑战范围之内。引述如下：

  第 1195 条 摧毁未出生的孩子："在母亲分娩的过程中，任何摧毁正在出生或者实际已出生的孩子的生命的人，在无摧毁行为则能活体出生的情况下，判处入狱 5 年至终身监禁。"

  [2] Ariz. Rev. Stat. Ann. § 13-211 (1956); Conn. Pub. Act No. 1 (1972 年 5 月特别会议) [in 4 Conn. Leg. Serv. 677 (1972)], and Conn. Gen. Stat. Rev. § § 53-29, 53-30 (1968) (或者未出生的孩子); Idaho Code § 18-601 (1948); Ill. Rev. Stat. , c. 38, § 23-1 (1971); Ind. Code § 35-1-58-1 (1971); Iowa Code § 701. 1 (1971); Ky. Rev. Stat. § 436. 020 (1962); La. Rev. Stat. § 37: 1285 (6) (1964) (无医疗许可证) [未包含挽救母亲生命的例外条款参见 § 14: 87 (Supp. 1972)]; Me. Rev. ' Stat. Ann. , Tit. 17, § 51 (1964); Mass. Gen. Laws Ann. , c. 272, § 19 (1970) [挽救母亲的生命是例外条款，Kudish v. Bd. of Registration, 356 Mass. 98, 248 N. E. 2d 264 (1969)]; Mich. Comp. Laws § 750. 14 (1948); Minn. Stat. § 617. 18 (1971); Mo. Rev. Stat. § 559. 100 (1969); Mont. Rev. Codes Ann. § 94-401 (1969); Neb. Rev. Stat. § 28-405 (1964); Nev. Rev. Stat. § 200. 220 (1967); N H. Rev. Stat. Ann. § 585: 13 (1955); N. J. Stat. Ann. § 2A: 87-1 (1969) (无合法理由); N. D. Cent. Code § § 12-2501, 12-25-02 (1960); Ohio Rev. Code Ann. § 2901. 16 (1953); Okla. Stat. Ann. , Tit. 21, § 861 (1972-1973 Supp.); Pa. Stat. Ann. , Tit. 18, § § 4718, 4719 (1963) (包含例外条款); R. I. Gen. Laws Ann. § 11-3-1 (1969); S. D. Comp. Laws Ann. § 22-17-1 (1967); Tenn. Code Ann. § § 39-301, 39-302 (1956); Utah Code Ann. § § 76-2-1, 76-2-2 (1953); Vt. Stat. Ann. , Tit. 13, § 101 (1958); W. Va. Code Ann. § 61-2-8 (1966); Wis. Stat. § 940. 04 (1969); Wyo. Stat. Ann. § § 6-77, 6-78 (1957).

  [3] Texas Laws 1854, c. 49, § 1, set forth in 3 H. Gammel, Laws of Texas 1502 (1898).

  [4] Texas Penal Code of 1857, c. 7, Arts. 531~536; G. Paschal, Laws of Texas, Arts. 2192~2197 (1866); Texas Rev. Stat. , c. 8, Arts. 536~541 (1879); Texas Rev. Crim. Stat. , Arts. 1071~1076 (1911).

上述法律文本皆在最后一条规定了与第 1196 条一致的例外情形。[1]

二

1970 年 3 月，居住在得克萨斯州达拉斯县的单身女性罗伊提出了一项以达拉斯县检察官为被告的联邦诉讼，挑战《得克萨斯州刑事堕胎法》的合宪性，寻求确认判决和禁令判决。

罗伊声称她未婚先孕，希望在安全的临床条件下，由一名称职的执业医师通过手术终止妊娠。因为她的生命并未因为妊娠的继续而受到威胁，所以无法在得克萨斯州进行合法的堕胎手术，但是她无力支付前往能够在安全条件下实施合法堕胎手术的地区的费用。她认为，《得克萨斯州刑事堕胎法》因其模糊性而违宪，并侵犯了她的隐私权，该权利由宪法第一、四、五、九和十四修正案保护。通过补充起诉状，她为自己以及其他所有相似处境的妇女提起诉讼。

被允许参加"罗伊案"的赫夫特是一位执业医师，他曾经因违反得克萨斯州堕胎法而被捕，并涉及两项未决的州刑事堕胎指控。作为一位医生，赫夫特声称在很多案例中，他无法判断寻求其帮助堕胎的病人的情况是否符合《得克萨斯州刑法典》第 1196 条的规定。因此，他认为该法模糊且不确定，违反了《宪法第十四修正案》，侵犯了医患双方的隐私权以及他自己的行医权，上述权利由联邦宪法第一、四、五、九和十四修正案保障。

多伊夫妇共同提起了以地区检察官为被告的类似"罗伊案"的诉讼，寻求确认救济和禁令救济。在本案中，妻子深受神经系统紊乱之苦，尽管怀孕

---

〔1〕 很久以前，有人认为得克萨斯州刑事堕胎法因为定义模糊而违宪。得克萨斯州刑事上诉法院予以否定。Jackson v. State，55 Tex. Cr. R. 79，89，115 S. W. 262，268（1908）. 同一个法院于近期再次作出相同判决〔Thompson v. State（Ct. Crim. App. Tex. 1971），上诉待审，No. 71-1200〕。该院认为：（1）得克萨斯州有重大的利益以保护胎儿的生命；（2）第 1191 条的目的是保护胎儿的生命；（3）得克萨斯州有关杀人罪的制定法（特别是《得克萨斯州刑法典》第 1205 条）的意图是保护已经实际出生的人，因此它隐含着对未实际出生的人类生命的认可；（4）界定人类生命是立法机关而非司法机关的工作；（5）第 1196 条 "比维奇案" 〔United States v. Vuitch（402 U. S. 62）〕支持的哥伦比亚特区的制定法更具确定性；（6）《得克萨斯州刑事堕胎法》并不模糊或者宽泛，一个医生因实施堕胎被定罪的判决得到维持。"托马森案" 并不涉及第 1196 条例外情形的举证责任问题。〔Veevers v. State，172 Tex. Cr. R. 162，168～169，354 S. 1. 2d 161，166～167（1962）. Cf. United States v. Vuitch，402 U. S. 62，69～71（1971）.〕

并不意味着对其生命的严重威胁，医生仍然建议她在情况改善前避免怀孕。她遵从医嘱，间断服用避孕药。若怀孕，她想在安全的临床条件下，由一名称职的执业医师通过堕胎手术终止妊娠。通过补充起诉状，他们为自己以及其他所有相似处境的夫妇提起诉讼。

两起诉讼由得克萨斯州北区联邦地区法院的一个三法官合议法庭合并审理。这两起诉讼代表了单身怀孕妇女、妻子不能怀孕的无子夫妇和执业医师的境况，他们共同挑战《得克萨斯州刑事堕胎法》的合宪性。根据宣誓书，他们申请简易判决。联邦地区法院裁定罗伊及其集体诉讼中的其他人以及赫夫特具备诉讼资格，并提出了一个可裁决的争议，多伊夫妇因未能提供足够事实证明存在一个真实争议而不具备诉讼资格。法院认为，确认判决申请具备正当理由。地区法院判决认为，单身妇女以及已婚人士的生育权是一项被《宪法第九修正案》保护的基本权利，并通过《宪法第十四修正案》约束州政府。《得克萨斯州刑事堕胎法》因其模糊性以及过度侵犯《宪法第九修正案》保护的原告权利而无效。法院裁决，禁令救济申请无正当理由。最后，法院驳回多伊夫妇的起诉和禁令救济申请，宣告堕胎法无效。[1]

原告罗伊、多伊夫妇以及诉讼参加人赫夫特因为地区法院驳回禁令申请，根据《美国法典》第 28 卷第 1253 条的规定，向本院提起上诉。被告因为地区法院授予罗伊和赫夫特确认救济，根据相同的制定法，提出反上诉。双方均向美国联邦第五巡回上诉法院提出保护性上诉，该院暂停审理此案。我们延期作出管辖权决定。[2]

三

如果被告在上诉法院授予原告确认救济之前，依据本院规则第 20 条，向本院提出调卷令申请，可能更为合适。基于本院的已往判决，[3] 当法院仅仅授予或者拒绝禁令救济时，当事人无权根据《美国法典》第 28 卷第 1253 条向联邦最高法院提起上诉。尽管如此，本院认为上述判决并未禁止我们审查

---

〔1〕 314 F. Supp. 1217, 1225（ND Tex. 1970）.

〔2〕 402 U. S. 941（1971）.

〔3〕 Mitchell v. Donovan 398 U. S. 427（1970）；Gunn v. University Committee 399U. S. 383（1970）.

满足如下两个条件的案件中涉及的禁令救济和确认救济：一是因为禁令救济被明确拒绝已经依据第 1253 条上诉至本院；二是禁令救济和确认救济的理由一致。本案符合上述两个条件。[1]若本院作出其他决定，对相关人员的时间和精力都是一种浪费。[2]

四

接下来处理可诉性、诉讼资格等问题。罗伊和多伊夫妇对于争议结果是否具有利害关系[3]事关本案是否具备司法裁决性。[4]赫夫特涉及州法院的未决刑事指控对于联邦法院授权赫夫特以原告身份参加诉讼有何影响？

1. 尽管使用假名，但没有证据表明罗伊是一个虚构的人。我们认为罗伊真实存在；从 1970 年 3 月诉讼开始之时到 1970 年 5 月在地区法院填写化名宣誓书时，罗伊处于孕期；在得克萨斯州，她不能合法堕胎。

毫无疑问，在"罗伊案"立案之时直到 1970 年 5 月，罗伊提出了一个可裁决的争议。罗伊作为一位被《得克萨斯州刑事堕胎法》侵害的单身孕妇，具备挑战州法的诉讼资格，[5]被上诉人对此没有提出实质性的反对观点。上诉人的身份和请求权之间存在逻辑关系。[6]，其诉讼请求也具备可裁决性[7]

被上诉人指出，法庭记录表明在地区法院开庭之时（1970 年 5 月 22 日)[8]或者在法院宣判之时（1970 年 6 月 17 日)，罗伊及其集体诉讼中的所有人都不再处于孕期，"罗伊案"丧失了实际意义。

---

〔1〕 Carter v. Jury Comm'n, 396 U. S. 320 (1970)；Florida Lime Growers v. Jacobsen, 362 U. S. 73, 80~81 (1960).

〔2〕 Doe v. Bolton, 410 U. S. , at 179.

〔3〕 Baker v. Carr, 369 U. S. 186, 204 (1962).

〔4〕 Flast v. Cohen, 392 U. S. 83, 101 (1968)；Sierra Club v. Morton, 405 U. S. 727, 732 (1972).

〔5〕 Abele v. Markle, 452 F. 2d 1121, 1125 (CA2 1971)；Crossen v. Breckenridge, 446 F. 2d 833, 838~839 (CA6 1971)；Poe v. Menghini, 339 F. Supp. 986, 990~991 (Kan. 1972)；Truax v. Raich, 239 U. S. 33 (1915).

〔6〕 Flast v. Cohen, 392 U. S. , at 102.

〔7〕 Golden v. Zwickler, 394 U. S. 103 (1969).

〔8〕 在诉讼摘要中，被上诉人两次提及地区法院听审发生在 1970 年 7 月 22 日。待审案件登记以及庭审记录显示这是错误的，7 月 22 日可能是记者转录的时间。

"一个真实的争议必须存在于上诉或者调卷令审查阶段而不仅仅是诉讼开始之时"是联邦案件的一般规则。[1]但是，当妊娠是诉讼的重要事实时，如果为期266天的妊娠终结意味着案件失去实际意义，那么妊娠案件中的上诉审将不复存在。我们的法律不应如此僵化。对于同一个女性而言，妊娠是多次的而非单次的。妊娠是一个能够保持争议且持续存在的经典正当理由。妊娠很有可能"可重复，但规避审查"。[2]

因此，我们同意地区法院有关罗伊具备诉讼资格的判断，她提出了一个可裁决的争议，妊娠结束并未使其案件丧失实际意义。

2. 作为诉讼参加人加入"罗伊案"的赫夫特医生的情况与罗伊不同，他在起诉状中提出：

"他曾经因违反《得克萨斯州堕胎法》而遭逮捕，现在因帮人堕胎在达拉斯县刑事地区法院面临两项未决刑事指控。"[3]

在申请参加"罗伊案"时，赫夫特陈述了上述事实。在签订宣誓书以及申请简易判决时，复述之。

因此，赫夫特医生的目的是向联邦法院寻求针对《得克萨斯州刑事堕胎法》的确认救济和禁令救济。因违反该法，州法院正在审理针对他的刑事指控。尽管他指出自己曾经因违反该堕胎法而遭逮捕，但现在没有主张其受联邦保护之权利受到实质性与即刻性的威胁，也没有提出存在骚扰和恶意起诉。为了规避"塞缪尔斯（Samuels）案"[4]确立的规则：无骚扰和恶意诉讼时，州未决刑事案件中的被告无权在联邦法院挑战州据以起诉他的法律。赫夫特医生试图区别他"当前的州被告身份"和"潜在的被告身份"，并提出在第二种身份下，他具备诉讼资格。

此种区别毫无价值。"塞缪尔斯案"否定了地区法院授予赫夫特确认救济

---

〔1〕 United States v. Munsingwear, Inc., 340 U.S.36 (1950); Golden v. Zwickler, supra; SEC v. Medical Committee for Human Rights, 404 U.S.403 (1972).

〔2〕 Southern Pacific Terminal Co. v. ICC, 219 U.S.498, 515 (1911); Moore v. Ogilvie, 394 U.S.814, 816 (1969); Carroll v. Princess Anne, 393 U.S.175, 178~179 (1968); United States v. W. T. Grant Co., 345 U.S.629, 632~633 (1953).

〔3〕 (1) The State of Texas vs. OCTOBER TERM, 1972 Opinion of the Court 410 U.S. James H. Hallford, No. C-69-5307-IH, and (2) The State of Texas vs. James H. Hallford, No. C-692524-H.

〔4〕 Samuels v. Mackell, 401 U.S.66 (1971).

的决定。当然，地区法院拒绝禁令救济是正确的，"塞缪尔斯案"[1]提出了支持性理由。本案中的三法官合议法庭作出判决之后，杨格（Younger）、博伊尔（Boyle）、佩雷兹（Perez）、拜恩（Byrne）等案也相继宣判。

因此，驳回赫夫特医生参加诉讼的请求，[2]他应当回到州刑事指控诉讼程序中去。在授予赫夫特确认救济以及允许其参加诉讼的范围内，我们推翻得克萨斯州北区联邦地区法院的判决。

3. 考虑到已经赋予罗伊诉讼资格，多伊夫妇在集体诉讼中的资格问题不再重要，因为他们挑战同一部刑事堕胎法，诉讼请求一致。我们有必要简述一下多伊夫妇的情况。

该起诉状表明，这是一对无子女且妻子未怀孕的夫妇，因为医生的建议以及个人原因，他们不愿意生育孩子。若怀孕，他们将选择堕胎，但是在得克萨斯州，他们无法获得合法的堕胎服务。因此，他们要么在得克萨斯州寻求非法的堕胎服务，要么到得克萨斯州之外寻求合法的堕胎服务。他们或者避免正常的性行为，或者忍受可能的妊娠带给妻子的伤害。所以，原告提出的即刻的伤害只是一种对他们的婚姻幸福的不利影响。避孕可能失败，妻子可能怀孕，她可能需要在得克萨斯州寻求非法的堕胎手术服务。

上述措辞显示出了多伊夫妇投机的推理过程。他们宣称的伤害建基于未来避孕失败和怀孕的可能性、未来未做好为人父母的准备的可能性以及未来未恢复健康的可能性。在多伊夫妇看来，这些可能性可能会对他们的婚姻幸福产生或者真实或者可能的影响。我们认为，如此间接的一种伤害不足以提出一个实际的争议。[3]多伊夫妇提出的诉讼请求与一些已决案件相去甚远。[4]

---

〔1〕 Samuels v. Mackell, supra, and in Younger v. Harris, 401 U. S. 37 （1971）; Boyle v. Landry, 401 U. S. 77 （1971）; Perez v. Ledesma, 401 U. S. 82 （1971）; and Byrne v. Karalexis, 401 U. S. 216 （1971）; Dombrowski v. Pfister, 380 U. S. 479 （1965）.

〔2〕 我们无需考虑赫夫特医生能否代表某个群体参加诉讼。他的诉状并不能支持其提出一个集团诉讼，他仅提出他以及类似处境的其他人只能猜测第1196条的含义，没有表明其与任何阶层有关。他参与诉讼的申请指出原告罗伊并不能代表医生阶层、病人阶层的利益。但是，参与诉讼的申请并不是诉状。与地区法院不同，我们认为赫夫特医生的诉状并不能产生一个集团诉讼。

〔3〕 Younger v. Harris, 401 U. S., at 41~42; Golden v. Zwickler, 394 U. S., at 109~110; Abele v. Markle, 452 F. 2d, at 1124~1125; Crossen v. Breckenridge, 446 F. 2d, at 839.

〔4〕 See Investment Co. Institute v. Camp, 401 U. S. 617 （1971）; Data Processing Service v. Camp, 397 U. S. 150 （1970）; and Epperson v. Arkansas, 393 U. S. 97 （1968）; Truax v. Raich, 239 U. S. 33 （1915）.

因此，多伊夫妇不是本案中的适格原告。本法院维持得克萨斯州北区联邦地区法院驳回他们诉讼请求的判决。

五

《得克萨斯州刑事堕胎法》侵犯了孕妇选择终结妊娠的权利是上诉人的核心观点。上诉人可以从《宪法第十四修正案》的正当法律程序条款保障的个人自由、权利法案或它的伴影所保障的个人隐私、婚姻隐私、家庭隐私和性隐私[1]或者《宪法第九修正案》保障的由人民保留的权利[2]中发现上述权利。在回应该权利请求之前，多维度简要回顾堕胎的历史有助于我们审查州刑事堕胎法背后的目的和利益。

六

或许令人意外，大多数州堕胎制定法都是近代的产物，它们一般禁止在孕期的任何阶段堕胎，除非为了挽救孕妇的生命。它们在很大程度上源自 19 世纪后半期制定法的改变，没有古代甚至是普通法的渊源。

1. 历史上的态度。历史上的态度无法准确获知。有人认为，在波斯帝国时期，堕胎药已闻名，堕胎会招致严重的刑事惩罚；[3]有人认为，在希腊和罗马时代，[4]人们可毫无顾忌地实施堕胎。[5]以弗所人（Ephesian）索拉诺

---

〔1〕 Griswold v. Connecticut, 381 U. S. 479（1965）；Eisenstadt v. Baird, 405 U. S. 438（1972）, at 460.（怀特大法官的协同意见）

〔2〕 Griswold v. Connecticut, 381 U. S. 479, at 486（金斯伯格大法官的协同意见）

〔3〕 A. Castiglioni, A History of Medicine 84（2d ed. 1947）, E. Krumbhaar, translator and editor（以下简称"Castiglioni"）.

〔4〕 J. Ricci, The Genealogy of Gynaecology 52, 84, 113, 149（2d ed. 1950）（以下简称"Ricci"）；L. Lader, Abortion 75-77（1966）（以下简称"Lader"）；K. Niswander, Medical Abortion Practices in the United States, in Abortion and the Law 37, 38~40（D. Smith ed. 1967）；G. Williams, The Sanctity of Life and the Criminal Law 148（1957）（以下简称"Williams"）；J. Noonan, An Almost Absolute Value in History, in The Morality of Abortion 1, 3~7（J. Noonan ed. 1970）（以下简称"Noonan"）；Quay, Justifiable Abortion-Medical and Legal Foundations（pt. 2）, 49 Geo. L. J. 395, 406~422（1961）（以下简称"Quay"）.

〔5〕 L. Edelstein, The Hippocratic Oath 10（1943）（以下简称"Edelstein"）. See Castiglioni 227.

斯（Soranos）被认为是古代最伟大的妇科医生，他反对罗马时期盛行的自由堕胎实践。他认为，应该首先考虑母亲的生命，必要时可实施堕胎手术。[1]希腊和罗马法很少保护未出生者。如果某些地方起诉堕胎行为，其似乎基于堕胎侵犯了父亲对其后代的权利。古代的宗教并未禁止堕胎。[2]

2. 希波克拉底誓言。希波克拉底誓言长期以来即是医务人员的职业道德规范。希波克拉底（Hippocratic）被誉为西方"医学之父""最聪明和最伟大的执业医师"，是过去医学知识的集大成者。[3]虽然希波克拉底誓言存在不同翻译版本，但是如下内容是确定的："我不会把毒药给任何人，也不提供相关咨询，不给妇女堕胎药"[4]或者"我不会把毒药给任何人，也不提供相关咨询，也不会为妇女实施堕胎手术"。[5]

尽管"多伊案"各方都没有提及希波克拉底誓言，但是它代表了医学伦理发展的顶端，其影响力持续至今。希波克拉底为什么没能阻止其时代及罗马的堕胎实践？晚近的埃德尔斯坦（Edelstein）医生提出了一种理论：[6]即使在当时，希波克拉底誓言也存在争议，只有毕达哥拉斯学派（Pythagoreans）的哲学家不赞成自杀行为，而大多数希腊思想家赞同堕胎。反对堕胎是毕达哥拉斯学派的教条，他们认为胚胎自受孕之始即具有生命力，堕胎意味着摧毁生命。因此，希波克拉底誓言中的堕胎条款只反映了毕达哥拉斯学派的教义，希腊其他阶层并不同意毫不妥协地执行希波克拉底誓言。[7]

埃德尔斯坦医生认为，希波克拉底誓言仅仅代表了希腊舆论的一小部分，且未被所有的古代医生接受。他指出，直到盖伦（Galen）为止的医学著作表明几乎所有的希波克拉底誓言禁令都被违反了。[8]但是，在古代结束之时，反对自杀和堕胎变得普遍，希波克拉底誓言流行开来。新兴的基督教教义与毕达哥拉斯学派一脉相承，希波克拉底誓言被誉为真理的化身，成为所有医学伦理的核心。埃德尔斯坦医生据此认为禁止堕胎只是毕达哥拉斯学派的宣

---

〔1〕 Edelstein 12；Ricci 113~114, 118~119；Noonan 5.

〔2〕 Edelstein 13~14.

〔3〕 Castiglioni 148.

〔4〕 Castiglioni 148, at 154.

〔5〕 Edelstein 3.

〔6〕 Edelstein 3, at 12, 15~18.

〔7〕 Edelstein 3, at 18；Lader 76.

〔8〕 Edelstein 63.

言，而非医疗行为的绝对准则。[1]

埃德尔斯坦医生有关希波克拉底誓言的解释令人信服，这确保我们在历史背景下能够理解一种长期以来被人们接受与尊重的医学伦理。

3. 普通法。在普通法中，"胎动"之前的堕胎不是犯罪行为。[2]胎动是指胎儿在子宫内的第一次可被辨识的运动，通常发生自孕期第 16 周至第 18 周。[3]受到早期哲学、神学、民法以及教会法中关于生命起自何时的观念的影响，胎动之前的堕胎不是一种普通法意义上的犯罪行为。这些学科根据胚胎或者胎儿变成可被识别的人或者"人"被注入"灵魂"的时间点，从不同的角度分析上述问题。居间质变（Mediate Animation）理论是早期英国法的共识，即转变发生在受孕至出生之间的某个时间点。[4]尽管基督教神学和教会法把男孩的第 40 天或者女孩的第 80 天作为质变的时间点，但是直到 19 世纪，精确质变点仍存争议。尽管如此，共识仍然存在：早于质变点的胎儿被认为是母体的一部分，摧毁它并不是一种杀人行为。因为准确质变点无法确定，

––––––––––––––––

　〔1〕　Edelstein, at 64.

　〔2〕　E. Coke, Institutes Ⅲ ＊50; 1 W. Hawkins, Pleas of the Crown, c. 31, §16 (4th ed. 1762); 1 W. Blackstone, Commentaries ＊129～130; M. Hale, Pleas of the Crown 433 (1st Amer. ed. 1847). 英国普通法中有关"胎动"角色的讨论参见 [Lader 78; Noonan 223～226; Means, The Law of New York Concerning Abortion and the Status of the Foetus, 1664～1968: A Case of Cessation of Constitutionality (pt. 1), 14 N. Y. L. F. 411, 418～428 (1968) (hereinafter Means Ⅰ); Stem, "Abortion: Reform and the Law", 59 J. Crim. L. C. & P. S. 84 (1968) (hereinafter Stem); Quay 430～432; Williams 152].

　〔3〕　Dorland's Illustrated Medical Dictionary 1261 (24th ed. 1965).

　〔4〕　早期的哲学家相信，男孩直到受孕 40 天之后，才开始成形并生存，女孩则是在受孕 80～90 天之后【Aristotle, Hist. Anim. 7. 3. 583b; Gen. Anim. 2. 3. 736, 2. 5. 741; Hippocrates, Lib. de Nat. Puer. . No. 10】。亚里士多德（Aristotle）的思想源自于他的生命三阶段理论：植物阶段（vegetable）、动物阶段（animal）和理性阶段（rational）。受孕之时是植物阶段，动物阶段发生在质变点之后，出生之后不久即为理性阶段。早期基督教思想家接受了生命三阶段理论及"40/80 天"学说。奥古斯丁（St. Augustine）的著作包含了有关该问题的神学辩论，他区别了具有灵魂的胚胎和无灵魂的胚胎。但是他认为，人类力量不足以在胎儿成长期中确定关键性转变发生的精确时间点。See [Augustine, De Origine Animae 4. 4 (Pub. Law 44. 527); W. Reany, The Creation of the Human Soul, c. 2 and 83～86 (1932); Huser, The Crime of Abortion in Canon Law 15 (Catholic Univ. of America. Canon Law Studies No. 162, Washington, D C., 1942).] 在三篇与胚胎学有关的论文中，盖伦接受了亚里士多德及其追随者的思想【Quay 426～427】。奥古斯丁有关堕胎的观点被格拉提安（Gratian）收录进大约在 1140 年出版的教令集中【Decretum Magistri Gratiam 2. 322 7 to 2. 32. 2. 10, in 1 Corpus Juris Canonici 1122, 1123 (A. Iriedburg, 2d ed. 1879)】。直到 1917 年新法典之前，该部及后续教令集都是教会法的重要组成部分。教会法有关该问题的讨论参见【Means I, pp. 411412; Noonan 20～26; Quay 426～430; J. Noonan, Contraception: A History of Its Treatment by the Catholic Theologians and Canonists 18～29 (1965)】。

"40/80 天"理论也缺乏实证基础。托马斯·阿奎那（Thomas Aquinas）把运动定义为生命的第一原则，亨利·布莱克顿（Herry de Bracton）更倚重胎动。之后的普通法学者不断重复着胎动的重要意义，并将其引入本世纪的普通法中。

对已胎动的胎儿进行堕胎是重罪还是轻罪，在普通法中仍存在争议。布莱克顿在13世纪早期认为这是杀人行为。[1]根据伟大的普通法学者的观点，后来的主流观点认为这至多是一种轻罪。在一段经常被引用的文字中，爱德华·柯克（Edward Coke）认为，一个怀有已胎动胎儿的妇女堕胎不是谋杀，而是一种重大的轻罪。[2]威廉·布莱克斯通（William Blackstone）认为，尽管胎动之后的堕胎曾经被认定为非预谋杀人罪（尽管不是谋杀），但是"现代法"采取了一种相对较轻的观点。[3]然而，一份近期对普通法先例的回顾表明，即使胎动之后的堕胎也从未被认为是一种普通法上的犯罪，先例否定了柯克的观点。[4]虽然多数美国法院认为，胎动之前的堕胎并非普通法上的犯罪[5]，但

---

〔1〕 布莱克顿认为，如果胎儿已成形且具有灵魂，尤其是已具有灵魂，殴打或者下毒导致堕胎，实为杀人【2 H. Bracton, De Legibus et Consuetudinibus Angliae 279（T. Twiss ed. 1879）】。后来的一个版本翻译为：如果胎儿已成形或者胎动，尤其是已胎动【2 H. Bracton, On the Laws and Customs of England 341（S. Thorne ed. 1968）; Quay 431; 2 Fleta 60-61（Book 1, c. 23）（Selden Society ed. 1955）】。

〔2〕 E. Coke, Institutes Ⅲ ＊50.

〔3〕 1 W. Blackstone, Commentaries ＊129~130.

〔4〕 Means, "The Phoenix of Abortional Freedom: Is a Penumbral or Ninth-Amendment Right About to Arise from the Nineteenth Century Legislative Ashes of a Fourteenth-Century Common-Law Liberty?", 17 N. Y. L. F. 335（1971）（以下简称"Means Ⅱ"）. 作者考察了两个柯克较少引用且与其观点相左的重要先例，并追溯了早期注释法学派对这两个及其他案件的评论。他认为在1601年的某个案件中柯克可能支持堕胎。作者提出了一个理由：柯克强烈反对堕胎的情感，以及他认为普通法有权对传统上专属于教会法中的违法行为施加惩罚的决定。拉德（Lader）认为："一些学者怀疑普通法从未适用于堕胎、自1527年以后，英国教会法院失去对堕胎问题的兴趣、1803年英国第一部刑事堕胎法【43 Geo. 3, c. 58, §1】的序言表明至今尚无有效的手段预防及惩罚堕胎行为。参见【Lader 78~79】。"

〔5〕 Commonwealth v. Bangs, 9 Mass. 387, 388（1812）; Commonwealth v. Parker, 50 Mass.（9 Mete.）263, 265~266（1845）; State v. Cooper, 22 N. J. L. 52, 58（1849）; Abrams v. Foshee, 3 Iowa 274, 278~280（1856）; Smith v. Gaffard, 31 Ala. 45, 51（1857）; Mitchell v. Commonwealth. 78 Ky. 204, 210（1879）; Eggart v. State, 40 Fla. 527, 532, 25 So. 144, 145（1898）; State v. Alcorn, 7 Idaho 599, 606, 64 P. 1014, 1016（1901）; Edwards v. State, 79 Neb. 251, 252, 112 N. W. 611, 612（1907）; Gray v. State, 77 Tex. Cr. R. 221, 224, 178 S. W. 337, 338（1915）; Miller v. Bennett, 190 Va. 162, 169, 56 S. E. 2d 217, 221（1949）. Contra, Mills v. Commonwealth, 13 Pa. 631, 633（1850）; State v. Slagle, 83 N. C. 630, 632（1880）.

是其他法院赞同柯克的观点，认为胎动之后的堕胎是一种轻罪。[1]几乎在所有已知的案件中，法官皆在协同意见（可能归因于普通法中缺乏起诉胎动后堕胎行为的事例）中提及柯克的观点，这使得其观点并不具有约束力，也使得堕胎甚至是胎动之后的堕胎是否被正式地认定为普通法中的犯罪变得不确定。

4. 英国制定法。1803 年英格兰制定了第一部《刑事堕胎法》。[2]该法以"胎动"为标准规制堕胎行为，胎动之后的堕胎是死罪，胎动之前的堕胎的刑罚较轻。1828 年修正案延续了上述区别。[3]然而，1837 年它连同死刑一起消失，[4]在 1861 年《侵犯人身法》中也没再出现，[5]直到 1967 年自由化改革前，该法一直是英国反堕胎法案的核心。1929 年《婴儿生命保护法》［the Infant Life（Preservation）Act］生效，[6]将故意实施摧毁具备母体外存活能力的孩子的生命的行为规定为重罪。该法包含了一个限制性条款，即导致孩子死亡的行为只有被证明并非善意地为了保存母亲的生命而实施，才能够被定罪。

"雷克斯案"[7]标志着英国法的显著发展。该案肯定了以保护孕妇的生命为目的的堕胎可免受 1861 年《侵犯人身法》所规定的刑事惩罚。麦克奈特法官（Macnaghten）向陪审团提及 1929 年法案，认为其与在自然分娩过程中故意杀害婴儿的案件有关。他认为尽管 1861 年法案没有提及保护母亲的生命，但是通过规定"不正当地"一词，该法包含了与 1929 年法案中的限制性条款相同的含义。麦克奈特法官将"保护母亲的生命"宽泛地解释为包括一种对母亲健康严重的和永久的威胁。他提示陪审团，如果发现伯恩先生（Bourne）基于善意为了达到上述目的而实施堕胎，陪审团应作出无罪释放的决定。[8]陪审团最终作出了无罪释放的决定。

---

〔1〕 Smith v. State, 33 Me. 48, 55（1851）; Evans v. People, 49 N. Y. 86, 88（1872）; Lamb v. State, 67 Md. 524, 533, 10 A. 208（1887）.

〔2〕 Lord Ellenborough' Act, 43 Geo. 3, c. 58.

〔3〕 9 Geo. 4, c. 31, §13.

〔4〕 7 Will. 4 & 1 Vict.

〔5〕 The Offenses Against the Person Act of 1861, 24 & 25 Vict., c. 100, §59.

〔6〕 19 & 20 Geo. 5, c. 34.

〔7〕 Rex v. Bourne［1939］1K. B. 687.

〔8〕 （1939）1K. B. 693~694.

1967 年议会制定了一部新的堕胎法。[1]该法允许在如下两种情形中，一名执业医师可在另外两名执业医师赞同的前提下实施堕胎：①继续妊娠有可能给孕妇的生命带来风险，或者有害于孕妇或者她家庭中孩子的生理或者心理健康；②如果孩子出生，很可能会面临严重的生理或者心理异常。在作出上述决定时，该法要求充分考虑孕妇的实际及合理预期的利益。该法允许一个执业医师在没有其他人赞同的情况下，为了挽救孕妇的生命或者阻止对孕妇的生理和心理健康造成严重的永久伤害而必须立即堕胎时，可终止妊娠。

5. 美国法。直到 19 世纪中期，在堕胎领域，美国大多数州仍然沿用英国普通法。康涅狄格州于 1821 年最先颁布《堕胎保留法》，该法接受了英格兰第一部《刑事堕胎法》中与胎动之后的堕胎有关的条款，但是并未施之以死刑。[2]直到 1860 年该州才将胎动之前的堕胎规定为一种犯罪。[3]纽约州在 1828 年颁布了《堕胎法》，[4]在如下两个方面，该法是早期反堕胎制定法的典范：①尽管同时禁止摧毁一个未胎动的胎儿和一个已胎动的胎儿，但是前者被认定为轻罪，后者被认定为二级非预谋杀人罪。②为挽救母亲生命，可进行堕胎。得克萨斯州于 1840 年接受普通法时，[5]美国仅有 8 个州颁布了《堕胎制定法》。[6]直到内战结束，制定法才开始普遍取代普通法。多数早期制定法：①对胎动之后的堕胎施以严厉惩罚，对胎动之前的堕胎从宽处罚；②将犯罪未遂和既遂同等对待；③包含例外条款，即在一名或者多名执业医师的建议下，为了挽救母亲的生命之必需可进行堕胎，但是这些条款很快就消失了。

19 世纪中后期，胎动与否的差别逐渐从大多数州制定法中消失，犯罪等级和惩罚也逐渐增强。20 世纪 50 年代结束之时，大多数州都禁止堕胎，除非

---

〔1〕　15 & 16 Eliz. 2, c. 87.

〔2〕　Conn. Stat. , Tit. 20, §14 (1821).

〔3〕　Conn. Pub. Acts, c. 71, §1 (1860).

〔4〕　31 N. Y. Rev. Stat. , pt. 4, c. 1, Tit. 2, Art. 1, §9, p. 661, and Tit. 6, §21, p. 694 (1829).

〔5〕　Act of Jan. 20, 1840, §1, set forth in 2 H. Gammel, Laws of Texas 177~178 (1898); Grigsby v, Reib, 105 Tex. 597, 600, 153 S. W. 1124, 1125 (1913).

〔6〕　关于早期制定法的讨论参见 Quay 435~438; Lader 85~88; Stem 85~86; Means Ⅱ 375~376.

为挽救母亲的生命。[1]亚拉巴马州和哥伦比亚特区允许为保护母亲的健康而堕胎。[2]3个州将堕胎是否合法的解释权赋予法院。[3]但是，在过去的许多年中，美国1/3的州体现出一种自由化倾向，制定了一些相对宽松的堕胎法，大多数颁布于1962年美国法学会提出《模范刑法典》之后。[4]

从联邦宪法制定之时直到19世纪的大部分时间，与当下大多数州的制定法相比，普通法对待堕胎的态度更为宽松。女性拥有更宽泛的终止妊娠的权利，至少在孕早期（甚至无此限制），19世纪的美国女性更容易做出终止妊娠的决定。即使后来，法律对孕早期的堕胎亦施以较轻的惩罚。

6. 美国医学会的立场。19世纪晚期的美国反堕胎情绪盛行，医学界也不例外。对于那个时期颁布的严苛的《刑事堕胎法》而言，医学界扮演了重要角色。

1857年5月，为了调查刑事堕胎问题，美国医学会成立了刑事堕胎委员会。它向美国医学会第十二次年会提交了一份报告，[5]谴责堕胎及其普遍性，

---

〔1〕 1961年有效的州刑事堕胎法及其发展和相关的法院解释参见【Quay 447~520】，有关堕胎制定法的分类及仅在挽救母亲的生命之必需才允许堕胎的25个州的名录参见【Comment, A Survey of the Present Statutory and Case Law on Abortion: The Contradictions and the Problems, 1972 U. Ill. L. F. 177, 179】

〔2〕 Ala. Code, Tit. 14, § 9 (1958); D. C. Code Ann. § 22-201 (1967).

〔3〕 Mass. Gen. Laws Ann. , c. 272, § 19 (1970); N. J. Stat. Ann. § 2A: 87-1 (1969); Pa. Stat. Ann. , Tit. 18, § § 4718, 4719 (1963).

〔4〕 14个州已经采纳了美国法学会《模范刑法典》中有关堕胎规定的部分内容 [Ark. Stat. Ann. § § 41-303 to 41-310 (Supp. 1971); Calif. Health & Safety Code § § 25950-25955. 5 (Supp. 1972); Colo. Rev. Stat. Ann. § § 40-2-50 to 40-2-53 (Cum. Supp. 1967); Del. Code Ann. , Tit. 24, § § 1790~1793 (Supp. 1972); Florida Law of Apr. 13, 1972, c. 72~196, 1972 Fla. Sess. Law Serv. , pp. 380-382; Ga. Code § § 26-1201 to 26-1203 (1972); Kan. Stat. Ann. § 21-3407 (Supp. 1971); Md. Ann. Code, Art. 43, § § 137~139 (1971); Miss. Code Ann. § 2223 (Supp. 1972); N. M. Stat. Ann. § § 40A-5-1 to 40A-5-3 (1972); N. C. Gen. Stat. § 14-45. 1 (Supp. 1971); Ore. Rev. Stat. § § 435. 405 to 435. 495 (1971); S. C. Code Ann. § § 1682 to 16-89 (1962 and Supp. 1971); Va. Code Ann. § § 18. 1-62 to 18. 1-62. 3 (Supp. 1972).] 克拉克大法官认为这些州起了示范作用。[Religion, Morality, and Abortion: A Constitutional Appraisal, 2 Loyola U. (L. A.) L. Rev. 1, 11 (1969).] 该法典有关堕胎之规定参见 "Doe v. Bolton案" 法院意见附录B, 410 U. S. 179, at 205. 20世纪70年代结束之时，4个州取消了孕早期堕胎的刑事惩罚，但堕胎应在遵守州规定的程序和健康要求的前提下，由一名已获许可的执业医师实施【Alaska Stat. § 11. 15. 060 (1970); Haw. Rev. Stat. § 453-16 (Supp. 1971); N. Y. Penal Code § 125. 05, subd. 3 (Supp. 1972 ~ 1973); Wash. Rev. Code § § 9. 02. 060 to 9. 02. 080 (Supp. 1972) 】。因为一些州和联邦法院近期做出的部分或者全部推翻州堕胎法的判决，刑事堕胎法的法律地位变得模糊。

〔5〕 12 Trans. of the Am. Med. Assn. 73-78 (1859).

并列举了导致"如此普遍堕落"的三个理由：①对堕胎犯罪本质的普遍无知，即使是母亲们也坚信胎儿在胎动之后才成活；②医学界毫不关心胎儿生命；③包括普通法和制定法在内的美国法的缺陷。基于错误的医学教条，美国法将独立的、真实存在的胎儿视作一种生物。当涉及民事目的时，美国法完全承认胎儿及其固有权利。但是当涉及刑法问题时，美国法没有承认，并拒绝对其生命给予完全保护。

刑事堕胎委员会反对任意堕胎行为，呼吁州立法机关修改堕胎法，要求与州医学会通力合作以推进。美国医学会接受了这一要求。[1]

1871年，刑事堕胎委员会提交了一份生动的长篇报告，提议认真对待人类生命，[2]提出只有在至少一名可靠的咨询医生赞同并尽可能考虑孩子安全的情况下，医生才可以实施堕胎。美国医学会予以采纳。该报告同时号召所有教派的神职人员注意在堕胎问题上的道德沦丧问题。

直到1967年，美国医学会除了定期谴责非法为他人堕胎者，并没有其他官方行为。在那一年，人类生殖委员会督促禁止堕胎，除非有医学证据表明存在如下三种情形：①妊娠对母亲的生命和健康构成威胁；②孩子出生时可能存在生理畸形或者精神缺陷；③怀孕源自暴力强奸或者乱伦，可能对病人的精神和生理健康构成威胁。并且只有经过另外两名执业医师的书面赞同，在医院认证联合委员会认可的医院方可进行堕胎手术。人类生殖委员会提出的治疗性堕胎（Therapeutic Abortion）的医学建议与美国医学会的伦理原则相一致，美国医学会代表大会予以采纳。[3]

1970年，在介绍了不同的建议方案以及一份受其托管的理事会的报告之后，咨询委员会（Reference Committee）在报告中提出：①医学界、证人、美国医学会不同委员会等各方在堕胎问题中的观点分化；②受到州法的快速转变以及导致堕胎更容易的司法判决的影响，证人证言在6个月内发生了显著转变；③上述趋势将会持续。1970年6月25日，美国医学会代表大会采纳了咨询委员会提出的大部分解决措施及其报告前言。前言强调病人利益最大化、充分的临床诊断和病人的知情同意权。该方案提出，作为一种医疗项目的堕

---

〔1〕　12 Trans. of the Am. Med. Assn. 28，78.

〔2〕　22 Trans. of the Am. Med. Assn. 258（1871）.

〔3〕　Proceedings of the AMA House of Delegates 40-51（June 1967）.

胎需要由一名执业医师在美国医院认证联合委员会认可的医院实施，并且需满足三个前提条件：①与其他两名执业医师商讨；②不违背州法；③任何一方都不应当被强制违背他（她）的道德原则。[1]美国医学会司法委员会提出了一个补充性意见。[2]

7. 美国公共卫生协会的立场。1970年10月，美国公共卫生协会执行委员会制定了五条堕胎服务标准：

①快速简单的堕胎指引可轻易从州和地方公共卫生部门、医学会或者其他非盈利性机构获得；②咨询服务应当简化与加速而非延迟堕胎服务；③不能强制进行精神科会诊。就像其他专门的医疗服务一样，精神科会诊应当追求明确的指示；④合格的堕胎顾问应当是经过适当培训、富有同情心且技艺精湛的医生志愿者；⑤避孕以及导致不孕应当告知每一个堕胎病人。美国公共卫生杂志介绍了上述堕胎服务标准。[3]

堕胎可能危及病人健康或者生命，其主要影响因素有三个：①医生的能力；②实施堕胎手术的环境；③妊娠的持续时间、子宫大小、月经史。其中，第三个因素最为重要。[4]

"与诊所相比，设备精良的医院在处理未知困难时，能够提供更多的保护……胎龄是最为重要的因素。"因此，对于中期妊娠的堕胎以及伴随医疗并发症的早期妊娠堕胎而言，病人应当住院接受治疗。对于前三个月的妊娠而言，在医院堕胎是最安全的选择，是否过夜则无关紧要。但是如果出现并发症，病人应当立即接受治疗。在医院之外的、具备堕胎手术预案的设施内堕胎是一

---

〔1〕 因为优质医疗实践需要考虑病人的利益而不仅仅是病人的要求，因此就像其他的医疗项目一样，在与病人最大利益冲突的情况下，不得实施堕胎。充分的临床诊断标准以及病人的知情同意应视具体个案而定。堕胎是一种医疗项目，在与其他两位据其专业能力被选择的医生商讨之后，在一家被认定的医院，由一名被许可的内科医生和外科医生实施。此外，堕胎还应与优质医疗实践的标准以及其所在州的《医疗行为法》相一致。任何医生或者其他专业人员不得被强制实施违背其专业判断的行为。医生、医院或者医院的其他工作人员不得被强制实施违背其个人道德原则的行为。在上述情况下，医生或者其他专业人员可拒绝实施与优质医疗实践相冲突之医疗行为。〔Proceedings of the AMA House of Delegates 220（June 1970）.〕

〔2〕 在不违背堕胎行为实施地法律的前提下，美国医学会的医学伦理原则并不禁止医生实施堕胎，但应与优质医疗服务保持一致。就像其他的医疗项目一样，司法委员会可介入违背美国医学会代表大会制定的医学伦理原则的堕胎行为。

〔3〕 61 Am. J. Pub. Health 396（1971）.

〔4〕 61 Am. J. Pub. Health, at 397.

个可接受的替代选择。此外，堕胎应当由经过适当培训的执业医师实施。[1]

8. 美国律师协会的立场。1972 年 2 月，美国律师协会代表大会通过了《统一堕胎法》，[2]尽管存在 17 张反对票。1971 年 8 月，该法案经由统一州法委员会起草并批准通过。[3]大会还附加了一段具有启发意义的序言。[4]

七

19 世纪刑事堕胎法的颁布及持续存在有以下三个原因：

第一，这些法律有时被认为是维多利亚时代打击非法性行为的产物。得克萨斯州并未在该案中提出此理由，法院也未认真对待之。[5]此外，上诉人提出这根本不是一个适当的州目标，即使承认该目标的正当性，因为没有区

---

[1] 61Am. J. Pub. Health，at 398.

[2] 统一堕胎法：（1）堕胎的定义及条件①堕胎是指故意终止人类妊娠而非导致活体出生或者移除死胎。②满足如下条件，可在本州实施堕胎：（a）由本州的一名执业医师或者一名受雇于联邦或者本州政府从事医疗实践的医生实施；堕胎应在医生工作室、诊所、卫生部批准的或者联邦、本州、政府部门或者从属政治单位经营的医院或在医生建议下孕妇自己选择的医院中进行；并且（b）处于孕期前 20 周之内；或者孕期虽然已超过 20 周，但是医生有充分理由相信（i）继续妊娠存在危及母亲生命以及严重影响母亲精神或心理健康的实质性风险，（ii）胎儿有严重的生理或精神缺陷，或者（iii）妊娠源自强奸、乱伦或者 16 岁以下女孩的偷情行为。（2）刑罚：违反本法实施或者导致堕胎是一种重罪，判处不超过 1000 美元的罚金或者（并）在州监狱服刑不超过 5 年。（3）解释的统一性：解释本法所产生之目的应与制定本法的州目的保持一致。（4）标题：本法可称为统一堕胎法。（5）可分性：如果本法的任何一个条款被裁决无效，不影响非建基于该条款的其他条款的效力；如果本法对特定情形的适用被裁决违宪，不影响本法适用于非建基于该情形的情形。（6）废止：下述法案或者法案中的部分条款被废止。（7）生效时间：本法自 _____ 生效。

[3] 58A. B. A. J. 380（1972）.

[4] 美国律师协会在承认堕胎问题中法律自由主义倾向的基础上，以纽约州堕胎法为蓝本，参考一些晚近的州堕胎法，制定了统一堕胎法。本法还认可了一种体现在州或者联邦法院的许多判决中的堕胎法律自由化的未来趋势，尤其是在孕期前 3 个月。考虑到纽约州出现的一系列问题，有必要缩短"自由堕胎期"。"自由堕胎期"在各州的适用条件可以不同。州可以对堕胎实施地施加不同的限制条件。此外，本法已提出"自由堕胎期"之后的限制性条件，州可全部或者部分采纳，也可施加其他限制。统一堕胎法没有包含与医疗审查委员会以及禁止处罚基于宗教或者其他相似原因拒绝参与堕胎的人有关的条款，这些条款与何时、何地或者由谁实施堕胎没有直接关联。但是，本法并不排斥州制定该类条款。

[5] YWCA v. Kugler, 342 F. Supp. 1048, 1074（N. J. 1972）；Abele v. Markle, 342 F. Supp. 800, 805-806（Conn. 1972）［纽曼法官（Newman）的协同意见］, appeal docketed, No. 72-56；Walsaingham v. State, 250 So. 2d 857, 863［欧文法官（Ervin）的协同意见］（Fla. 1971）；State v. Gedicke, 43 N. J. L. 86, 90（1881）；Means Ⅱ 381~382.

别已婚的母亲和未婚的母亲，得克萨斯州制定法的限制明显过于宽泛。

第二，与堕胎作为一种医疗项目有关。当大多数州首次制定《刑事堕胎法》时，堕胎对于妇女而言是一种危险的医疗项目，[1]尤其是在无菌技术发展之前。无菌技术有赖于约瑟夫·利斯特（Joseph Lister）、路易斯·巴斯德（Louis Pasteur）等人在1867年的发现，但是直到世纪之交，无菌技术才被普遍接受并使用。1900年之后，或许直到抗生素发展运用的20世纪40年代，堕胎死亡率很高，扩张术和刮宫术等现代技术也不像今天这样安全。因此，有人认为禁止可能危及孕妇生命的堕胎行为从而保护孕妇是州制定刑事堕胎法的真实目的。

现代医学技术改变了这种情况。上诉人和不同的法庭之友已通过医学资料证明，尽管不是毫无风险，但在孕期前三个月堕胎，已经相对安全。孕早期堕胎的死亡率已经与正常生产的死亡率一样低，甚至更低。[2]因此，保护孕妇免受危险医疗项目风险的州利益已基本消失，除非对于孕妇而言，堕胎与否同样危险。当然，在健康和医疗标准领域中的重要的州利益仍然存在。州具备合法的利益要求能够最大程度地确保病人在安全的环境中进行堕胎。这种利益显然至少可以扩展至实施堕胎手术的医生及其助理人员、所涉医疗设备、术后护理、并发症以及突发事件的充分预案保障。非法堕胎药导致的高死亡率强化了州规制堕胎实施条件的利益。此外，妊娠持续时间越长，孕妇的风险越高。因此，州有义务保护孕晚期堕胎中孕妇的健康和安全。

第三，州保护产前生命的利益或者责任。生命始于受孕之时，[3]所以州保护生命的基本义务延伸至产前生命。只有当孕母的生命处于危险时，胎儿或者胚胎的利益才处于下风。在逻辑上，州在该领域内的合法利益无需建基

---

〔1〕 C. Haagensen & W. Lloyd, A Hundred Years of Medicine 19 (1943).

〔2〕 Potts, Postconceptive Control of Fertility, 8 Intl J. of G. & 0.957, 967 (1970) (England and Wales); Abortion Mortality, 20 Morbidity and Mortality 208, 209 (June 12, 1971) (U. S. Dept. of HEW, Public Health Service) (New York City); Tietze, United States: Therapeutic Abortions, 1963~1968, 59 Studies in Family Planning 5, 7 (1970); Tietze, Mortality with Contraception and Induced Abortion, 45 Studies in Family Planning 6 (1969) (Japan, Czechoslovakia, Hungary); Tietze & Lehfeldt, Legal Abortion in Eastern Europe, 175 J. A. M. A. 1149, 1152 (April 1961). 其他讨论文献参见 Lader 17~23.

〔3〕 参见生命权利委员会提交的法庭之友意见书；R. Drinan, The Inviolability of the Right to Be Born, in Abortion and the Law 107 (D. Smith ed. 1967); Louisell, Abortion, "The Practice of Medicine and the Due Process of Law", 16 U. C. L. A. L.

于"生命始于受孕或者出生之前的某个时间点"的观念，只要涉及潜在生命，州就不能仅仅保护孕妇的利益。

对州堕胎法持有异议的各方已在一些法院尖锐地挑战如下论点：堕胎法的制定以保护潜在的生命为目的。[1]在指出缺乏支持上述论点的立法资料之后，他们提出大多数州堕胎法仅仅保护妇女，因为医学的发展降低了堕胎的风险，他们认为至少禁止孕早期堕胎的制定法已丧失正当性。有一些学者支持最初目的论。[2]少数州法院被号召将19世纪末期和20世纪早期的堕胎法的立法目的解释为保护妇女的健康而非胚胎或者胎儿。[3]一些支持者指出，通过制定法或者法院的解释，包括得克萨斯州[4]在内的许多州禁止起诉自然流产的孕妇或者在堕胎手术中主动合作的孕妇。[5]他们认为普通法和州制定法中的"胎动"标准默认了孕晚期堕胎对孕妇的健康伤害更大，拒绝了生命始于受孕的理论。

本案关注这些利益及他们之间的对比关系。

八

虽然宪法并没有明确规定，但是本院的一系列判决已经承认了隐私权，或者在宪法之下存在隐私区域，上述判决最早可追溯至"博茨福德（Botsford）案"。[6]本院或者个别大法官认为隐私权植根于《宪法第一修正案》、[7]《宪法

---

〔1〕 e. g., Abele v. Markle, 342 F. Supp. 800（Conn. 1972），上诉待审，No. 72-56.

〔2〕 参见 Means Ⅰ和 Means Ⅱ对该问题的讨论。

〔3〕 e. g.. State v. Murphy, 27 N J. L. 112, 114（1858）.

〔4〕 Watson v. State, 9 Tex. App. 237, 244~245（1880）; Moore v. State, 37 Tex. Cr. R. 552, 561, 40 S. W. 287, 290（1897）; Shaw v. State, 73 Tex. Cr. R. 337, 339, 165 S. W. 930, 931（1914）; Fondren v. State, 74 Tex. Cr. R. 552, 557, 169 S. W. 411, 414（1914）; Gray v. State, 77 Tex. Cr. R. 221, 229, 178 S. W. 337, 341（1915）. 在得克萨斯州，未婚父亲不享有豁免权［Hammett v. State, 84 Tex. Cr. R. 635, 209 S. W. 661（1919）; Thompson v. State（Ct. Crim. App. Tex. 1971），上诉待审，No. 71-1200］.

〔5〕 Smith v. State, 33 Me., at 55; In re Vince, 2 N. J. 443, 450, 67 A. 2d 141, 144（1949）. 现代法中有关该问题的一个简短讨论包含在对美国法学会提出的《模范刑法典》第207条第11款的评论中。［at 158 and nn. 35-37（Tent. Draft No. 9, 1959）.］

〔6〕 Union Pacific R. Co. V. Botsford, 141 U. S. 250, 251（1891）.

〔7〕 Stanley v. Georgia, 394 U. S. 557, 564（1969）.

第十四修正案》和《宪法第五修正案》、[1]《权利法案》的伴影、[2]《宪法第九修正案》[3]或者《宪法第十四修正案》第一部分保障的自由。[4]这些判决表明只有基本的或者隐含于法定自由之中的个人权利才被个人隐私所保障。[5]它们也同样表明隐私权可扩展至婚姻活动、[6]生育、[7]避孕、[8]家庭关系[9]和子女养育[10]等领域。

不管能否在《宪法第十四修正案》的个人自由或者《宪法第九修正案》中的人民保留的权利中发现隐私权，也不管其能否限制州的行为，隐私权都足够广泛并包含孕妇选择是否终止妊娠的决定。否定上述观点，州带给孕妇的伤害清晰可见：①可能是孕早期的、具体的且医学上可诊断的伤害；②怀孕或者额外的后代可能给女性的未来生活带来不幸；③心理伤害可能紧随而来；④抚育孩子可能带来精神和生理健康负担；⑤孩子被遗弃带来的不幸；⑥无力养育孩子的难题；⑦未婚母亲的持续烙印。在堕胎咨询过程中，孕妇和她的主治医师需要考虑到上述所有因素。

基于此，上诉人和一些法庭之友认为妇女决定终止妊娠的权利是绝对的，本院反对。上诉人认为得克萨斯州没有正当的利益规制堕胎决定，本院反对。虽然本院认可了隐私权，但同时承认州有权规制某些隐私领域。如前所述，州可以主张保障健康、维持医疗标准、保护潜在生命等重要的利益。在孕期的某些时间点，上述利益单独即可成为支持规制堕胎决定的正当理由。因此，隐私权不是绝对的权利。一些法庭之友提出人对自己的身体拥有无限的处置权，

---

〔1〕 Terry v. Ohio, 392U.S.1, 8~9（1968）; Katz v. United states, 389U.S.347, 350（1967）; Boyd v. United States, 116 U.S.616（1886）; Olmstead v. United States, 277U.S.438, 478（1928）（布兰代斯大法官的反对意见）.

〔2〕 Griswold v. Connecticut, 381 U.S.484~485.

〔3〕 381 U.S.486.（金斯伯格大法官的协同意见）

〔4〕 Meyer v. Nebraska, 262 U.S.390, 399（1923）.

〔5〕 Palko v. Connecticut, 302 U.S.319, 325（1937）.

〔6〕 Loving v. Virginia, 388 U.S.1, 12（1967）.

〔7〕 Skinner v, Oklahoma, 316 U.S.535, 541-542（1942）.

〔8〕 Eisenstadt v. Baird, 405U.S.453~454; id, 460, 464~465.（怀特大法官的协同意见）

〔9〕 Prince v. Massachusetts, 321U.S.158, 166（1944）.

〔10〕 Pierce v. Society of Sisters, 268U.S.510, 535（1925）, Meyer v. Nebraska,, supra.

这与隐私无关。在过去的判决中，本院拒绝承认此类不受限制的权利。[1]

因此，个人隐私权包含堕胎决定，但是该权利是相对的，在规制过程中，必须与重要的州利益相互权衡。

一些州和联邦法院在最近审理的挑战堕胎法的案件中得出了相同的结论。除了本案中的地区法院之外，大多数法院考虑到州法的模糊性和对权利的限制，都判决州法至少部分违宪，[2]但也有部分判决维持州法。[3]

尽管结果分化，但是大多数法院都认同隐私权足够广泛，可以包含堕胎决定，但是隐私权并非绝对权利。我们认为，在孕期的某个阶段，州保护健康和潜在生命的利益居于主导地位。

当涉及基本权利时，只有重大的州利益才能够成为限制该权利的正当理由，[4]而且只有当重大的州利益处于危险时，限制性立法才能被谨慎地制定。[5]

在上面引用的近期堕胎案件中，法院认可了这些原则。在那些判决州法违宪的案件中，法院详细审查了州保护的孕妇健康和潜在生命的利益，认为任何州利益都不能正当化禁止孕妇及其医生在孕早期堕胎的州法。维持州法的法院认为，州保护孕妇健康或者潜在生命的决定居于主导地位并具备宪法上的正当性。

---

〔1〕 Jacobson v. Massachusetts, 197 U. S. 11 （1905）（接种疫苗）; Buck v. Bell, 274 U. S. 200 （1927）（绝育手术）.

〔2〕 Abele v. Markle, 342 F. Supp. 800 （Conn. 1972）, 上诉待审, No. 72 - 56; Abele v. Markle, 351 F. Supp. 224 （Conn. 1972）, appeal docketed, No. 72-730; Doe v. Bolton, 319 F. Supp. 1048 （ND Ga. 1970）, 今天宣判 post, p. 179; Doe v. Scott, 321 F. Supp. 1385 （ND Ill. 1971）, 上诉待审, No. 70~105; Poe v. Menghini, 339 F. Supp. 986 （Kan. 1972）; YWCA v. Kugler, 342 F. Supp. 1048 （NJ 1972）; Babbitzv. McCann, 310 F. Supp. 293 （ED Wis. 1970）, 驳回上诉, 400U. S. 1 （1970）; People v. Below, 71 Cal. 2d 954, 458 P. 2d 194 （1969）, 调卷令被拒绝, 397 U. S. 915 （1970）; Statev. Barquet, 262 So. 2d 431 （Fla. 1972）.

〔3〕 See Crossen v. Attorney General, 344 F. Supp. 587 （ED Ky. 1972）, 上诉待审, No. 72-256; Rosen v. Louisiana State Board of Medical Examiners, 318 F. Supp. 1217 （ED La. 1970）, 上诉待审, No. 70-42; Corkey v. Edwards, 322 F. Supp. 1248 （WDNC 1971）, 上诉待审, No. 71-92; Steinberg v. Brown, 321 F. Supp. 741 （ND Ohio 1970）; Doe v. Rampton （Utah 1971）, appeal docketed, No. 71 - 5666; Cheaney v. State, -Ind. , 285 N. E. 2d 265 （1972）; Spears v. State, 257 So. 2d 876 （Miss. 1972）; State v. Munson, 86 S. D. 663, 201 N. W. 2d 123 （1972）, 上诉待审, No. 72-631。

〔4〕 Kramerv. Union FreeSchool District, 395 U. S. 621, 627 （1969）; Shapiro v. Thompson, 394 U. S. 618, 634 （1969）, Sherbert v. Verner, 374 U. S. 398, 406 （1963）.

〔5〕 Griswold v. Connecticut, 381 U. S. , 485; Aptheker v. Secretary of State, 378 U. S. 500, 508 （1964）; Cantwell v. Connecticut, 310 U. S. 296, 307 ~ 308 （1940）; Eisenstadt v. Baird, 405 U. S. , at 460, 463~464. （怀特大法官的协同意见）

九

虽然被上诉人提出州在堕胎领域存在许多重大利益，但是州制定法却超越了它，并侵犯了罗伊的权利。[1]上诉人主张一种绝对的权利，州不得对其施加刑事惩罚。被上诉人认为保护始自受孕的产前生命是一种重大的州利益。本院对双方的观点皆不完全赞同。

1. 被上诉人及某些法庭之友认为胎儿是《宪法第十四修正案》意义上的"人"，并详细列举了众所周知的胚胎发育的事实。若承认此观点，《宪法第十四修正案》将特别保护胎儿的生存权，上诉人会败诉。在第二次言词辩论时，上诉人作了让步，[2]被上诉人也作了妥协，[3]承认没有先例表明胎儿是《宪法第十四修正案》意义上的人。

涉及"人"的宪法条款不多。《宪法第十四修正案》第 1 款三次提到"人"：第一，在合众国出生或者归化并受其管辖的人，都是合众国及其所居住的州的公民；第二，正当程序条款和平等保护条款中也提到了"人"。其他涉及"人"的宪法条款有：关于众议员和参议员任职资格的第 1 条第 2 款第 3 项和第 3 款第 3 项、第 1 条第 2 款第 3 项的分配条款、[4]第 1 条第 9 款第 1 项的移民和进口条款、第 1 条第 9 款第 8 项的薪酬条款、第 2 条第 1 款第 2 项和第 3 项的选举人条款、涉及总统任职资格的第 2 条第 1 款第 5 项、第 4 条第 2 款第 2 项的引渡条款以及已被废除的第 4 条第 2 款第 3 项的奴隶条款；第十五、二十、二十二修正案以及第十四修正案的第 2、3 款。在上述所有条款中，"人"都适用于出生后的情形，没有表现出适用于出生前的可能性。[5]

---

〔1〕　314 F. Supp. at 1222~1223.

〔2〕　Tr. of Oral Rearg. 20~21.

〔3〕　Tr. of Oral Rearg. 24.

〔4〕　胎儿不包括在人口普查范围之内。

〔5〕　当得克萨斯州主张胎儿是受《宪法第十四修正案》保障的人时，其进退两难。不管在得克萨斯州，还是在其他州，堕胎并未被完全禁止。尽管限制广泛，但总是存在例外，比如第 1196 条规定为挽救母亲的生命，可实施堕胎。如果胎儿是人，则未经正当法律程序不得剥夺其生命，如果母亲的身体条件是唯一的决定性因素，那么第 1196 条则违背了《宪法第十四修正案》的要求。《宪法第十四修正案》和典型的堕胎法之间还存在其他冲突。[n. 49, supra] 在得克萨斯州，对于实施其身之堕胎犯罪，妇女并不是主犯或者共犯。如果胎儿是人，为什么妇女不是主犯或者共犯？此外，第 1195 条有关堕胎犯罪的刑明显低于第 1257 条谋杀罪的最高刑罚。如果胎儿是人，刑罚因何有异？

19 世纪中的绝大部分时间，堕胎都是合法的，比今天更为自由。因此，我们确信《宪法第十四修正案》中的"人"并不包含未出生者。[1]这与一些有关该问题的案件的结论一致。[2]如果结束《宪法第十四修正案》保障的生命是堕胎的必然后果，我们不会放任之。

这一结论并不能完全回答得克萨斯州提出的问题，我们将继续考察其他原因。

2. 在其隐私空间内，孕妇并不独立，她怀有一个胚胎，之后是胎儿[3]。这与"艾森斯塔特（Eisenstadt）案"和"格里斯沃尔德（Griswold）案"所涉及的婚姻关系、"洛夫因（Loving）案"所涉及的婚姻、"斯金纳（Skinner）案"所涉及的生殖以及"皮尔斯（Pierce）案"和"梅耶（Meyer）案"所涉及的教育有本质的不同。在孕期的某些阶段，州有保护母亲的健康或者潜在生命的正当理由，孕妇拥有的关于隐私的任何权利都必须视具体情况而定。

得克萨斯州认为，除了《宪法第十四修正案》之外，生命始于受孕，并在孕期始终存在，因此从受孕之时起，州有重大利益以保障胎儿的生命。我们不需要解决生命始于何时这一难题，那些经过医学、哲学、神学等学科专业训练的人尚且不能达成共识，法官并不适合去推测这一问题的答案。

有关这一敏感问题的思考存在广泛分歧。生命始于活体出生是一种主流观点，是斯多葛学派的信条，[4]也是犹太教的主要观点，尽管存在争议，[5]也可能代表了大部分新教派别的立场。已对堕胎问题正式表明立场的社团一般

---

〔1〕 威斯康星州堕胎制定法将"未出生的孩子"定义为"自受孕至活体出生前的人"。[Wis. Stat. § 940. 04（6）（1969）]康涅狄格州的新堕胎法宣称保护始自受孕的人类生命是州的公共政策以及立法机关的意图。[Pub. Act No. 1（May 1972 special session）]

〔2〕 McGarvey v. Magee-Womens Hospital, 340 F. Supp. 751（WD Pa. 1972）; Byrn v. New York City Health & Hospitals Corp. , 31 N. Y. 2d 194, 286 N. E. 2d 887（1972）, appeal docketed, No. 72 - 434; Abele v. Markle, 351 F. Supp. 224（Conn. 1972）, appeal docketed, No. 72 - 730. Cf. Cheaney v. State, - Ind. , at -, 285N. E. 2d, at 270; Montana v. Rogers, 278 F. 2d 68, 72（CA7 1960）, aff'd sub nom. Montana v. Kennedy, 366 U. S. 308（1961）; Keeler v. Superior Court, 2 Cal. 3d 619, 470 P. 2d 617（1970）; State v. Dickinson, 28. Ohio St. 2d 65, 275 N. E. 2d 599（1971）.

〔3〕 Dorland's Illustrated Medical Dictionary 478~479, 547（24th ed. 1965）.

〔4〕 Edelstein 16.

〔5〕 Lader 97 ~ 99; D. Feldman, Birth Control in Jewish Law 251294（1968）; Jakobovits, Jewish Views on Abortion, in Abortion and the Law 124（D. Smith ed. 1967）.

认为堕胎是有关女性个人或者其家庭的良知问题。[1]普通法更看重胎动的意义，医生较少关注胎动，他们强调受孕、活体出生或者胎儿向"可存活"转变的质变点，"可存活"是指能够在母亲子宫之外生存，即使需要人工辅助。[2]生存能力通常发生在孕期第 28 周，也可能早至第 24 周。[3]虽然面临坚持生命始于受孕的教会中人的反对，亚里士多德学派的"居间质变"理论在中世纪和欧洲文艺复兴时期占据主导地位，直到 19 世纪，仍然是罗马天主教的官方教条。[4]当然，天主教当前的信条是生命始于受孕。正如某个法庭之友的意见所表明的，许多非天主教教徒以及医生也强烈支持这一观点。"生命始于受孕"面临如下两个难题：①胚胎学最新研究成果表明受孕是一个过程而非一个事件；②月经期取胎术、女用口服避孕药、胚胎植入术、人工授精甚至人造子宫等新医疗技术的发展。[5]

　　除刑事堕胎领域外，法律并不承认生命始于活体出生之前，除特定情况外，法律没有赋予未出生者任何法律权利。比如，即使孩子活体出生，传统侵权法也拒绝救济产前侵害。[6]当前，这一规则已经发生了变化，大多数州保护具备存活能力的胎儿的权利，若侵害持续存在，有些法院已裁决保护胎动之后的胎儿的权利。[7]近来有些州允许父母就导致胎儿死亡的产前侵害提

---

　　[1]　美国道德联盟的法庭之友意见书等。全国教会理事会以及其他教派的立场参见"Lader 99~101"。

　　[2]　L. Helman & J. Pritchard, Williams Obstetrics 493 (14th ed. 1971); Dorland's Illustrated Medical Dictionary 1689 (24th ed. 1965).

　　[3]　Helman & Pritchard, supra, n. 59, at493.

　　[4]　有关罗马天主教立场的讨论参见"Callahan, Abortion: Law, Choice, and Morality 409447 (1970); Noonan 1"。

　　[5]　Brodie, "The New Biology and the Prenatal Child", 9 J. Family L. 391, 397 (1970); Gorney, "The New Biology and the Future of Man", 15 U. C. L. A. L. Rev. 273 (1968); Note, "Criminal LawAbortion-The 'Morning - After Pill' and Other Pre - Implantation Birth - Control Methods and the Law", 46 Ore. L. Rev. 211 (1967); G. Taylor, The Biological Time Bomb 32 (1968); A. Rosenfeld, The Second Genesis 138~139 (1969); Smith, "Through a Test Tube Darkly: Artificial Insemination and the Law", 67 Mich. L. Rev. 127 (1968); Note, "Artificial Insemination and the Law", 1968 U. Ill. L. F. 203.

　　[6]　3W. Prosser, The Law of Torts 335~338 (4th ed. 1971); 2 F. Harper & F. James, The Law of Torts 1028~1031 (1956); Note, 63 Harv. L. Rev. 173 (1949).

　　[7]　Prosser, supra, n. 63, at 336~338; Annotation, Action for Death of Unborn Child, 15 A. L. R. 3d 992 (1967).

起诉讼，招致普遍反对。[1]但是，这类诉讼是对父母利益的维护，也与"胎儿至多是潜在生命"的观念保持一致。未出生的孩子已被赋予通过继承或者其他类型的财产转移获得利益的权利，并由诉讼监护人代表之。[2]再一次，上述所涉利益需视能否活体出生而定。总之，在法律上，未出生者从未被视作完整意义的人。

十

考虑到以上论述，我们反对得克萨斯州通过采纳生命始于受孕的理论，剥夺孕妇岌岌可危的堕胎权。但是，我们再次重复，州具有保护孕妇——不管是本州居民，还是前来寻求医疗咨询和服务的非本州居民——健康的重要正当利益。此外，州还拥有保护潜在人类生命的重要的正当利益。随着妊娠的持续，上述任何一种利益都可以发展成为"州的紧迫的利益"。

根据目前的医学知识，孕早期结束之时是州保护孕妇健康的时间节点。根据前文提及的医学事实，直到孕早期结束之前的堕胎死亡率比正常生产的死亡率还要低。因此，自此之后，只要与保护母亲的健康合理相关，州即可规制堕胎。举例而言，州可规制如下领域：堕胎实施者的资格；为堕胎实施者颁发许可；堕胎是否必须在医院中进行；医疗设备许可；等等。

在孕早期，与病人协商之后，主治医生可根据其医学判断作出是否终止妊娠的决定，并免受州的干涉，自由实施堕胎手术。

因为自此之后，胎儿具备了在母亲子宫外过有意义人生的能力，所以生存能力是州保护潜在生命的时间节点。因此，州保护具备了生存能力的胎儿的生命具有逻辑上和生物学的正当性。如果州有意保护具备生存能力的胎儿的生命，甚至可剥夺孕妇在此之后孕期内的堕胎权，除非保障母亲的生命和健康之必须。

与上述标准相比较，《得克萨斯州刑法典》第1196条规定的"除非根据

---

〔1〕 Prosser, supra, n.63, at 338; Note, The Law and the Unborn Child: The Legal and Logical Inconsistencies, 46 Notre Dame Law, 349, 354~360 (1971).

〔2〕 Louisell, "Abortion, The Practice of Medicine and the Due Process of Law", 16 U.C.L.A.L. Rev. 233, 235~238 (1969); Note, 56 Iowa L. Rev. 994, 999~1000 (1971); Note, "The Law and the Unborn Child", 46 *Notre Dame Law*, 349, 351~354 (1971).

医学建议为挽救母亲的生命不得堕胎"过度限制了合法堕胎的权利。该法没有区分孕早期之前的堕胎和孕早期之后的堕胎,仅仅以挽救母亲的生命作为堕胎的正当理由。因此,《得克萨斯州刑事堕胎法》违宪,从而没有必要继续审查其模糊性问题。

十一

总结并复述如下:

1. 类似于《得克萨斯州刑事堕胎法》的规定,不管在孕期的任何阶段,也排除所涉其他利益,只有为挽救母亲的生命实施的堕胎才不是犯罪,违反了《宪法第十四修正案》的正当程序条款。

(1) 孕早期结束之前的堕胎决定及其实施,由孕妇的主治医生根据临床判断作出。

(2) 孕早期结束之后的阶段,为了保护母亲的健康,州可以选择与母亲健康合理相关的措施规制堕胎。

(3) 具备生存能力之后的阶段,为了保护潜在的人类生命,除了根据适当的临床判断为保护母亲的生命或者健康之必须,州可以规制乃至禁止堕胎。

2. 州可以禁止已获许可的医生之外的任何人实施堕胎手术。

"多伊案"将审查一部现代堕胎制定法中包含的程序要求,可与本案法院意见一并阅读。[1]

我们认为,本裁决能够与所涉利益的相对权重、医学与法律史的经验和教训、普通法的从宽原则、当今深奥难题的要求保持一致。只要限制与被认可的州利益合理相关,本判决允许州随着孕期的延长,对堕胎施加更多的限制。在重要的州利益变为干预的重大正当理由前,本判决维护医生根据其专业判断实施治疗的权利。堕胎与否在本质上主要是一种医学决定,医生需承担根本的责任。如果执业医师滥用这种权利,当事人可获得司法或者行业内的救济。

---

〔1〕 本案以及"多伊案"都没有讨论父亲在堕胎决定中可能的权利。在这些案件中,当事人也未主张任何父亲的权利。得克萨斯州和佐治亚州的堕胎法并未规定父亲的权利。一些州在特定的情况下,承认父亲的权利,比如北卡罗来纳州〔N. C. Gen. Stat. §14-45.1 (Supp. 1971)〕规定已婚未满18岁的孕妇堕胎时〔41 N. C. A. G. 489 (1971)〕,需获得丈夫的书面允许,未婚未满18岁的孕妇堕胎时,需获得父母的书面允许。我们无需决定这些条款的合宪性。

十二

当然，第 1196 条违宪意味着作为一个整体的《得克萨斯州刑事堕胎法》必须失效。第 1196 条的例外性规定不能被单独推翻，否则该法将会禁止任何形式的堕胎，不管发生多么紧急的医疗性事件。

地区法院授予上诉人罗伊确认救济，拒绝禁令救济。对于联邦法院的确认救济判决和禁令救济判决而言，本院已提出了不同的考量因素。[1]我们处理的制定法与限制表达自由无关，"多姆布罗夫斯基（Dombrowski）案"特别关注此领域，"杨格（Younger）案"[2]进一步完善。

本院判决《得克萨斯州刑事堕胎法》违宪。我们认为，得克萨斯州监察部门会认真对待此判决，因此地区法院未授予上诉人禁令救济是否是一个错误，变得无关紧要。

推翻地区法院允许赫夫特参与诉讼的裁决，驳回赫夫特参与诉讼的请求，维持地区法院的其他裁决，被上诉人承担诉讼费用。

特此判决

斯图尔特大法官发表协同意见

本院曾经以实质性正当程序理论宣布许多州法违反了《宪法第十四修正案》，1963 年的"弗格森案"结束了这种理解。正如布莱克大法官所言，我们已经回归至原初宪法命题，法院不能以自身之社会和经济理念代替立法分支做出判断，立法是经由选举产生的立法分支的任务。[3]

1965 年，本院裁决《康涅狄格州避孕法》违宪[4]。因为"斯库鲁帕（Skrupa）案""格里斯沃尔德（Griswold）案"未基于《宪法第十四修正案》的正当程序条款。但是《康涅狄格州避孕法》并未违反权利法案的任何

---

〔1〕 Zwickski v. Koota, 380 U. S. 241, 252 ~ 255（1967）；Dombrowski v. Pfister, 380 U. S. 479（1965）.

〔2〕 Younger v. Harris（410 U. S., at 50）.

〔3〕 Younger v. Harris（410 U. S., at 50），at 730. ［只有哈兰大法官未加入法院意见（372 U. S., at 733）］

〔4〕 Griswold v. Connecticut, 381 U. S. 479.

条款，或者宪法当中的明确条款。[1]《康涅狄格州避孕法》本质上侵犯了《宪法第十四修正案》正当程序条款保护的"自由"[2]，因此，"格里斯沃尔德（Griswold）案"与"斯库鲁帕（Skrupa）案"之前的大量依据实质性正当程序条款作出的判决本质相同。

在一部为自由人民制定的宪法中，"自由"的含义很宽广[3]。宪法并未提及一项个人选择婚姻和家庭生活的具体权利，但是，《宪法第十四修正案》中的正当程序条款所保障的自由比《权利法案》明确列举的自由更为广泛[4]。

正如哈兰大法官所言，正当程序条款保障的自由的全部范围不能在宪法文本的明确条款中发现，也不能被其限制。自由不是由财产征收条款；言论、表达和宗教自由；持有和佩带武器的权利；免于无理搜查和没收的自由等组成的一系列的孤立点，而是一种理性的连续体，包括免受所有任意施加的强力或者毫无目标的限制的自由……州限制自由的正当化理由必须经受严格审查。再如法兰克福大法官所言，"自由"等伟大概念涉及社会和经济领域的方方面面，建国之父们也深知一成不变的社会将停滞不前，因此这些伟大概念被有意留给实践形成和扩充其意义。

在上一个开庭期，本院确立了已婚者和单身者都享有新的个人权利，即政府没有正当理由，不得对个人生育子女决定将产生根本影响的事务进行干预。上述权利包括妇女决定是否终止妊娠的权利，无论是在生活意义方面，还是在私密关系方面，妇女在孕期付出其生理及情感的权利以及影响其一生的生育子女的权利，都比将孩子送入私立学校的权利或教授一门外语的权利

---

[1] 宪法中不存在隐私权。"根据《宪法第四修正案》，个人隐私免于特定种类的政府侵犯，但是它的保护范围更广，经常无涉隐私。联邦宪法中的其他条款保护个人隐私免于其他种类的政府侵犯。但是对一般隐私权——独处的权利——的保障，正如对财产或生命的保障，主要由州法规制。" [Katz v. United States, 389 U. S. 347, 350~351（略去脚注）]

[2] 布莱克大法官 [381 U. S., at 507（反对意见）]、哈兰大法官 [381 U. S., at 499（协同意见）] 和怀特大法官 [381 U. S., at 502（协同意见）] 与我观点一致。参见哈兰大法官富有思想的反对意见 [Poe v. Ullman, 367 U. S. 497, 522]。

[3] Board of Regents v. Roth, 408 U. S. 564, 572.

[4] Schware v. Board of Bar Examiners, 353 U. S. 232, 238, 239; Pierce v. Society of Sisters, 268 U. S. 510, 534~535; Meyer v. Nebraska, 262U. S. 390, 399~400. Cf. Shapiro v. Thompson, 394 U. S. 618, 629~630; United States v. Guest, 383 U. S. 745, 757~758; Carrington v. Rash, 380 U. S. 89, 96; Aptheker v. Secretary of State, 378 U. S. 500, 505; Kent v. Dulles, 357 U. S. 116, 127; Bolling v. Sharpe, 347 U. S. 497, 499~500; Truax v. Raich, 239 U. S. 33, 41.

更重要。

因此，罗伊主张的权利能够被《宪法第十四修正案》正当程序条款保障的个人自由包含，本院今天作出了正确的判决。

很明显，《得克萨斯州刑事堕胎法》直接侵犯了上述权利，它对宪法自由的侵犯无以复加。其规制堕胎的正当理由能否经受住《宪法第十四修正案》所要求的严格审查呢？

被上诉人提出的正当理由包括保护孕妇的健康和安全以及保护潜在的人类生命。这些利益都是合法的目标，足以允许州像规制其他医疗项目那样规制堕胎，或许足以允许州更严格的限制堕胎，甚至允许州在孕晚期禁止堕胎。但是，我们处理的并不是这样的法律，本院今天已经表明，上述州利益无法证明《得克萨斯州堕胎法》广泛限制个人自由的合宪性。因此，我加入法院意见，裁决《得克萨斯州堕胎法》因违背《宪法第十四修正案》中的正当程序条款而无效。

伦奎斯特大法官发表反对意见

法院意见在处理堕胎问题时，采用了大量的历史事实与法律学术资源。尽管值得尊重，但是我不同意认定得克萨斯州制定法无效的部分。因此，发表反对意见。

一

法院意见裁决在妊娠前三个月，州不得限制堕胎。"此类判决要求原告在诉讼期间处于妊娠前三个月。尽管当事人可主张自己的宪法权利，但是他不能主张其他人的权利。"[1]然而，法庭记录表明并不存在这样一个原告。我们只知道罗伊提交诉状时是一位孕妇，当诉状提交完成之后，她也许已经处于孕期的最后三个月。

法院意见并未表明得克萨斯州禁止在孕期最后三个月堕胎的制定法是否违宪，却利用罗伊对得克萨斯州堕胎法的挑战，裁决在孕期的前三个月，州不得限制堕胎。裁决一个如此假想的诉讼，本院违背了一项长期存在的箴言，即法

---

〔1〕 Moose Lodge v. Irvis, 407 U. S. 163（1972）；Sierra Club v. Morton, 405 U. S. 727（1972）.

院不能制定一项比需要其规范的明确事实的要求更加宽泛的宪法规则〔1〕。

二

即使本案中存在一个适格原告，我也反对法院意见，本案并不涉及隐私权。得克萨斯州禁止执业医师为类似于本案原告罗伊的人实施药物堕胎，因堕胎手术而发生的医患关系并非一般意义上的"私人的"行为。法院意见认为《宪法第四修正案》包含了隐私权，但是《宪法第四修正案》所保障的免于搜查和没收的自由与隐私无关〔2〕。

如果法院意见中的"隐私"仅指个人免于州对双方自愿事务的规制，那么它可能是《宪法第十四修正案》所保障的自由的一种形式。在本院之前的判决中，类似的请求权已获得支持，其基础正是《宪法第十四修正案》保障的自由。我同意斯图尔特大法官在协同意见中的观点，他认为第十四修正案保障的未经正当程序不得被剥夺的自由比权利法案中明确列举的权利更多。但是，这些自由在符合正当法律程序的情况下可以被剥夺。"立法是否与一个合法的州目标合理相关"是适用于社会和经济立法领域的审查标准〔3〕。虽然宽泛，但是《宪法第十四修正案》中的正当程序条款无疑给立法分支制定此类法律施加了一种限制。在"威廉逊（Williamson）案"所确立的审查标准之下，当母亲生命处于危险境地时，如果《得克萨斯州刑事堕胎法》仍然禁止堕胎，它与一种合法的州目标之间就会缺乏合理关联。但是，在上述标准之下，本院否定孕期前三个月的所有的堕胎限制立法的合法性，不具有正当性。法院意见对所涉利益的实质权衡显然取代了既有审查标准，立法分支比司法分支更适合作出上述判断。

在依据"重大的州利益"标准时，本院忽略了《宪法第十四修正案》的历史〔4〕。上述标准原本是关于《宪法第十四修正案》平等保护条款的法律考量，但是本案涉及《宪法第十四修正案》的正当程序条款，因此本院扩展

---

〔1〕 Liverpool, New York & Philadelphia S. S. Co. v. Commissioners of Emigration, 113 U. S. 33, 39 (1885); Ashwander v. TVA, 297 U. S. 288, 345 (1936). （布兰代斯大法官的协同意见）

〔2〕 Katz v. United States, 389 U. S. 347 (1967).

〔3〕 Williamson v. Lee Optical Co., 348 U. S. 483, 491 (1955).

〔4〕 Weber v. Aetna Casualty & Surety Co., 406 U. S. 164, 179 (1972). （反对意见）

了上述标准的适用范围。法院意见导致堕胎法律问题更加混乱。

尽管法院意见引用了霍姆斯大法官的反对意见[1]，但是其得出的结论与该案中佩卡姆大法官（Peckham）的多数意见更为相似。就像"洛克纳（Lochner）案"或者相似的案件将实质性正当程序标准适用于经济和社会福利立法一样，采纳重大州利益标准，意味着法院必须审查不同的立法政策，并作出利益衡量。例如，本院将孕期划分为三个不同的阶段，并分别列举每个阶段州可施加的合法限制，这与《宪法第十四修正案》的起草者的意图相比，实为立法。

至少一个世纪以来，大多数州限制堕胎的事实明确表明堕胎权并未植根于传统和美国人的良知，从而被认定为基本权利[2]。即使在有关堕胎的社会观念正在转变的今天，大量的争论意味着"堕胎权"并未被普遍接受。

为了达到它的结论，本院必须在《宪法第十四修正案》的范围内寻求一种其起草者完全不知的权利。早在1821年，康涅狄格州立法机关制定了第一部《堕胎规制法》[3]，等到1868年《宪法第十四修正案》通过之时，州和地方立法机关制定了至少36部限制堕胎的法律。[4]虽然许多州已经修订或者

---

〔1〕 Lochner v. New York, 198 U. S. 45, 74 (1905).

〔2〕 Snyder v. Massachusetts, 291 U. S. 97, 105 (1934).

〔3〕 Conn. Stat. , Tit. 22, § § 14, 16.

〔4〕 先于第十四修正案（1868年）制定的堕胎法：1. Alabama-Ala. Acts, c. 6, § 2 (1840). 2. Arizona-Howell Code, c. 10, § 45 (1865). 3. Arkansas-Ark. Rev. Stat. , c. 44, div. Ⅲ, Art. 1 Ⅰ, § 6 (1838). 4. California-Cal. Sess. Laws, c. 99, § 45, p. 233 (1849-1850). 5. Colorado (Terr.) —— Colo. Gen. Laws of Terr. of Colo. , 1st Sess. , § 42, pp. 296~297 (1861). 6. Connecticut——Conn. Stat. , Tit. 20, § § 14, 16 (1821). By 1868, this statute had been replaced by another abortion law. Conn. Pub. Acts, c. 71, § § 1, 2, p. 65 (1860). 7. Florida-Fla. Acts 1st Sess. , c. 1637, subc. 3, § § 10, 11, subc. 8, § § 9, 10, 11 (1868), as amended, now Fla. Stat. Ann. § § 782. 09, 782. 10, 797. 01, 797. 02, 782. 16 (1965). 8. Georgia - Ga. Pen. Code, 4th Div. , § 20 (1833). 9. Kingdom of Hawaii-Hawaii Pen. Code, c. 12, § § 1, 2, 3 (1850). 10. Idaho (Terr.) - Idaho (Terr.) Laws, Crimes and Punishments § § 33, 34, 42, pp. 441, 443 (1863). 11. Ilinois——Ill. Rev. Criminal Code § § 40, 41, 46, pp. 130, 131 (1827). By 1868, this statute had been replaced by a subsequent enactment. Ill. Pub. Laws § § 1, 2, 3, p. 89 (1867). 12. Indiana-Ind. Rev. Stat. § § 1, 3, p. 224 (1838). By 1868 this statute had been superseded by a subsequent enactment. Ind. Laws, c. LXXXI, § 2 (1859). 13. Iowa (Terr.) - Iowa (Terr.) Stat. , 1st Legis. , 1st Sess. , § 18, p. 145 (1838). By 1868, this statute had been superseded by a subsequent enactment. Iowa (Terr.) Rev. Stat. , c. 49, § § 10, 13 (1843). 14. Kansas (Terr.) -Kan. (Terr.) Stat. , c. 48, § § 9, 10, 39 (1855). By 1868 this statute had been superseded by a subsequent enactment. Kan. (Terr.) Laws, c. 28, § § 9, 10, 37 (1859). 15. Louisiana-a. Rev. Stat. , Crimes and Offenses § 24, p. 138 (1856). 16. Maine——Me. Rev. Stat. , c. 160, § § 11, 12, 13,

废止了堕胎法，其中的 21 部至今仍然有效。[1]今天被推翻的《得克萨斯州刑事堕胎法》于 1857 年制定，未经实质性改变，延续至今。

《宪法第十四修正案》通过时，包括得克萨斯州在内的所有州堕胎法的合法性都未受质疑。根据《宪法第十四修正案》的历史，制宪者并未意图剥夺州规制堕胎的权力。

三

即使我们同意法院意见中所阐述的实质性宪法观，本案的最终判决仍不具有正当性。尽管法院承认州可以对孕晚期的堕胎行为施加完全相同的限制，但是得克萨斯州制定法仍然被整体推翻了。根据我对过往经验的理解，一部制定法适用于特定原告时无效，但是作为一个整体并不违宪，不应被简单推翻，而应当宣告其在适用到本案事实时违宪[2]。基于上述理由，我恭敬地提出反

(接上页) 14 (1840). 17. Maryland-Md. Laws, c. 179, § 2, p. 315 (1868). 18. Massachusetts-Mass. Acts & Resolves, c. 27 (1845). 19. Michigan-Mich. Rev. Stat., c. 153, § § 32, 33, 34, p. 662 (1846). 20. Minnesota (Terr.) -Minn. (Terr.) Rev. Stat., c. 100, § § 10, 11, p. 493 (1851). 21. Mississippi-Miss. Code, c. 64, § 8, 9, p. 958 (1848). 22. Missouri - Mo. Rev. Stat., Art. II, § § 9, 10, 36, pp. 168, 172 (1835). 23. Montana (Terr.) -Mont. (Terr.) Laws, Criminal Practice Acts § 41, p. 184 (1864). 24. Nevada (Terr.) - Nev. (Terr.) Laws, c. 28, § 42, p. 63 (1861). 25. New Hampshire-N. H. Laws, c. 743, § 1, p. 708 (1848). 26. New Jersey-N. J. Laws, p. 266 (1849). 27. New York-N. Y. Rev. Stat., pt. 4, c. 1, Tit. 2, § § 8, 9, pp. 12~ 13 (1828). By 1868, this statute had been superseded. N. Y. Laws, c. 260, § § 1~6, pp. 285~286 (1845); N. Y. Laws, c. 22, § 1, p. 19 (1846). 28. Ohio——Ohio Gen. Stat. § § 111 (1), 112 (2), p. 252 (1841). 29. Oregon-Ore. Gen. Laws, Crim. Code, c. 43, § 509, p. 528 (1845~1864). 30. Pennsylvania-Pa. Laws No. 374, § § 87, 88, 89 (1860). 31. Texas-Tex. Gen. Stat. Dig., c. Ⅶ, Arts. 531~536, p. 524 (Oldham & White 1859). 32. Vermont-Vt. Acts No. 33, § 1 (1846). By 1868, this statute had been amended. Vt. Acts No. 57, § § 1, 3 (1867). 33. Virginia - Va. Acts, Tit. Ⅱ, c. 3, § 9, p. 96 (1848). 34. Washington (Terr.) - Wash. (Terr.) Stats., c. Ⅱ, § § 37, 38, p. 81 (1854). 35. West Virginia-See Va. Acts., Tit. Ⅱ, c. 3, § 9, p. 96 (1848); W. Va. Const., Art. xi, par. 8 (1863). 36. Wisconsin-Wis. Rev. Stat., c. 133, § § 10, 11 (1849). By 1868, this statute had been superseded. Wis. Rev. Stat., c. 164, § § 10, 11; c. 169, § § 58, 59 (1858).

[1] 1868 年生效并延续至 1970 年 8 月的堕胎法：1. Arizona (1865). 2. Connecticut (1860). 3. Florida (1868). 4. Idaho (1863). 5. Indiana (1838). 6. Iowa (1843). 7. Maine (1840). 8. Massachusetts (1845). 9. Michigan (1846). 10. Minnesota (1851). 11. Missouri (1835). 12. Montana (1864). 13. Nevada (1861). 14. New Hampshire (1848). 15. New Jersey (1849). 16. Ohio (1841). 17. Pennsylvania (1860). 18. Texas (1859). 19. Vermont (1867). 20. West Virginia (1863). 21. Wisconsin (1858).

[2] Yick Wo v. Hopkins, 118 U. S. 356 (1886); Street v. New York, 394 U. S. 576 (1969).

对意见。

伯格首席大法官发表协同意见

我同意如下观点：《宪法第十四修正案》不允许佐治亚州和得克萨斯州的堕胎制定法限制为保护孕妇的健康所必须之堕胎行为，"健康"一词应在最宽泛的医学意义上使用[1]。在论证的过程中，虽然决院参考了多方面的科学和医学资料，但是我认为法院并没有超出司法认知的范畴。

在言词辩论阶段，得克萨斯州的出庭律师提出，因强奸或乱伦导致的非自愿妊娠，通常被允许在孕早期堕胎。当面对一部如此僵化、狭隘的制定法时，所有人只能被置于仅仅依靠检察机关政策考量或者控方自由裁量的境地。当然，在法院意见规定的界限内，州有广泛的规制堕胎行为的权力，但是当州的干预产生严重后果时，应当尽可能避免不确定性。我倾向允许州要求当事人提供两位医生的证明以支持其堕胎行为，但是法院意见没有将此包括在内。与佐治亚州制定法要求六名医生的证明以及一家医院认证联合委员会认证的医院等复杂的程序相比，两名医生认证程序并非一种过度的负担。

我认为法院今天的判决并不会产生提出反对意见的大法官指出的消极后果，他们忽略了绝大多数医生都会遵守职业规范的事实，医生会审慎地依据有关生命和健康的临床判断行事。法院并未承认宪法保障完全的堕胎自由。

道格拉斯大法官发表协同意见

虽然我加入了法院意见[2]，但是再作一个补充。

一

当前案件提出的问题远非模糊性[3]那么简单，它们涉及隐私权问题。在"格里斯沃尔德（Griswold）案"[4]中，本院裁决权利法案中的一些权利创造

---

　　〔1〕　United States v. Vuitch, 402 U. S. 62, 71~72 (1971).

　　〔2〕　因为我的反对意见持续有效 [Younger v. Harris, 401 U. S. 37]，并能够适用于"罗伊案"，因此我不同意驳回赫夫特医生参与"罗伊案"的请求权的裁决。

　　〔3〕　United States v. Vuitch, 402 U. S. 62.

　　〔4〕　Griswold v. Connecticut, 381 U. S. 479, 484.

了隐私区域。[1]

"格里斯沃尔德（Griswold）案"涉及一部禁止使用避孕药具的法律。本院判决该法因为适用于已婚人士而违宪。"我们处理的是比权利法案、政党制度、学校制度更古老的隐私权。不管更好还是更坏，婚姻是一种希望持续存在的结合以及神圣的亲密关系。"[2]

地区法院在"多伊（Doe）案"中提出，"格里斯沃尔德（Griswold）案"以及相关案件"建立的隐私权足以包含妇女在孕早期决定是否堕胎的权利"。[3]

加利福尼亚州最高法院表达了同样的观点[4]。

《宪法第九修正案》并未规定可执行的联邦权利，它仅仅规定宪法列举的某些权利不能被解释为否定或者轻视由人民保留的其他权利。这些权利包括习惯的、传统的以及历史悠久的权利、福利、特权和豁免，它们都处于联邦宪法序言中提及的"自由之恩赐"的范围之内。它们中的大多数都处在《宪法第十四修正案》中的"自由"的意义之内。

第一，智力、利益、偏好、个性表达与发展的自我控制。这些被《宪法第一修正案》保障的权利是绝对的，不能被限制[5]。《宪法第一修正案》中的宗教活动自由条款是其中的一种；为尊重人的信仰，第一和第五修正案保

---

[1] 《权利法案》没有涉及隐私，但是隐私作为宪法修正案保障的一种基本价值的地位已经获得本院的认可。"博伊德案"是此类判决的源头（Boyd v. United States, 116 U.S. 616），本院裁决一项联邦法律违反了第四和第五修正案，该法授权法院在税收案件中要求纳税人提交纳税记录，否则将承认政府的主张。布兰代斯大法官代表法院，认为该法过度侵犯了"住宅和生命隐私的神圣性"（Boyd v. United States, 116 U.S. at 630.）在"博伊德案"之前的"库伯恩案"［Kilbourn v. Thompson, 103 U.S. 168, 190］中，米勒大法官（Miller）代表法院裁决国会没有调查公民个人事务的一般权力。菲尔丁大法官（Field）在该案中指出，该案将永远作为一道壁垒，保护公民免受国会委员会对其个人事务的无限调查。［In re Pacific Railway Comm'n, 32 F. 241, 253（cited with approval in Sinclair v. United States, 279 U.S. 263, 293）.］在"ICC案"（ICC v. Brimson, 154 U.S. 447, 478）中，哈兰大法官代表法院指出，联邦宪法不允许一种调查公民个人事务的一般权力，这同样适用于行政调查。同样的案例参见"Harriman v. ICC, 211 U.S. 407; United States v. Louisville & Nashville R. Co., 236 U.S. 318, 335; and FTC v. American Tobacco Co., 264 U.S. 298"。

[2] Griswold v. Connecticut, 381 U.S. 479, 486.

[3] 319 F. Supp. 1048, 1054.

[4] People v. Belous, 3 71 Cal. 2d 954, 963, 458 P. 2d 194, 199.

[5] Terminiello v. Chicago, 337 U.S. 1; Roth v. United States, 354 U.S. 476, 508（反对意见）; Kingsley Pictures Corp. v. Regents, 360 U.S. 684, 697（协同意见）; New York Times Co. v. Sullivan, 376 U.S. 254, 293（布莱克大法官的协同意见，我加入）。

障沉默权[1]；《宪法第一修正案》承认平邮隐私[2]。上述所有隐私权的形式都可以被包含在《宪法第九修正案》保障的由人民保留的权利之中。

第二，有关结婚、离婚、生育、避孕以及教育和抚养孩子等基本问题的自由决定权。与《宪法第一修正案》保障的权利不同，此类权利面临来自治安权的限制。比如，有合理根据即可限制《宪法第四修正案》规定的"无理搜查和扣押"。但是，限制性立法必须基于重大州利益且界限明确[3]。

结婚自由的权利[4]、生育的权利[5]、教育孩子的自由[6]、婚姻关系的隐私[7]等都是由人民保留的权利。[8]在上一个开庭期的另一个避孕药具案[9]中，我们扩张了"格里斯沃尔德（Griswold）案"：

"格里斯沃尔德（Griswold）案关于婚姻关系内含隐私权的观点是正确的。但是，夫妻并不是共享一个心脏和精神的独立实体，而是一种拥有独立理智和情感的两个个体的结合。如果隐私权意味着什么，它是一种在对个体产生根本影响的问题中免受政府无理干预的自由权，比如是否生育孩子的问

---

[1] Watkins v. United States, 354 U. S. 178, 196~199.

[2] United States v. Van Leeuwen, 397 U. S. 249, 253.

[3] E. g., Kramer v. Union Free School District, 395 U. S. 621; Shapiro v. Thompson, 394 U. S. 618; Carrington v. Rash, 380 U. S. 89; Sherbert v. Verner, 374 U. S. 398; NAACP v. Alabama, 357 U. S. 449.

[4] Loving v. Virginia, 388 U. S.

[5] Skinner v. Oklahoma, 316 U. S. 535.

[6] Pierce v. Society of Sisters, 268 U. S. 510.

[7] Griswold v. Connecticut, supra.

[8] 斯图尔特大法官在"罗伊案"中指出，"格里斯沃尔德（Griswold）案"复活了已被"斯库拉案"（Ferguson v. Skrupa, 372 U. S. 726）否定的实质性正当权利，该案涉及一项规制商业的立法。诚如霍姆斯大法官所言，法院在该案中拒绝了如下观点：《宪法第十四修正案》中的正当程序条款中的自由充斥着源于自由放任主义、社会主义或者技术专家的个人价值选择。"格里斯沃尔德（Griswold）案"涉及一项有关婚姻关系的立法和一位因向已婚人士提供避孕建议而被定罪的执业医师。权利法案没有明确保障结社权或者社团中的隐私，但是在《宪法第一修正案》的规范边缘，我们发现了上述权利（NAACP v. Alabama, 357 U. S. 449, 462）。其他相关权利包括根据自己的意愿教育孩子的权利（Pierce v. Society of Sisters, 268 U. S. 510）和学习德语的权利（Meyer v. Nebraska, 262 U. S. 390）。有人认为与权利法案明确表达的权利相比，上述权利也很重要。但是，这并不足以获得实质性正当程序条款的保障。当然，墨菲大法官（Murphy）和拉特利奇大法官（Rutledge）走得更远，他们相信《宪法第十四修正案》正当程序条款包含权利法案中所有的权利［Adamson v. California, 332 U. S. 46, 123, 124（反对意见）］。也许他们是正确的，但是不管是我还是加入法院意见的其他人都不能穿过那座桥。

[9] Eisenstadt v. Baird, 405 U. S. 438.

题。"〔1〕

布兰代斯（Brandeis）大法官称隐私权是一种独处的权利〔2〕。隐私权包括个体安排其自身事务的权利，"每个美国人皆有权过其想要的生活，做其想做的事情，去其想去的地方"。〔3〕

第三，关心照顾他人的自由、免于身体被强制的自由和行动自由。虽然它们是基本权利，但当存在一种"重大的州利益"时，可受限制。本院已经裁决：

行走、散步、游荡在历史上即是生活便利的一部分〔4〕；存在一个领域，在此之内自我意志至高无上，个人有权阻止任何人类政府——尤其是成文宪法之下的自由政府的干涉〔5〕；殴打与强制曝光对人身的侵害是一样的，城市道路上的公民和在房间内处理私密事务的公民拥有同样的人身安全权〔6〕；《宪法第四修正案》保护免于特定种类政府干涉的个人隐私〔7〕；自由不仅包括免于身体被强制的权利，而且包括签订契约、从事任何职业、获取有用的知识、结婚、组建家庭以及养育孩子、根据自己的良心礼拜上帝以及那些在普通法中长久以来即被承认的对于自由人追求幸福而言必要的权利〔8〕。

上述案件表明妇女有权自由作出是否终止妊娠的决定，《佐治亚州堕胎法》与此相悖。生育孩子对妇女而言，意味着对其喜爱的生活方式的剥夺，并强加给她一种完全不同的未来。比如，被《佐治亚州堕胎法》拒绝的申请人需要继续承受令人不爽的妊娠、随之而来的疼痛、更高的死亡率以及孩子出生的后果；取消教育计划；忍受收入损失；放弃满意的职业；付出更多的精神和生理健康以抚育孩子；忍受伴随一生的未婚母亲的污名，该印记可能会影响到日后的合法的婚姻关系。

---

〔1〕 Eisenstadt v. Baird, 405 U.S. 438, at 453.
〔2〕 Olmstead v. United States, 277 U.S. 438, 478.（反对意见）
〔3〕 Kent v. Dulles, 357 U.S. 116, 126.
〔4〕 Papachristou v. City of Jacksonville, 405 U.S. 156, 164.
〔5〕 Jacobson v. Massachusetts, 197 U.S. 11, 29.
〔6〕 Union Pacific R. Co. v. Botsford, 141 U.S. 250, 252.
〔7〕 Terry v. Ohio, 392 U.S. 1, 8~9.
〔8〕 Meyer v. Nebraska, 262 U.S. 390, 399.

二

但是，上述推理仅是问题的开始。州具有需要保护的利益。接种疫苗以防止流行病是一回事[1]，强制患有遗传精神病的低能者绝育是另外一回事[2]，堕胎则与之都不同。尽管分娩可能危及一些妇女的生命，但是不顾医疗规范，随意堕胎是对一种正当的社会关怀的侵犯。妇女的健康是其中的一部分，胎动之后的胎儿生命是另外　部分。上述因素是州将堕胎视为医疗手段的正当理由。

虽然佐治亚州堕胎法没有充分保护孕妇的生理和心理健康，但却避免了因"健康"的模糊性而无效[3]。然而，正如地区法院指出的那样，佐治亚州堕胎法面临另外一个难题，"它限制了堕胎理由的数量"。我同意地区法院的判决，"州不应过度地限制孕妇受宪法隐私权保障的是否终止妊娠的自由决定权"[4]。

人生悲欢离合，妊娠可能是多余的；有可能损害孕妇（宽泛意义上的）健康，有可能危及孕妇的生命；在特定情况下，可能会因分离、不幸或者悲剧等原因不得不选择堕胎。在一个有洞察力的人看来，这些艰难困苦可被恰当地归为母亲的"健康"因素，也可以被视为是一种建基于特定案例中"适当的"、宽泛的医疗判断的组成部分。

虽然母亲拥有根源于联邦宪法的"自由"，但是州可基于本院提出的理由限制之。当涉及基本的个人权利和自由时，限制性立法必须被"谨慎界定，以避免假定的恶"[5]，也不能以"无限的或者任意的"方式执行[6]。除非规制措施被审慎界定并适用于明确领域，治安权将会终结宪法权利和自由。

州必然要求具备职业资格的医疗人员实施堕胎，保护母亲健康的合法目标支持此类法律，他们对于妇女隐私的影响最小。但是，佐治亚州制定法事

---

[1]　Jacobson v. Massachusetts，197 U. S. 11（1905）.

[2]　Buck v. Bell，274 U. S. 200.

[3]　United States v. Vuitch，402 U. S. , at 72.

[4]　319 F. Supp. , at 1056.

[5]　Cantwel v. Connecticut，310 U. S. 296，307.

[6]　Shelton v. Tucker，364 U. S. 479，490. And see Talley v. California，362 U. S. 60.

实上宣布所有堕胎皆为非法，即使是在孕早期。现代医学证据表明，孕早期堕胎比分娩更安全。[1]因此，若以保护妇女的健康为目标，就不能如此广泛地限制堕胎。如此广泛、长时段限制堕胎只能以保护胚胎和潜在生命为目的。

因为绝对支持后者，当前的制定法打破了妇女的利益和州利益之间的平衡。当然，我不会判决州应当平等对待不同的孕期阶段。本院在"格里斯沃尔德（Griswold）案"中裁决，州不能限制夫妻避孕的权利，任何与受孕时刻相关的州利益将难以理解。诚如克拉克（Clark）大法官所言[2]：

"承认生命始于受孕，意味着承认生命的可能性而非真实性。未受精的卵子存在生命潜能，如果成为受精卵，其具备成长为人的可能性。但是法律关注现实和已知而非假设和未知。当精子与卵子相遇，生命可能最终形成。生命需要时间去孕育，直到它真实存在，它不可能被摧毁。终止胚胎发育并不是杀人行为，社会对此也很宽容。堕胎时，无需举行仪式和开具死亡证明，检察官也从未以谋杀罪起诉堕胎行为。[3]如果胎儿被视作人类生命，情况将会不同。"

总之，州法的规制过于宽泛了。它没有与保护潜在生命的目标紧密相关。事实上，特定情况下允许堕胎，比如未达到发生性行为的法定年龄的未婚女性因性行为导致的妊娠，但是，其他可能引发严重精神障碍的妊娠则不在此列。此外，因为同等对待受孕之后的生命的价值与即将出生的生命的价值，制定法的限制过于宽泛。

---

〔1〕 许多研究已表明医疗性堕胎比分娩更安全。在《纽约堕胎法》实施的最初 11 个月里，堕胎的死亡率是 6‰ ［Abortion Mortality, 20 Morbidity and Mortality 208, 209 (June 1971) (U. S. Dept. of HEW, Public Health Service) ］，分娩的死亡率是十万分之十八 ［Tietze, Mortality with Contraception and Induced Abortion, 45 Studieg in Family Planning 6 (1969) ］，也可参见 "Tietze & Lehfeldt, Legal Abortion in Eastern Europe, 175 J. A. M. A. 1149, 1152 (Apr. 1961)；Kolblova, Legal Abortion in Czecho-slovakia, 196 J. A. M. A. 371 (Apr. 1966)；Mehland, Combating Ilegal Abortion in the Socialist Countries of Europe, 13 World Med. J. 84 (1966) "。

〔2〕 "Religion, Morality, and Abortion: A Constitutional Appraisal", 2 Loyola U. (L. A.) L. Rev. 1, 9~10 (1969).

〔3〕 在 1970 年的 "基勒案" (Keeler v. Superior Court, 2 Cal. 3d 619, 470 P. 2d 617) 中，加利福尼亚州最高法院裁决加利福尼亚州谋杀制定法并未规制 "杀害" 未出生胎儿的行为，即使是具备存活能力的胎儿。将该制定法扩展适用至 "杀害" 未出生者的行为超越了司法权限范畴。只有在胎儿活体出生之后，与其有关的谋杀指控才能成立。(Keeler v. Superior Court, 2 Cal. 3d, at 639, 470 P. 2d, at 630.)

三

根据《佐治亚州堕胎法》，医生并不能独立作出是否实施堕胎的判断。两名其他的执业医师必须赞同他的判断。[1]此外，堕胎必须在一家已获许可的医院进行[2]，并事先获得该院医务人员委员会的支持。[3]

在"多伊案"中，一名医生通过法庭之友向我们抱怨，《佐治亚州堕胎法》干涉了他们的专业判断与实践。

除了神父与忏悔者之间的关系，医患关系最需要隐私权。

病人同意他的医生与其他医生商讨她的病例是一回事，州在医患双方关系中强制推行"数位医生赞同"制度是另外一回事。因此，隐私权（《宪法第十四修正案》保障关心他人健康与人身的权利以及自由选择医生的权利）名存实亡。

州有权为医生颁发许可证，如果医生玩忽职守或者缺乏诚信，应受惩罚或者剥夺许可证。在职业纪律制裁施加前，他有程序性正当法律程序的权利[4]。但是，这里的问题是，州对于是否终止妊娠的医学决定强加控制。病人选择医生的决定权被干涉，病人不能参与最终作出决定的过程。这是对医生与病人之间的隐私权及其必需的私密关系的彻底破坏。

寻求健康咨询的权利以及信赖其所选定医生的权利是《宪法第十四修正案》的基本权利，限制性立法必须以重大州利益为基础，且界限明确。除堕胎之外，州并没有对其他医疗项目中的医患关系施加控制，不管其多么危险。强加于堕胎中医患关系的监管制度侵犯了他们的自由和隐私权，而且毫无可辨识的重大州利益。

佐治亚州有宪法权力将堕胎视为一种医疗手段。但是，为了保护女性的隐私权，管控必须通过她选择的医生及医生的专业判断。

保护能够生存的胎儿是州的合法利益，但是《佐治亚州堕胎法》并没有

---

[1]　Ga. Code Ann. § 26-1202（b）（3）.

[2]　Ga. Code Ann.，§ 26-1202（b）（4）.

[3]　Ga. Code Ann.，§ 26-1202（b）（5）.

[4]　In re Ruffalo, 390 U. S. 544.

作出一种合理的、可辨别的规定。[1]该法规定当强奸导致妊娠、胎儿出生时可能存在永久缺陷、持续妊娠可能危及母亲的生命或对健康带来永久伤害时，胎儿的利益变得无关紧要。我们并不尝试解决生命始自何时这个问题。正如克拉克大法官所言[2]，该问题应留给医学专家，当然，其必然涉及道德和宗教问题。

总之，我同意法院意见。对于隐私权而言，"危及妇女的生命或者对其健康带来永久伤害"是一种过度限制，而且佐治亚州建立的医疗监管制度侵犯了病人选择医生的隐私权。

怀特大法官发表反对意见，伦奎斯特大法官加入

此类案件的核心问题是，虽然妊娠对母亲的健康和生命没有任何威胁，但是其仍基于便利、家庭计划、经济状况、不喜欢孩子、非婚生子等不同原因中的一种或者多种，意图终止妊娠。我们面对的普遍请求是，不管有无理由，不管妊娠是否对其生命和健康产生威胁，只要有医生愿意为其堕胎，任何妇女都有权堕胎。

本院肯定了上述主张中的大部分，在胎儿具备生存能力之前的孕期中，联邦宪法认为孕妇的便利或者怪念头比胎儿的生命或者潜在生命的价值更大。因此，联邦宪法保障堕胎权，在没有与母亲有关的重要的理由时，州不得立法或者制定政策禁止堕胎以保护胎儿。

我恭敬地表达反对意见。我认为，宪法的语言和历史不支持本院的判断。本院为孕妇创造了一种新的宪法权利，并据此推翻了多数现存的州堕胎制定法。法院无理由及权力如此行为。50 个州的立法机关及其人民被剥夺了在胎儿继续成长和持续妊娠对母亲的可能影响之间作出利益衡量的权力。法院今天的判断是对宪法赋予的司法审查权的一种滥用。

法院显然认为孕妇的便利比胎儿的生命或者潜在生命更有价值。虽然我可能认同这种价值排序，但我拒绝加入法院意见，因为法院无宪法权力将此种价值排序强加给州立法机关及其人民。在一个理性人很容易产生反对意见

---

[1] Rochat, Tyler, & Schoenbucher, "An Epidemiological Analysis of Abortion in Georgia", 61 Am. J. of Public Health 543 (1971).

[2] "Religion, Morality, and Abortion: A Constitutional Appraisal", 2 Loyola U. (L. A.) L. Rev. 1, 10 (1969).

的敏感问题上，我不能接受法院权力在如下两个方面的运用：给州保护人类生命的努力设置一种宪法障碍以及赋予母亲和医生以宪法保障的结束人类生命的权利。该问题应当留给人民及其政治程序来解决。

因为《得克萨斯州刑事堕胎法》允许因保护孕妇生命和健康堕胎，禁止因孕妇便利堕胎，其合宪性不存在问题。本案原告声称妊娠并未威胁其生理和心理健康，其无权替其他的妊娠可能影响其健康的妇女主张可能的权利。本案同"福维奇（Vuitch）案"[1]一起，推翻了地区法院的判决。

因为佐治亚州完全禁止除在《佐治亚州刑法典》第26-1202（a）条规范之外的孕妇堕胎，比如本案原告。因此，我以及地区法院都没有理由考察《佐治亚州堕胎法》施加于终止对孕妇的生命和健康产生本质危害的妊娠的程序要件的合宪性。我认为应推翻地区法院在佐治亚州案件中的判决。

---

〔1〕 United States v. Vuitch，402 U. S. 62（1971）.

正当程序的衡量标准
——马休斯诉埃尔德里奇案 *

石肖雪 **译

健康、教育和福利部部长马休斯诉埃尔德里奇

编号：74-204

辩论日期：1975 年 10 月 6 日　　判决日期：1976 年 2 月 24 日

　　为能够获得相应资格，并持续领取《社会保障法》所述的伤残津贴，劳动者必须证明自己"由于医学上确定的身体或精神创伤"而没有能力"从事任何实质上能带来报酬的活动……"并且，对于其创伤的严重程度已经导致不能从事以前的工作或其他有报酬的工作，劳动者负有持续的举证责任。对于这一资格认定，由州的相关行政机关来作出评估，并从劳动者及其医疗机构处收集相关信息。当行政机关所获信息存在冲突时，可由其独立安排体检。如果行政机关对于受益人状况的初步评估不同于受益人自己的判断，那么就会通知受益人其津贴可能将被终止，并且会向受益人提供一份相关证据概述，同时赋予受益人查阅相关证据的机会。然后，州的行政机关会作出最终决定，并由社会保障总署（SSA）进行审查。如果社会保障总署认可州的决定，则书面告知受益人决定的内容、理由，并且受益人仍有权提请州行政机关再次进行重新审议。在社会保障总署作出上述认可之后，津贴将在认定痊愈后的两个月内被终止。如果州和社会保障总署复议后，决定仍然不利于受益人，那么受益人就有权提请社会保障总署的行政法法官召开一次正式听证会。如

---

　　* 本案例翻译自《美国联邦最高法院判例汇编》（*United States Reports*）第 424 卷，第 319~350 页。（Mathews, Secretary of Health, Education, and Welfare v. Eldridge, 424 U. S. 319.）判例的标题系译者所加。——译者注

　　** 苏州大学王健法学院讲师，法学博士。

果听证的结论与之前的决定相反，则领取者还可以申请社会保障总署上诉委员会进行审核，最后可以寻求司法救济。如果最终认定申请人的伤残时间超过最初确定的终止日期，则申请人有权获得补偿。本案中，被上诉人在领取伤残津贴几年以后填写了州发放的调查问卷。行政机关在考虑调查问卷所载信息、医生和独立医学顾问的报告以后，写信告知被上诉人，其初步认定被上诉人的伤残情况已于 1972 年 5 月终止，被上诉人可以在合理时间内提供补充信息。被上诉人在回函中对其身体状况的描述提出了争议，指出有足够的证据可以确认其伤残。接着，州作出维持初步认定的最终决定。社会保障总署认可了州的最终决定，在 7 月通知被上诉人其津贴将于当月结束后终止，被上诉人有权在 6 个月内提请州进行重新审核。被上诉人未提出复议请求，而是对伤残津贴终止的合宪性提起了诉讼，认为在进行听证前应当恢复其津贴。联邦地区法院部分依据"Goldberg v. Kelly 案"[1]，认定终止伤残津贴的过程违反了正当程序条款，根据《社会保障法》第 4 条，判决在终止津贴前，被上诉人有权要求召开正式听证会。上诉法院维持了地区法院的判决。上诉人则对地区法院的管辖权提出异议，依据"Weinberger v. Salf 案"[2]，对于健康、教育和福利部部长关于《社会保障法》所述津贴问题的决定，地区法院对相关诉讼没有管辖权，除非是《美国法典》42 卷第 405 条(g)款规定的，部长参加听证后作出"最终"决定的情况。

本院认为：

1. 地区法院对被上诉人的诉讼有管辖权，因为根据《美国法典》第 405 条（g）款的目的，拒绝其津贴申请是一项最终决定。

（1）《美国法典》第 405 条（g）款的终局性，要求用尽所有的行政救济，或者已经向部长提交关于津贴的请求。被上诉人对调查问卷的回答及其反馈给州的回函明确提出其仍然处于伤残状态，津贴不应被终止，符合后一种情形。

（2）虽然被上诉人显然未用尽内部审核程序，且通常只有部长有权决定放弃这些审核程序，但本案申请人所提问题涉及其非常重要的权益，此时留待部长来作判断是不合适的。事实上，被上诉人所提出的合宪性审查的诉求与他的实体请求密切相关，且被上诉人（与"萨尔菲案"的情况相反）业已

---

〔1〕 Goldberg v. Kelly, 397 U. S. 254.

〔2〕 Weinberger v. Salf, 422 U. S. 749.

指出，错误的终止会对他造成无法弥补的伤害，这证明拒绝其继续领取津贴的请求是一项"最终决定"，满足法定的用尽所有救济的要求。

2. 在终止社会保障伤残津贴决定前，采取正式的听证程序不是必需的，《社会保障法》所采纳的行政程序已经完全符合正当程序原则的要求。

（1）"正当程序是灵活的，应根据特定情况来决定程序性保护的程度。"[1]本案涉及首次终止津贴前及审核过程中的行政程序的合宪性，需要考虑三个因素：①可能受到行政行为影响的个人利益；②因为现有程序而使相关利益遭到错误剥夺的风险，以及附加的或替代性程序保障所可能具有的价值；③政府利益，包括所涉及的行政职责、采用附加的或替代性程序所造成的财政及行政成本。

（2）伤残劳动者因错误的津贴终止受到的不利影响，总体上要小于福利补助领取者（如"戈德堡案"中的申请人）。伤残津贴的资格认定并不是基于申请者经济状况的困难程度，虽然错误地终止伤残津贴可能给领取者带来困难，但这一需求程度可能要小于福利补助领取者。考虑到伤残津贴领取者可以享受其他形式的政府援助，与"戈德堡案"相比，本案更不宜背离一般的原则，非正式的听证程序已经足以保障相关权益了。

（3）与低保福利资格认定相比，劳动者身体状况的医疗鉴定更明确、更易证明。是否终止伤残津贴的决定一般取决于"医学专业人员出具的常规、标准及公正的医学报告"[2]。因此，交叉询问式的正式听证对于伤残鉴定而言，其所具有的价值远远小于低保福利认定的情况。

（4）书面陈述是伤残津贴领取者向决策者传达自身情况的有效手段。详细的调查问卷基本明确了决策的相关信息。对决定起到关键作用的信息直接来源于医疗机构。最后，在终止津贴前，州允许伤残津贴领取者或其代理人查阅决定所依赖的全部信息，告知伤残津贴领取者得出初步评估结果的原因，给予伤残津贴领取者提交补充论据和证据的机会。

（5）对于所有终止伤残津贴的决定都采取正式听证，会带来过度的财政负担和行政负担。正式听证所要求的庭审模式既非必要，亦非在所有情况下都是最有效的决策方法。在本案中，每一项行政决定作出前，申请人都获得

---

〔1〕 Morrissey v. Brewer, 408 U. S. 471, 481.

〔2〕 Richardson v. Perales, 402 U. S. 389, 404.

了有效的程序保障，并且在最终决定前，还为申请人提供了正式听证以及司法审查的机会，本案不存在违反正当程序的情况。

撤销上诉法院判决[1]

鲍威尔（Powell）大法官发表了法庭意见，伯格（Burger）首席大法官、斯图尔特（Stewart）大法官、怀特（White）大法官、布莱克姆（Blackmun）大法官、伦奎斯特（Rehnquist）大法官加入。布伦南（Brennan）大法官撰写了异议意见，马歇尔（Marshall）大法官加入。史蒂文斯（Stevens）大法官没有参与案件的审理和判决。

副司法部长博克（Bork）支持上诉人。副检察长琼斯（Jones）、代理助理总检察长佳菲（Jaffe）、杰拉尔德·P. 诺顿（Gerald P. Norton）、威廉姆·坎特尔（William Kanter）及大卫·M. 科恩（David M. Cohen）在意见书中认同博克的意见。

唐纳德·E. 厄尔斯（Donald E. Earls）支持被上诉人。卡尔·E. 迈克菲（Carl E. McAfee）在意见书中认同其意见。[2]

鲍威尔大法官发表了法庭意见

本案的问题在于，《宪法第五修正案》的正当程序条款是否要求在终止社会保障伤残津贴前给予领取者正式听证的机会。

——

在劳动者完全丧失劳动能力期间，可以获得 1956 年《社会保障法》第 2 条所述的伤残保障津贴计划下的现金津贴。[3]被上诉人埃尔德里奇在 1968 年

---

[1] 案例索引号"493 F. 2d 1230"。

[2] 法官顾问 J. 阿尔伯特·沃尔（J. Albert Woll）、劳伦斯·戈尔登（Laurence Gold）及史蒂芬·博尔尊（P. Stephen P. Berzon）为美国劳工联合会–产业工会联合会等提交意见书，要求维持原判。大卫·A. 韦伯斯特（David A. Webster）法官顾问为克莱恩·威廉姆斯（Caroline Williams）提交了意见书。

[3] 70 Stat. 815, 42 U. S. C. §423。该计划的经费来自员工和雇主工资税收入。[26 U. S. C. §§3101（a），3111（a）；42U. S. C. §401（b）.] 该计划为在伤残发生前已达一定工作年限的伤残人士发放每月津贴。[42 U. S. C. §423（c）（1）（A）（B）.] 计划还在指定情况下向劳动者的家属发放津贴。[§§402（b）~（d）.] 领取者满 65 岁以后，伤残津贴自动转成退休金。[§§416（i）（2）

6 月首次领到津贴。1972 年 3 月，被上诉人收到州的调查问卷，其填写了调查问卷，说明自己的身体没有好转，指明了最近就医的医疗机构，以及医生姓名。接着，州向埃尔德里奇的医生索取了报告。对报告及卷宗内的其他信息进行考虑之后，州发函通知埃尔德里奇，初步认定埃尔德里奇的伤残状态已于 1972 年 5 月终止。通知书包含拟终止津贴的理由说明，并告知埃尔德里奇可以在合理时间内获取和提交有关其身体状况的补充信息。

埃尔德里奇在回函中对其身体状况的描述提出了争议，指出州有足够的证据确认其处于伤残状态。[1]接着，州作出最终决定，认定埃尔德里奇的伤残状态已于 1972 年 5 月终止。社会保障总署认可了州的最终决定，在 7 月通知埃尔德里奇其津贴将于本月结束后终止，还告知埃尔德里奇有权在本次初步决定后的 6 个月内提请州复议。

埃尔德里奇未提出复议请求，而是提起诉讼，称健康、教育和福利部部长作出伤残状况评估的行政程序不符合宪法，认为在举行听证前应恢复其津贴。[2]部长要求驳回埃尔德里奇的请求，理由是终止埃尔德里奇伤残津贴的决定是根据有效的行政法规和程序作出的，埃尔德里奇未用尽可用的救济。关于决定前应举行正式听证的论点，埃尔德里奇完全基于本院对于"戈德堡案"[3]的判决，即终止福利补助前应举行"正式听证"。[4]部长称，"戈德堡（Goldberg）案"并不适用于本案，伤残津贴资格不像福利补助资格那样以经济需求为基础，伤残资格决定主要取决于医疗证据，而申请人的诚信问题在

（接上页）（D），423（a）（1）.] 在 1974 财政年度，约有 370 万人领取该计划津贴。社会保障总署，年度审查 21（1974 年）。

〔1〕 埃尔德里奇最早因慢性焦虑和背部劳损而致伤残，后来查出糖尿病。初步决定书指出，由于现有医疗证据表明其糖尿病得到控制，并且其并不会因为背部损伤而在行动上受到严重限制，在精神状态上埃尔德里奇也不再有使其无法从事工作的情绪问题，因此其津贴被终止。上诉状第 12~13 页。埃尔德里奇在回函中称其所患的是脊柱关节炎，不是背部劳损。

〔2〕 361 F. Supp. 520（WD Va. 1973）. 地区法院判决在作出最终决定前，应恢复埃尔德里奇的伤残津贴。

〔3〕 397 U. S. 254（1970）.

〔4〕 在"戈尔德贝尔格案"中，法院认为决定前听证必须包含以下要素：①"及时、充分的通知，详细说明拟进行终止的理由"；②"领取者拥有与对方证人对质，以口头形式发表意见和提出证据，以此来进行辩护的有效机会"；③根据需要聘请律师；④"公正的"决策者；⑤"完全基于法律规定和听证"作出的决定；⑥关于决定理由及证据的说明。397 U. S., at 266~271. 在本意见中，"正式听证"通常指"戈尔德贝尔格案"中的听证会。

决定中基本没有作用。

地区法院认为，部长终止埃尔德里奇津贴的过程没有为其提供足够的正当程序保障。法院认为，伤残津贴领取者获得不间断津贴的权利与"戈德堡（Goldberg）案"中福利补助领取者的权利没有区别。法院进一步指出，"戈德堡（Goldberg）案"之后的判决还表明，正当程序保障并不局限于剥夺基本权利的情况。[1]由于伤残资格认定涉及根据相互冲突的医疗证据与非医疗证据作出的主观判断。因此，地区法院认为，在终止津贴前，必须赋予埃尔德里奇正式听证的机会。[2]第四巡回上诉法院完全根据地区法院的意见，判决不得在正式听证前终止埃尔德里奇的津贴。[3]本院判决撤销原判。

二

首先的问题是地区法院是否对本案具有管辖权。部长认为，基于我们在上一个开庭期的"Weinberger v. Salfi案"[4]的判决，应禁止地区法院审理"埃尔德里奇案"。"萨尔菲（Salfi）案"是关于《社会保障法》规定的已故雇佣劳动者的妻子及继子女是否持续适格的问题。我们认为，42 U. S. C. §405（h）[5]这一条款排除了联邦在拒绝给付津贴的诉讼中的初审权。唯一可以提请司法审查的依据是42 U. S. C. §405（g），该条款规定用尽《社会保障法》中的行政救济是提请司法救济的先决条件。

《美国法典》第405条（g）部分规定：

---

〔1〕 See Fuentes v. Shevin, 407 U. S. 67, 88 ~ 89 (1972); Bell v. Burson, 402 U. S. 535, 539 (1971).

〔2〕 361 F. Supp., at 528. 新的法规指出各州根据联邦分类援助计划制定的方案必须对作为程序性保障的听证程序作出规定，程序性保障包括"戈尔德贝尔格案"的全部要求。See 45 CFR §205. 10 (a) (1975); n4.

〔3〕 493 F. 2d 1230 (1974). 第五巡回上诉法院仅指出地区法院已在本案中对该问题作出了正确的决定，认定的结论与"Williams v. Weinberger, 494 F. 2d 1191 (1974), cert. pending, No. 74-205"相同。

〔4〕 422 U. S. 749 (1975).

〔5〕 42 U. S. C. §405 (h) 完整规定："(h) 部长决定的终局性。部长在听证后作出的事实认定和决定对作为听证当事人的所有个人具有约束力。除本法以外，任何人、法院或政府机构不得对部长的事实认定或决定重新进行审议。不得就本节相关权益，根据第28条41款的规定，对美国、部长或其公务员或员工提起诉讼。"

"在部长作为当事人参加听证，并据此作出最终决定以后，无论争议金额，任何个人都可以在关于该决定的通知送达后的 60 天内，或部长允许的更长时间内提起民事诉讼，提请司法机关审查这一部长作出的最终决定。"〔1〕

因此，表面上，第 405 条（g）款禁止对拒绝伤残津贴请求的决定进行司法审查，除非是部长在"听证"后作出的"最终决定"。毫无争议的是，埃尔德里奇本来可以要求对其津贴终止进行充分的行政复议，但是埃尔德里奇甚至未就初步决定提请复议。部长并未"放弃"其在"萨尔菲（Salfi）案"中所享有的终局性决定权，因此上诉人认为埃尔德里奇不能将第 405 条（g）款作为司法管辖权的基础。这点我们不赞成。

"萨尔菲（Salfi）案"已经明确，在获得第 405 条（g）款所述的司法审查必须满足几个条件。其中，部长在听证后作出最终决定的要求，被视为"赋予诉讼管辖权的核心要件……"〔2〕但是，"萨尔菲（Salfi）案"隐含的原则是，上述条件包含两个要素，只有其中一个是关于司法审查"管辖权"的必备要件。用尽部长所指定的行政救济手段是一项可选要素。而必备要件是向部长提出发放津贴的要求，不提出津贴请求则不可能有任何"决定"。部长需要就争议作出某些决定是成文法所明确规定的。

第二个要求是必要的、有区别的前提条件，我们在"萨尔菲（Salfi）案"中得出的关于指定被上诉人及未指定被上诉人的不同结论证实了第 405 条（g）款所述管辖权。基于第二个要求，该案中管辖权方面的不足表现为起诉书"不含曾经向部长提出申请的陈述……"〔3〕关于指定的上诉人，我们认为，起诉书是充分的，因为起诉书称其"充分地向'所在地区社保处'"提出了津贴请求，并且"在被拒后，提请区域社保处复议"。埃尔德里奇满足该

---

〔1〕 第 405 条（g）款进一步规定："应向原告或其主要营业地所在的美国司法管辖区的地区法院提起诉讼，如果原告或其主要营业地不属于美国司法管辖区，则向美国哥伦比亚区的地区法院提起诉讼……法院有权在收到起诉状和记录以后作出维持、修改或撤销部长决定的判决，以及是否要求重新听证。部长关于任何事实的认定（如有确切证据为证）是决定性的……"

〔2〕 422 U.S., at 764. 另外两个条件是：（1）在关于决定的通知送达后 60 天内，或部长允许的额外的时间内提起民事诉讼；（2）在相应地区法院提起诉讼。这两个要求规定了诉讼时效和相应地点，当事人可以放弃这两个要求。（Salfi, 422 U.S., at 763~764.）同"萨尔菲案"一样，本案并未就埃尔德里奇是否满足这两个要求提出疑义。See Fed. Rules Civ. Proc. 8（c），12（h）（1）。本案无需考虑这两个要求。

〔3〕 422 U.S., at 764.

关键先决条件。通过填写调查问卷以及发函回复关于其伤残已经终止的初步决定，埃尔德里奇以其仍然处于伤残状态为由，明确提出不应该终止其津贴的请求。州拒绝了这一请求，该决定得到了社会保障总署的认可。

埃尔德里奇没有向部长提出合宪性审查的请求这一点并不是关键性的。[1]正如"萨尔菲（Salfi）案"解释的那样，第405条（g）款只要求部长对于津贴权利请求作出的是"最终决定"。事实上，"萨尔菲（Salfi）案"的指定被上诉人也并未向部长提出合宪性审查请求。[2]本案的情况不同于"萨尔菲（Salfi）案"，虽然部长没有权力修改在"萨尔菲（Salfi）案"中被控违反宪法的成文法，但部长有权决定本案所适用的程序的时间和内容。[3]不过，我们认为这种差异不重要。让部长考虑申请人关于合宪性问题的质疑，并对当前行政复议制度作出实质性改变是不现实的。部长甚至不需要考虑这种质疑。

上述必备的管辖权要素得到满足，接下来讨论可选要素。问题是拒绝埃尔德里奇继续领取津贴的请求，是否为用尽法定救济渠道后的"最终"决定？埃尔德里奇承认自己没有用尽部长指定的全部内部审查程序。[4]正如"萨尔菲（Salfi）案"确认的那样，在行政程序的任意阶段，如果部长认为由于州的内部审查已经完成或由于所寻求的救济超越部长的权限，没有必要继续审查，则部长可以放弃这一用尽所有救济手段的要求。"萨尔菲（Salfi）案"表明，第405条（g）款规定的终局性决定权一般属于部长，因为部长对行政程序的完整性承担最终责任。当申请人相关权益非常重大，以至于需要立即得到解决，就不宜留待州来逐级作出决定。本案就是这样的情况。

埃尔德里奇提出的合宪性审查的诉求与他的实体请求密切相关。另外，本案主张的合宪性审查请求与"萨尔菲（Salfi）案"有重要的区别。作为一项宪法基本权利，在权益受到不利影响前有权获得听证，其理由在于，某些情况下的损害是无法通过事后的听证来作出充分弥补的。[5]鉴于本院的先前判决[6]，

---

〔1〕　如果埃尔德里奇用尽了全部可用的行政救济程序，在其中并没有提出合宪性审查请求，也不妨碍埃尔德里奇此后向地区法院提出该请求。See Flemming v. Nestor, 363 U. S. 603, 607（1960）.

〔2〕　Weinberger v. Sal/I, 0. T. 1974, No. 74-214, App. 11, 17~21.

〔3〕　42 U. S. C. §405（a）.

〔4〕　See 20 CFR §404. 910, 404. 916, 404. 940（1975）.

〔5〕　See Regional Rail Regional Rail Reorganization Act Cases, 419 U. S. 102, 156（1974）.

〔6〕　See Goldberg v. Kelly, 397 U. S. 254（1970）; Fuentes v. Shevin, 407 U. S. 67（1972）.

埃尔德里奇至少提出了这样的主张，称其身体状况使其高度依赖伤残津贴这一收入来源，错误的终止会对他造成无法弥补的伤害。[1] 因此，不同于"萨尔菲（Salfi）案"的情况，在终止津贴之后，还可以"因其他理由"驳回埃尔德里奇的实体请求或根据"其他规定"支持埃尔德里奇的实体请求，[2] 并非对于合宪性审查的答辩。我们认为，拒绝埃尔德里奇的津贴请求的决定，属于第 405 条（g）款所述的最终决定。下面探讨该案的实质争议问题。[3]

三

（一）

《宪法第五修正案》和《宪法第十四修正案》的正当程序条款，给政府作出剥夺个人"自由"或"财产"权利的决定提出了限制条件。本案中，部长并不是主张在终止伤残津贴时无须适用正当程序条款。如同先前判决所指出的那样[4]，部长承认，个人持续领取津贴的权益是成文法确定的权益，受《宪法第五修正案》的保护。[5] 相反，部长认为，现有行政程序（详

---

〔1〕 在不同情况下作出的判决强调，权利性质及司法审查的延期后果，是确定所谓终局性要求是否得到满足的重要因素。对于这些因素，本院所采用的高度"情境化"的判断方式［Cohen v. Beneficial Ind. Loan Corp. , 337 U. S. 541, 546（1949）］，来适用"28 U. S. C. § 1291"的终局性要求（赋予上诉法院审查地区法院的所有"最终决定"的管辖权）以及"28 U. S. C. § 1257"（赋予本院仅审查州法院的"最终判决"的权力）。See Harris v. Washington, 404 U. S. 55（1971）；Construction Laborersv. Curry, 371 U. S. 542, 549~550（1963）；Mercantile Nat. Bank v. Langdeau, 371 U. S. 555, 557~558（1963）；Cohen v. Beneficial Ind. Loan Corp. , 337 U. S. 545~546（1949）. 可以肯定的是，第 1257 条及第 1291 条所述案例涉及的一些政策考量不同于本案的政策考量。比较 Construction Laborers, 371 U. S. 542, 550（1963）；Mercantile Nat. Bank, 371 U. S. 555, 580（1963）与 McKartv. United States, 395 U. S. 185, 193~195（1969）；L. Jaffe, Judicial Control of Administrative Action 424~426（1965）。但是，成文法确定的核心原则（终局性要求的解释应尽量避免造成不可挽回的伤害）仍然适用。

〔2〕 422 U. S. , at 762.

〔3〕 鉴于我们得出的结论是，地区法院的管辖权符合第 405 条（g）款的规定，我们认为没有必要考虑埃尔德里奇的如下论点：尽管有第 405 条（h）款的规定，但基于"Mandamus Statute, 28 U. S. C. § 1361"和"Administrative Procedure Act, 5 U. S. C. § 701"及以下，法院对本案也有管辖权。

〔4〕 Richardsonv. Belcher, 404 U. S. 78, 80 ~ 81（1971）；Richardson v. Perales, 402 U. S. 389, 401~402（1971）；Flemming v. Nestor, 363 U. S. 603, 611（1960）.

〔5〕 See Arnett v. Kennedy, 416 U. S. 134, 166（POWELL, J. , concurring in part）（1974）；Board of Regents v. Roth, 408 U. S. 564, 576 ~ 578（1972）；Bell v. Burson, 402 U. S. , at 539；Goldberg v. Kelly, 397 U. S. , at 261~262.

情参见下文）已为权益受影响的津贴领取人提供了充分的正当程序保障。

本院始终认为，在作出剥夺个人财产权益的最终决定前，某种形式的听证是必须的。[1]"在遭受任何严重的损失前有获得听证的权利，即便与刑事定罪的耻辱和艰难无涉，也是美国社会的基本原则。"[2]正当程序的基本要求是"在有效的时间内，以有意义的方式"被听取意见的机会。[3]埃尔德里奇同意，如果能在举行正式听证之后再终止伤残津贴，那么，原告在初步资格决定到终局决定之间的审查程序是充分、正当的。争议的焦点是，在作出终止津贴的初步决定之前，这一审查期间什么样的程序才是正当的？

近年来，本院越来越多地遇到这样的问题，对于某些财产权益，正当程序在多大程度上要求权益被剥夺前就需要采取正式听证，即便在这之后也会提供此类听证程序保障。本院仅在一个案件中[4]判定有必要进行准庭审式的正式听证。在其他作出决定前进行听证的案件中，本院很少提到必需的程序。"Sniadach v. Family Finance Corp. 案"[5]，涉及扣发工资的情况，判决中完全没有提到这一问题。在"Fuentes v. Shevin 案"[6]中，本院认为，只有在就私人间的排除妨碍诉讼作出初步决定前，听取双方意见的程序才是必要的。同样，在"Bell v. Burson 案"[7]中，在吊销州颁发的驾驶执照的情况中，正当程序仅要求吊销前的听证需要确定持照人具有过错的可能原因，而"不需要采用严格的裁决形式来确定责任的分配"[8]。最近，在"Arnett v. Kennedy案"[9]中，我们支持了联邦基于某些理由解雇雇员的程序的正当性。其包括告知、提供相关指控的副本、在合理时间内提交书面答辩状以及进行一次口头申辩的机会。在解雇后，还可以要求进行正式听证。[10]

---

〔1〕 Wolff v. McDonnell, 418 U. S. 539, 557~558（1974）. See Phillips v. Commissioner, 283 U. S. 589, 596·597（1931）; Dent v. West Virginia, 129 U. S. 114, 124~125（1889）.

〔2〕 Joint Anti-Fascist Comm. v. McGrath, 341 U. S. 123, 168（1951）（Frankfurter, J., concurring）.

〔3〕 Armstrong v. Manzo, 380 U. S. 545, 552（1965）. See Grannis v. Ordean, 234 U. S. 385, 394（1914）。

〔4〕 Goldbergv. Kelly, 397 U. S., at 266~271.

〔5〕 Sniadach v. Family Finance Corp., 395 U. S. 337（1969）.

〔6〕 Fuentes v. Shevin, 407 U. S., at 96~97.

〔7〕 Bell v. Burson, 402 U. S., at 540.

〔8〕 See North Georgia Finishing, Inc. v. Di-Chem, Inc., 419 U. S. 601, 607（1975）.

〔9〕 Arnett v. Kennedy, 416 U. S. 134, 166（1974）.

〔10〕 416 U. S., at 142~146.

这些判决明确了"正当程序"不同于法律规则，其内容并非是固定的，也不是与时间、地点等具体情境无关的机械性的概念。[1]"正当程序是灵活的，根据特定情况来提供程序性保护的。"[2]因此，要判断本案的行政程序是否符合宪法正当程序条款的要求，需要分析受影响的政府利益和私人利益。[3]更准确地说，先前的判决表明，判断是否符合正当程序一般需要考虑三个不同的因素：第一，可能受到行政行为影响的个人利益；第二，因为现有程序而使相关利益遭到错误剥夺的风险，以及附加的或替代性程序保障所可能具有的价值；第三，政府利益，包括所涉及的行政职责、采用附加的或替代性程序所造成的财政及行政成本。[4]

我们先阐述作出伤残津贴终止决定的具体步骤，再考虑这些程序是否具备合宪性的要素。

（二）

伤残保障计划由州和联邦共同管理。州对于伤残是否存在、何时开始、何时终止作出初步决定。[5]适用的标准和遵循的程序是由部长来决定的，[6]部长的职权则由《社会保障法》具体授权。[7]

为了确立及持续获得伤残津贴，劳动者必须证明自己：

"由于医学上确定的身体或精神创伤（该创伤可引起死亡，或者已经持续或预计将持续超过 12 个月）"而没有能力"从事任何实质上能带来报酬的活动……"[8]

为满足该鉴定要求，劳动者承担持续的举证责任，以"医学上认可的临

---

[1] Cafeteria Workers v. McElroy, 367 U. S. 886, 895（1961）.

[2] Morrissey v. Brewer, 408 U. S. 471, 481（1972）.

[3] Arnett v. Kennedy, 416 U. S. 167~168（1974）（POWELL, J., concurring in part）; Goldberg v. Kelly, 397 U. S. 263~266（1970）; Cafeteria Workers v. McElroy, 367 U. S. 895（1961）.

[4] See Goldberg v. Kelly, 397 U. S. 263~271（1970）.

[5] 42 U. S. C. §421（a）. 除了六个州以外，在所有其他州，职业康复机构负责根据 1920 年《职业康复法》（41 Stat. 735, as amended, 29 U. S. C. §701 et seq.［1970 ed., Supp. Ⅲ）］，作为各州的"执行机关"，来具体实施伤残保险计划。［Staff of the HouseCommittee on Ways and Means, Report on the Disability Insurance Program, 93d Cong., 2d Sess., 148（1974）.］本项分工旨在与伤残劳动者保持密切联系，并很好地利用地方康复机构与医疗行业的良好关系。［H. R Rep. No. 1698, 83d Cong., 2d Sess., 23~24（1954）.］

[6] See 42 U. S. C. §421（b）.

[7] See 40 Fed. Reg. 4473（1975）.

[8] 42 U. S. C. §423（d）（1）（A）.

床和实验诊断方法"[1]，证明其具有身体或精神创伤，创伤的严重程度导致其：

"不仅不能从事以前的工作，而且，结合其年龄、教育背景及工作经验，劳动者还不能从事其他从全国经济状况来看，实质上能带来报酬的工作，这种判断不考虑工作是否存在于劳动者生活的地区，是否存在特定的岗位空缺，以及劳动者在申请岗位的情况下是否会被雇佣。"[2]

终止津贴的主要原因是劳动者不再处于伤残状态或能够重返工作岗位。由于埃尔德里奇的津贴终止原因是其被认定不再处于伤残状态，因此我们仅审议这种情况下的程序保障的充分性问题。[3]

州负责调查津贴领取者是否持续符合资格要求，具体由医师和参加过伤残评估培训的非医学专业人员组成的"团队"来展开调查。州的行政机关定期联系伤残劳动者，常用的方法是向劳动者邮寄详细的调查问卷或打电话询问劳动者的当前身体状况，包括当前的受伤情况和获得治疗的情况以及与持续领取津贴有关的补充信息。[4]

另外，州还会向医疗机构索取津贴领取者当前身体状况的信息。[5]如果受益人提供的信息与通过其医师等医疗机构取得的信息有冲突，或者两家医疗机构的信息有冲突，州的行政机关可以安排独立的顾问医师做体检。[6]州对于受益者身体状况的初步评估与受益人自己的评估有差异时，那么就会通知受益人其津贴可能将被终止，并且会向受益人提供一份相关证据概述，同

---

[1] 42 U. S. C. § 423（d）（3）.

[2] 这里的工作指"大量存在于个人生活地区或全国多个地区的工作"。［§ 423（d）（2）（A）.]

[3] 持续伤残调查涉及申请人是否重返工作岗位，一般由社会保障总署伤残保险局直接调查，州的执行机关不参与，决定终止津贴之后的正式听证不同于医疗康复类的调查程序。不过，两者都有重要相似性，即都以书面沟通为主，并且没有就中断津贴之前进行正式听证提出要求。考虑个体经营、农业就业等情况的调查性质，在作出决定前，会由与津贴领取人关系较为密切的社会保障总署办事处对其进行口头调查。［SSA Claims Manual（CM）§ 6705.2（c）.]

[4] CM § 6705.1；《州伤残保障手册》（DISM）§ 353.3（TL No.137，Mar.5，1975）。此外还可以询问领取者对于是否能够重返工作岗位的看法、上一年的就业的情况以及领取者正在接受的职业培训服务。

[5] DISM § 353.4.

[6] 用于确定不存在持续伤残状况的医疗机构证据必须是书面的，并应注明相应证据来源。（DISM § 353.4C.）

时赋予受益人查看医疗报告及案件卷宗内的其他证据的机会。[1]受益人还可以书面回复，提交补充证据。[2]

然后，州作出最终决定，社会保障总署伤残保障局的审查员对最终决定进行审查。[3]如果社会保障总署认可州的决定（一般情况下都会认可），则社会保障总署将书面通知领取者，告知领取者作出该决定的理由以及重新提请州复议的权利。[4]社会保障总署认可决定以后，津贴将在认定痊愈之后的两个月内被终止。[5]

如果领取者提请州复议，且复议决定与初步评估结论相反，则社会保障总署将审查复议决定，并将决定告知领取者。领取者有权提请社会保障总署的行政法法官召开一次正式听证会。[6]听证会不是交叉询问式的，社会保障总署不请律师代为出席听证会。在行政程序的所有阶段，领取者可以请律师或其他代理人。[7]如果听证的结论与之前的决定相反，则领取者还可以申请社会保障总署上诉委员会进行审核[8]，最后还可以寻求司法救济。[9]

如果在津贴终止后的任何时间内发现，伤残时间超过初步确定的终止时间，则劳动者有权领取补偿款。[10]另一方面，如果受益人领到的款项后来被认

---

[1] 伤残津贴领取者不得当面查看卷宗内的医学报告。本限制条件并不重要，因为领取者可以让自己选择的代表，包括普通朋友和家人查看医学证据。《社会保障总署申请手册》第7314条。同时参见《美国联邦法规》第20卷第401.3条（a）款（2）段（1975年）。部长告诉我们目前正在复议这个奇怪的限制条件。

[2] DISM §353.6.

[3] 42 U.S.C. §421（c）；CM §§6701（b），（c）.社会保障总署不得自行对州的决定作出更有利于受益者的修改。但是，如果社会保障总署认为劳动者仍然处于伤残状态，或伤残的持续时间超过州所确定的时间，则社会保障总署可以将卷宗发还给州，命其结合社会保障总署的意见进行复议。但州仍然可以维持初步评估结论。

[4] 20 CFR §§404.907, 404.909（1975）.复议评估先由州进行，复议人通常不同于初议人。[R. Dixon, Social Security Disability and Mass Justice 32（1973）.] 领取者和州的行政机关都可以提出新证据。

[5] 42 U.S.C. §423（a）（1970 ed., Supp.Ⅲ）.

[6] 20 CFR §§404.917, 404.927（1975）.

[7] §404.934.

[8] §404.945.

[9] 42 U.S.C. §405（g）；20 CFR §404.951（1975）.不同于其他的全部重新审查的基准，地区法院必须将行政机关对于事实认定作为最终认定（在有确凿证据的情况下）。[42 U.S.C. §405（g）.]

[10] 42 U.S.C. §404. Cf. §423（b）；20 CFR §§404.501, 404.503, 404.504（1975）.

定为无权领取的，则部长有权根据法律规定在特定情况下收回相应款项。[1]

（三）

尽管上诉人提供的行政程序保障已经比较详尽了，但初审法院仍认为这些行政程序不具备充分的合宪性，认定宪法正当程序原则要求在终止津贴前进行正式听证。从本案所涉的个人利益和政府利益以及现有程序来看，我们认为这一结论是错误的。

津贴领取者在最终胜出的情况下，将享有全额的补偿，因此其唯一权益诉求是，在最终行政决定前，不中止津贴的发放，而是能够持续获得这一收入来源。因此，其可能受到侵害的情况与"戈德堡（Goldberg）案"的福利领取者[2]、"阿内特（Arnett）案"的联邦正式雇员[3]以及"斯尼亚达奇（Sniadach）案"的劳动者[4]类似。[5]

本院仅在"戈德堡（Goldberg）案"中作出这样的认定，即正当程序条款要求，即便权益受到暂时性的剥夺，也应当在此之前进行正式听证。该案强调这样的福利援助是提供给处于生存边缘的人的：

"该案的关键因素是——也是其他政府津贴被终止的案件中所不存在的——在有关领取资格的纠纷获得解决之前就停发补助金，可能会剥夺适格的领取者所赖以为生的唯一手段。"[6]（原文强调。）

相反，伤残津贴资格的认定并不以经济需求为基础。[7]事实上，这一认定与劳动者的收入或其他众多资助来源完全无关，这些资助包括其他家庭成员的收入、抚恤金[8]、侵权赔偿金、储蓄、个人保险、养老金、退伍军人福利、食品救济券、公共援助或"其他多种公共或私人组织的，包含伤残抚恤

---

[1] 42 U.S.C. §404. 除非受益人"无过错"且调整或收回款项不符合《社会保障法》的宗旨或"违背公平和良心"，否则部长可以减少受益人有权领取的其他金额或设法收回已发金额。[42 U.S.C. §404（b）. See generally 20 CFR §§404.501~404.515（1975）.]

[2] See 397 U.S., at 263~264.

[3] See 416 U.S., at 146.

[4] See 395 U.S., at 341~342.

[5] 当然，这里假设工资被错误扣发的员工此后能拿回工资。

[6] 397 U.S., at 264.

[7] 津贴水平根据劳动者伤残前的月平均收入、年龄以及与经济需求没有直接关系的其他因素确定，详见"2 U.S.C. §415（1970 ed., Supp. Ⅲ）"。See §423（a）（2）.

[8] 根据法定公式，计算津贴数额时要部分扣除抚恤金。42 U.S.C. §424a（1970 ed., Supp. Ⅲ）；20 CFR §404.408（1975）；See Richardson v. Belcher, 404 U.S. 78（1971）.

金规定的援助计划……"。[1]

正如"戈德堡（Goldberg）案"所表明的，特定个案情形下可能造成的侵害程度，是评估行政决定程序正当与否时需要考虑的因素。[2]虽然差异可能并没有那么大，但本案可能造成的侵害程度很可能小于"戈德堡（Goldberg）案"。正如地区法院强调的那样，只有不能"从事任何实质上能带来报酬的活动"的劳动者才有资格继续领取津贴。[3]因此，与"阿内特（Arnett）案"中被解雇的联邦雇员所不同的是，被终止资格的领取者几乎不可能找到工作（哪怕是短工）来改善临时的经济损失。

我们在上一个开庭期的"Fusari v. Steinberg案"[4]中指出："错误终止津贴的可能持续的时间长度，（也）是评估政府行为对于个人权利影响程度的重要因素。"部长承认，目前来看，从向行政法法官提出听证申请到作出决定之间有 10 个月到 11 个月的时间。又由于被终止津贴的领取者必须先取得复议决定，才能行使正式听证的权利，实际情况下，津贴的中断与听证会最终决定作出之间的延迟将超过一年。

考虑到这一行政审查程序的延迟性[5]，以及伤残劳动者家庭的一般收入来源[6]，错误地终止伤残津贴领取者的资格，可能会对领取者造成很大的侵害。即便如此，伤残劳动者对政府津贴的需求仍然可能小于福利领取者。除了个人资金来源以外，当伤残津贴的终止使劳动者或其家庭的生活水平降至最低生活水平以下时，劳动者还有可能获得其他形式的政府援助。[7]鉴于存

---

[1] Richardson v. Belcher, 404 U. S., at 85 ~ 87 (Douglas, J., dissenting); Staff of the House Committee on Ways and Means, Report on the Disability Insurance Program, 93d Cong., 2d Sess., 9~10, 419~429 (1974).

[2] See Morrissey v. Brewer, 408 U. S. 471 (1972).

[3] 42 U. S. C. §423; 361 F. Supp., at 523.

[4] 419 U. S. 379, 389 (1975).

[5] See Fusari v. Steinberg, 419 U. S. 379, 383~384, 386 (1975).

[6] "阿米西案"中引用统计数据显示，1965 年，伤残劳动者家庭的平均收入是 3803 美元，收入中位数是 2836 美元。伤残劳动者家庭的流动资产（即现金、股票、债券）的平均值是 4862 美元；中位数是 940 美元。统计数据不考虑家庭单位的非流动资产，即汽车、房产等。Brief for AFL-CIO et al. as Amici Curiae App. 4a.

[7] See Arnett v. Kennedy, 416 U. S., at 169 (POWELL, J., concurring in part); Arnett v. Kennedy, 416 U. S., at 201~202 (WHITE, J., concurring in part and dissenting in part)。"阿米西案"强调，社会保障计划和补充性收入保障制度都要对伤残进行定义，比较"42 U. S. C. §423（d）（1）"和"§1382c（a）（3）（1970 ed., Supp. Ⅲ）"两个条款可以发现，伤残津贴被终止的劳动者

在这些可能的临时收入，与"戈德堡（Goldberg）案"相比较，本案更不宜背离一般的原则，即非正式的听证程序已经足以保障相关权益了。

（四）

本案要额外考虑的因素是，现有的终止决定前的程序是否公平可靠，以及其他程序保障机制的可能价值。评价行政程序是否公正的核心取决于，其可能侵害到的权益的特征。[1] 为获得领取津贴的资格，伤残劳动者必须以"医学上认可的临床和实验诊断方法"[2]，证明其"由于医学上确定的身体或精神创伤，没有能力从事任何实质上能带来报酬的活动……"[3] 简而言之，必须要有劳动者身体或精神状态方面的医疗鉴定。这是比典型的福利权利终止更明确、更易通过书面方式证明的情况。在福利权利中，需要获取各种各样的相关信息，特别是证人的诚信问题往往对决定起到关键作用。因此，戈"德堡（Goldberg）案"指出，在这种情况下，"对于最终决定而言，书面陈述是远远不够充分的"。[4]

相反，是否终止津贴的决定（在绝大多数情况下）取决于"医学专业人员针对检查项目出具的常规、标准及公正的医学报告"。[5] 在"理查德逊（Ri-

---

（接上页）不符合获得补充性收入保障的资格。不过，可能有些州和本地的福利计划，也会对这种情况进行补助。此外，经济水平达到要求的劳动者家庭还可能有资格领取食品救济券。See 7 U. S. C. §§2013 (c)，2014 (b)；7 CFR §271 (1975). 最后，在1974年，200万伤残劳动者中约有48万人同时领取了社会保障津贴和补充性收入保障津贴。由于经济需求是获得补充性收入保障津贴的条件，最需要帮助的伤残劳动者大多能够在伤残保障援助被终止时领到补充性收入保障津贴。补充性收入保障制度规定，如果申请人提出要求，在作出决定前应采取正式听证程序。42 U. S. C. §1383 (c) (1970 ed., Supp. Ⅲ)；20 CFR §416. 1336 (c) (1975)；40 Fed. Reg. 1512 (1975)；Staff of the House Committee on Ways and Means，Report on the Disability Insurance Program，93d Cong.，2d Sess.，346，(1974).

〔1〕 See Mitchell v. W. T. Grant Co.，416 U. S. 600，617 (1974)；Friendly，"Some Kind of Hearing"，123 U Pa. L. Rev. 1267，1281 (1975)。

〔2〕 42 U. S. C. §423 (d) (3).

〔3〕 42 U. S. C. §423 (d) (1) (A).

〔4〕 397 U. S.，at 269.

〔5〕 Richardson v. Perales，402 U. S.，at 404. 决定不是仅仅依赖于医疗诊断的准确性，行政机关还必须要结合特定劳动者的"年龄、教育背景及工作经验"，来确定劳动者不能"从事任何从全国经济状况来看，实质上能带来报酬的工作"。[42 U. S. C. §423 (d) (2) (A).] 另外，关于劳动者个人特征的信息也适宜通过书面方式来呈现。对于向决策者准确地传达信息而言，正式听证或者口头陈述并无实质性的价值。同样，关于存在哪些适合具有特殊技能、身体有伤残的劳动者的就业机会的调查，也并不需要通过正式听证来得出结论。See 1 K. Davis，Administrative Law Treatise §7. 06，p. 429 (1958). 与该判断相关的的统计数据更适合通过书面而非口头方式来处理。

chardson）案"中，本院确认了"书面医学报告的可靠性和证据价值"，强调虽然可能存在"医学结论的专业分歧"，但"不存在可信度和客观性的问题"。[1]可以肯定的是，在有些案件中，可信度和客观性可能是最终伤残评估应考虑的因素。但是，正当程序原则是为避免大部分普通案件事实调查程序中出现错误而设计的，并非服务于罕见的例外情况。在本案中，正式听证或者作口头陈述的价值远小于"戈德堡（Goldberg）案"。

"戈德堡（Goldberg）案"判决同样基于如下情况，对于福利补助领取者而言，书面陈述并不能够代替口头辩论，成为一种有效的向决定者传达自己的状况的方式。因为大多数福利补助的领取者缺乏"足够的教育而不会写字"，同时也无法获得专业的协助。另外，书面陈述没有"口头陈述那样灵活"，也不能"让领取者针对决策者比较重视的问题进行辩解"[2]。但是，针对上述这些书面陈述的弊端，本案中的伤残津贴资格评估程序都已经充分化解了。

州的行政机关定期寄给领取者的详细调查问卷，特别列明了与最终决定密切相关的信息，鼓励领取者在填写调查问卷时向社会保障总署的当地办事处寻求帮助。更重要的是，对决定起到关键作用的信息通常依赖于医生以及医疗机构。与领取福利补助的情况相比，此种情况下通过书面文件请示获取医疗机构的信息是更有效的沟通方式。医生的结论往往以 X 光片及临床或实验室化验结果为证，这样的信息一般更适合通过书面而非口头陈述。[3]

而且，津贴领取者及其代理人还被允许全面查阅州作出决定所依赖的信息，这也进一步防止了错误的发生。此外，在终止津贴前，州的行政机关会告知领取者初步评估结果及理由，并会提供一份相关证据概述。然后，仍然赋予领取者提交补充证据或论据的机会，使其能够继续对卷宗信息的准确性以及初步结论的正确性提出辩解。与"戈德堡（Goldberg）案"所不同的是，这些程序，已经足够让领取者针对决策者比较重视的问题进行充分的辩解了。

尽管这些已经是精心制定的程序，但是"阿米奇（Amici）案"与上诉案件相当高的撤销原判的比率证明了当前程序保障的不充分。根据争议双方所

---

[1] Richardson v. Perales, 402 U.S., at 405, 407.

[2] 397 U.S., at 269.

[3] See W. Gellhorn & C. Byse, Administrative Law-Cases and Comments, 860~863（6th ed. 1974）.

提供的数据，上诉案件中，58.6%的案件的复议决定被撤销，3.3%的案件被整体撤销。[1]单纯的统计数据很难成为衡量决策程序公正与否的指标。在本案中，复议过程通过一个完全开放的案卷得以充分展示，因此将统计数据作为本案判决的支撑尤其不可靠。津贴领取者始终可以提交新证据，并由此接受新的医学检查。在1973年，约有30%~40%的上诉案件，在复议或正式听证阶段为领取者重新安排了体检。[2]在这种情况下，案件撤销率被用作评估程序正当性的一种手段，其价值被削弱了。因此，虽然我们认为统计资料在本案中有相关性，但它显然不具支配性作用。

（五）

为了对程序的正当性问题作出权衡，最后一个需要评估的因素是公共利益。这包括了在终止伤残津贴前进行正式听证所带来的行政负担以及其他社会成本。最明显的负担是随着听证数量的增加而持续产生的成本，以及在作出决定前向不符合资格的劳动者发放津贴的费用。没有人能预测成本增加的幅度，但是，在正式听证结束前继续全额发放津贴，将导致大多数案件当事人都会用尽这一具有吸引力的行政救济手段。作为一个实际问题，由此增加的公共支出将大幅超出理论上能够收回的不应得津贴。尽管对于可能增加的财务成本，本案双方提交的估计值相差很大。但我们仍然能够确定，对政府程序作合宪性审查的经验表明，最终导致的资金成本和行政负担的增加将是十分巨大的。

仅仅是经费成本这一项，并非确定是否要在行政行为作出前采取特定程序性保障的决定性因素。但是，从政府以及公众利益角度出发，节约稀缺财政和行政资源是必须予以考虑的因素。在某种情况下，额外的程序保障为受到行政决定影响的个人以及社会所带来的公正性方面的利益，可能会小于由

---

〔1〕 "阿米西（Amici）案"把重点完全放在复议决定被撤销的情形上，夸大了相关撤销率。正如我们在上一个开庭期的"Fusari v. Steinberg 案"〔419 U. S. 379, 383n. 6（1975）〕中指出的那样，为了充分评估程序的可靠性和公平性，还必须考虑所有拒绝给付津贴案件的整体错误率。这一整体错误率是12.2%。另外，约有75%撤销原判发生在复议阶段。由于从提出复议审查请求，到作出复议决定之间，一般只有2个月时间（Brief for AFL-CIO et al. as Amici Curiae App. 4a），这一短期内可能造成的不利，远远小于正式听证前长时间的延迟所带来的侵害。扣除掉撤销复议决定的情形后，案件的整体撤销率降至3.3%。参见《上诉人补充答辩》第14条。

〔2〕 Staff of the House Committee on Ways and Means, Report on the Disability Insurance Program, 93d Cong. , 2d Sess. , 238（1974）.

此导致的成本。值得注意的是，特定的社会福利计划的资源是有限的，那些为了保障初步认定中不适格的人的权益所产生的成本，最终可能由实际符合领取资格而真正需要这些援助的人来承担。[1]

除了指明需要在特定个人的权益与财政和行政负担之间作出权衡之外，本案还包含更多的意义。真正需要考察的问题是，在美国的宪法制度下，何时需要采取严格的司法型的程序，来确保行政决定的公正性。在此，我们重申弗兰克伏特（Frankfurter）大法官的英明论断：行政机关和法院在目的和功能上存在差异，"这就排斥了那种将法院根据自身历史和经验而发展出来的程序和审查规则，全盘移植到行政过程中的做法"[2]。正式听证所要求的庭审模式既非必要，亦非所有情况下最有效的决策方法。正当程序的本质是"对于可能遭受重大损失的人，应当获得通知，并有进行辩解的机会"[3]。最重要的是，应当根据所要作出的行政决定，以及"当事人的能力和所处的环境"[4]，来个案化地制定行政程序，确保听证当事人能够以有意义的方式来陈述自己的意见。关于本案中何种程序才是正当的，必须充分尊重社会福利计划实施者对于其所提供的程序能保证个人权益诉求得到公正考虑的合理判断。[5]本案尤其如此，现有的程序设计，不仅让申请人有机会在每一阶段提出辩解，还保证其在请求被最终驳回之前，有权要求正式听证和后续的司法审查。[6]

我们认为，在终止社会保障伤残津贴决定前，采取正式的听证程序不是必需的，现有行政程序已经完全符合正当程序原则的要求。

撤销上诉法院的判决

史蒂文斯大法官没有参加本案的审理和判决。

布伦南大法官持异议意见，马歇尔大法官加入。

---

〔1〕 See Friendly, "Some Kind of Hearing", 123 U. Pa. L. Rev. 1276, 1303 (1975).

〔2〕 FCC v. Pottsville Broadcasting Co., 309 U. S. 134, 143 (1940).

〔3〕 Joint Anti Fascist Comm. v. McGrath, 341 U. S., at 171~172 (Frankfurter, J., concurring).

〔4〕 Goldberg v. Kelly, 397 U. S., at 268~269.

〔5〕 See Arnett v. Kennedy, 416 U. S., at 202 (WHITE, J., concurring in part and dissenting in part).

〔6〕 See Boddie v. Connecticut, 401 U. S. 371, 378 (1971).

鉴于本人在"Richardson v. Wright 案"[1]中所持的异议意见，本人赞成地区法院及上诉法院的裁决，即根据《社会保障法》第 4 条（42 U.S.C. §601 et seq），同福利补助领取者一样，在津贴终止前，应当给予埃尔德里奇正式听证的机会[2]。我想补充的是，本院提出中断伤残津贴可能仅对领取者造成有限的损害，这一论断仅仅是个推测。另外，本院旨在对是否提供伤残津贴进行法律审查，并不对申请人的实际需求作先行判断，这一事实问题并不是本院应当涉足的。而且事实上，由于伤残津贴被终止，埃尔德里奇家的住房断供，家具被收回，埃尔德里奇及其妻子和子女不得不挤在一张床上。（口头辩论审理，第 39 页、第 47~48 页）最后，被拒绝给付伤残津贴的劳动者仍然可以寻求其他形式的官方援助，这一论证也是不能成立的。

---

[1] 405 U.S. 208, 212 (1972).

[2] See Goldberg v. Kelly, 397 U.S. 254 (1970).

波斯纳法官谈网约车的规制
——伊利诺伊州运输贸易协会诉芝加哥市案 *

施立栋 **译

美国联邦第七巡回上诉法院判决

案号：16-2009，16-2077 和 16-2980
2016 年 9 月 19 日庭审，2016 年 10 月 7 日判决

上诉人（原审原告）为伊利诺伊州运输贸易协会等组织，其委托代理人为伊利诺伊州芝加哥市米勒、沙克曼和比姆（Miller，Shakman & Beem）律师事务所的爱德华·费尔德曼（Edward W. Feldman）、威廉·凯特（William J. Katt）、梅丽莎·比玛·普赖尔（Melissa Bema Pryor）和迈克尔·沙克曼（Michael L. Shakman）。

被上诉人（原审被告）为芝加哥市，其委托代理人为伊利诺伊州芝加哥市申诉局政府律师办公室（Office of the Corporation Counsel，Appeals Division）的凯莉·马洛尼·雷汀（Kerrie Maloney Laytin），以及伊利诺伊州芝加哥市法律部（Law Department）的贝纳·露丝·所罗门（Benna Ruth Solomon）。

被上诉人（原审第三人）为丹·伯吉斯（Dan Burgess）等人，其委托代理人为弗吉尼亚州阿灵顿县司法局（Institute for Justice）的罗伯特·麦克纳马拉（Robert McNamara），以及明尼苏达州明尼阿波利斯市司法局的安东尼·布

---

* Illinois Transportation Trade Association v. City of Chicago，839 F. 3d 594（7th Cir. 2016）. 判例原文对注释性的案例、法条和参考文献采用了文中夹注法，为符合本刊的注释体例，译者将其改为页下脚注，并且作了编号。译稿的主标题译者所加。

** 苏州大学王健法学院讲师，法学博士。

莱恩·桑德尔斯（Anthony Brian Sanders）。

审理案件的巡回法官为波斯纳（Posner）、威廉姆斯（Williams）和赛克斯（Sykes）。

波斯纳法官撰写本案判决

本案与本院今天同时判决的"乔·圣飞利坡出租车公司诉密尔沃基市案"（Joe Sanfelippo Cabs，Inc. v. City of Milwaukee，案号为 16-1008）极为相似，它们均涉及同一问题，即原告对所在城市（本案为芝加哥市，另一案为密尔沃基市）试图在营运性汽车运输市场中引入更激烈竞争的做法提出宪法上的质疑。该市场由如下主体构成：一是在街上招手即停的出租车所有人；二是汽车租赁行业（livery services），它们常通过拨打电话的方式进行叫车（有时出租车也使用电召之方式）；三是新型的汽车运输行业，其中最为出名的是优步（Uber），来福（Lyft）位居其后，它们一般被称作网约车行业（Transportation Network Providers，TNPs）[1]或共享出行行业（ridesharing services）。

考虑到 TNPs 这一略缩词或共享出行行业之术语并非家喻户晓，而优步更为公众所熟知，我们就集中分析它。优步"在本质上就是下载在智能手机上的一个应用软件，用于呼叫附近的优步司机来接你。尽管目前一些出租车也在使用此类新潮的手机应用软件，但绝大多数的出租车依然在出租车候客处等候乘客，或者要求你提前向调度中心打电话进行叫车。优步不这么做……你只能通过点击优步的应用软件方能叫到车辆"[2]优步和出租车还存在其他差异，这些差异被很多乘客视为其相比于传统出租车的优势所在：能储存支付信息，因而乘客不必携带现金或信用卡；能看到行程的预计时长以及既往乘客对司机的评价情况；能在任何地方叫车，例如在瓢泼大雨中可以躲在舒适的家中叫车，不必冒雨冲到大街上去拦车。

本案原告是在芝加哥对出租车或租赁汽车拥有所有权和营运权的公司，

---

〔1〕 "Transportation Network Providers" 一词直译应为"交通运输网络提供者"或"在网上提供交通运输服务的主体"。考虑到上述直译之表述十分冗长且含义令人费解，本文将其意译为"网约车行业"。——译者注

〔2〕 Kristen Hall-Geisler，"5 Ways Uber Is Really Different from a Regular Taxi"，http://auto.howstuffworks. com/techtransport/5-ways-uber-really-different-from-regular-taxi1.htm（visited Oct.6, 2016）. 但是，现如今优步已增设了一项功能，允许客户预约叫车。See Uber.com，"Scheduled Ride for Extra Peace of Mind"，www.uber.com/info/scheduled-rides（visited Oct.6, 2016）.

以及为这些出租车公司提供贷款、保险等服务的公司。在芝加哥，出租车公司须在司机与车辆的资质、牌照、收费标准、保险等方面受到严格的政府规制。汽车租赁公司也须受到严格规制，故我们不必将它与出租车公司进行区别分析。与这两类公司相比，优步公司受到的规制力度就要小得多。在 2014 年前，它甚至不受任何形式的规制。优步公司采取了一个与前两类公司完全不同的商业模式。举例来说，你无法在街上拦到优步公司的车辆，而是必须使用智能手机中的应用软件来叫车。从 2014 年起，优步及其他网约车公司开始受到当地一部法规（ordinance）的规制，但不同于规制出租车和汽车租赁行业的法规，该法规对网约车持更为自由放任的立场，例如允许网约车公司自定收费标准，通过这一方式及其他方式，网约车公司得以降低部分营运要求，而在适用于出租车和汽车租赁公司的法规中，这些要求是必须具备的。

原告对规制网约车行业的法规不服，为此提出了 7 项理由，其中 4 项依据的是美国联邦宪法，另外 3 项则是依据伊利诺伊州的法律。联邦地区法院驳回了其中的 5 项主张，剩余 2 项未被驳回的主张认为，芝加哥市允许网约车行业在不受相同法规规制的情况下与出租车及汽车租赁公司展开竞争，这一做法有违法律上的平等保护原则。在联邦地区法院作出一审判决后，原告不服地区法官驳回其 5 项主张的做法，芝加哥市则不服地区法官未进一步驳回剩余的 2 项主张，双方均向本院提起上诉。

本院认为，原告提出的全部 7 项主张均缺乏说服力。第 1 项主张是，准许网约车行业进入出租车和汽车租赁市场，这属于未经补偿就基于公益（public use）之目的剥夺原告的财产权。如果我们把此类主张稍作改编，改为芝加哥市没收了（confiscated）据以将汽车批准为出租车用途的出租车执照，这或许是具有说服力的。因为没收执照的效果无异于没收出租车：无执照，就无法享有对出租车的所有权（no medallion, no right to own a taxi），[1]尽管出租车公司可以将该车辆转作他用。总之，在本案中，芝加哥市并未没收任何出租车执照，而是仅仅使出租车公司面临新的竞争，即来自优步和其他网约车公司的竞争。

财产权并非是一项免于竞争的权利。向咖啡馆颁发一纸营业执照，并不

---

〔1〕 Boonstra v. City of Chicago, 214 Ill. App. 3d 379, 158 Ill. Dec. 576, 574 N. E. 2d 689, 694~695 (1991).

赋予该执照持有人去阻止茶馆开业之权利。当涉及在市场中以特定方式进行营业的执照之时，财产权并不包含在该市场中免受竞争之权能。专利赋予了专利权人制造和销售专利产品的排他性权利，但无权阻止竞争者通过发明非侵权的替代性产品来挤压专利权人的利润空间。事实上，当新技术或新商业模式诞生时，通常的结局是旧技术或商业模式的退居二线甚至消亡。如果认为旧事物的权利人拥有排除新生事物进入既有市场之宪法性权利，那么经济发展的进程就会逐渐停顿下来。我们可能仍然停留在依靠马匹和马车出行的年代，而不会有出租车；可能仍然停留在依赖计算尺（slide rules）测度的年代，而不会有计算机。过气之物会主张要求平等对待的权利。

出租车执照赋予其持有者享有对出租车的所有权和营运权，而非排除与之相竞争的交通运输行业。本案原告无法排除来自公共汽车、火车、自行车、租赁汽车、特许经营的观光车、小型巴士或者步行的竞争。事实上，它们也无法排除来自新获准入市的出租车的竞争，因为芝加哥市保留了颁发额外的出租车牌照的权力（对该权力原告并未提出质疑）。那么，为何原告能被获准排除来自优步的竞争？对这一问题，原告并未给出解答。

芝加哥市赋予出租车执照持有者的乃是在芝加哥范围内营运出租车的权利，仅此而已。[1]这一权利不能排斥网约车与其展开竞争。正如一份判决所言[2]："如果某人想在未获执照的情况下开出租车，这一想法之所以要被禁止，是因为其将违反市政法规，而非侵犯出租车执照持有者的财产权。"前引1963年颁布的芝加哥市市政法典条文[3]，赋予执照持有者的是排他性地从事出租车行业的权利，而非排除出租车以外的其他交通运输行业之准入。芝加哥市在出租车执照上创设了一项财产权，但并没有将此项权利扩展到该市所有商业性载人汽车运输行业之上。

在芝加哥，由于只有本案原告被获准运营出租车，它们将继续获得一定程度的免受竞争的地位。对于不少乘客来说，相比于优步及其他网约车公司，他们更喜欢搭乘出租车，因为只需在街上对驶过来的车辆挥手示意即可，不

---

[1] See Municipal Code of Chicago § 9-112-020（b）. 规范租赁汽车的对应条款是"§ 9-114-020（b）"。

[2] Boston Taxi Owners Ass'n, Inc. v. City of Boston, 180 F. Supp. 3d 108, 117, 2016 WL 1274531, at * 5（D. Mass. March 31, 2016）.

[3] See Municipal Code of Chicago § 9-112-020（b）.

必借助手机应用软件来叫车。另外，出租车的收费标准经由政府定价后也已确定不变了。

原告提出，芝加哥市在执照颁发和收费标准（请注意出租车的是由政府定价的）方面对优步及其他网约车公司适用不同规则的做法，构成了对出租车行业的歧视。这是一个有违自由竞争理念的论点。它预设的前提是，市场上的每一个新生事物都必须同与之相竞争的旧事物适用同一规则。

在此不妨做一个类比，许多城镇要求居民养狗前必须预先申领执照，而养猫则不必。这两种动物间存在着诸多差异。总体上看，狗比猫要的更大、更壮和更富侵略性，怕狗之人要多于怕猫之人，狗可能会严重咬伤人，并在外嚎叫，制造诸多噪音。野生的猫一般是无害的，许多宠物猫则被关在屋内。养狗之人（同时养了猫的人除外）或许会主张养猫者也应申领执照，但他们不会认为，如果政府未能要求竞争性的动物去申领执照，就剥夺了养狗者在宪法上享有的财产权，或者对其构成了宪法上的歧视。在本案中，原告并未提出更具说服力的论点来要求优步及其他网约车公司遵循与出租车所有人相同的许可规则。正如有人更喜欢养猫而非养狗，一些人也更喜欢用优步而非黄车（Yellow）、飞驰（Flash）、驰客（Checker）等公司的出租车。他们对其中的一种商业模式更为情有独钟。芝加哥市的做法意在推动各种商业模式间的竞争，而非本案原告所极力主张的那样，是在压制出租车所有人这一方。

因此，原告主张芝加哥市未经补偿就剥夺其财产权的观点，是站不住脚的。对他们提出的其余6项主张中的其中4项也不必再作讨论，因为它们无非就是依据联邦宪法或伊利诺伊州法律提出的征收补偿主张。我们需要加以分析的是剩余的2项原告要求平等保护的主张，在一审中，联邦地区法院法官认为这2项主张可以使起诉免遭驳回。该法官认为，芝加哥市未能让网约车公司与出租车公司适用同样的法规，这有违法律上的平等保护原则。然而，这是从字面上机械地看待平等保护原则，实际上并不能作如此理解。否则，只有当管理部门将法规——不管是否必要或合适——加于新生事物之上时，比旧事物更具成本优势的潜在新生事物才能获准进入到市场之中。但如此一来，让新生事物据以跟现有厂商相竞争的成本优势也将丧失殆尽。

本案涉及的平等保护问题的核心争点在于，对芝加哥市出租车和网约车分别制定不同的管理规则，此种差异化的规则设计究竟是任意武断的还是合情合理的。对此，芝加哥市持后一种看法。获准搭载在街上拦车的乘客的，是出租车而非网约车。这些乘客与所乘出租车的司机或者其所属的出租车公司之间几乎未曾打过交道，因此，芝加哥市才需要审查出租车司机的资质以确保他们有足够的资质，并依据乘车时间、通行里程来制定一套统一的收费制度。因此，出租车行业需要受芝加哥市的规制，网约车行业也是如此，尽管由于其性质不同，其所受规制也有所差异。出租车与优步车之间的主要区别在于，乘客无法在街边拦到优步车，而是必须在叫车之前与优步公司订立合同，从而在乘客与优步公司间创设了契约关系，双方就诸如收费标准、驾驶员资质、保险以及残疾乘客的其他特殊需要等事项进行了详细约定。与出租车业不同，优步公司承担起了审查驾驶员资质以确保只聘用合格驾驶员的主要职责，乘客可以预先获得更多的行程信息，这些信息不仅包括驾驶员的姓名，还包括驾驶员的相片以及所乘车辆的照片。此外，网约车普遍是由兼职司机来驾驶的。我们有理由相信，这些兼职司机每日的平均驾驶里程要少于出租车司机，因为出租车为了能够被人们拦到，需要在街上不停地巡游。驾驶里程越少，车辆受到磨损折旧的可能性也就越小，此类磨损折旧可能影响乘车的舒适感，甚至增加发生事故或故障的概率。

出租车行业与网约车行业之间有太多的差异点了，这足以证成对这两类车辆采取不同规制方案的正当性，从而消解原告提出的平等保护主张。对不同的产品或服务不得要求适用同一管理规则，这是宪法的要求，事实上也是常识使然。联邦地区法院法官所持的平等保护观点的错误之处在于，她认为出租车与网约车之间并不存在显著差异，并将其本人所持的这种信条同众多乘客认为二者间存在差异的观点混为一谈。乘客们之所以会持不同立场，不是因为对出租车或其司机心存歧视抑或怀有敌意，毋宁在于注意到二者在叫车便利性上的差异，而这种关注再稀松平常不过了。如果所有乘客认为二者并无二致，认为选哪种车并无优劣之分，那么网约车在芝加哥市不可能会如此这般地成气候。

假设联邦地区法院法官恰巧认为狗和猫并无差别，并据此判决，芝加哥市要求养狗办理执照而养猫不必办理的规定违背了平等保护原则。或许，合理的解释是，法官有权表达自己的观点，但当市场认为两种动物间存在着她所未曾注意到的合理差别（正如前面分析的差别具备合理和非歧视的理由那样）时，她就不能将自己的观点强加于市场认知之上。同样，她认为在出租车和网约车之间并无差别的观点，也难以获得整个相关消费者群体的认同。

"在创设一项法定权利后，立法机关仍然有权通过后续立法变更甚至废除该权利。否则，'立法犹如防倒转的棘轮（ratchets）那样，它所创设的权利，如果不去买通授予此项权利的团体的话，就再也无法被撤销甚或被修改'。"[1]

自20世纪70年代起，规制缓和运动（deregulation movement）席卷全国，驱动这场运动的理念是，竞争通常是一种比规制更好的工具。一些部门被整体撤销了，联邦民用航空局（Civil Aeronautics Board）这一严重限制航空业竞争的部门便是其例。很多城市放松了对出租车行业规制要求，而这正好发生于网约车面世之前。[2]网约车的出现为这场规制缓和运动推波助澜。芝加哥市以及在本院今天同时判决的"圣飞利坡案"中的密尔沃基市，都站在了放松规制以及鼓励竞争的这一侧，而非维护传统出租车行业之垄断局面的另一边。这是一个为法律所容许的抉择。

在联邦地区法院的判决中，除支持原告的平等保护请求的部分外，本院予以维持。对于支持原告的平等保护请求的这部分判决，本院予以撤销，并附带如下指引：驳回当事人提出的认为构成歧视的诉讼请求。

---

〔1〕 Dibble v. Quinn, 793 F. 3d 803, 809（7th Cir. 2015），引自 Pittman v. Chicago Board of Education, 64 F. 3d 1098, 1104（7th Cir. 1995）。另可参见 Wisconsin & Michigan Ry. Co. v. Powers, 191 U. S. Reports 379, 387, 24 S. Ct. 107, 48 L. Ed. 229（1903）（"立法机关并不是在作承诺，而是制定公共财政收入和公用事业的计划"）。

〔2〕 See Adrian T. Moore & Ted Balaker, "Do Economist s Reach a Conclusion on Taxi Deregulation?", 3 *Econ Journal Watch* 109, 111（2006）。

英国上议院对未登记的浮动抵押权效力的认定
——史密斯诉布里真德县自治委员会案 *

王仰光 ** 译

案号：[2001] UKHL 58

案情简介

布里真德县自治委员会（以下简称"郡政府"）与考斯莱特公司（以下简称公司）在 1991 年 1 月 28 日签订了合同。该合同是关于为了恢复上加鲁山谷已经被废弃的煤堆毁损的 141 公顷的土地。最大的设备是由合同的一方当事人（公司）带到现场的两台洗煤机，该设备主要用于从废弃的煤渣中分离出可利用的煤炭。郡政府已经给公司预支了 1 800 000 英镑，由公司用该笔款项购买洗煤机。而该笔款项将来从应当支付给公司的总款项中扣除，总款项预期 4 年后支付。土木工程师协会的标准合同的第 53 条第（1）项界定了"设备"的含义：

"（2）规定所有由合同的一方当事人所有的设备、商品及原材料，一旦上述物资被固定在合同约定的地点，都属于雇主。

⋯⋯⋯⋯

"（6）除非得到工程师的书面同意，否则不能将设备（租赁的设备除

---

* Smith Administrator of Cosslett（Contractors）Limited（Appellant）v. Bridgend County Borough Council（Respondents）On 8 November 2001.

判例原文对注释性的案例、法条和参考文献采用了文中夹注法，为符合本刊的注释体例，译者将其改为页下脚注，并且作了编号。译稿的主标题系译者所加。案情简介属于译者针对案件的归纳，具体还请看判决书的内容。

** 山东财经大学法学院副教授。

外）、商品或原材料或者其任何部分移出现场。当然如果工程已经完成而且工程也不再需要上述设备、商品或者原材料，则工程师应当毫不迟延地予以同意。

"（7）一旦上述的任何设备、产品或者原材料这些根据本条第（2）项下被认为属于雇主的财产，在得到工程师的同意移出后，上述财产将被合同当事人再次投资于该工程。"

第 63 条第（1）项：

"如果合同当事人将进入破产程序…或（作为公司）将进入清算…或如果工程师书面向雇主证明，根据工程师的观点，合同当事人…已经放弃合同；在这种情况下，雇主可以给予合同当事人书面通知，给予其 7 天的时间，之后雇主将进入施工现场进行施工并驱逐合同当事人…雇主可以自己完成该工程，也可以雇佣其他当事人完成该工程；为了完成该工程，无论是雇主还是其他合同当事人都可以使用根据第 53 条已经属于雇主所有的任何建筑设备、临时工程、产品和原材料…如果当事人认为合适，在任何时间都可以出售上述所述的建筑设备、临时工程和未经使用的产品和原材料，并将出售的收入用于偿还已到清偿期的款项或者根据合同将到清偿期的款项……"

在合同履行 2 年后，公司发现出售回收的煤炭并没有获得其预期的利润。在 1993 年夏天，合同当事人告诉郡政府，该公司将面临破产，因此将不能执行合同。在 1993 年 8 月 4 日，该合同当事人离开现场，在 8 月 6 日，根据第 63 条的规定，工程师出具了证明。在 8 月 12 日，郡政府在给予公司 7 天时间后进入了施工现场。郡政府找到了另外一个合同当事人，巴罗斯兄弟（销售）有限公司（"巴罗斯"），并与该公司签订了临时性协议，约定巴罗斯公司在八月底进行施工，使用公司的洗煤机。

在 1993 年 9 月 8 日，公司进入接管阶段。伊恩·克拉克先生作为管理人。他要求立即归还设备或者支付设备使用费。当郡政府根据第 63 条进行抗辩认为自己享有使用权，克拉克先生认为该条款属于未登记的浮动抵押，根据 1985 年《公司法》第 395 条（1）的规定，对其无效。在 1993 年 1 月 22 日，卡拉克先生根据 1986 年《破产法》第 234 条的规定，依据简易程序，要求交还洗煤机。而郡政府认为自己享有抵押权，而且无论如何，自己都享有衡平法上的抵销权，从而主张利用违约损害赔偿数额抵销侵占之诉的损害赔偿额。

争议问题

（1）在 1991 年 1 月考斯莱特与郡政府签订的土木工程合同中的条款是否给予郡政府，就像本案那样，在两台洗煤机上设定了担保权益？

（2）如果设定了担保，该担保是否属于 1985 年《公司法》第 395 条所规定的需要登记的抵押？

（3）如果属于需要登记的抵押，考虑到抵押并未予以登记，而且郡政府在 1994 年与巴罗斯签订合同，并根据合同将两台设备出卖给巴罗斯，双方所签订的合同是否构成侵权法中的侵占？如果构成侵占，考斯莱特公司的管理人是否可以基于自己的名义提起侵权之诉？且侵占应当基于何种基础来计算损失？

（4）如果根据第 395 条，郡政府在洗煤机上的担保权益因为未进行登记而不能对抗考斯莱特公司的管理人的这一判断基础，郡政府可否利用考斯莱特公司违反双方在 1991 年 1 月 28 日签订的合同而应对郡政府承担的违约责任，来抵销其应对考斯莱特公司承担的侵占责任？

上议院裁决

衡平法的规则是人们不能从错误行为中受益。郡政府享有抵押权的前提是进行登记，其违反成文法的规则未进行登记，不能获得衡平法的救济，不得主张抵销。另外，本案还对浮动抵押与固定抵押进行区分，对 1985 年《公司法》第 395 条所规定的未经登记的浮动抵押不能对抗清算人、管理人和公司的任何债权人的含义给出了解释。

康希尔市的宾厄姆勋爵：

阁下：

1. 我因工作具有便利条件可以宣读由我所尊崇的、博学的朋友霍夫曼大法官所草拟的判决书文本。我完全同意他的观点和给予的理由，我允许上诉并同意他的提议。

威尔金森-布郎尼勋爵：

阁下：

2. 我因工作具有便利条件可以学习我所尊崇的、博学的朋友霍夫曼大法官所草拟的判决书文本。我赞同他的观点和他给予的理由，并且我也允许上诉。

霍夫曼勋爵：

阁下：

3. 这一上诉涉及两个相当重要的问题。第一个问题是：土木工程师协会的标准合同中涉及这样的条款，这一条款允许雇主，在合同相对人违约的情况下，可以出售厂房和设备并用获得的收入来抵偿合同相对人应履行的义务，这一行为是否属于1985年《公司法》第395条规定的需要登记的浮动抵押的种类？第二个问题是在合同一方当事人进入接管程序，而雇主尚未行使出售的权利时，未进行登记的抵押权的效力。

4. 双方在1991年1月28日签订的合同。该合同是关于为了恢复上加鲁山谷已经被废弃的煤堆毁损的141公顷的土地。雇主是中格拉摩根郡郡政府，该郡政府在威尔士政府重组中被取缔，其相应的权利义务由布里真德县自治委员会承接。我在下文中将用"郡政府"来指代两者。合同的另一方当事人是考斯莱特公司，我将用"公司"来指代它。

5. 最大的设备是由合同的一方当事人（公司）带到现场的两台洗煤机，该设备主要用于从废弃的煤渣中分离出可利用的煤炭。政府已经给公司提前预支了 1 800 000 英镑，由公司用该笔款项购买洗煤机。而该笔款项将来从应当支付给公司的总款项中扣除，总款项预期4年后支付完毕。

6. 土木工程师协会的标准合同的第53条第（1）项界定了"设备"的含义，并且第53条第（2）项规定所有由合同的一方当事人所有的设备、商品及原材料，"一旦上述物资被固定在合同约定的地点，都属于雇主"。然而，在本案中，当事人修改了"设备"的界定，将其包括洗煤机：

"该条款的目的…'设备'是指任何用于当前工作的洗煤的建筑类设备和建筑类原材料，但是不包括从本地或者到本地的任何用于运输劳力、设备和原材料的机动车辆。"

"建筑类设备"在条款1（1）（o）款中有界定：

"建筑类设备"是指所有的设备或者物资，不论其本质如何，只要与工程的维持和建筑的完成有关或者是必需的，都属于建筑类设备。

从上可以看出，建筑类设备的含义相当宽泛，足以包括洗煤机。但是我们无法清楚地了解为什么在第53条第（1）项中对于建筑类设备进行专门的界定。也许是合同的修改人并没有注意到建筑类设备已经有明确的界定。但无论情况如何，我都认为这种情况对结果并无影响。

7. 正如我前面所述，第 53 条第（2）项规定，合同一方当事人的设备、商品和原材料，一旦放置在现场，"都被认为属于雇主的财产"。现在增加一条：洗涤设备必须属于合同当事人或者公司对此享有控制性利益。这一条款也得到遵守。洗涤设备一直属于公司所有。

8. 与此相关的还有 53 条第（6）项和第（7）项：

"（6）除非得到工程师的书面同意，否则不能将设备（租赁的设备除外）、商品或原材料或者其任何部分移出现场。当然如果工程已经完成而且工程也不再需要上述设备、商品或者原材料，则工程师应当毫不迟延地予以同意。

"（7）一旦上述的任何设备、产品或者原材料根据本条第（2）项被认为属于雇主的财产，在得到工程师的同意移出后，上述财产将被合同当事人再次投资于该工程。"

9. 因此一旦设备被置于施工现场而依附于厂房时，这些财产就被认为属于雇主的财产；而这些财产一旦得到工程师的同意而移出现场，则不再依附于厂房，成为独立的财产。

10. 引起当前争议问题的条款是第 63 条第（1）项：

"如果合同当事人将进入破产程序……或（作为公司）将进入清算……或如果工程师书面向雇主证明，根据工程师的观点，合同当事人……已经放弃合同；在这种情况下，雇主可以给予合同当事人书面通知，给予其 7 天的时间，之后雇主将进入施工现场进行施工并驱逐合同当事人……雇主可以自己完成该工程，也可以雇佣其他当事人完成该工程；为了完成该工程，无论是雇主还是其他合同当事人都可以使用根据第 53 条已经属于雇主所有的任何建筑设备、临时工程、产品和原材料……如果当事人认为合适，在任何时间都可以出售上述建筑设备、临时工程和未经使用的产品和原材料，并将出售的收入用于偿还已到清偿期的款项或者偿还根据合同将到清偿期的款项……"

11. 在合同履行两年后，公司发现出售回收的煤炭并没有获得其预期的利润。在 1993 年夏天，合同当事人告诉郡政府，该公司将面临破产，因此将不能执行合同。在 1993 年 8 月 4 日，该合同当事人离开现场，8 月 6 日，根据第 63 条的规定，工程师出具了证明。在 8 月 12 日，郡政府在发出通知后 7 天进入了施工现场。郡政府找到了另外一个合同当事人，巴罗斯兄弟（销售）公司（以下简称"巴罗斯"），并与该公司签订了临时性协议，约定巴罗斯公司在八月底进行施工，使用公司的洗煤机。

12. 在 1993 年 9 月 8 日，公司进入接管阶段。伊恩·克拉克先生作为管理人。他要求立即归还设备或者支付设备使用费。当郡政府根据第 63 条进行抗辩认为自己享有使用权，克拉克先生认为该条款属于未登记的浮动抵押，根据 1985 年《公司法》第 395 条第（1）项的规定，对其无效。在 1993 年 1 月 22 日，卡拉克先生根据 1986 年《破产法》第 234 条的规定，依据简易程序，要求交还洗煤机。

13. 在 1997 年 1 月的一天，在根据第 234 条规定的程序尚未出结果时，郡政府更换了临时性的协议，与巴罗斯的合同变更为完成工程的持续性合同。这一协议的一个条款是当工程完工后，巴罗斯将成为洗煤机的所有权人并可以移动并处置该设备。

14. 在 1995 年 12 月，当巴罗斯根据后续合同使用洗煤机时，管理人向法庭提出了申请。郡政府的第一个抗辩理由是：合同第 53 条的规定，一旦洗煤机放置在作业区，即被认为属于雇主的财产。根据这一规定，这些洗煤机变成了雇主的财产，公司丧失所有权。法官并不认可这一理由。法官认为合同第 63 条在公司财产上创设了一个抵押权，并认为这一抵押为固定抵押，而不是浮动抵押。其理由是：合同第 53 条第（6）项给予雇主完全的权利，在设备为施工所需时，将拒绝任何设备从施工地点移出，因此也就拒绝将其从担保物中移出；也给予了雇主认为合理时在任何情况下行使拒绝的权利。这与浮动抵押在结晶之前抵押人可以处置抵押物的权利不符，而抵押人在结晶前享有处置抵押物的权利是浮动抵押的标准。作为固定抵押，该抵押权并不需要登记。基于此，法官否定了该申请。

15. 管理人提起了上诉。在 1997 年 7 月，在案件到达上诉法庭之时，工程完工，巴罗斯可以或者移出这些洗煤机或者将要移出这些洗煤机。事实上他们将其出售给第三方，并留下这些款项。管理人对此并不知情，上诉法庭在郡政府仍可行使这些设备的权利的情况下作出裁决，为了避免进一步的诉讼，并对郡政府行使出售权利时，对于应当如何裁决给出了自己的判断。

16. 上诉法庭（埃文斯和上诉法院法官米利特和拉夫·吉布森先生）认为必须区分合同第 63 条规定的雇主的两项权利。使用设备并完成约定的工程不可能是抵押，它是在公司无论是否接管时都可以行使的一项合同权利。基于此，法庭驳回了该项请求。另一方面，法庭认为，出售该设备并将出售的收益抵偿公司所欠郡政府的所有债务的权利，构成抵押。但是法庭并不认为该项抵押为固定抵押。上诉法院法官米利特和其他两位法官都认为，拒绝将设备移出工地的权利并不是如下级法庭认为的那样是赋予雇主，实际上是赋予工程师的。这意味着权利是独立运作的，并没有作为强制偿还雇主债权的保证措施。因此在结晶之前并没有给予雇主足够的控制来创设固定抵押。

17. 根据 1985 年《公司法》第 395 条的规定，出售设备的权利不能对抗管理人。在法庭判决送达后尚未生效前，郡政府向法庭提起诉讼，根据他们获得的信息，设备已经被出售了。上诉法院米利特法官认为，在我们的判决中，在当前的情形下，郡政府享有判决书第 14 款的权利。

18. 管理人相信送达的判决书，之后根据判决书第 14 款提出新的令状，要求赔偿侵占设备的损失。王室法律顾问图尔敏法官评估了损失并要求先期支付 389 000 英镑。郡政府提起上诉，上诉法庭（下议院议员沃尔夫爵士、沃德和上诉法院法官劳斯）以几乎全新的理由驳回了该裁决。上诉法院法官劳斯（与其他持赞成意见的法官）认为，《公司法》第 395 条第(1)项的规定使得浮动抵押不能对抗管理人，但是能对抗公司。这意味着在某些情况下（例如根据 1986 年《破产法》第 234 款的规定，同样要求公司财产回复的诉权）如果管理人享有个人诉权时，他可以不用考虑抵押问题。但是起诉回复公司财产原状的诉权是由公司享有的，而不是管理人。对公司而言，出售设备的权利依然是有效的，这可作为对抗侵占之诉的抗辩。因此上诉法庭允许上诉，并否决了该诉讼。为此管理人向最高法院（英国上议院）提起上诉。

19. 阁下，我首先展示上诉法庭裁决案件的理由之所在。在我看来，这些理由令人惊讶并且非同寻常。《公司法》第 395 条可以被追溯到 1900 年"公司法"（维多利亚时期第 63 & 64，第 48 卷），该条款的立法目的是为了保护破产公司的债权人。该条款的本意是，让与公司进行交易的当事人通过查询登记系统，获知公司资产上是否存在浮动和固定抵押，财产上的抵押将会减少公司在清算时未获担保的普通债权人可以获得的清算的数额。无论这是否是一种真实形式的保护，也不论抵押登记的选择是否完全合理，这些都与目前的案件无关。立法的明确目的是让那些属于登记才具有担保效力的财产未进行登记就属于公司普通债权人的受偿范围（或者担保债权人在未进行登记的抵押清偿后受偿），就像担保从未存在一样。

20. 当颁布清算令状时，就需要指定清算人，从而不允许放弃公司的财产。清算人没有任何利益，无论是作为受益人还是作为受托人。这些财产仍然属于公司所有，但为了公司的清算，清算人能够行使公司的权利来收回属于公司的财产。

21. 根据我的观点，根据《公司法》第 395 条规定，抵押对清算人无效，这意味着在清算人代表公司时抵押对公司无效，换句话说，对清算中的公司无效。正如一份判决而言，[1]上诉法院法官费利莫尔在适用《公司法》第 395 条的一个先例中论述道：

"这使得担保无效，不是债务无效，不是诉讼原因无效，而是担保无效。这一无效不是针对所有的人，不是针对公司的让与人，而是针对公司的清算人和所有债权人，当公司继续营业时，它属于设立在公司上的担保。这一规定对清算人没有效力，因为他不是公司的继受者。"

最后一句话因为清算人不是公司的继受者而给人带来了某种程度的困惑。但上诉法院法官费利莫尔认为，根据《公司法》第 395 条的规定，在公司继续营业时，也就是说在公司没有处于清算期间时，这样一种抵押担保对公司是有效的，这一观点无疑是正确的。另一方面，对我来说，一旦公司进行清算并且仅有清算人代表公司，区分抵押是否对清算人无效或者是否对公司无效并没有意义。对于清算期间的公司，抵押都是无效的。

22. 在 "Independent Automatic Sales Ltd v. Knowles & Foster 案"[2]中，处于清算期间的公司出售了根据分期付款协议占有的设备，清算中的公司提起诉讼要求金融公司返还根据分期付款协议和其他担保而预先垫付的款项。当金融公司根据担保进行抗辩时，原告反驳说，根据《公司法》第 395 条的一个先例，在债券上设定担保应当进行登记，而本案因为没有登记而无效。原告在令状中是以公司的名义出现的。王室法律顾问亚瑟·巴格内尔先生代表被告提出初步观点，认为清算人提起的抵押对其无效，清算人应当作为原告。巴克利法官赞同这一观点，但允许清算人作为共同原告，诉讼应当继续进行。

23. 正如大家所知，公司清算期间的诉讼由清算人代表，我们很难判断这一规定的意义之所在，除非被告遗漏或者不能获得诉讼费用担保的命令并且希望清算人个人对该费用负责。但我谦恭地认为，巴克利法官的观点是错误

---

[1] In re Monolithic Building Company [1915] 1 Ch 643. 667.

[2] Independent Automatic Sales Ltd v. Knowles&Foster [1962] 1 WLR 974.

的。公司享有提起诉讼的权利，它根据分期付款协议享有该权利，因此应由公司作为原告。清算人提起诉讼的原因是为了在公司清算期间进行财产分配。清算人根据法规使得担保无效可以对抗的主体扩展到财产占有人，这一事实并不能在本质上改变诉讼的本质，也无法为他将必须甘冒个人承担诉讼费用的风险提供合理性的理由。

24. 我在相关问题上没有发表过什么观点，直到诺克斯法官在"Re Ayala Holdings Ltd（No 2）案"中[1]就公司清算人（或者管理人）是否可以根据《公司法》第 395 条的规定来使公司摆脱抵押的桎梏，从而可以行使恢复财产的权利。即使我认为在"Independent Automatic Sales 案"中，公司以自己的名义提起诉讼是合适的；诺克斯法官的观点是反对这一权利转让，其立论的基础是根据《公司法》第 395 条规定的恢复财产的权利本身不是财产转让，这一权利只能由公司通过清算人或者管理人来行使。

25. 现在我们审视 1986 年《破产法》第 234 条的规定。上诉法院的朗斯法官认为，该条款适用于管理人仅能依据自己的名义提起的诉讼，因此其依据是抵押对其无效这一事实。该条款可以追溯到 1862 年《公司法》第 100 条（25&26 Vict，c89）。从本质上来看，该条款可以看作清算人可以根据申请书就可以对抗公司的捐赠和"公司任何类型的受托人、接受人、银行或者代理人、公司官员"。该条款提供了简易程序，依据该程序，若公司根据初步证据享有权利，任何人手中的账户、票据、资产的收支相抵后多余的金钱如果恰好在其手中，都应当支付、交付、让与、交出或者转让给清算人。

26. 这一申请的最初的形式并不如此。这一申请必须在清算期间，利用简易程序由公司在法庭上对抗与公司相关的特定当事人，并要求他们交付手中的金钱或者财物。这一程序的目的是确保清算人行使其成文法中规定的权利。但是这并不改变权利的最终归属。例如，如果清算人需要继续清算，可以根据誓证初步确定对财产、账目或档案享有权利，法庭在其自由裁量权范围内要求持有人将其交付给清算人，并在之后确定产权的最终归属。

27. 因此，根据 1900 年《公司法》的明文规定，未登记的抵押权不能对抗清算人，但是这一条款并不是企图将其限制在根据 1986 年《公司法》第 100 条所规定的清算人进行简易申请的案例类型。如果登记条款只能适用于简

---

[1] Re Ayala Holdings Ltd（No 2）［1996］1 BCLC 467.

易程序中的当事人，则其价值就极为有限了。在 "Independent Automatic Sales Ltd v. Knowles & Foster 案"〔1〕中，根据令状将其适用在普通程序中。

28. 根据 1985 年《破产法》的规定（现在是 1986 年《破产法》第 234 条）扩大了简易程序的适用范围。现在这一规定可以对抗公司享有所有权而现在正在控制着属于公司的任何财产、账簿和票证及资产的任何人。然而，这一规定是清算人或者其他官员为了履行其职责，并且不属于对权利的归属作出决定，只是在简易程序中由清算人或者其他官员提出，并由法官自由裁量的救济方式。

29. 在 1985 年《破产法》引入管理人制度时，1985 年《公司法》第 395 条进行了简单的修改，在"清算人"之后加上了"或者管理人"的字样。在我看来，这一规定表明就清算中的公司而言，该规定给予管理人与清算人相同的职权。接管命令给予管理人管理公司财产的权利，并不比清算令给予公司清算人管理公司财产的权利更多。相反，1986 年《破产法》给予管理人的权利在很多方面与《公司法》给予清算人管理公司财产的权利具有相似性：

"（1）公司的管理人：

"（a）可以行使对管理公司的事务、业务和财产所必需的任何事情，并且

"（b）无偏见地处理（a）中的事务，可以行使本法表 1 中规定的任何权利。"

30. 在表 1 第 1 段中给予管理人下列职权：占有、收集和收取公司的财产，并且基于此职权可以采取其认为必要的措施来达到这一目的；第 5 段赋予管理人可以为了公司的利益以公司的名义提起诉讼的职权。

31. 因此，通常来讲，管理人为了公司的利益通常应以公司的名义提起诉讼。提起诉讼的权利属于公司所有。例如，就当前的案件，第 14 条第（1）项和表 1 给予管理人足够的权利可以公司名义提起诉讼以收回公司的财产。如果针对这一诉讼的抗辩是第 395 条规定的对公司无效的抵押，公司将有权依据该条款进行抗辩。就清算而言，我认为"对管理人无效"意味着对管理人掌控的公司无效或者（换种方式来说）对由管理人代理的公司无效。

32. 事实上，在上诉程序中给予的令状的抬头是："在伊恩·克拉克先生、卡斯列特公司（合同当事人）的管理人和布里真德县自治委员会之间。"据我看来，恰当的抬头应当是"卡斯列特公司（合同当事人）和布里真德县

---

〔1〕 Independent Automatic Sales Ltd v. Knowles & Foster〔1962〕1 WLR 974.

自治委员会之间"。但是没有人会误解程序的本质，因为在令状中进行陈述的诉讼请求相当明显，诉讼是为了恢复公司的财产而提出的公司财产损失或者损害。因此我认为不需要任何的修改。另一方面，第 234 条的早期程序最初这样开头："就卡斯列特公司（合同当事人）和就 1986 年《破产法》，在卡斯列特公司（合同当事人）、申请人和中格拉摩根郡政府、被告之间。"之后抬头修改为由管理人的姓名替代了公司的名称作为请求人。在这种情况下我认为第二种想法是正确的。

33. 上诉法院朗斯法官将《公司法》第 395 条赋予管理人的权利描述为"按照法律的规定为了恢复或者保留设备而提出的纯粹冒险的潜在诉讼"和将浮动抵押的无效作为"占尽便宜"利用"成文法的意外之物"。我看不出法律这样荒谬规定的理由之所在。将第 395 条规定适用于管理人的目的是保护接管中公司的利益，并且如果公司随后进入清算，保护公司债权人的利益。另一方面，如果公司在接管程序中进入破产程序，担保债权人将确定获得受偿，而不用担心担保权益的无效。

34. 在对《公司法》第 395 条进行限缩和主观的解释后，上诉法院朗斯法官显然受到了其所认识的案件性质的影响。他认为，郡政府在设备上失去担保权益是不公平的，特别是当他发现郡政府享有交叉请求，而交叉请求的价值超过了担保的价值，而郡政府提前支付的款项已经使得公司可以在第一时间提前买下设备时。上诉法院朗斯法官认为，如果根据第 63 款不能创设抵押，公司对其遭受的损失可以提出任何恢复原状的请求，无论依据衡平法或者破产规则第 4.90 条的规定，将显然与郡政府的交叉请求相抵销。因此其判断不存在这一抵销。为什么郡政府未办理抵押登记就会处于更糟糕的地位？

35. 如果确实存在这一抵销权，争议就会更加激烈。并且，受法官评论的激励，王室法律顾问莫斯先生代表郡政府提出，即使抵押无论是对管理人无效，还是对接管中的公司无效，但是依据衡平法他依然享有抵销的权利。但我的观点是无论是衡平法上的抵销权或者（如果公司进入清算程序）第 4.90 条规则规定的抵销权均不存在。第 4.90 条规则所规定的抵销权必须来源于"公司和任一债权人之间共同的债权、共同的债务或者其他共同的交易"，这一适用范围在上诉法院米利特法官在 "Manson v. Smith 案"[1] 表述得较为明

---

〔1〕 Manson v. Smith（Liquidator of Thomas Christy Ltd）［1997］2 BCLC 161.

确。在该案中，有一个董事因为侵占一个属于破产公司的财产而试图引用第4.90条规定来抵销公司对其的欠款。上诉法院米利特法官论述道："侵占财产并不是交易"。同理，侵占公司财产也不是交易。

36. 类似地，衡平法上的抵销依赖于显现出来的需要衡平法予以保护的理由以抵销原告的需求：参见"Hanak v. Green 案"〔1〕。根据我的观点，在没有质权或者其他担保权益的情况下，被告不能通过抵消交叉请求中的债权而保留属于原告的财产。如果不如此，每一个当事人实际上都对其占有的属于债务人的财产享有担保权。根据我的观点，债权人不能通过错误的侵占债务人的财产来提高其衡平法上的担保权益。正如厄思沃特勋爵在"Winter Garden Theatre（London）Ltd v. Millennium Productions Ltd 案"中论述道："根据衡平法，人们不能从错误行为中受益。"〔2〕允许衡平法上的抵销，将会使得郡政府享有根据《公司法》第395条其必须登记才可以享有的权利，但是不登记就不能享有这一权利是该条规范的目的之所在。

37. 莫斯先生接着提出观点，郡政府没有做任何被认为是侵占设备的行为。侵占是一种剥夺他人占有权利的侵权，当郡政府签订继续性合同，而该合同授予巴罗斯为了完成工程享有带走设备的权利时，公司丧失了占有的权利。正如第一次上诉法庭所坚持的那样，郡政府享有为了完成工程而继续占有该设备的权利。当工程完工后，公司享有占有权，郡政府没有采取任何行为干涉该权利。巴罗斯简单地再次移走了设备。如果有人侵占该设备，那一定是巴罗斯。

38. 这些争议被提交到上诉法庭并被朗斯法官驳回。他认为公司需要得到补偿的基础在于"需要在 A、B、C 之间发生这样的事情：A 侵占了 B 的商品，当他（A）转移占有并意图将所有权给 C，即使 A 对 C 负有这样的义务，而 B 没有权利可以直接占有时，也构成 A 对 B 的商品的侵占"。

39. 我赞成这一观点。郡政府同意巴罗斯移出设备违反了公司对其进行占有的权利。而郡政府在事前就同意的事实在公司没有权利进行占有时，并不会有不同的影响。在巴罗斯接管设备前这一同意是有效的。这足够认定为侵占。

---

〔1〕 Hanak v. Green [1958] 2 QB 9.

〔2〕 Winter Garden Theatre（London）Ltd v. Millennium Productions Ltd [1948] A C 173, 203.

40. 阁下，根据我的观点，上诉法院米利特法官将其判决建立在第一上诉法庭的基础上，并得出公司不应获得侵占的损害赔偿的观点是正确的。但是，为了区分这一观点并试图将其建立在第二上诉法庭的基础上，莫斯先生也挑战了最初的观点：即第 63 条创设了一个浮动抵押权。他认为并不存在抵押权，如果存在的话，它创设了固定抵押，而不是浮动抵押。

41. 就这些观点，我的观点与上诉法院米利特法官给出的理由是一样的，故此我简单予以论述。我看不出为何一种可以出售属于债务人的资产并且将出售的收益来抵充债务的担保不能被看作抵押。并且因为根据第 63 条涉及的财产（建筑设备、临时性工程、施工现场的商品和物资）属于资产的变动体，在合同当事人正常经营过程中能够消耗或者移出现场，这就是浮动抵押，参见 "Agnew v. Commissioner of Inland Revenue 案"[1]。

42. 莫斯先生认为，第 63 条适用的许多年间，没有人认为该条款创设了一个浮动抵押。登记的要求可能会损害合同当事人的信用，特别是当查询到存在这一抵押或者导致他们违反与贷款人的合同，如果在该贷款合同中禁止授予第三方抵押权。因此我们不能推测出合同当事人愿意设立该类抵押。但是，当事人的意图已经在土木工程师协会的标准合同中予以明确，仅涉及他们之间的权利和义务。这些权利和义务是否构成浮动抵押本属于法律问题（参见 "Agne's 案"[2]）。对这些问题的答复即使超出当事人的预期，也不是我们无视这些权利和义务特征的理由。

43. 我也将注意 4 年前第一轮上诉法庭的决定，我们看不出这一结论对于建筑或者工程行业造成了何种困难。

44. 莫斯先生也提到，第 63 条对于工程的原材料和小件物品构成了浮动抵押，这些物品在合同履行的四年期间可以在经营过程中更容易从施工现场进、出；对于洗煤机设定的抵押应当认定为固定抵押，因为修改后的合同第 53 条第（1）项特别提及该设备，并且该设备也很难被移出工地。但是正如我在开始之前所述，我们很难猜测洗煤机在第 53 条第（1）项中受到区别对待的原因。但这一设备在第 63 条并没有受到区别对待，洗煤机也属于建筑设备的一项从而隶属于抵押标的物的范围。根据我的观点，如果将后来条款解

---

〔1〕 Agnew v. Commissioner of Inland Revenue ［2001］3 WLR 454, 464.

〔2〕 Agne's case, at p. 457.

释为在洗煤机上设定了本质上完全不同于在工地上的其他建筑设备和原材料，这一解释是不可能的。尽管洗煤机在体积上很大，在合同期间，如果处于建设的需要，基于效率的考虑，用更有效率的一台或者两台设备来替代，也不是不可想象的。在这种情况下，虽然存在抵押，合同当事人也享有将旧的设备从工地移出的权利。

45. 最后，莫斯先生认为即使他没有权利提出衡平法上的抵销，关于侵占的请求也应当等到交叉请求结束之后方可裁决。我认为，我看不出需要等待的理由。大家都承认公司已经破产。但就目前这些程序的存在，毫无疑问，这些程序本应该在之前就已经结束。郡政府有权在清算期间证明其权利，但是侵占的诉讼请求是在接管过程中管理人有权提出的侵占的请求。我认为应当恢复王室法律顾问图尔敏法官的判决和先期支付命令。

斯科特·福斯特勋爵：

46. 根据我的观点，在本上诉中需要解决四个主要问题：

（1）在1991年1月考斯莱特与郡政府签订的土木工程合同中的条款是否给予郡政府，就像本案那样，在两台洗煤机上是否设定了担保权益？

（2）如果设定了担保，该担保是否属于1985年《公司法》第395条所规定需要登记的抵押？

（3）如果属于需要登记的抵押，考虑到抵押并未予以登记，而且郡政府在1994年与巴罗斯签订合同，并根据合同将两台设备出卖给巴罗斯，双方所签订的合同是否构成侵权法中的侵占？如果构成侵占，考斯莱特公司的管理人是否可以基于自己的名义提起侵权之诉？并且应当基于何种基础来计算损失？

（4）如果根据《公司法》第395条郡政府在洗煤机上的担保权益因为未进行登记而不能对抗考斯莱特公司的管理人的这一判断基础，郡政府可否利用考斯莱特公司违反双方在1991年1月28日签订的合同而应对郡政府承担违约责任，来抵销其应对考斯莱特公司应承担的侵占责任？

47. 就这些问题中最基础的事实部分，我所尊重且博学的朋友霍夫曼勋爵已经予以陈述，我对此也深表赞同。

48. 根据我的观点，重要的是我们应当牢记在心的是，在案件发生的所有期间，考斯莱特公司是洗煤机法律上的所有权人。这是由乔森纳·帕克法官[1]和上诉法庭[2]在第一次开庭中就洗煤机的所有权所确定的事实。

49. 记住土木工程合同的本质也是相当重要的。郡政府和考斯莱特公司之间的合同属于在建筑行业广泛应用的商事合同。王室法律顾问莫斯先生在诸位勋爵面前代表郡政府强调，在解释土木工程合同的条款时应牢记土木工程合同的商业特征和土木工程合同的目的，并应考虑解释的后果。就土木工程合同的重要性而言，我也表示赞同。

（1）郡政府是否在洗煤机上享有担保权益？

50. 根据我的观点，郡政府显然享有担保权益。洗煤设备属于土木工程合同中的建筑设备，没有人否认这一点，土木工程合同第 63 条第（1）项给予雇主（在本案中是指郡政府）在一系列特定事情中享有特定权利及救济的权利，这些特定的事情之一是指"合同当事人……（a）放弃合同。"这就在本案中发生了。考斯莱特在 1993 年 8 月 4 日放弃了合同。给予雇主的合同权利和救济措施由合同当事人通过一个 7 天通知触发了。郡政府可能出于双保险的原因，给予了两个类似的通知。没有人认为通知没有效力。根据合同在发出 7 天的有效通知后，郡政府享有下述合同权利和救济手段：

（ⅰ）雇主可以进入工地，并将合同当事人逐出工地，并占有工地中的"建筑设备"和其他物资。

（ⅱ）雇主可以自己完成工程，或者雇用其他合同当事人完成该项工程，而且雇主或者其他替代合同当事人，为了完成工程可以使用任何建筑设备和所有物资。

（ⅲ）根据合同的规定，雇主可以在任何时候出售任何建筑设备……和不用的商品和物资，并将出售的收益抵偿合同当事人所欠雇主的已经到期的欠款或者将要到期的欠款。

51. 就（ⅰ）而言，进入施工现场并驱逐合同的相对人的权利，对于行使使用建筑设备的权利和出售设备的权利两者来说，是一种必需的前提。就（ⅱ）而言，使用设备的权利并不是担保权利。这一点已经由上诉法庭裁决。

---

[1] 本案一审法院卷 [1997] Ch 23.
[2] 本案上诉法庭卷 [1998] Ch 495.

上诉法院米利特法官已经在本案上诉法庭卷宗[1]论述道:

"当前案件中郡政府的权利……并不构成任何种类的担保权益,因为它并没有设立担保。它也不能确保公司对合同的履行,但仅能确保郡政府自己履行合同。"[2]

52. 但是,就(ⅲ)而言,上诉法庭认为"与此相反,郡政府享有出售设备并将出售款抵充公司对郡政府所欠的已经到期的欠款或者将要到期的欠款的权利,而这些欠款是因为公司未能完全完成工程,郡政府享有的这一权利属于担保权利"。[3]

53. 在上诉法庭第二次审讯中,这是上诉到阁下的最终的判决,合同第63条第(1)项涉及的雇主出售设备并将所得收入抵充合同相对方所欠到期款项的权利具有担保的特征,这一点已经被接受。[4]但在诸位阁下面前,莫斯先生挑战这一判断。他认为,出售权利的目的是能够使郡政府可以处置设备和其他物资,在这些设备和物资不再是完成建筑工程所必需时,郡政府可以利用出售的收入来抵销考斯莱特公司所欠自己的款项仅仅是合同抵销权而已,其并没有来建构衡平法上的担保权益。我不赞同这一观点。出售的权利不仅使得郡政府可以清理施工现场中不再使用的设备和物资,而且从表面来看,也可以给郡政府带来一笔资金,它可以抵销考斯莱特公司欠郡政府的欠款。我认为,一项赋予债权人可以出售债务人的商品并将所得款项抵偿债务人对自己欠款的合同权利就是一项担保权利。这一结论并不依据当事人创设担保权利的意图。当事人的意图,在客观上的确定,与合同的解释有关。但是一旦通过合同的解释程序,确定了合同当事人的权利,他们的合同权利是否构成担保权利就是一个不再需要依据当事人的意图的法律问题。[5]

54. 我认为,将合同第63条第(1)项中郡政府的权利作为担保权利的观点,得到了上诉法院在"In re Garrud, Ex p Newitt 案"判决的支持。[6]该案件是因为一位土地所有权人和建筑商之间的建筑合同纠纷。在建筑商违约

---

[1]　本案上诉法庭卷 [1998] Ch 495, 508.

[2]　参见本案上诉法院埃文斯法官的论述, [1998] Ch at p. 505.

[3]　参见本案上诉法院埃文斯法官的论述, [1998] Ch at p. 508.

[4]　参见本案上诉法院劳斯法官的判决, 段 15 和段 16。

[5]　See Agnew v. Commissioner of Inland Revenue [2001] 3 WLR 454, 465~466 per Lord Millet.

[6]　In re Garrud, Ex p Newitt (1881) 16 Ch 522.

时，该合同给予土地所有权人重新进入建筑现场并驱逐建筑商的权利。该条款规定：

"……在再次进入所有的建筑物、构筑物、建筑材料和物资等地点时，上述物资的所有权人将丧失所有权，并变成前述的土地所有权人的财产，作为约定违约金和双方确定的赔偿金……"

55. 就这一问题的裁决是当事人之间的合同是否作为抵押证券而进行登记的。土地所有权人认为，尽管协议授权其占有动产的许可，但是许可本身不能作为债务的担保。[1]法官对此表示赞同。上诉法院詹姆斯法官在第530页论述道：

"毫无疑问，占有动产的授权或者许可不能作为债务的担保。"

而且上诉法院法官布雷特（Brett）在该判决书第532页解释道：

"占有动产，不是作为担保而言，而是作为债务的清偿。"

56. 然而，第63条第（1）项具有"加鲁德（Garrud）案"争议中所不具备的特征。首先，尽管索引和侧目录都使用"没收"一词，但是在其后的条款中并没有没收的规定。雇主取得出售收入不是为了抵偿合同当事人到期的欠款，而是因为其欠款，所以将销售的收入抵作欠款。如果出售收入不足以清偿欠款，合同当事人仍负有偿还欠款的义务。如果有剩余，雇主将把多余的部分返还给合同当事人。

57. 另外，我认为，雇主根据第63条第（1）项行使出售的权利必须采取合理的注意以便获得合适的价格，[2]并且不能将标的物出售给自己。[3]这些义务并没有在第63条第（1）项中进行明确，但是，我认为，为了恰当地保护担保物出售中合同当事人的权益，这些义务是暗含在这一条款中。这些义务本身就是担保权益的表征。

58. 我认为，相应地，根据第63条第（1）项，一旦郡政府在7天到期日后进入施工现场并占有这些物品时，郡政府对施工现场的设备和物资享有担保权益，而且对施工现场中的任何设备和物资出售后取得的收入享有担保权益。

---

[1] 参见该案第7部分，1854年《汇票法案》第17和18条，《维多利亚票据法》第36条。

[2] c/f Cuckmere Brick Co Ltd v. Mutual Finance Ltd [1971] Ch 949.

[3] c/f Tse Kwong Lam v. Wong Chit Sen [1983] 1 WLR 1349.

（2）根据第 63 条第（1）项，郡政府的担保权是否属于第 395 条所规定的需要登记的抵押？

59. 1985 年《公司法》第 396 条第（1）项规定了根据第 395 条的规定需要登记的抵押的种类。第（f）项规定："在公司全面业务或者财产上的浮动抵押"。第（c）项规定："如果抵押是由文书创设或者证明，如果允许当事人执行该抵押，则需要将其作为卖据进行登记。"诸位法官，你们面前的争议问题是郡政府的担保权益是否构成了浮动抵押，而不是固定抵押。在争议要点总结后，当事人双方可以就卖据的要点提供书面的补充证据。

60. 在上诉法庭第一次庭审中，法庭认为这一担保构成浮动抵押。理由是由上诉法院米利特法官给出的。[1]他在下述段落中陈述了浮动抵押和固定抵押的本质区别：

"浮动抵押的本质是，作为一种抵押，它不是在任何特定的资产上设立，而是在变动的资产中设立；在设立抵押后，抵押人依然可以管理和控制抵押物；而且尽管存在抵押权，抵押人也有权从抵押物中取走该物。固定抵押是在某一特定资产或者某类特定资产上设定的抵押，在抵押设定后抵押人未经抵押权人同意不得处置抵押物。问题不是抵押人是否享有完全的执行业务的自由，而是抵押权人是否控制抵押资产。"

他接着分析了土木工程合同第 53 条的规定，该条款授权考斯莱特公司在不侵害或者延误工程完工的情况下，可以将施工现场中的任何设备或者物资移出现场。他得出结论，这一授权使得郡政府的权利符合浮动抵押的特征。这一论断在上诉法院第二轮庭审中并未受到质疑。上诉法院劳斯法官将郡政府担保权益被归类为浮动抵押描述为"非以当事人本意"确立的。[2]然而，莫斯先生在诸位法官面前挑战这一论断。他认为，如果他主张的土木工程合同完全没有创设抵押权是错误的，我与诸位阁下的观点是一致的，认为他的观点是错误的。根据第 63 条第（1）项在 7 天有效期届满前并不存在抵押，之后在施工现场上的所有设备和物资上都设定了固定抵押。

61. 在一定程度上我赞同莫斯先生的分析，但我并不确定这有什么不同。在公司所有的财产上设立抵押，直到未来某些特定事由的发生，在抵押期间

---

〔1〕 参见该案上诉审案件［1998］Ch 495，510.

〔2〕 参见本案副本第 16 段。

抵押人依然可以在正常经营活动中处置所有资产，这类抵押属于典型的浮动抵押。[1]这一授权将赋予受让人在公司目前财产上享有衡平法上的担保权益，虽然存在担保权益，但是担保权益的效力处于停止状态，除非特定事情的发生。对照一下依据将来特定事情的发生才会存在的抵押，并且这些抵押的财产依然属于公司所有，据我看来，当前这一授权并没有给受让人对公司的财产享有任何直接的衡平法上的权益。莫斯先生将这一授权作为在公司财产上创设了一个未来的固定抵押，而不是在公司财产上创设一个浮动抵押。莫斯先生认为这类授权并不能在公司财产上创设一种典型的浮动抵押，我认为他的观点是正确的。并且我认为，如果当事人设想创设一种直到未来特定事件发生才可以确定抵押物的未来抵押，除非存在公共政策的反对，否则我们不能禁止他们设定这类抵押权。

62. 然而，在成文法中并不存在"浮动抵押"的定义。所有对浮动抵押的界定都是在判决书中作出的，并且在绝大多数案件中，这类界定是为了将浮动抵押和固定抵押相区分。上诉法院巴克利法官在"Evan v. Rival Granite Quarries Ltd 案"第 999 页中论述：[2]

"浮动抵押并不是未来抵押，它是现存的抵押，它现实地影响公司设立抵押的全部财产。"

我想，这一用语有助于莫斯先生。它暗示未来的担保缺少浮动抵押的某些特征。就当前的案件来说，在合同签订的日期，1991 年 1 月 28 日到 7 天通知的作出日 1993 年 8 月之间的期间内，是否存在一个现实的抵押对洗煤机产生了现实的影响？换句话说，郡政府在 7 日通知的期间之前是否对洗煤机享有任何衡平法上的利益？我认为，郡政府没有这样的利益。在 7 天通知之前郡政府对建筑设备和物资仅仅享有合同法上的权利，并不享有任何财产权。担保权益是根据第 63 条第（1）款中规定未来的一个或者其他特定事件的发生才产生的。

63. 然而，我认为，这一分析并没有阻止第 63 条第（1）项未来担保权益上设立浮动抵押，从而符合《公司法》第 395 条登记的目的。在我看来，

---

　　〔1〕　See Lord McNaghten in Governments Stock and Other Securities Investment Co v. Manila Railway Co Ltd ［1897］AC 81，86.

　　〔2〕　Evan v. Rival Granite Quarries Ltd ［1910］2 KB 979.

因将来不特定的事件的发生才存在的抵押，并将抵押的效力及于直到特定事件发生才可确定的一类标的物上，如果这一抵押是有效的，我认为这类抵押符合需要登记的浮动抵押的类型。未来抵押具有浮动的本质特征，在特定的事情发生前，其效力处于休眠状态。我想，如果将《公司法》第 395 条规定的浮动抵押需要登记，必然给使用浮动抵押的当事人带来损害。基于相同的理由，我也认为，这种情形构成浮动抵押也符合 1986 年《破产法》的立法目的。[1]

64. 郡政府的担保权益作为浮动抵押应登记的事实，使得其是否也作为卖据进行登记的判断没有了必要。至于原因参见 1878 年《买卖法》第 4 条和第 8 条[2]以及 1882 年《买卖法》第 3 条、第 4 条和第 8 条。[3]

(3) 根据 1994 年 1 月的继续性合同，郡政府将洗煤机处置给巴罗斯是否构成侵权法中的侵占？

65. 根据《公司法》第 395 条第 (1) 项的规定，未进行登记的抵押不能"对抗清算人和管理人和公司的任何债权人。"这意味着未登记的抵押对于公司的受让人是有效的，第 63 条第 (1) 项尽管对管理人是无效的，但是他对于考斯莱特公司是有效的，因此郡政府处分洗煤机的行为不构成侵权法中的侵占。在"In re Monolithic Building Company 案"中[4]，科曾斯哈大法官（Lord Cozens Hardy MR）这样论述未登记的抵押：

"只要公司继续营业，这一抵押对公司而言就是最好的担保方式。"

而上诉法院菲利莫尔法官认为：

"我们必须解释成文法第 93 条，该条款使得担保无效，不是债务无效，也不是行为的原因无效，而仅仅是担保无效；这一无效不是对抗所有的人，不是对抗公司的让与人，而是要对抗公司的清算人、公司的债权人，在公司继续经营期间，这一担保就具有对抗公司的效力。"

66. "或者管理人"一词被 1985 年《破产法》添加进《公司法》第 395 条第 (1) 项。[5]之前的用语是"可以对抗清算人和债权人"可能来源于

---

〔1〕 参见 1986 年《英国破产法》第 245 条和第 15 条第 (3) 项。

〔2〕 《维多利亚法》第 31 章，第 41、42 条。

〔3〕 《维多利亚法》第 43 章，第 45、46 条。

〔4〕 In re Monolithic Building Company [1915] 1 Ch 643, 667.

〔5〕 参见《英国破产法》第 109 条第 (1) 项附注 6 段 10。

《买卖法》。根据第 1878 年《买卖法》第 8 章的规定，未进行登记的后果是买卖合同不能对抗买卖收据让与人的信托人或者代理人，也不能对抗已经实施扣押的债权人。我尽量概括这段相对浮夸且晦涩的语言。第 8 章并未规定未登记的卖据不能对抗转让人。但是，为了债权人的利益而进行的破产或者转让中，让与人名下的财产依然属于让与人，并交由受托人或者代理人掌管。"Monolithic Building Company 案"的做法意味着未登记的抵押权具有执行力，当让与人公司依然处于继续经营时，而公司继续经营对于 1878 年《买卖法》第 8 章针对清算前的公司和破产之前的自然人具有相同的效力。除非公司破产，否则未登记的卖据可以对抗让与人。在此之后，它就不能对抗让与人。除非进入清算或者接管阶段，未登记的抵押权可以对抗让与人。在此之后，或者在清算或者接管阶段结束之前，它不能对抗让与人。

67. 因此，我完全赞同我所尊敬的博学的霍夫曼法官的如下观点：只要根据《公司法》第 395 条第（1）项未登记的抵押权不能对抗清算人或者管理人，基于他给出的相同的理由，也不能对抗处于清算或者接管阶段的让与人公司。

68. 在我看来，必然的结论是：在 1993 年 9 月 8 日接管命令作出之日后，郡政府根据第 63 条第（1）项产生的担保权益就不能对抗考斯莱特公司。

69. 在克拉克和林塞尔合著的《侵权法》一书中[1]，侵占被描述为"一种范围很广的侵权，包括故意拿走、接收、购买、出售、处置或者消费属于他人的财产。"（第 14 章第 3 段）。第 14 章第 8 段这样论述："过错的本质是未经授权而处置求偿人的财产，以便质疑或者否认他对财产的所有权。"

70. 在郡政府和巴罗斯所签订的继续性的合同中，郡政府意图将洗煤机处置给巴罗斯。但是既然考斯莱特公司是设备的所有权人，而且郡政府根据第 63 条第（1）项出售的权利不能对抗处于接管阶段的考斯莱特公司，这一处置行为，在我看来，很明显就是侵占。

71. 另外，即使第 63 条第（1）项出售的权利可以对抗考斯莱特公司，我也不认为将设备处置给巴罗斯会因为其权利而获得豁免。出售是一种处置财产所有权而获得价款的行为。抵押人出售抵押物的权利伴随的义务是获得可以得到最好的价款。在继续性合同中，为了完成建筑工程，可以就每台设

---

〔1〕 Clerk & Lindsell on Torts, 18th ed, (2000).

备获得 100 000 英镑的融资来抵偿投标价。但是巴罗斯在 1993 年 10 月 13 日给郡政府的信中，认为每台设备的剩余价值大概在 500 000 英镑，并认为在我们投标中获得的 200 000 的融资是为了体谅到可能预料到的贫瘠土木工程的成本。在我看来，这一证据是郡政府不能主张他恰当地行使了第 63 条第（1）项出售的权利。如果第 63 条第（1）项的权利可以对抗处于接管中的考斯莱特公司，我认为其情形是郡政府成为抵押权人，从而可以进入施工现场，并相应地作为郡政府对考斯莱特公司承担责任的基础，为了洗煤机的恰当价值而故意违约。

72. 莫斯先生主张侵占是错误地干涉他人占有的权利，为了完成建筑工程，郡政府有权保留对洗煤机进行占有的权利，并在工程没有完工时，意图将洗煤机处置给巴罗斯，考斯莱特公司没有权利享有所有权，故此不能构成侵占。他认为在工程完工后，尽管巴罗斯根据后续合同最终将设备移出，但是对于郡政府而言，也不构成侵占，因为郡政府并没有做侵占的行为。

73. 我不能接受这一主张。继续性的合同中，郡政府意图处置洗煤机，是一种错误的干涉考斯莱特公司对洗煤机所有权的行为。这属于违约行为，因为如果按照当事人之间的第一次约定，可以使得考斯莱特公司有权对该设备进行直接占有。然而，继续性合同的细节并不为人所知，郡政府在工程完工之前可以一直保有该设备，这一权利在郡政府和考斯莱特公司之间为已决的案件。

74. 两台洗煤机都在大约 1997 年 6 月份被移出施工现场。在那时为了完成工程这些设备已经不需要了，因此被巴罗斯公司根据继续性合同将其移出了工地。

75. 在这种情况下，我认为，在后续合同中，考斯莱特公司没有对设备享有直接的权利并不能剥夺后续合同的影响，即郡政府对洗煤机构成侵占的事实。为了损害赔偿的目的，郡政府的所作所为并不能推迟被侵占的设备需要重新估价。我认为，考斯莱特公司有权得到设备被侵占之日的损害的数额，也就是 1994 年 1 月份设备的价值。在那时，根据第 63 条第（1）项设备属于设备的使用人——考斯莱特公司。因此设备的价值也应当相应地进行调整。在实践中，我认为设备对于权利的享有人的价值与在工程完工时设备的使用状态的价值是相同的。

（4）抵销。

76. 即使根据第 63 条第（1）项，郡政府的权利构成担保，但因未登记而无效，郡政府可否主张衡平法上的抵销，以便用其对考斯莱特公司的违约损害赔偿来抵偿考斯莱特公司对其提出的侵占的损害赔偿？我的观点是：很明显不能。这种情况是，当事人在合同第 63 条第（1）项规定郡政府享有合同抵销权是无效的，因为这一规定不符合成文法的规定，从而不能对抗接管中的考斯莱特公司。为什么衡平法要干预并保护未能遵守成文法规范的郡政府？在"Orakpo v. Manson Investments Ltd"〔1〕和"Dimond v. Lovell"〔2〕两案中提出了类似的问题。Orakpo 是一个借款案件。被告具备出借人的资格，但是对于原告用于购买财产的借款，被告没有遵守 1927 年贷款法的规定。〔3〕结果是贷款协议不能强制执行，原告给予被告为了确保还款而设定的抵押也因此无效。被告主张其可以代位行使供应商的抵押权。下议院驳斥这一主张，萨蒙法官在第 111 页中这样评论："为了帮助贷款人逃脱其违反成文法的后果而适用衡平法是不恰当的。"艾德蒙·戴维斯法官在回答衡平法院是否给予违反法律的贷款人救济的问题时，参见第 115 页，他认为他必须给予否定的回答：

"确定的回答可以使得法庭表达自己的立场，就贷款交易而言，其交易行为本身直接违反了 1927 年的法律。"

77. 在"Dimond v. Lovell 案"中，涉及租赁汽车的受规制的消费者信贷协议无法强制执行，因为该协议未能符合 1974 年消费者信贷法的要求。争议的问题是汽车租赁公司是否应有不当得利的救济手段。这一主张未得到下议院的支持。霍夫曼法官，引述"Orakpo v. Manson Investments Ltd 案"的裁判要旨，在"Dimond v. Lovell 案"中论述道：〔4〕

"立法原意是如果消费者信贷合同没有恰当地被执行，那么债务人将不应当支付。这意味着，立法者已经考虑到当事人一方可能会得到不当得利。因此我看不出法庭为何会认为这一结果显示公平，而给予当事人普通法上的救济。"

---

〔1〕 Orakpo v. Manson Investments Ltd［1978］AC 95.

〔2〕 Dimond v. Lovell［2000］2 WLR 1121（HL）.

〔3〕 17&18，Geo 5，c21.

〔4〕 Dimond v. Lovell［2000］2 WLR 1121, 1131（HL）.

78. 类似的理由也可以适用此案。如果第 63 条第（1）项给予郡政府的担保权益因为《公司法》第 395 条第（1）项的规定而不能对抗接管中的考斯莱特公司，我们也不能给其提供衡平法上的救济，让其通过衡平法上的抵销权来享有另一项担保权益。

（5）提起侵占之诉的权利。

79. 我个人完全赞同考斯莱特公司侵占之诉的原告/求偿人应当是"考斯莱特（合同当事人）公司（接管中）"，对于此点，我没有任何添加，完全赞同霍夫曼法官的意见。

80. 基于上述理由，我认为应当允许上诉，并应当恢复图尔明法官的判决和先予支付的命令。

罗杰勋爵

81. 我因工作具有便利条件可以学习我所尊敬的、博学的霍夫曼法官所草拟的判决书，我完全赞同该判决书，并且基于他给予的理由，我也允许上诉。

英国法中基于错误的不当得利一般条款的产生
——巴克莱银行诉西姆斯案

吴至诚 *译

案名：Barclays Bank Ltd v. W J Simms Son & Cooke（Southern）Ltd and Another

索引：Barclays Bank v. Simms［1980］QB 677

地点：英国高院王座分庭

时间：1979 年 4 月 24 日

主审法官：Robert Goff 法官

主旨概述：某住房协会为某建筑公司签发了面额为 24 000 英镑的支票，且在银行账户里准备了足够的资金以满足上述承兑的数额。但当该住房协会发现建筑公司的债权人已经请了涉讼财产管理人，即准备强制执行建筑公司的财产时，它立刻致电银行，要求银行拒绝承兑这张支票，并随后向银行补交了书面指示。于是，银行电脑系统里及时录入了拒绝承兑的指示，且有银行职员在次日早晨也读到了这条更新信息。然而，正是在当天，涉讼财产管理人持票向银行要求承兑，且该业务窗口的银行工作人员因为疏忽漏看了拒绝承兑的更新信息，导致银行依然见票兑付了全部金额。银行没有在当天就意识到错误并通知建筑公司及其涉讼财产管理人，而是过了一阵子才向涉讼财产管理人要求返还 24 000 英镑，遭到了涉讼财产管理人的拒绝。银行因此起诉建筑公司和涉讼财产管理人，要求返还 24 000 英镑，理由为基于事实认

---

* 中国人民大学法学院助理教授，牛津大学法学博士。
译稿主标题系译者所加。——译者注

识错误的给付。

判决结果：原告胜诉。只要付款人在付款时并不想让收款人就这笔金钱获利，且付款不是为了履行对价，那么除非这笔钱的利益事后因收款人的善意原因不复存在，收款人就应返还这笔基于事实认识错误的给付。

1979 年 4 月 24 日

罗伯特·高夫法官

本案的争点是，如果银行因为疏忽漏看了客户要求停止承兑支票的指示，导致依然见票兑付了票面金额，那么银行是否可以基于事实认识错误（mistake of fact）要求收款人返还这笔金钱？此问题在这个国家尚无定论，它的重要性却随着越来越多的银行疏忽事件和现代科技数据风险的不降反升而与日俱增。

本案双方共同认可的事实如下。1971 年 6 月 10 日，W. J. Simms Son & Cooke（Southern）Ltd（下称"公司"）向国民西敏寺银行（National Westminster Bank Ltd）提供了一份抵押债券（mortgage debenture），其中约定：

"第 2 条：作为实际权益拥有人的公司……（v）将自己的所有财产，无论债权物权、无论当下未来，均以浮动担保的方式抵押给银行。

"第 7 条：当主债权到期，即国民西敏寺银行可以通过选任一位涉讼财产管理人（receiver）的方式强制执行抵押权时，该涉讼财产管理人的身份为公司的代理人。据此，公司对该人的行为、违约以及报酬负全责，执行具体事宜由该人全权处置。涉讼管理人有权：（i）以实现抵押权为目的占有、收集和进入作为抵押标的物的财产，并以公司的名义处分财产……（v）以实现抵押权为目的对抵押标的物作其他他认为必需或应当的处置。

"第 8 条：涉讼财产管理人处分抵押财产所得价金应按如下顺位分配：（i）支付选任涉讼财产管理人的费用，以及涉讼财产管理人行使处分权过程中的费用；（ii）支付银行选任涉讼财产管理人时许诺的报酬；（iii）实现主债权；（iv）如果还有剩余，则支付给公司或其他权利人。"

这份抵押债券根据 1948 年《公司法》（Companies Act 1948）于 1971 年 6 月 24 日完成了登记。

1976 年 6 月 21 日，公司与英国皇家军团住房协会（Royal British Legion Housing Association Ltd，下称"协会"）签订了 1963 年版英国皇家建筑师协会标准建筑合同（RIBA Standard Form of Building Contract）。根据本合同，公司

将为协会在波斯特路（Borstal Road）、罗切斯特（Rochester）、肯特（Kent）建房，对价为 699 024 镑。建筑合同第 25 条约定：

"（2）如果合同任何一方对外提供了抵押债券，且债券持有人已经为实现债权选任了涉讼财产管理人或类似角色，或以实现浮动抵押权而占有了合同该方的财产，那么本建筑合同自动解除。但若涉讼财产管理人同意合同不解除，则本合同可以存续。（3）如果本合同因上述事由解除，则：（a）发包人（employer）可以将项目重新发包给其他承包人（contractor），以继续完成建房项目……（b）发包人可以跳过承包人，向承包人的供货商或分包人（sub-contractor）补足承包人未付清的款项，无论欠款发生于合同解除前后，以继续完成建房项目。本款的代位付款权与第 27 条第 c 款向指定分包人的付款权并存，并可以与发包人对承包人的欠款相抵消……（d）承包人应向发包人赔偿因合同解除对发包人造成的损失。除本条第 a 款以外，发包人无需再对承包人履行进一步付款的义务，不过项目建筑师可以确认款项差额，据此无论是发包人还是承包人，都应向对方补足差价。"

1977 年 9 月 2 日，梅萨斯·迈克尔·奥基特（Messrs Michael Aukett Associates），即本建筑合同项目的建筑师，出具了临时证明文书，基于 1977 年 8 月 25 日的工作进度，告知协会欠公司 24 000 镑。

协会是巴克莱的客户，它的经费一直存于巴克莱银行位于伦敦 SW1，维多利亚街 78 号的支行（下称"支行"）。

1977 年 9 月 12 日星期一，协会根据上述建筑师的临时证明文书，向公司签发了面值 24 000 镑的支票，承诺巴克莱银行会从自己在支行里的存款中见票承兑相应的金额。在本案全过程中，协会一直资金充足，支票没有因存款不足而被拒绝承兑的可能。

1977 年 9 月 13 日星期二，根据前述抵押债券，国民西敏寺银行选任了注册会计师威廉·索曼（William Sowman）先生，作为实现债权的涉讼财产管理人，代为处置公司的债权、物权以及其他资产。

1977 年 9 月 15 日星期四上午 9 点 20 分，协会电话告知支行，要求巴克莱银行停止见票承兑。支行收到消息后立刻将这个指示录入了电脑系统。1977 年 9 月 16 日星期五，支行的一位职员复查了这则消息，确认了系统中已经录入了停止支付的指令。随后，协会又向巴克莱银行补交了书面指示。

自索曼（Sowman）先生担任涉讼财产管理人起，这张支票自然就落入了他的手中。索曼（Sowman）先生派自己的助手去西敏寺银行 Waddon 支行，存入了这张支票，要求结清支票的全部面额。事实证明，索曼（Sowman）先生和他的助手到那天为止根本不知道出票人已经要求巴克莱银行停止支付的指令。

国民西敏寺银行与巴克莱银行就此支票的结算于 1977 年 9 月 15 日星期四至 1977 年 9 月 16 日星期五之间的某个时间点完成并记录在案。支行之所以承兑了支票，是因为负责支付的职员疏忽漏看了出票人停止支付的指令。于是，这笔钱于当晚记入了国民西敏寺银行的账户。

到了 1977 年 9 月 19 日星期一即下一个工作日，巴克莱银行的电脑系统拒绝了这张支票，并将其算作了 9 月 16 日的一笔欠款。作为对协会存款误操作的补偿，支行将这笔款项补给了协会。1977 年 9 月 27 日，巴克莱银行总部电话告知支行，要求支行补交 24 000 镑的欠款。支行随后向协会打听情况，得到了如下的反馈：协会早在 9 月 14 日就知道了公司进入了涉讼财产管理程序，所以协会根据建筑合同的约定条款，向支行发出了停止支付的指令。

于是，巴克莱银行向索曼（Sowman）先生提出还款请求，但遭到了索曼（Sowman）先生的拒绝。加之双方的事务律师无法达成一致意见，巴克莱银行起诉了公司和涉讼财产管理人，要求返还 24 000 英镑，理由为基于事实认识错误的给付。自 1977 年 12 月起，索曼（Sowman）先生就把这笔钱放入单独的账户，等待本案判决后再行处分。

实践中，涉讼财产管理程序往往伴随着的是优先债权人的债权无法足额受偿。本案中，抵押债权持有人，即国民西敏寺银行也将有类似的烦恼，而且数额不小。

原告巴克莱银行将公司作为第一被告，将涉讼财产管理人作为第二被告，基于事实认识错误要求他们返还巴克莱银行误付的钱。除了事实上的异议外（后来双方就事实问题达成了一致），被告提出了两点抗辩：第一，被告认为双方之间不存在事实上的认识错误，因此原告无权要求返还金额。第二，就算有事实上的认识错误，这种错误也是原告单方的。这两点抗辩有一个共性，那就是到底怎样性质的错误足以让法律允许原告要求返还。本案双方就此问题展开了深入的辩论，被告的意见（见下文）也反映了法律在这方面的一些发展。

但需要注意的是，被告也提出了其他论点如下：第一，被告无须返还，因为这笔钱是根据建筑合同，协会本该付给公司以履行合同义务的钱。第二，鉴于原告在见票承兑的当天没有发出通知以主张权利，根据"Cocks v. Masterman（1829）9 B & C 902"，原告现已不再能主张权利。第三，无论如何，涉讼财产管理人不可作为返还之诉的被告。第四，被告指出当浮动抵押具体化（crystallisation）后，根据"In re Diplock〔1948〕Ch 465"，原告除非证明自己的权利有信托性质，否则其权利不得对抗涉讼财产管理人。原告反驳的观点是这笔钱确实带有信托的性质，如果不能拿回，将会让公司的一般债权人获得一比横财。另外，国民西敏寺银行也可以是被告，因为国民西敏寺银行将是收这笔款项的受让人。被告最终放弃了上述抗辩意见，因为被告认识到原告的诉讼请求不会因为被告主体的原因失败，且鉴于原告不打算进一步追究涉讼财产管理人的责任，涉讼财产管理人总归能满足国民西敏寺银行的利益。

综上，我将按以下顺序分析本案的主要争点。首先，我会对基于事实认识错误的金钱给付返还原则作一个梳理。其次，我会将上述原则适用于本案的特定类型，即银行基于事实认识错误，见票承兑的情形。第三，我会分析"Cocks v. Masterman（1829）9 B & C 902"在什么程度上可以成为有效的抗辩。第四，我会将上述抗辩的原则分析适用于本案的具体情形。

（一）基于事实认识错误的金钱给付返还原则

40 年前，艾斯奎斯法官说道："要想从基于事实认识错误的金钱给付的诸案中提炼出统一的教义，那真的是出了名的困难。"[1] 我很同意这个观点，而且作为一审法官，这个难题会更加棘手。因为一审法官的职责不仅是从诸判例中寻找指导性原则，而且还不能随意挑战约束他的那些判例。不过经过思考，我认为现在是时候在这个领域完成这一看似不可能完成的任务了。如要解决这一难题，我们必须仔细阅读最早和最基本的判例，并仔细研究上议院某些判例的效力。所以接下来我将首先对这些重要判例作一个分析。

关于这个问题，最早的判例有三。首先是"Kelly v. Solari（1841）9 M & W 54"，它是本问题的最早判例。该案的原告是阿格斯生活人寿保险公司（Argus Life Assurance Co）的董事之一，他对该案被告提起返还之诉，要求她返还基于自己事实认识错误而支付的保险金。证据显示，被告当时是其亡夫的遗产管理人，她要求原告所在的公司根据人寿保险保单向其支付保险金，

---

〔1〕 See Weld-Blundell v Synott〔1940〕2 KB 107, 112.

但问题在于保单早已因为投保人停止缴纳保费而作废了。该案中，阿宾格大法官因为原告证据缺乏裁定驳回起诉（nonsuit），并指出：如果董事们明知或有途径可以了解到保单已经作废，那么原告就不可以要求被告返还。但阿宾格大法官并没有说原告一定不能得到返还，他给了一份非终局判决（rule nisi），允许原告补充证据另行起诉。该案的主要问题显然是：原告的过失是否阻却他的返还请求？从该案结果可知，答案是否定的，原告的过失并不阻却返还，此结论至今依然正确。就与本案的关系而言，该案最重要的应该是帕克男爵的如下阐述（第58~59页）：

"我认为如果付款人基于事实认识错误，即基于对特定事实为真的推测，导致这笔钱的权利被转移给了收款人，然而此推测却是错误的——亦即假如付款人早就知道特定事实为假，他就不会付这笔钱的话，那么付款人应当有权要求收款人返还；收款人对这笔钱的保有是违反良心的……当然，如果付款人的确故意转出了这笔钱，且付款人根本不在乎背后事实是真是假的话，那么自然付款人不得要求返还，因为付款人已经放弃了对背后事实的考虑，默认了无论事实怎样，他都不会再找收款人要回这笔钱。可如果付款人转出这笔钱时的确是基于对背后事实的错误认识，那么总的来说，不管付款人当时有多粗心导致没有尽到谨慎义务调查背后事实，法律都应当给予付款人至少要回这笔钱的可能性。"

罗尔夫男爵也说道（第59页）：

"……如果一笔钱是基于事实认识错误给付的，即付款人假如当时知道真实情况就不会付款的话，那么收款人继续保有这笔钱就是违反良心的。"

本案的付款就是这样的情况：原告是为了消解他认为对被告的责任才付的款。显然，这正与帕克男爵上述引文的前半段相符。至于帕克男爵上述引文的后半段，有人会解读为：并非所有的错误都可以触发返还义务，只有足以导致付款人以之为由作出给付的认识错误才能触发返还义务。我认为这种解读是不正确的，我们不应对上述引文的后半段作限缩解释，而是应像罗尔夫男爵解读的那样，宽泛地定义错误。

第二个早期判例是"Aiken v. Short（1856）1 H & N 210"。某卡特（Carter）请原告银行代为承担债务，于是银行向被告支付了266镑16先令6便士（200镑加利息）代为偿债。原告之所以愿意这么做，是因为它知道卡特对一笔遗产有继承权，且卡特就该遗产为原告创设了衡平法上的让与担保

(equitable mortgage)。然而原告事后发现卡特其实对这笔遗产没有继承权，所以原告起诉被告，基于事实认识错误要求被告返还原告代为承担并支付的债务。最终，财税法院判决这笔钱不可返还。该案重要的事实是：正是由于卡特对这笔款项的授权，它足以代为履行本该由卡特向被告承担的义务。据此，可以说被告在整个交易中提供了对价，理应保有这笔付款不必返还——这就是主审法官波洛克男爵与普拉特男爵的判决基本理由，也可以理解为马丁男爵的判决基本理由（尽管他实际上并未参与判决文书的撰写）。波洛克男爵说道（第214页）：

"虽然从某种意义上我们可以认为银行在没有对价的情况下支付了金钱，但毕竟被告的确有权从卡特处收取金钱，且可以认为银行实际上是作为卡特的代理人支付了这笔钱。"

普拉特男爵也指出（第215页）：

"卡特将被告的情况告诉了银行，银行于是支付了金钱，由此债务清偿完毕。被告作为卡特的债权人，理应收取这笔钱，她没有任何义务返还这笔钱。"

但该案最著名的一段话也许是布莱姆威尔男爵的附带意见。他说（第215页）：

"如果说某人可以基于事实认识错误要求对方返还已支付的金钱的话，那么这种错误事实必须是：假如事实为真，则付款人因此确实有义务付款；而不是：假如事实为真，则付款人因此会变得更愿意付款。"

布莱姆威尔男爵认为银行本无义务向被告付款，它"完全可以按照自己的意愿选择支付或不支付"，但"自愿选择了代为承担债务"，所以无权要求返还。从"25 LJ Ex 321，324"可知，布莱姆威尔男爵并不认为上述引文值得当作原则来理解，它只是用于纠正帕克男爵在"Kelly v. Solari（1841）9 M & W 54"一案中对可返还的错误范围作出的过宽的解读，尤其是要排除一种错误：即事实认识错误没有导致原告误以为自己对被告负有付款责任，而是导致原告误以为自己对第三方有债务承担的责任。如果案件涉及的是这种错误，那么即使原被告之间没有任何对价，法律也不应赋予原告要求被告返还金钱的权利。另外从之后上议院的案子可知，对布莱姆威尔男爵的观点进行严格限缩解释的方法是不可取的。

第三个早期判例是"Chambers v. Miller（1862）13 CBNS 125"，提这个案

子的原因并不是因为此案改变了本领域的规则，而是因为此案被一些教科书曲解了，尤其是厄尔主审法官的观点被剥离语境地引用以至于误导了大家。该案的核心并非基于事实认识错误的金钱返还，而是恐吓（assault）与非法拘禁（false imprisonment）。该案原告是一位职员，他的雇主从客户手里得到了一张支票，客户存款的银行正是该案被告。于是原告持票要求被告见票支付票面金额。被告早已知道客户的存款额度已低于票面金额，照理应该拒绝承兑，但被告的出纳由于疏忽，依然见票足额支付了票面金额，并将这笔现金于柜台交付给了原告。正在原告数钱的时候，出纳意识到了错误，于是他立刻返回柜台，告知原告这张支票不应该被承兑。原告对此置之不理，将现金放进自己的口袋，随即遭到了出纳的拘禁。出纳还恐吓道，如果原告不还钱，那他就会被一直关起来并被起诉盗窃。经过一段时间的僵持，原告不得不把现金交还出纳，只换来了那张支票。原告雇主后来找到出票人，从他手里得到了这笔款项。该案的争点在于，那笔现金的物权是否转移给了支票的持票人？当时的法官一致认为物权已经转移，不利于被告的判决也就由此作出了。

需要注意的是，被告当时的论点中有这么一点，即由于这笔钱是基于事实认识错误而给付的，所以原告公司即持票人应当返还这笔钱。然而有两位法官认为这个论点与该案争点，即金钱物权是否转移无关（参见第135页威廉姆斯法官和第136~137页拜尔斯法官的判决意见）。我也认为这是个无关的论点，因为但凡涉及基于事实认识错误的支付而提起的诉讼，物权基本都是已转移给了被告。如果原告胜诉，结果也只是法律苛加被告一项义务，即反向支付这笔钱的对人之债。另外，从帕克男爵在"Kelly v. Solari（1841）9 M & W 54"一案中对"错误"概念的解读可知，此错误的外延远远大于那些足以导致物权转移意图（intention to transfer property）无效的错误。换言之，"Chambers v. Miller（1862）13 CBNS 125"一案中出纳的错误并没有阻却金钱物权的转移——正是在这个语境下，厄尔主审法官将此错误表述为"不存在于出纳和持票人之间，而是存在于出纳和存款客户之间"（参见第133页）。遗憾的是，这句话被有些人剥离了特定语境，随之理解为：除非错误存在于付款人和收款人"之间"，即双方的主观心态必须受到同样的错误的影响，否则基于事实认识错误的金钱给付不得返还。我认为"Chambers v. Miller"根本不是这种限缩解释的依据，这种误解也被上议院后来的判例否决了。

上述就是与本问题有关的三个早期判例。接下来我将分析上议院的三个判例，它们确立了本问题的现行规则。不过在此之前，我想先讨论枢密院的一个案件，即 "Colonial Bank v. Exchange Bank of Yarmouth, Nova Scotia（1885）11 App Cas 84"，因为它是上议院随后一个判例的依据。该案涉及一家经营于新斯科舍雅茅斯（Yarmouth）地区，名为 B Rogers & Son 的公司。这家公司指示它位于安提瓜的代理人，向英属北美银行哈利法克斯分行汇款。于是代理人就将款项先汇至原告银行，并只给了"相当模糊的指示"，要求原告银行将钱转给英属北美银行，却没有讲清到底该转给具体哪家分行。原告银行随即指示它位于纽约的代理人处理收款事宜。纽约代理人先将这笔钱放入英属北美银行的纽约分行，随后作出了错误的进一步指示，要求这笔钱接下来转入雅茅斯（Yarmouth）分行，记在罗杰斯（Rogers）的账户上。问题在于，英属北美银行在雅茅斯（Yarmouth）根本没有分行，所以根据英属北美银行与当地银行即被告银行的协议，这笔钱最终汇入了被告银行，并"记在罗杰斯（Rogers）的账户上"。于是，罗杰斯就成了被告银行的存款户，英属北美银行就成了汇款人。当罗杰斯发现这个情况后，它通知了纽约分行，纽约分行就向被告银行提出返还款项的要求。被告银行拒绝了，理由为这笔钱已经被"使用"过了，即用于交互计算罗杰斯本来欠英属北美银行的额度了。法院最终判决，原告银行有权要求被告银行返还错误给付的款项。这个判决对本案的意义在于，虽然该案涉及的错误不属于足以导致付款人误以为自己有付款义务的错误，但基于这种事实认识错误的给付仍然可以返还。确实，在整个交易过程中，我们很难找出谁有付款义务。这意味着，布莱姆威尔"Bramwell 男爵在 Aiken v. Short（1856）1 H & N 210"一案中提出的限缩解释被废除了；显然以霍伯豪斯大法官为首的枢密院各审案大法官都没有提及对错误外延的限制，否则该案的结果也不会是这样了。

现在开始讨论上议院的三个案子。第一个是"Kleinwort, Sons & Co v. Dunlop Rubber Co（1907）97 LT 263"。该案涉及一个名为梅萨斯·克拉姆里奇（Messrs Kramrisch）的橡胶销售商，他的资金来源于该案上诉人梅萨斯·克莱恩沃茨（Messrs Kleinworts）和一个名为梅萨斯·布兰茨（Messrs Brandts）的商业银行。克拉姆里奇是该案被上诉人唐洛普橡胶公司（Dunlop Rubber Co）的橡胶供货商，被上诉人每次收到橡胶后，根据约定直接付款给布兰茨，这是因为克拉姆里奇为布兰茨在每批橡胶上设置了衡平法上的让与担保。然而，被上诉人却误将货款打给了上诉人，且上诉人在收款时完全处于善意。自然，被上诉人遭到了布兰茨的追讨。为了挽回重复汇款的损失，被上诉人提起诉讼，要求上诉人返还这笔错误给付的货款。上议院最终判决，基于事实认识错误，被上诉人有权从上诉人处获得金钱返还。该案的主要争点在于：上诉人是否可以主张"得利丧失"（change of position）抗辩？上诉人在这个问题上之所以失败，是因为在事实方面没有通过陪审团的考验。就该案对本案的重要性而言，我想有两方面。第一，被上诉人能否胜诉不再取决于"错误"是否属于导致被上诉人误认为自己有付款义务的那些错误；第二，罗尔布恩大法官笼统地对本问题作了归纳，他说（第 264 页）：

"……不容置疑的是：如果金钱的错误给付是基于事实认识错误，且付款人在对其不利的得利丧失发生之前就主张返还，则无论收款人以何种身份收款，他都应当返还这笔钱。"

第二个案子是"Kerrison v. Glyn, Mills, Currie & Co（1911）81 LJKB 465"。该案上诉人在墨西哥有一个矿业公司，这个公司从凯斯勒（Kessler）公司借了一笔钱。为了偿还债务，上诉人向被上诉人，即一家位于纽约的银行汇款，因为凯斯勒（Kessler）公司在该银行有账户。问题在于，上诉人与被上诉人都不知道，这笔汇款发生时，凯斯勒（Kessler）公司已经破产。因此，后来被上诉人银行决定扣下这笔钱，用于冲抵凯斯勒（Kessler）公司欠自己的债务，并拒绝返还给上诉人。上议院判决，上诉人有权要求被上诉人返还这笔钱。该案涉及两个问题：第一，从上诉人与凯斯勒（Kessler）公司的商业关系中能否解读出上诉人真的欠凯斯勒（Kessler）公司钱呢？关于这个问题，上议院推翻了上诉法院的观点，认定上诉人不欠凯斯勒（Kessler）公司钱，该案涉及的那笔钱只是基于对未来债务的预期而支付的。上议院认为，假如这笔钱真的是上诉人为了偿还已经存在的债务，那么即使上诉人在还钱的时候误以为凯斯勒（Kessler）公司尚未破产，这笔钱也不能要求被上诉人银行返还了。正如首先发言的阿特金森大法官说道（第 470 页）：

"上诉人汇款的时候认为凯斯勒（Kessler）公司仍是一个健康的、可以像以前一样经营的商业实体，这意味着凯斯勒（Kessler）公司会如约履行对波特（Bote）矿业公司的汇款义务。正是基于这种考虑，上诉人才愿意偿还凯斯勒（Kessler）公司连续的汇款。但事实上，凯斯勒（Kessler）公司已经不再处于这种状态了。"

第二个问题是：被上诉人的银行身份是否赋予了被上诉人拒绝还款的权利，因为钱一旦汇入银行，就不再属于付款人了。上议院认为此问题与该案判决无关。

总的来说，该案再一次证明"错误是否属于导致被上诉人误认为自己有付款义务的那些错误"不再是应当考虑的问题。另外有趣的是，大法官们对"错误"的外延给出了宽泛的定义，比如阿特金森大法官说道（第470页）：

"我认为无需怀疑，总的原则是……只要上诉人在付款时忽略了这些重要问题，导致付款的基础是事实认识错误，那么这笔钱就可以返还。"

肖大法官也说道（第471页）：

"这笔钱是因为关键的事实认识错误，即凯斯勒公司会履行义务而非其他理由被汇了出去。"

玛西大法官指出（第472页），本案在事实方面与罗尔布恩大法官在"Kleinwort, Sons & Co v. Dunlop Rubber Co（1907）97 LT 263"一案中讨论的情况直接相关。他引用了我在上文讨论过的，即该案的相关段落。他接着否决了被上诉人请求"在不要援引该案的情况下依法判决"的尝试。我想这可能因为罗尔布恩大法官作为司法委员会的成员，也参与了"Kerrison v. Glyn, Mills, Currie & Co（1911）81 LJKB 465"的审判，就像霍斯布里（Halsbury）伯爵那样给出了赞同意见。

从该案可以看出，只要原告的错误是"重要的"（vital）或"关键的"（material），即错误与付款存在因果关系，那么这笔钱原则上就可以返还。但如果付款人本就欠收款人钱（或根据与债权人的协议，应转而打给某第三方收款人），且这笔付款就是为了履行已存在的义务的，那么这笔钱就不可以返还。我认为这个结论与"Aiken v. Short（1856）1 H & N 210"的判决理由完全一致，只是与布莱姆威尔男爵的附带意见不一致罢了。

第三个案子是"RE Jones Ltd v. Waring and Gillow Ltd［1926］AC 670"。该案的事实比较复杂也有些不清楚，这恐怕是因为事实部分完全是由一审法官从原告律师的开场陈述中抄下来的。简单来说，一个名为博登汉姆（Bodenham）的无赖以租买条款的方式，花13 000镑（首付款为5 000镑）买了被上诉人的家具。然而，博登汉姆一开始就违约，未能如期支付首付款，导致被上诉人决定重新取得货物的占有。于是博登汉姆找到上诉人，告诉上诉人他是名为"国际汽车"的一家汽车生产商的代表，手头有"罗马"汽车系列，并询问上诉人是否愿意担任这个系列的经销商。他还告诉上诉人，这个系列的出资方就是被上诉人。上诉人接受了这个邀约，并根据经销合同，以支票方式向博登汉姆履行了 5000 镑的定金缴纳义务。上诉人签发了两张支票，一张 2000，一张 3000。博登汉姆拿到支票后，就以履行家具首付款为名义将支票交给了被上诉人。被上诉人的会计收到支票后，发现这两张支票都只有一位董事的签字，于是联系了上诉人，要求换一张妥善签字的 5000 镑支票。至此，被上诉人和上诉人全都处于善意，都不知道背后的阴谋。被上诉人将这张完好支票的金额存入银行账户后，就解除了对家具的扣押，并提供了更多家具给博登汉姆。随后，阴谋被曝光，根本就没有名为"国际汽车"的生产商，也没有名为"罗马"的汽车系列。被上诉人就又夺回了家具，上诉人则要求被上诉人返还 5000 镑。

一审法官支持了上诉人的诉讼请求，但到了二审即"［1925］2 KB 612"，上诉法院支持了被上诉人的诉讼请求。上诉法院各位法官给出的理由不尽相同，就本案而言，其中最重要的是波洛克掌卷法官的判决意见。他之所以认为上诉人要求对方返还错误给付的请求应当不予支持，是因为该案涉及的错误并不存在于上诉人与被上诉人"之间"。他引用了帕克男爵在"Kelly v. Solari（1841）9 M & W 54"的意见、布莱姆威尔男爵在"Aiken v. Short（1856）1 H & N 210"的意见，他也引用了"Chambers v. Miller（1862）13 CBNS 125"，以及厄尔主审法官的观点（载于"32 LJCP 30"第 32 页）。他给出的结论是（第 632 页）：

"原被告双方均陷入了误解……不过双方误解的事实并不相同。因此在我看来，原告不能基于事实认识错误要求被告返还金钱。"

该案打到上议院终审，上议院的法官们却一致认为上诉人的事实认识错误足以让他有权要求被上诉人返还金钱，不过少数法官同时认为，由于被上诉人的利益不复存在且得利丧失之时被上诉人处于善意，他可以据此抗辩上诉人的返还请求。最终，根据多数法官的意见，上议院支持了上诉人的诉讼请求。就本案而言，我觉得该案最重要的点就是错误的性质——哪些错误可以作为要求返还的基础？大法官凯夫子爵对此给出了非常宽泛的原则（阿特金森大法官也赞同），即只要原告可以证明事实认识错误与给付行为之间存在因果关系，那么这种错误就足以支持其要求收款人返还。他说（第 679-680 页）：

"原告从博登汉姆处得知，对方代表的是一个叫作国际汽车的公司，这个公司有一个叫作罗马的系列汽车，据博登汉姆说已经生产完毕，且整个项目背后的投资方是被告。基于对以上事实陈述的相信，原告与博登汉姆签订了合同，其中有条款约定原告须就 500 辆罗马汽车支付 5000 镑的定金，这笔钱最终入了被告的账户。然而上述事实从头到尾都是虚假的，故这笔钱完全是基于事实认识错误的给付，事实认识错误系由第三方的原因造成。对于这类案件，除非有特殊情况，法院一般应当支持原告的返还请求，这也符合著名的先例 Kelly v. Solari 以及相对较近的先例 Colonial Bank v. Exchange Bank of Yarmouth Nova Scotia 和 Kerrison v. Glyn，Mills，Currie & Co"。

值得注意的是，大法官凯夫子爵认为不必识别被上诉人在上诉人主观心态中是以什么身份接受款项，只要国际汽车"提名"被上诉人为收款方，那被上诉人的收款资格客观上就没有任何问题。这就意味着，凯夫子爵认为也不必识别上诉人是否主观上认为自己有义务支付款项给被上诉人——这就和"Colonial Bank v. Exchange Bank of Yarmouth、Nova Scotia（1885）11 App Cas 84"以"及 Kerrison v. Glyn，Mills，Currie & Co（1911）81 LJKB 465"的判决精神保持了一致。毫不奇怪，大法官也赞成这点，正如他在"Kerrison 案"表述的观点那样。肖大法官也赞同这点，他总结道（第 686 页）："看上去很清楚，如果上诉人知道真相那他就不会汇这笔钱的话，这笔钱自然可以返还。"从他的观点也可看出，"错误是否属于导致被上诉人误认为自己有付款义务的那些错误"不是我们应当考虑的问题。同理，萨姆纳大法官明确指出，上诉人在付款之时，很清楚自己履行的是对国际汽车的义务，而非对被上诉人的义务，但这并不妨碍错误给付的返还。卡尔森大法官则引用了帕克男爵和罗尔夫男爵在"Kelly v. Solari（1841）9 M & W 54"的意见，后者显然只要求错误与付款有因果关系即可，并没有对错误的外延作出更多限制。

关于目前讨论的"RE Jones Ltd v. Waring and Gillow Ltd［1926］AC 670"一案，我也想给出自己的三个评论。第一，上议院在该案中肯定否决了波洛克掌卷法官所谓错误必须存在于付款人和收款人"之间"的限制条件，即"双方受到同一个错误的影响"不是返还的必要条件。第二，从全体法官的观点中可以推知，所谓原告须因事实认识错误而误以为自己对收款人有付款义务，这不是原告有权请求返还的前提条件。第三，就我对该案的理解而言，至少从主审法官凯夫子爵（阿特金森大法官赞同）、肖大法官以及卡尔森大法官的判决意见中可以推知，只要事实认识错误与给付之间存在因果关系，则付款人就可以要求收款人返还。

另外我想说的是，尽管我很尊重罗奇法官，但他在"Barclay & Co Ltd v. Malcolm & Co（1925）133 LT 512"一案中的判决，至少从其论证角度是不足以动摇上议院在"RE Jones Ltd v. Waring and Gillow Ltd［1926］AC 670"一案作出的判决的。需要注意的是，"Barclay & Co Ltd v. Malcolm & Co"的判决时间恰好位于"RE Jones Ltd v. Waring and Gillow Ltd"在上诉法院二审和在上议院终审之间。更巧的是，"Barclay & Co Ltd v. Malcolm & Co"里原告的首席律师恰好在三个月前也在上诉法院代理了"RE Jones Ltd v. Waring and Gillow Ltd"里的被上诉人。奇怪的是，尽管前案在"Law Times"判例集中已有简略记载，且律师还是同一个人，可到了后案，罗奇法官竟然根本没有考虑这个最近的先例。在"Barclay & Co Ltd v. Malcolm & Co案"中，原告银行误给了被告双份的钱，这是因为原告误以为另一家银行会随后补上汇出第二笔款项的指示。罗奇法官驳回了原告要求被告返还的诉讼请求，主要理由是（第513页）：

"法律应当允许被告继续保有这笔钱，因为被告的保有并不违背良心——原告的认识错误完全不是被告造成的。原告之所以出现事实认识错误，是华沙银行错给汇款指示的缘故。就原告给钱的合法性和被告收钱的能力而言，不存在任何错误。关于这点，最近的判例是'Chambers v. Miller'……我认为，这点足以让被告提出抗辩。"

这个理由在我看来，与上议院在"RE Jones Ltd v. Waring and Gillow Ltd［1926］AC 670"的判决理由不符。

将以上判例串成一条线，我们可以得出以下原则：1. 只要甲基于事实认识错误对乙付款，且错误与给付之间存在因果关系，那么甲原则上就可以要求乙返还。2. 但出现下列情况之一，甲的诉讼请求会失败：a. 甲基于合意或法律的推定，无论相关事实如何，总是希望乙得到这笔钱；b. 乙就接收这笔钱已经提供了对价，尤其是这笔钱（无论直接支付给乙还是支付给乙授权的其他人）是甲用以偿还先前欠乙的债务（无论是甲自己欠债或是甲承担了他人的债务）；c. 基于事实或法律的推定，乙的得利已经丧失。

我还想给上述原则加一些脚注。

脚注 a，关于上述原则 1：此原则的法源是我上面提到的上议院三案件。

此外，它还和特纳法官在"Thomas v. Houston Corbett & Co［1969］NZLR 151, 167"的判决意见一致。当然，如果这笔付款背后有合同之债作为基础，那么除非合同无效（如"Norwich Union Fire Insurance Society Ltd v. Wm H Price Ltd［1934］AC 455"）或被原告撤销，不然这笔钱不能返还。

脚注 b，关于上述例外 2（a）：此例外的法源是帕克男爵在"Kelly v. Solari 9 M & W 54"中的意见。我之所以加上"基于法律的推定"，是想照顾到"Morgan v. Ashcroft［1938］1 KB 49"，毕竟这是被告非常倚重的论点，我在后面的段落会详细回应。

脚注 c，关于上述例外 2（b）：此例外的法源是"Aiken v. Short 1 H & N 210 和 Kerrison v. Glyn, Mills, Currie & Co（1911）81 LJKB 465"。但是在付款人自己（或请债务承担人）向收款人付款以偿债的情形中，如果事实认识错误系由收款人引起，或收款人明知付款人陷入事实认识错误却仍恶意收款的，则此 2（b）例外不能为收款人提供抗辩，这笔钱依然可以返还，参见肯尼迪法官在"Ward & Co v. Wallis［1900］1 QB 675, 678-679"的论述。

脚注 d，关于上述例外 2（c）：此例外的法源是罗尔布恩大法官在"Kleinwort, Sons & Co v. Dunlop Rubber Co（1907）97 LT 263"的分析。我故意把这个例外表述得很宽泛，因为我暂时不想讨论原告的违反义务会不会对这个例外有影响。不过我还是说到了"基于法律的推定"，这是因为存在一串以"Cocks v. Masterman 9 B & C 902"为首的、涉及票据的先例，我后面会详细讲到。

脚注 e，关于其他例外，也就是返还法中的一般抗辩，比如公共利益等也有可能阻挡原告的返还请求。

脚注 f，以下两个说法与现行法不符：（1）原告成功请求返还的前提条件是，原告能够证明事实认识错误导致了自己误以为对被告或其被代理人负有付款义务；（2）原告成功请求返还的前提条件是，事实认识错误存在于原被告"之间"。法院在否决这两个前提条件后，对这部分规则进行了重构，现在只需要原告证明错误与付款之间存在因果关系即可。参见艾斯奎斯法官在"Weld-Blundell v. Synott［1940］2 KB 107"和温德伊尔法官在"Porter v. Latec Finance（Qld）Pty Ltd（1964）111 CLR 177, 204"的分析。

就本案而言，埃文斯·洛姆布（Evans Lombe）先生代表被告提出了抗议，他认为我不能仅从上述这么简单的原则出发就支持原告，因为我这样做违反了上诉法院的先例 "Morgan v. Ashcroft［1938］1 KB 49"。该案上诉来自郡法院，被上诉人是赌场经营者，上诉人有时常赌博的习惯。被上诉人有次发现自己的工作人员误将双份的钱计入了上诉人的账户，共 24 镑 2 先令 1 便士，于是被上诉人基于事实认识错误向上诉人要求还钱。郡法院法官支持了被上诉人的请求，但上诉法院推翻了一审判决，认为这笔钱不能还。上诉法院的第一个理由是，要了解是否存在超额支付，法院就需要检查双方的账户情况，可根据 1845 年《博彩法》，法院不可以审查赌账。另外，上诉法院认为无论账户实际情况如何，这笔钱都不可以返还，理由是威尔弗里德·格林掌卷法官的一段判决理由（第 66 页），这段理由被埃文斯·洛姆布（Evans Lombe）先生援引如下：

"……如果某人脑子里想的是一种无对价的支付，实际上做的是另一种无对价的支付，那么二者之间的事实认识错误不能算是根本或基本的错误。"

埃文斯·洛姆布（Evans Lombe）先生认为这段话是威尔弗里德·格林掌卷法官给出的判决理由中重要的一段话，他进一步指出，所谓"无对价的支付"（voluntary payment）肯定得理解为没有法律上的债务为基础的支付。这就意味着，大体来说，如果某人在错误给付时没想着偿还法律上的债务，那就算存在事实认识错误，此人也不能要求返还——除非这种错误是根本的，比如付款人的身份错了。

我们可以看看埃文斯·洛姆布（Evans Lombe）先生理解的规则会带来哪些后果：如果他是对的，以下类似情形下的金钱就不可以返还了。（1）某人忘了他其实已经缴纳了国民信托的年费，于是重复缴了费。（2）某慈善组织向来使用电脑程序分配慈善金额，但这次电脑出错，让某受益人收到了一百倍的善款。（3）船主和租船人签了几年的租船合约，用英镑结算。但英镑贬值，于是租船人为了保持船主的商誉，在没有义务的情况下自愿增加了每月租金。结果因为他自己的失误，当月交了涨幅两倍的租金。（4）某劳埃德财团陷入了财务困境，为了维持劳埃德的声誉，其他分支财团决定送钱给这个财团以期解救它。其中某赠与人因为失误，送出了两倍的钱。种种例子不胜枚举，不得不让我重新审视 "Morgan v. Ashcroft" 的判决理由，到底能不能像埃文斯·洛姆布（Evans Lombe）先生那样理解？

"Morgan v. Ashcroft［1938］1 KB 49" 一案由两位法官审理，分别是威尔弗里德·格林掌卷法官和斯科特上诉法院法官，他们二位的观点很不一样。

首先在于基本逻辑：威尔弗里德·格林掌卷法官认为基于事实认识错误的给付，返还的理论基础是"准合同"。他引用了萨姆纳大法官在"Sinclair v. Brougham［1914］AC 398，452"一案中著名的判决理由，并指出返还的基础不是不当得利，而是推定的返还承诺（［1938］1 KB 49，62）。不过斯科特上诉法院法官也没有采取极端的限缩解释。在讨论到不当得利是否可以成为诉因的问题时，他引用了该领域内优秀学者的观点，并总结道（第76页）：

"从准合同中寻找共性原则的重要性并不排斥承认不当得利的同时存在。"

斯科特上诉法院法官的这种态度在法律后来的发展中被不断印证，尤其是上议院的两份意见，即阿特金大法官在"United Australia Ltd v. Barclays Bank Ltd［1941］AC 1，28-29"的判决意见以及莱特大法官在"Fibrosa Spolka Akcyjna v. Fairbairn Lawson Combe Barbour Ltd［1943］AC 32，61"的判决意见。

我们很难知道威尔弗里德·格林掌卷法官的紧缩型哲学分析对"Morgan v. Ashcroft［1938］1 KB 49"一案的判决结果产生了多大影响，但他和斯科特上诉法院法官就可产生返还后果的错误的性质问题上确有不同。威尔弗里德·格林掌卷法官认为自己受到布莱姆威尔男爵在"Aiken v. Short 1 H & N 210"的意见，他认为布莱姆威尔男爵的意见是"就该案涉及的那类错误而言"的权威法源，即"唯一的错误是关于交易性质的错误"。基于这个前提，他导出了结论，并被埃文斯·洛姆布（Evans Lombe）先生在我这里引用，即如果某人脑子里想的是一种无对价的支付，实际上做的是另一种无对价的支付，那么二者之间的事实认识错误不能算是根本或基本的错误，这笔钱不可返还（参见第65-67页）。与之不同的是，斯科特上诉法院法官并不认为布莱姆威尔男爵在"Aiken v. Short 1 H & N 210"的意见属于权威法源。当他分析到"Kerrison v. Clyn，Mills，Currie & Co（1911）81 LJKB 465"时，他指出上议院在该案的观点"正是基于 Aiken v. Short 1 H & N 210，但这个观点不可以被当作最终和排他的结论。易言之，就算案涉错误不是那些导致付款人误以为付了款就等于履行了付款义务的错误，这也不必然导致付款人不可要求对方返还金钱"（参见第73-74页）。从这个意义上来说，该案的这部分判决理由就很难提取了。就"Morgan v. Ashcroft"而言，赌场主的错误给付显然不属于根本的错误，不能作为要求返还的根据。相反，这笔钱更有可能被视为无对价的支付，即赠与，因为"法律不允许原告说这笔钱除了赠与还可以是什么"（参见第77页，斯科特上诉法院法官），即基于法律的推定，原告被视为意在让被告无论如何都可以保有这笔钱。

威尔弗里德·格林掌卷法官的这个判决理由正是埃文斯·洛姆布（Evans Lombe）先生用以帮助本案被告抗辩的点，但我认为，上诉法院在随后的 "Larner v. London County Council［1949］2 KB 683" 一案中改变了这一立场。在该案中，伦敦郡政府决定给所有参加过战争的政府雇员提供额外的战争服务补贴，让他们拿到比日常公务工资更高的报酬。拉纳（Larner）先生是受雇于政府的救护车司机，于 1942 年被征召入伍。由于拉纳先生没有及时向政府更新战争服务的情况，政府多付了他钱。为了论证拉纳先生可以继续保有这笔财产，他的律师援引了布莱姆威尔男爵在 "Aiken v. Short 1 H & N 210" 的意见。然而，上诉法院还是判决这笔钱应当返还给政府，因为主拟判决书的丹宁勋爵拒绝遵循先例。他指出（第 688 页）："……斯科特（Scott）上诉法院法官在'Morgan v. Ashcroft'不能算作该领域穷尽性的法律表述。"他认为：

"政府对雇员的许诺是对他们荣誉的回报。基于这种许诺给出的钱不能仅仅看成赠与，而应是附有对应义务的……"

他承认，政府的许诺不存在对价，也不具备强制执行力，但毕竟政府如果早知拉纳先生服役有问题，它就不会向他足额发放补贴（第 688 页）。假如威尔弗里德·格林掌卷法官亲理 "Larner v. London County Council［1949］2 KB 683" 一案，我不知道他会不会持有同样的意见，但我认为此案判决完全符合我之前讨论过的，上议院的一系列先例。总的来说，我还是会将上述原则和例外当作我审理这类案件的适用标准。

（二）如果某银行收到了自家客户签发的支票，并按持票人的要求见票即付，那么在哪些情况下，该银行可以根据事实认识错误要求持票人返还这笔钱呢？

银行对自己的客户负有一项基本的义务：只要客户对外签发了支票，且客户账户上有足够的钱，或银行与客户已经就透支问题谈妥，那么银行就应见票承兑。当银行承兑支票时，它自然是在授权范围内行事，即承兑的额度自然可以在客户账户里扣除，而且银行因为已经承兑，就等于代客户履行了对持票人的付款义务，因为这是有权代理。

除上述情形外，银行没有义务承兑客户签发的支票。假设某客户在存款账户余额不足，且与银行尚未谈妥透支问题时就对外签发支票，那么这张支票可以视为客户请求银行考虑提供透支额度，并以此为基础对外承兑。作为对此请求的回应，银行有两种选择：如果银行拒绝承兑，自然完全没有问题，也不会招致银行与客户之间的任何法律后果；如果银行承兑了，那么法律就将其视为银行已经与客户有了事先的透支协议。同时，承兑被视为是在授权范围内行事，即银行因承兑等于代客户履行了对持票人的付款义务。

但还有一些情形，银行也会在没得到授权的情况下就承兑了由客户签发的或相信系客户签发的支票。实践中银行会因为种种原因出现这种错误，比如它没有意识到客户已死亡，或比如它没有发现支票上的签名系伪造，或比如就本案而言，它忽视了作为出票人的客户的拒绝承兑指令。在这种情况下，银行的行为属于没有授权的承兑付款，除非客户可以并的确追认了这笔支付，不然银行无权从客户账户里扣除这笔金额，且这种付款也不能算作银行代客户履行了对外的付款义务，因为这不属于有权代理。

对于本案而言，要判定银行基于事实认识错误而给付的性质，似乎不必过度考虑这些原则背后的事实，毕竟在这方面双方没有争议。我认为，本案的关键在于银行是否得到了授权。对于上述假想情况而言，是否得到授权的例子分别在：第一，银行错误地高估了客户的账户余额或透支额度，以及第二，银行忽视了客户的拒绝承兑指令。在这两个例子里，错误与付款都具有因果关系，但在第一个例子中，银行的付款行为实际上就是为客户提供了新的透支额度，这笔付款自然就是有授权的。这意味着，银行随后可以向客户追偿，客户对外的债务也算履行完毕。由于收款方早就提供了对价，这就进一步意味着，除非客户与收款方的合同被撤销，不然这笔钱就不可以返还。虽然银行因此失去了向收款方要求返还的权利，但它还是可以向客户追偿。相反，在第二个例子中，银行的付款完全没有得到授权。因此，银行不可以向客户追偿，客户对外的债务也不算履行完毕。原则上说，这种情况下的银行可以向收款人要求返还，除非收款人能证明自己可以主张得利丧失抗辩，或在法律上被推定得利丧失。

与此相关的一个话题是，如果"Chambers v. Miller 13 CBNS 125"中的持票人没有提起非法监禁的损害赔偿，而是反过来，由银行根据事实认识错误诉持票人返还金钱的话，这个诉讼会输，这是因为银行误以为客户账户里有足额资金可以满足支票的金额要求。与之类似的是"Pollard v. Bank of England (1871) LR 6 QB 623"，该案银行见票兑付了汇票金额，这张汇票的承兑人（acceptor）是银行的客户。银行之所以兑付了汇票金额，是因为银行误以为承兑人尚未透支，而事实上，承兑人早已资不抵债，且不可能由自己承兑了。法院判决银行不能要求收款人返还这笔钱。[1]这两个案子的共同点是：银行的行为有客户的授权，只是对客户账户的情况存在认识错误。假使这两个案子所涉的错误是银行对客户拒绝承兑指令的忽略，那么银行的行为就没有客户的授权，错误给付的钱自然就原则上可以返还。

（三）如果某银行基于事实认识错误兑付了一张支票，那么在哪些情况下，收款人可以依据"Cocks v. Masterman 9 B & C 902"一案中的原则成功抗辩银行的返还请求呢？

这个话题的法源被科尔法官在最近的"National Westminster Bank Ltd v. Barclays Bank International Ltd［1975］QB 654"一案中梳理了一番。我对他的分析基本赞同，因此这里我就简单提一下，不加赘述了。在该案中，被告银行代自己的客户向原告银行出示了一张伪造签名的支票。原告银行当时没能察觉伪造的签名，就兑付了面额，被告银行于是将这笔款记在了客户的账户上。该案的核心问题是原告银行是否因为自己的承兑行为，构成了支票为真的表示，进而受到禁反言的限制。科尔法官否定了这个看法，并援引了一系列先例。其中最早的是曼斯菲尔德大法官在"Price v. Neal（1762）3 Burr 1354"一案中的判决。该案给出了付款人即使是承兑了伪造签名的支票，也不可要求返还的不少理由。这些先例最终汇集到"Cocks v. Masterman 9 B & C 902"一案。该案原告银行兑付了汇票上的金额，因为这张汇款系由银行的客户承兑。然而事实上这张汇票上的客户签名是伪造的，银行在付款时并不知情。王座分庭判决，原告银行不可以向被告要求返还这笔钱，贝里法官的理由是（第908~909页）：

"……我们一致认为，汇票持票人有权在票据到期日知道这张汇票到底会被接受承兑还是拒绝承兑。如果持票人收到了款，且在当天一直保有这笔款，那么付款人就不得要求持票人返还。如果汇票被承兑人拒绝承兑，那么持票人在法律上并不是必须在到期日之后向其他当事人追索。当然，持票人有这个权利，且这个权利不会被见票即付的付款人剥夺。如果我们认为本案原告有权要求持票人返还，那这就等于承认了原告可以剥夺持票人在票据到期日后向其他人追索的权利。"

---

〔1〕 参见布莱克本法官在第631页的判决。

该案带来的原则可能是，如果原告没有在付款日告知持票人这张票据的签名是伪造的，且又基于事实认识错误支付了票据面额，那么这等于剥夺了被告在到期日及时知晓票据被拒绝承兑的事实，进而导致被告得利丧失，真正的不当得利人变成了被告的承兑人。因此，被告自然可以援引得利丧失抗辩原告的返还请求。当然，这个抗辩存在的前提是持票人需要及时知道票据是否被拒绝承兑。如果案涉票据根本不需要持票人知晓承兑人拒绝承兑与否，那么抗辩就不能主张。比如在 "Imperial Bank of Canada v. Bank of Hamilton［1903］AC 49" 一案中，出票人在确认票据后又通过欺诈的方式增加了支票面额，且这张支票是无背书的支票。枢密院认为，该案不存在适用得利丧失抗辩的可能性，因为整张支票可以被看作一份伪造文书，根本算不上票据。林德里大法官代表全体法官说道（第58页）：

"这个支票基本上可以被看成一份伪造文书，出票人即伪造人鲍尔（Bauer）无权收到任何关于拒绝承兑和停止支付的通知。整个交易过程中，不存在需要收到拒绝承兑的背书人。据此，关于拒绝承兑通知的规则不适用于本案。确立于 "Cocks v. Masterman 9 B & C 902" 和近来被马修法官在 "London and River Plate Bank Ltd v Bank of Liverpool Ltd［1896］1 QB 7" 扩张解释的规则应适用于票据领域，适用前提是拒绝承兑的通知总要发给某人，比如出票人或背书人。因为除非上述通知及时到达，出票人或背书人才可以免除票据责任。最高院法官们不打算将这个规则扩大到别的领域，也不打算扩大到那种就算通知不能及时到达，也不会造成什么损失的领域。"

与之类似，在 "National Westminster Bank Ltd v. Barclays Bank International Ltd［1975］QB 654" 一案中，科尔法官认为假设该案系争之支票是伪造的，即根本算不上票据，那么得利丧失的抗辩自然也就不适用了。

在 "Paget's Law of Banking" 第八版（1972年）第377页的段落中，即埃文斯·洛姆布（Evans Lombe）先生援引的那段，作者认为林德里大法官在 "Imperial Bank of Canada v Bank of Hamilton［1903］AC 49" 一案中的法律表述是值得商榷的。作者指出，如果付款人在付钱之后又要求收款人返还，那么除非这笔钱真的返还了，不然收款人根本没有必要去追索前手，也就自然不需要知道票据是否被拒绝承兑。也就是说，收款人根本不存在得利丧失，因为收款人并没有失去获知票据承兑情况的权利，也就没有受到不能追索的损失。我不同意作者的这个反驳。如果这笔钱被返还，那么这张票据上的金额自然就没有被到期兑付，因为错误给付的钱并没有消解票据之债。据此，这张票据还是在到期日被拒绝承兑了。正如贝里法官在 "Cocks v. Masterman 9 B & C 902" 的判决以及林德里大法官在 "Imperial Bank of Canada v. Bank of Hamilton［1903］AC 49" 的判决说的那样，除非原告的返还请求是在到期日当天作出，不然被告总归是失去了获知票据承兑情况的机会。我同意林德里大法官在 "Imperial Bank of Canada" 的观点，这个结论与马修法官在 "London and River Plate Bank Ltd v. Bank of Liverpool Ltd［1896］1 QB 7" 的判决意见相符。

所以，得利丧失抗辩存在的前提是存在一项义务，即被告有必要知道票据的承兑情况。这方面的规定参见 1882 年《汇票法》第 48～50 条。第 50 条第 2 款规定了承兑情况通知的豁免情形，与本案有关的是第 c 项，规定出票人要求付款人拒绝兑付的指示可以用以豁免付款人的通知义务。但如果案涉的票据是没有背书的票据，则就算出票人要求付款人拒绝兑付，也不存在承兑情况的通知义务，即收款人不能援引 "Cocks v. Masterman 9 B & C 902" 主张得利丧失抗辩。

需要注意的是，"Cocks v. Masterman 9 B & C 902" 确立的规则被林德里大法官在 "Imperial Bank of Canada v. Bank of Hamilton［1903］AC 49" 描述为限缩的规则。这个规则不仅限缩，而且非常技术化。也许在未来，得利丧失抗辩会作为一种普遍适用的抗辩被彻底接受，从而使我们不再需要探索这种限缩的规则，让我们可以从技术性的规则过渡到更合理的规则。

（四）将上述原则适用于本案

根据上述原则，本案原告银行的诉讼请求应予支持，理由如下。第一，银行的错误，即忽视了出票人要求它见票停止兑付的指示，与付款行为存在因果关系。第二，因为出票人已经发出了要求停止兑付的指示，银行的付款行为就是没有授权的行为，则这笔付款不算代为履行了出票人的票据义务。进而，因为收款人不能算作提供了对价，所以原告银行的诉求不会被这个例外击败。第三，根据现有证据难以证明被告或国民西敏寺银行的得利丧失。另外，由于拒绝承兑的通知在本案这类情况下不是必要的，收款人因此不能仅因时间的推移，以及原告的错误和返还请求就被认为得利已经丧失。

我的结论就是，原告银行可以要求被告返还这笔钱。假使银行没有漏看客户的最新指示，那么这张支票上就会被注明"依照命令拒绝支付"，然后还给持票人。如此，本案的真正纠纷，即介于协会和收款人之间的纠纷才能启动——根据建筑合同，协会是否有权要求银行停止兑付支票金额？如果原告银行不能得到这笔钱的返还，那么不仅本案真正的纠纷不能被解决，而且由于协会早已发了指令，原告银行也不能从协会处要回这笔钱了。要知道，如果按照建筑合同的约定，被告公司本不该得到这笔钱的话，那么不允许原告银行的返还请求就意味着，被告公司的债权人获得了一笔横财，而这笔横财却由原告银行来买了单。所幸我不是这么判的，一切都可以按照应有的步骤进行下去——无人受损，且协会和收款人之间的真正纠纷可以继续解决了。

　　我现在需要考虑的是：谁是原告银行的适格胜诉对象？这个问题之所以不会被详细解释，是因为本案的争点是原告是否有权要求返还，而不是被告可以是谁。虽然如此，我们推定国民西敏寺银行是以被告公司的代理人名义收的款，那么承担法律后果的应该是它的被代理人，哪怕对方银行没有直接向被代理人付过钱，也没有做过其他类似付款的事情。

　　在与双方大律师讨论之后，被告通过其大律师当庭承认了，国民西敏寺银行的角色是款项收集人以及代理人，被代理人是本案第一被告（即被告公司），理应由第一被告对本案原告承担责任。大法官随后作出了有利于原告公司的判决，要求第一被告付款 26 451 镑（24 000 镑加 2 451.38 镑的利息），承担原告整个程序开始起直到 1979 年 3 月 23 日止的诉讼费用。至于第二被告（即涉讼财产管理人），他不需要承担返还责任，自然也不需要承担原告的诉讼费用。